中公文庫

ツァラトゥストラ

ニーチェ
手塚富雄訳

中央公論新社

目次

第一部……11

第二部……173

第四・最終部……529

凡　例

本書のテキストは、Hanser 社の三巻本を主にし、疑問の場合、他の版にあたった。翻訳については竹山道雄（新潮社）、佐藤通次（角川書店）、浅井真男（筑摩書房）、高橋健二・秋山英夫（河出書房）の諸氏の訳業を参照し、おかげをこうむった。なお、注はすべて訳者の責任で書かれたが、参考としたのは、上記諸氏の訳注のほかに、次の諸著である。

A. Messer, *Erläuterungen zu Nietzsches Zarathustra*, 1922.

H. Weichelt, *Zarathustra-Kommentar*, 1922.

G. Naumann, *Zarathustra-Commentar*, 4 Bde. 1899-1901.

そのうち、ナウマンについては、本書の訳注のなかで、一、二度言及した。

原文で強調されている語は「没落」のように傍点を付した。

ツァラトゥストラ

万人に与える書、何びとにも与えぬ書

ツァラトゥストラの序説

長い孤独の末に精神が満ちあふれてきたツァラトゥストラが、山を出て人間のなかに下り、太陽のように与える者になろうとする。

1

ツァラトゥストラは、三十歳になったとき、自分の故郷と故郷の湖を捨てて、山にはいった。そこでかれはおのが精神の世界に遊び、孤独をたのしんで、十年間倦《う》むことがなかった。しかし、ついにかれの心に変化が起こった。――ある朝、かれは空を染める紅《くれない》とともに起《た》ちあがり、日の前に歩み出、日にむかってこう語った。

「おまえ、偉大な天体よ。おまえの幸福も何であろう、もしおまえがおまえの光を注ぎ与える相手をもたなかったならば。

十年間、おまえはこの山に立ちのぼって、わたしの洞窟《どうくつ》を訪ねた。もしそこにわたしとわたしの鷲《わし》と蛇とがいなかったら、おまえはおまえの光とおまえの歩みとに倦み疲れたことであろう。

第一部

けれどもわたしたちは朝ごとにおまえを待ち、おまえの過剰を受けておまえを軽くし、そしてこういう伴侶《はんりょ》をもつおまえを祝福した。

見よ、わたしはいまわたしの知恵の過剰に飽きた、蜜蜂《みつばち》があまりに多くの蜜を集めたように。わたしはわたしにさしのべられるもろもろの手を必要とする。

わたしはわたしの所有するものを贈り与え、分かち与えよう。そうして世の賢い者たちがふたたびおのれの無知を喜び、貧しい者たちがふたたびおのれの富を喜ぶようにしよう。(1)

そのために、わたしは低いところに下りなくてはならぬ、おまえが夕べになれば海のかなたに沈み、かなたの暗黒界にも光を運んでゆくのと同様に。おお、あふれこぼれる豊かな天体よ。

わたしも、おまえのように下りてゆかねばならぬ。わたしが下りて訪れようとする人間たちが没落と呼ぶもの、(2)それをしなくてはならぬ。

さあ、わたしを祝福してくれ。やすらかな大いなる目よ、(3)どんなに大きい幸福をも妬《ねた》みなく眺めることのできるおまえよ。

さあ、あふれこぼれようとするこの杯を祝福してくれ。水は黄金《こがね》の色をたたえて杯から流れ出、いたるところに、太陽よ、おまえの歓喜の反映を運ぶだろう。

見よ、この杯はふたたび空《から》になろうとしている、ツァラトゥストラはふたたび人間になろうとしているのだ」

——こうしてツァラトゥストラの没落は始まった。

（1）賢い者が、賢者意識を捨てて、おのれの無知を自覚し、受ける者となったしあわせを喜ぶ。貧しい者の心が、受けるべく素直に開いているのは、つまりその富である。賢い者も貧しい者も、ツァラトゥストラの教説に接して喜ぶ者になるだろうというのである。

（2）高きから低きへ下りることであり、通常はマイナスの意味だが、ツァラトゥストラにとっては、人間の世界へくだって行って、自分をかえりみず、惜しみなく自分を与えつくすという意味をももっている。

（3）太陽の言い換え。

2

森のなかで出会った老隠者は、孤独のなかで悠々自適することを勧めるが、ツァラトゥストラは応じない。二人は笑って別れる。

ツァラトゥストラは単身山をくだった。そして何びとにも行き会わなかった。しかし森林地帯にはいったとき、不意に一人の老翁がかれの前に現われた。それは森に木皮と根をたずね求めて、世俗を離れたおのれの庵《いおり》から出てきたのである。その老翁はツァラトゥストラにこう語った。

「わたしにはこのさすらいびとは未知でない。幾年か前、この人はここを通って行った。ツァラトゥストラという名であった。しかしいま、それは以前と変わった人になっている。

あのとき君は君の灰[1]を山上に運んだ。きょうは君は君の火を谷々へ運ぼうとするのか。君は放火者の受ける罰を恐れないのか。

そうだ、これは確かにツァラトゥストラだ、その目は澄んでいる。そしていまその口のほとりからは嫌悪の情が消えたのだ。それゆえかれの歩みはいま舞踏者のようではないか。ツァラトゥストラは変わった、ツァラトゥストラは幼子《おさなご》になった、ツァラトゥストラはいま目ざめた。さてその君はいま眠っている者たちのところへ行って、何をしようとするのか。

君は海に住むように孤独のうちに生きていた。そして海は静かに君を浮かべていた。ああ、君はいま陸にあがろうとするのか。ああ、君は君の身体《からだ》をふたたび引きずって歩くつもりか」

ツァラトゥストラは答えた。「わたしは人間たちを愛する」

「なぜ」と超俗の人は言った。「いったいなぜ、わたしは、山林にはいり荒蕪《こうぶ》の地にはいったか。それはわたしが人間たちをあまりに愛していたからではないか[2]。

しかしいまわたしの愛するのは神である。人間たちをわたしは愛さない。人間はいまわたしから見れば、あまりにも不完全なものである。人間への愛はわたしを滅ぼすであろう[3]」

ツァラトゥストラは答えた。「どうしてわたしは愛と言ったのだろう。わたしは人間たちに贈り物を与えようとするのだ」

「かれらに何ものをも贈るな」と超俗の人は言った。「むしろかれらの担っている物を取ってやって、それをかれらとともに担うがいい。[4]——それがかれらには最大の喜びとなろう。もっとも、それが君の喜びでもあるとしての話だが。

そしてもし君がかれらに与えようとするなら、施し物以上のものは与えるな。しかもかれらをしてまずその施し物を乞《こ》わせるがよい」

「いや」とツァラトゥストラは答えた。「わたしは施し物は与えはしない。施しをするほどに、わたしは貧者になっていない[5]」

超俗の人はツァラトゥストラのことばを聞いて笑った。そして言った。「それなら、かれらに君の宝を受けさせてみるがいい。かれらは隠遁《いんとん》者にたいして疑いぶかい。そしてわれわれが贈り物をしようとして近づいても、それを信用しない。

かれらの街路を行くわれわれの足音は、かれらの耳にはあまりにも寂しくひびく。そしてまだ夜明けに遠い深夜、寝床のなかで道行く人の足音に耳を立てるときにするように、かれらは互いに囁《ささや》きあうであろう、『盗人《ぬすびと》はどこに行く気か』と。

人間たちのところへ行くな。森にとどまるがいい。行くならば、いっそ野獣のところへ行け。なぜ君はわたしのようになろうとしないのか——熊《くま》たちのなかの一匹の熊、鳥たちのなかの一羽の鳥に？」(6)

「そして超俗の人は森で何をしているのであろうか」とツァラトゥストラはたずねた。

超俗の人は答えた。「わたしは歌をつくって、それをうたう。そして歌をつくるとき、わたしは笑い、泣き、そしてうめく。こうしてわたしは神をたたえるのだ。(7)うたい、泣き、笑い、うめいて、わたしはわたしの神である神をたたえる。だが君はわたしたちに何を贈り物としてもってきたか」

このことばを聞いたとき、ツァラトゥストラは超俗の人に一礼して、言った。「あなたがたに与えるようなものをどうしてわたしがもっていよう。いや、速やかにわたしをここから去らしてくれ。わたしがあなたがたのものを何も取らずにすむように」(8)——こうして、二人、老者と壮者は別れた、さながら二人の少年が笑いあうように笑いあって。

しかし独りになったとき、ツァラトゥストラはこう自分の心にむかって言った。「いったいこれはありうべきことだろうか。この老いた超俗の人が森にいて、まだあのことをなにも聞いていないとは。神は死んだ、(9)ということを」

(1) 過去の生活に絶望し、それを火葬にして、あとに残った灰。「火」は、新たに燃え立った烈火の理想。しかしその火を一般人につたえた者は、しばしば危険人物として罰せられた。
（2）愛するがゆえに、かえって離れて、純粋な、つよい愛を注ごうとすることを、ほのめかしたのだろう。より軽くとれば、人間に関心があったからこそ、人間を離れた。
（3）十字架にかかって受難の死をとげなくてはならぬ危険がある。
（4）人間たちの負う悩みという重荷を分け担ってやる同情、あわれみの立場。しかしこの老翁には、人間をいとって蔑視《べっし》する気持がある。
（5）わたしが貧乏なら、施しごとをする程度で満足していられようが、わたしはもっと大きい贈与をしたいのだ。これがほんとうに言いたいことだが、「心の貧しき者は幸いなり」のバイブルの句をふまえて、施しをするほど、自分はしあわせな身になっていない、と表現の上で、一つひねったニュアンスがある。
（6）自然のなかの自由人。
（7）世を避け、心のおもむくままに、独り生きる。詩人的要素もある。しかしその気持は個人主義的で、ツァラトゥストラと対照的である。この老翁の神は、習俗的な神そのものではない。
（8）一六ページの注（4）の箇所のように、「わたしがあなたがたの重荷をいっしょに担うようなはめになってはたいへんだから」と、冗談として言った。
（9）ニーチェの基本的見解。要約すれば、今まで支配的であった超越的理念が人間をみちびく力を失ってしまったこと。その見解とそれにもとづく思想は全巻にわたって展開される。

3

はじめて「超人」の語を発して、その強烈な生き方を説く。大地に忠実であることが、その中核である。

ツァラトゥストラが森また森を過ぎて、そのほとりの、とある町にはいったとき、彼はその町の市場に多数の民衆がむらがっているのを見た。それは一人の綱渡り人の演技が予告されていたからである。それでツァラトゥストラは群衆にむかってこう語った。

「わたしはあなたがたに超人を教える。人間とは乗り超えられるべきあるものである。あなたがたは、人間を乗り超えるために、何をしたか。

およそ生あるものはこれまで、おのれを乗り超えて、より高い何ものかを創《つく》ってきた。ところがあなたがたは、この大きい潮《うしお》の引き潮《しお》になろうとするのか。人間を乗り超えるより、むしろ獣類に帰ろうとするのか。

人間にとって猿とは何か。哄笑《こうしょう》の種、または苦痛にみちた恥辱である。超人にとって、人間とはまさにこういうものであらねばならぬ。哄笑の種、または苦痛にみちた恥辱でなければならぬ。

あなたがたは虫から人間への道をたどってきた。だがあなたがたの内部にはまだ多量の虫がうごめいている。[1] またかつてあなたがたは猿であった。しかも、今も人間は、どんな猿にくらべてもそれ以上に猿である。

あなたがたのなかの最も賢い者も、植物と幽霊[2]との継ぎはぎであり、混種であるにすぎぬ。だが、あなたがたにわたしは幽霊、また植物になれと命ずるだろうか。

聞け、わたしはあなたがたに超人を教える。

超人は大地の意義である。あなたがたは意志のことばとしてこう言うべきである。超人が大地の意義であれ、と。

兄弟たちよ、わたしはあなたがたに切願する、大地に忠実なれと。あなたがたは天上の希望を説く人々を信じてはならない。かれらこそ毒[3]の調合者である、かれらがそれを知っていてもいなくても。

かれらこそ生命の侮蔑《ぶべつ》者、死滅しつつあり、みずから死毒を受けている者である。大地はこのような者に倦《う》んだ。滅びゆくかれらを滅びるにまかしておくがいい。

かつては、神を冒瀆《ぼうとく》することが最大の冒瀆だった。しかし、神は死んだ。そして神とともにそれら冒瀆者たちも死んだのだ。こんにちでは大地を冒瀆することが、最もはなはだしい冒瀆である。そして探究しえないものの臓腑《ぞうふ》[4]を、大地の意義を崇《あが》める以上に崇めることが。

かつては、魂が肉体をさげすみの目で見た。そして当時はこのさげすみが最高の思想であった。魂は肉体が痩《や》せ、おとろえ、飢餓の状態にあることを望んだ。こうして魂は肉体と大地の支配からのがれうると信じたのだ。

おお、そのとき、魂自身も、おそろしく痩せほそって、飢餓の状態におちいった。そして残忍ということが、その魂の悦楽となったのだ⑤。

しかし、わが兄弟たちよ。あなたがたも、わたしに告げなければならない。あなたがたの肉体はあなたがたの魂について、どう言っているのか。あなたがたの魂も、貧困、不潔、そしてみじめな安逸⑥なのではないか。

まことに、人間は不潔な河流である。われわれは思いきってまず大海にならねばならぬ。汚《けが》れることなしに不潔な河流を嚥《の》みこむことができるために。

聞け、わたしはあなたがたに超人を教える。超人はそういう大海である。そのなかにあなたがたの大いなる軽蔑《けいべつ》は流れ入ることができるのだ⑦。

あなたがたが最大のものを体験するのはいつであるか。それはあなたがたが大いなる軽蔑に達した時である。あなたがたにとって、あなたがたの幸福も嘔吐《おうと》となり、あなたがたの理性もあなたがたの徳も、それと同様に嘔吐となる時である。

それは、あなたがたがこのように言う時である。「わたしの幸福、それに何の取柄《とりえ》があろう。それは貧困であり、不潔であり、みじめな安逸である。わたしの幸福とは、私の生存そのものによって是認されるものでなければならぬのだ⑧」

それは、あなたがたがこのように言う時である。「わたしの理性、それに何の取柄があろう。それははたして、獅子《しし》がまっしぐらに、獲物にとびかかるように、知識を熱望しているか。今のわたしの理性は貧困であり、不潔であり、みじめな安逸であるにすぎぬ」

それは、あなたがたがこのように言う時である。「わたしの徳、それに何の取柄があろう。いまだかつてわたしの徳がわたしを狂熱させたことはない。なんとわたしはわたしの善と悪とに退屈していることだろう。それらすべては貧困であり、不潔であり、みじめな安逸であるにすぎぬ」

それはあなたがたがこのように言う時である。「わたしの正義、それに何の取柄があろう。わたしが灼熱《しゃくねつ》の火であったことがあるか、正義の人物とは灼熱の火であるのに」

それはあなたがたがこのように言う時である。「わたしの同情、それに何の取柄があろう。同情とは、人間を愛する者がはりつけにされる十字架ではないか。(9) しかしわたしの同情は、そのような十字架ではない」

あなたがたは今までにそのように言ったことがあるか。そのように叫んだことがあるか。ああ、あなたがたがすでにそう叫んだことがあればいいのだが。

だが実際は、天にむかって叫び声をあげたのは、あなたがたの罪悪ではない。天にむかって叫んだのは、あなたがたの小心だ。罪悪にさえ伴うあなたがたの吝嗇《りんしょく》だ。

あなたがたを光焔《こうえん》の舌でなめるあの雷電はどこにあるか。あなたがたに接種されるべきあの狂気はどこにあるか。
聞け、わたしはあなたがたに超人を教える。超人とはその雷電であり、狂気である。

――

ツァラトゥストラがそう語ったとき、群衆のなかの一人が叫んだ。「さあ、これで綱渡り芸の前口上は十分に聞いた。さあ、ここらで本人を見せてもらおうではないか」それを聞いて群衆のすべてはツァラトゥストラを笑った。しかし、そのことばが自分をさして言われたと思った綱渡り人は、おのれの演技にとりかかった。

（1）ニーチェの思想が進化論と類縁をもっていると言われるのは、こういうところがあるからである。しかし、ニーチェの思想の中心は、超人への向上の意志であって、適者生存ではない。
（2）「植物」は、受動的な生き方をするものをさし、「幽霊」は、なまぬるい精神的活動をさす。
（3）生の意志を弱め、殺す毒。宗教人の説教にそれがあるという。
（4）神という名で呼ばれる絶対者の内面。軽蔑的に言う。
（5）修道僧の生活のように肉体を残酷なほどに苦しめること。それを痩せた魂の復讐《ふくしゅう》心の現われと見る。
（6）自己満足。
（7）次の文節以下で述べられているような、平俗に対する熱烈な軽蔑。それがみな超人という大海に流れこみ、それに包摂される。
(8) わたしの生存の本義にかなうような幸福であるべきだ。
(9) イエスの場合のように。

4

「没落」をあらゆる角度から説く。それは超人の理想への献身で、死して生きよ、という積極的な意味であることがよくわかる。

しかし、ツァラトゥストラは、いぶかって、[1]群衆をながめた。それからかれはこう語った。

人間は、動物と超人とのあいだに張りわたされた一本の綱である——深淵《しんえん》の上にかかる綱である。

渡ってかなたに進むのも危うく、途上にあるのも危うく、うしろをふり返るのも危うく、おののいて立ちすくむのも危うい。

人間において偉大な点は、かれが一つの橋であって、目的ではないことだ。人間において愛しうる点は、かれが過渡であり、没落であるということである。

わたしは愛する、没落する者として生きるほかには、生きるすべをもたない者たちを。[2]

それはかなたを目ざして超えてゆく者だからである。

わたしは愛する、大いなる軽蔑《けいべつ》者を。かれは大いなる尊敬者であり、(3)かなたの岸への憧《あこが》れの矢であるからだ。

わたしは愛する、没落し、身をささげる根拠を、わざわざ星空のかなたに求めることをせず、(4)いつの日か大地が超人のものとなるように、大地に身をささげる者を。

わたしは愛する、認識しようとして生きる者、いつの日か超人が生まれ出るために認識しよう(5)とする者を。そういう者がおのれの没落を欲するのだ。

わたしは愛する、働き、工夫して、超人のために家を建て、超人を迎えるべく、大地、動物、植物を整える者を。そういう者はおのれの没落を欲するからである。

わたしは愛する、おのれの徳(6)を愛する者を。徳とは、没落への意志であり、憧れの矢であるからだ。

わたしは愛する、一滴をもおのれのために留保することなく、全的におのれの徳の精髄になろうとする者を。(7)そういう者が徳の精髄として橋を越えるのだ。

わたしは愛する、おのれの徳をおのれの愛好物とし、おのれの宿命とする者を。(8)そういう者はおのれの徳のために、生き、また死ぬのである。

わたしは愛する、あまりに多くの徳をもとうとしない者を。一つの徳は二つの徳より、より多くの徳である。(9)なぜなら、一つの徳こそ、より強く宿命の重荷を吊《つ》るしうる鉤《かぎ》となるからだ。

わたしは愛する、おのれを浪費して惜しまぬ心情の所有者を。感謝されることを求めず、返礼をしない者を。⑩そういう者はつねに贈るばかりであって、おのれを保存しようとはしないのだ。

わたしは愛する、偶然の骰子《さい》の目によって好運を得たとき、羞恥《しゅうち》の念にうたれる者を。⑪そしてそのとき「自分は不正の賭博者《とばくしゃ》か」とみずからに問う者を。そういう者は破滅することを恐れぬのだ。

わたしは愛する、黄金のことばをおのれの行為に先立てて公言し、そしていつも自分が約束した以上のことを果たす者を。そういう者はおのれの没落を欲するからである。⑫

わたしは愛する、来たるべき者たちの意義を認め、過ぎ去った者たちを救う者を。そういう者は現在の者たちを相手にして滅びようとするからだ。⑬

わたしは愛する、おのれの神を愛するがゆえに鞭《むち》打つ者を。⑭そういう者はおのれの神の怒りによって滅びざるをえないからだ。

わたしは愛する、傷を負ったときもなお魂の深さを失わない者を。そして小さい体験によっても滅びることのできる者を。⑮そういう者は進んで橋を渡る者である。

わたしは愛する、魂があまりにも豊かにあふれていて、おのれのことを忘却し、いっさいの事物をおのれのうちに包容する者を。そういう者にはいっさいの事物が没落の機縁となる[16]。

わたしは愛する、自由な精神と自由な心情をもつ者を。そういう者においては頭脳はただその心情の臓腑《ぞうふ》である[17]。そしてその心情がかれを没落へと推し進めるのだ。

わたしは愛する、人類の上をおおう暗黒の雲から一滴一滴と落下する重い雨つぶのような者たちを。かれらは雷電の来ることを告知する。そして告知者として滅びるのだ。

見よ、わたしは雷電の告知者だ。そして暗雲から滴《したた》る重い雨つぶだ。その雷電こそ、すなわち超人である。——

（1）群衆が自分の真意を理解しないことを。

（2）自分を目的としては考えず、来たるべきよりよい人類への段階であることを自覚している者たち。

（3）偉大を尊敬するから、卑小を軽蔑するのである。

（4）宗教的に天上界によりどころを求めることをしない。

（5）大地や超人の意義、また超人の生成過程などについての認識。創造のための認識である。

（6）徳をツァラトゥストラの立場から説けば、やがて来たる超人のために没落しようとする意志ということになる。

（7）留保しないで、すべてを与えること。注（6）とともに言えば、全的に没落の意志になりきること。
（8）宿命といっていいくらいに、おのれの徳（注（6））を愛する。
（9）一筋の道に生きることこそ強い。
（10）無償で与える意志にみちているから、自分も、返礼（お返し）をするという考えをもたない。
（11）僥倖《ぎょうこう》の成功を恥じ、おのれの責任において生き抜こうとする。したがって苦難に会って没落することをも恐れない。
（12）自足して停止することがないから。
（13）歴史を超人の生成過程と見て、その観点から、未来や過去の人間の意義を認めてゆく。そして当人は破滅をいとわず現代と戦う。
（14）自分の奉ずる理想をいよいよきびしい態度で鍛え、高めてゆくこと。おのずからその者は理想の重圧のために滅びることになる。
（15）失敗したときも魂の深さを失わない者。小さい体験をも真剣にしっかりと受けとめて、おのれの未熟を自覚してゆく者。
（16）注（15）の「小さい体験……」を参照。いっさいのことを契機として、没落し、生成発展することができる。
（17）心情（意志や感情）が中枢で、頭脳（知性）はその末梢《まっしょう》器官であるというつもり。

5

民衆に超人を説いても、その耳にはいらぬから、かれら自身に鏡を突きつけるように「末人《まつじん》」を描写する。現代文明への批評。

これらのことを言ってから、ツァラトゥストラはふたたび群衆を見た、そして沈黙していた。「かれらは立ったまま動かない」とかれはおのが心に語った。「かれらは笑っている。かれらはわたしを理解しない。わたしはこれらの耳を相手とすべき口ではない。

まずかれらの耳をこっぱみじんに砕いて、目で聞くことをかれらに学ばせなくてはならぬのか。太鼓のように、悔悛《かいしゅん》を勧める説教師のように、怒号しなければならぬのか。それとも、かれらはただ吃音《きつおん》者の言うことだけを信ずるのか。

かれらはかれらとして誇りとするものをもっている。だが、その誇りとするものをかれらは何と呼んでいるか。教養と呼んでいる。これが羊飼いと比べてのかれらの優越の証拠なのだ。

それゆえかれらは自分に関して『軽蔑《けいべつ》』ということばが使われることを好まぬ。それならわたしはかれらの誇りにむかって話しかけよう。

それならわたしはかれらに、最も軽蔑すべき者について語ろう。それは末人(2)というものである」

こうしてツァラトゥストラは民衆にむかって次のように語った。

今こそ人間がみずからの目標を立てるべき時である。人間がみずからの最高の希望の萌《ほう》芽《が》を植えつけるべき時である。

まだ今は、人間の土壌は、その植えつけをなしうるほどに豊かである。しかし土壌はやがて痩《や》せ、軟弱になるだろう。そしてそこからはもう一本の大樹も生《お》い出ることはなくなろう。

かなしいかな。やがてその時が来るだろう、人間がもはや、かれの憧《あこが》れの矢を人間を超えて射放つことがなく、おのれの弓の弦《つる》を鳴りひびかせることをも忘れる時が。

わたしはあなたがたに告げる、人間は今もおのれのうちに混沌《こんとん》をもっていて、舞踏する星を産み出すことができなければならぬと。(3) わたしはあなたがたに告げる、あなたがたは今も混沌をおのれのうちにもっていると。

かなしいかな。やがてその時は来るだろう、人間がもはやどんな星をも産み出さなくなる時が。かなしいかな。最も軽蔑すべき人間の時代が来るだろう、もはや自分自身を軽蔑することのできない人間の時代が来るだろう。(4)

見よ。わたしはあなたがたにそういう末人を示そう。

「愛とは何か。創造とは何か。憧れとは何か。星とは何か」――そう末人《まつじん》はたずねて、まばたきする。

そのとき大地は小さくなっている。そして、その上にいっさいのものを小さくする末人が飛びはねているのだ。その種族は蚤《のみ》のように根絶しがたい。末人は最も長く生きつづける。

「われわれは幸福を発明した」——末人はそう言って、まばたきする。

かれらは、生きることがつらく苦しい土地を去った。生きるには温《ぬく》みが必要だからである。そのうえ隣人を愛して、それと身をこすりあわせる。温みが必要だからである。

病気になることと不信をもつことは、かれらにとっては罪である。かれらは歩き方にも気をくばる。石につまずく者、もしくは人につまずく者(5)は愚者とされる。

ときどき少量の毒(6)を用いる。それは快い夢を見させてくれるからである。そしてついには多量の毒に進み、快き死に至る。

かれらもやはり働く。というのは働くことは慰みになるからだ。しかしその慰みが身をそこねることがないように気をつける。

かれらはもう貧しくなることも、富むこともない。両者ともに煩わしすぎるのだ。もうだれも統治しようとしない。服従しようとしない。両者ともに煩わしすぎるのだ。(7)

牧人は存在しない、存在するのはただ一つの畜群である。すべての者は平等を欲し、平等である。そう思うことのできない者は、志望して精神病院にはいる。

「むかしは、世界をあげて狂っていた」——そう洗練された人士は言って、まばたきする。かれらはみな怜悧《れいり》であり、世界に起こったいっさいのことについて知識をもっている。だからかれらはたえず嘲笑《ちょうしょう》の種を見つける。かれらも争いはする。しかしすぐに和解する——そうしなければ胃をそこなうからだ。

かれらはいささかの昼の快楽、いささかの夜の快楽をもちあわせている。しかし健康をなによりも重んずる。

「われわれは幸福を発明した」——そう末人たちは言う。そしてまばたきする。——

ここでツァラトゥストラの最初の言説は終わった。それはかれの「序説」とも呼ばれているものである。そこで終わったのは、群衆の叫びと歓喜が、かれをさえぎったからである。「われわれにその末人を与えよ、おお、ツァラトゥストラ」——そうかれらは叫んだ——「われわれをその末人たらしめよ。そうすれば超人はおまえにゆだねよう」そして群衆のすべては歓呼し、舌を鳴らした。しかしツァラトゥストラは悲しんで、自分の心にむかって言った。

「かれらはわたしを理解しない。わたしはこれらの耳に説くべき口ではない。

あまりに長くわたしは山中に住んだ。あまりに多くわたしは谷川と樹木の声に耳をかたむけた。いまわたしは山の山羊《やぎ》飼いに語りかけるように、かれらに語りかけたのだ。

わたしの心は不動であり、正午を前にした山岳のように明るい。しかしかれらはわたしが冷ややかであり、すさまじい諧謔《かいぎゃく》を弄《ろう》する嘲笑者であると思っている。

そしていまかれらはわたしに目を向けて、笑っている。そのうえ、笑いながら、わたしを憎んでいる。かれらの笑いのなかには氷がある」

(1)内発性のない寄せ集められた知識。
(2)以下説かれるように、現代文明の生んだ、生産性のない教養俗人。
(3)宇宙創成にたとえて、ゆたかな生産性を要求している。混沌は、発展の可能性をもつ未形成の活力。そこから踊るように生き生きしたよいものの誕生を期待する。
(4)大きい理想とくらべて自分を軽蔑するところに成長があるのに。
(5)人間関係をまじめに考えて、それに苦しんだり、失敗したりする者。
(6)ニコチンその他。末人は快楽主義者だから。
(7)すべて安易な平等観。個人主義的で、政治にも背を向ける。

6

未来への綱を渡るにも、暴力的、誇示的に、ひとを犠牲にしてそれをする者、また真に自分の意志からするのではない者がいる。

しかしそのとき、すべての者の口をつぐませ、すべての者の目を釘《くぎ》づけにした事件が起こった。つまり、そのあいだにあの綱渡り人は自分の仕事を始めていた。かれは塔の小さい扉から出て、いま綱の上を歩んでいる。その綱は二つの塔のあいだに張られたものであり、したがって市場と群衆の頭上にかかっているのである。かれがちょうど綱の中央にさしかかったとき、あの小さい扉がもう一度開いた。そして五つの色を取りまぜた服を着た、道化師まがいの男が飛び出して、足ばやに最初の男を追って綱を渡りはじめた。「進め、足萎《あしな》えめ」とかれの恐ろしい声が叫んだ。「進め、怠けもの、密売者、半病人め。このおれの踵《かかと》によってくすぐられるな。おまえはこの塔と塔のあいだで何をしているのだ。おまえはあの塔の中にいるのが分相応だ。そこへおまえを押しこめておくのがよかったのだ。おまえはおまえより優《すぐ》れた者の自由な進路をふさいでいるのだ」――一語一語とともにその男は綱渡り人に近づいた。そしてその背後にあと一足と迫ったとき、おそるべき事が起こった。万人の口はことばを発せず、万人の目は釘づけにされて見開いた――その道化師は悪魔のような叫び声をあげて、おのが行く手をふさいでいる者を飛び越えたのである。だが飛び越された綱渡り人は、自分の競争者の勝利を見るや、冷静さを失い、綱を踏みはずした。手にもっていた竿《さお》も投げ出して、それよりも早く地上をさして墜《お》ちた。手と足の旋回であった。市場と群衆とは、嵐《あらし》が吹きくぼめる海であった。すべての者に逃げ散り、逃げまどって重なり倒れた。綱渡り人の落ちてくるところでは、それが最もはなはだしかった。

しかし、ツァラトゥストラは動かなかった。ちょうどかれのわきに綱渡り人の身体は落ちた。砕かれたむざんな姿であった。だが、息はまだ絶えていなかった。しばらくすると、この五体の破れた男に意識がもどってきた。そして自分のそばにツァラトゥストラが身をかがめているのを見た。「あなたはここで何をしているのか」と、ついにかれはことばを発した。「わたしは前から知っていた、悪魔がわたしの足をすくうであろうことを。いまかれはわたしを地獄へ引いてゆく。あなたはこれを防いでくれるだろうか」

「わたしは誓って言う、友よ」と、ツァラトゥストラは答えた。「君が言っているようなものはすべて存在しないのだ、悪魔も地獄も。君の霊魂は君の肉体よりも早く死に就くだろう。(2) それゆえもう何も恐れることはない」

男は疑わしげな目をあげた。「あなたの言うことが真実なら、わたしは生命《いのち》を失っても、何も失いはせぬ。わたしは鞭《むち》とささやかな餌《えさ》で踊ることを仕込まれた一匹の動物以上のものではないのだから(3)」

「そうではない」と、ツァラトゥストラは言った。「君は危険をおかすことを君の職とした。それは、すこしも卑しむべきことではない。いま君は君の職によって滅びてゆくのだ。君のためにわたしは君をこのわたしの手で葬ろう」

ツァラトゥストラがこう言ったとき、死んでゆく人にはもう答えがなかった。ただわずかにその手を動かした。あたかも感謝をもってツァラトゥストラの手をさがそうとするかのように。――

(1) 塔は牢の塔であった。

(2) ツァラトゥストラは、綱渡り人を、天国の夢、したがって地獄や悪魔への恐れなどの幻想でたぶらかすことをせず、ただ生死の実相を語って、はなむけとする。これがかれの考える愛、また相手への尊敬である。霊魂不滅も夢にすぎず、したがって死後の世界への恐怖もありえない。

(3) 綱渡り人は、危険を職としてはいたが、結局、習俗にとらわれてそれをした者で、真の独立人でなかったことを自覚して告白する。しかし危険をおかしたその生き方への、ツァラトゥストラの同情はうかがえる。

7

人生は一道化師によっても運命を左右されるほどたわいのない無意味なものである。あくまで超人という意味を教えなくてはならぬ。

そうしているうちに日は暮れ、市場は夕闇《ゆうやみ》につつまれた。群衆は散って行った。好奇心と恐怖にも倦怠《けんたい》は来るものである。しかしツァラトゥストラは、独り、死者のかたわらにいて地上にすわり、深く思いに沈んだ。こうして時を忘れた。やがて夜となり、冷ややかな風がこの孤独の人を吹いて過ぎた。しずかにツァラトゥストラは身を起こして、おのれの心にむかって言った。

「まことに、よい漁獲をきょうツァラトゥストラはした。人間を捕えはしなかった。しかし一つの屍《しかばね》を獲《え》た。

人間として生存することは無気味であり、しょせんそれは意味をもたない。それにとっては、一人の道化師さえ、宿命的な事件となりうるのだ[1]。

わたしは人間たちにかれらの存在の意味を教えよう。意味とはすなわち超人である。人間という暗黒の雲を破ってひらめく電光である。

しかし、まだわたしと人間たちとの距離は遠い。そしてわたしの思うところは、かれらの思うところに語りかけていない。わたしは、人間たちの目から見れば、道化師と屍との中間のものにすぎないのだ(2)。

夜は暗い。ツァラトゥストラの道も暗い。さあ、いっしょに来たまえ、冷たい、こわばった同伴者よ。わたしは君を運ぼう、そしてこの手で君を葬ろう」

(1) 要するに、人生は測りがたくて、無気味である。一人の道化師(たとえばヒトラー)が出ても、世界歴史は変わり、無数の人が非運に泣く。

(2) 民衆が自分の真の姿を理解しないことを嘆く。

8

あの道化師は、つまりは俗衆の仲間であった。屍《しかばね》をあつかいながらその価値をあげつらう墓掘り人や善意に自足している老翁がいる。

ツァラトゥストラはこうおのれの心にむかって言った。それから屍を負って、歩きはじめた。すると、百歩とは行かないうちに、一人の男がそっとかれに近づいてきて、その耳にささやいた。――見よ、それはあの塔からおどり出た道化師であったのだ。「この町を去るがいい、ツァラトゥストラよ」とかれは言った。「この町ではあまりに多くの者が君を憎んでいる。善良で正しい者も君を憎んでいて、君を敵、侮辱者と呼んでいる。正しい信仰を奉じている信仰者も君を憎み、君を民衆にたいする危険と呼んでいる。人々が君を笑いものにしたのは、君のしあわせだった。また実際君は道化師のように語ったのだ。君があのくたばった犬と組んだのは、君のしあわせだった。それほどに身を低くしたので、君はきょうは君自身の命を救ったのだ。だがこの町からは去りたまえ——そうでなければ明日わしは君を飛び越えるだろう。わしは君を飛び越えて生き、君は落ちて死者となるだろう」そう言い終わると、その男は姿を消した。ツァラトゥストラは暗い町筋を通って歩みつづけた。

　町の門のところで、ツァラトゥストラは墓掘り人たちに会った。かれらはたいまつでかれの顔を照らし、ツァラトゥストラと知って、大いに笑った。「ツァラトゥストラが死んだ犬を担いで退散する。りっぱなことだ、ツァラトゥストラが墓掘り人になったとは。われわれの手はこの腐れ肉をあつかうには、きれいすぎる。ツァラトゥストラは悪魔から食物のひとかけらを奪おうとしているのか。それもよかろう。たっぷりと味わうがいい。ただ悪魔のほうがツァラトゥストラより老巧な盗人《ぬすびと》でなければよいが。——悪魔は生きている人間も死んだ犬も盗むから。生きている人間も死んだ犬も取って食うから」そう言って、墓掘り人たちは声をそろえて笑い、したり顔でうなずきあった。

　ツァラトゥストラはそれにたいしてひと言も答えず、おのれの道を進んだ。森のほとり、沼のほとりを二時間ほど歩んだとき、かれは飢えた狼《おおかみ》たちの吠《ほ》え声をおびただしく聞いた。と、かれ自身にも飢えがやってきた。そこで、あかりのもれている、とある一つ家の前に立ちどまった。

「わたしは飢えにおそわれた」と、ツァラトゥストラは言った。「追いはぎにおそわれたように。森と沼のなかで、わたしは飢えにおそわれた、しかもこの深夜に。

わたしの飢えには妙な気まぐれがある。しばしばそれは食後にはじめてやってくる。[1] きょうは終日やってこなかった。どこにひそんでいたのだろう」

そう言いながらツァラトゥストラはその家の扉をたたいた。すると一人の老翁が現われた。あかりを手にしていた。そしてたずねた。「わしのところに来たのはだれだ、わしの浅い眠りを驚かす者は？」

「一人の生者と一人の死者だ」と、ツァラトゥストラは言った。「食べ物と飲み物を与えてくれ。わたしは日中には飲食することを忘れていた。飢える者に食を供すれば、みずからの魂をたのしませる、と知者も言っている」

老人は去ったが、すぐもどってきて、ツァラトゥストラにパンと葡萄《ぶどう》酒を供した。「ここは飢えているものには悪い土地だ」とかれは言った。「だからわしはここに住んでいる。[2] 動物も人間も、隠者のわしのところに来る。だが、君の道連れにも、食べ物と飲み物を与えるがよい。かれは君よりも疲れている」ツァラトゥストラは答えた。「わたしの道連れは死者だ、飲み、食うように、かれを説得することは困難だろう」「それはわしの知ったことではない」と、老人はふきげんな声で言った。「わしの門をたたく者は、わしの供するものをも受けなければならない。君たちは共に食って、息災に去るがよい」——

それからツァラトゥストラは、さらに二時間歩みをすすめ、道と星の光をたよりにした。かれは夜道を行くことに慣れた歩行者であり、すべて眠っているものの顔をながめることを好んでいた。(3) しかし空がしらみかけたとき、ツァラトゥストラは自分が深い森にはいっているこ とに気がついた。道はどこにも見あたらなかった。そこでかれは死者を、とある木の空洞の中に置いて——死者を狼から守ろうとしたのである——、自分はその木の根をまくらにして、土と苔《こけ》の上に身を横たえた。そしてたちまちに寝入った。肉体は疲れていたが、魂は不動であった。

(1) 食べれば、いよいよ飢餓が増すことは精神的欲求の場合によくある。ツァラトゥストラの飢え方が、通常の生理的な飢えでないことを暗示する。

(2) この前後、人生の裏街道に住んでいて、人助けをしようという慈善事業などを思わせる。善意はあるが、独断的で押しつけがましいところがある。

(3) 眠っているときは、万物がいつわりのない姿を露呈する。

9

一般民衆を教えようとしたあやまりを悟り、少数の同志、刈入れを共にする者を選んで、おのが新しい創造の福音を伝えようとする。

ツァラトゥストラは長く眠った。暁の光ばかりではなく、正午近い日も、かれの面《おもて》を過ぎて行った。しかしついにかれの目は開いた。いぶかりながらかれは森とその静寂を見つめた。いぶかりながらかれは自分の内部を見つめた。と、急いでかれは身を起こした。突然陸地をみつけた航海者のようであった。そして歓呼の声をあげた。一つの真理をかれは見たからである。こうしてかれはおのれの心にむかって言った。

「一つの光がわたしに立ちのぼった。わたしは伴侶《はんりょ》を必要とする、しかも生きた伴侶を。——わたしが必要とするのは、わたしの思うところへ運んでゆくことのできる死んだ伴侶や死骸《しがい》ではない。

いや、わたしの必要とする生きた伴侶は、おのれに従おうとするからこそ、わたしに従い、わたしの行こうとするところへ進む者たちである。

一つの光がわたしに立ちのぼった。ツァラトゥストラは民衆に語るのではなく、伴侶たちに語るのだ。ツァラトゥストラは畜群の牧人、牧犬となるべきでない。

畜群のなかからあまたの者(1)をおびき出すこと――そのためにわたしは来たのだ。わたしは民衆と畜群を怒らせよう。ツァラトゥストラは牧人どもから強奪者と呼ばれることを欲する。

牧人どもとわたしに呼ぶ。しかしかれらはみずからを善い者、正しい者と称している。牧人どもとわたしは呼ぶ。しかしかれらはみずからを正しい信仰を奉ずる信者と称している。

見よ、これらの善い者、正しい者を。かれらが最も憎むのはだれか。かれらの価値の表《ひょう》(2)の板を砕く者である――破壊者、犯罪者である。――だが、それこそが創造する者なのだ。

見よ、あらゆる信仰に属する信者を。かれらが最も憎むのはだれか。かれらの価値の表を砕く者である――破壊者、犯罪者である――。だが、それこそが創造する者なのだ。

創造する者が求めるのは伴侶だ、死骸ではない。また畜群でも信者でもない。創造する者が求めるのは、新しい価値の表を新しい板に書きしるす創造の参加者である。

創造する者が求めるのは、伴侶だ、共に収穫する者だ。創造する者の前には一切が熟して、刈入れを待っている。かれに欠けているのは百の鎌《かま》だ。それでかれは穂をむしり散らして、いらだつのだ。

創造する者が求めるのは伴侶だ。おのれの鎌を鋭利に研ぐことを知っている者だ。それ

は破壊者、善と悪との侮蔑《ぶべつ》者と呼ばれるだろう。しかし、それが刈り入れる者、ことほぐ者なのである。(3)

創造を共にする者を、ツァラトゥストラは求める。刈入れを共にする者、ことほぎを共にする者を求める。畜群、牧人、死骸と何のかかわりがあろう。

そしておまえ、わたしの最初の道連れよ、やすらかに横たわっているがいい。心してわたしはおまえをおまえの木の洞穴《ほらあな》のなかに葬った。心してわたしはおまえを狼《おおかみ》の群れから隠した。

しかし、いまわたしはおまえと別れる。時がめぐったのだ。黎明《れいめい》と黎明のあいだに一つの新しい真理がわたしを訪れたのだ。

わたしは牧人になるべきではない、墓掘り人になるべきではない。わたしは民衆を相手にけっしてふたたび語るまい。死者に語ったのは、これが最後だ。

創造する者、刈り入れる者、ことほぐ者とわたしは結ぼう。わたしはかれらに虹《にじ》を示そう、また超人へ昇ってゆくいっさいの階段を。

独り隠れ住んでいる者にわたしはわたしの歌をうたって聞かせよう。また二人して隠れ住んでいる者たちにも。(4) そしていまだかつて耳にしなかったことを聞く耳をまだ失わないでいる者の心を、わたしはわたしの幸福でずっしりと満たそう。(5)

わたしはわたしの目標を目ざす。わたしはわたしの道を行く。ためらう者、怠る者をわたしは飛び越そう。こうしてわたしの行路はかれらの没落であるように」

(1) 理想に目ざめて畜群に反逆する者を。
(2) モーゼの十戒を刻んだ石の板を連想した。それぞれの社会の定着した価値意識、そしてその体系。
(3) 創造の所産を収穫し、そして収穫の祝祭をする。
(4) 隠れ住む者 Einsiedler の Ein を「一つ」の意味にとり、Zweisiedler（二人して隠れ住む者）と造語したのである。隠栖者《いんせい》ということに重点があるので、数に特別な意味はない。二人打ち連れた隠栖者もないことはあるまい。
(5) ツァラトゥストラの創造的な新しい教説。

10

ツァラトゥストラは、自分の道が苦難にみちていることを予感しながら出発する。自分に鷲《わし》の誇りと蛇の賢さを願いながら。

これらのことをツァラトゥストラがおのれの心にむかって語りおえたとき、正午の太陽がかれの頭上にかかった。そのときかれは問いのまなざしを空に向けた――高みに鋭い鳥の声を聞いたからである。と、見よ。一羽の鷲《わし》が大いなる輪を描いて空中を舞っていた。そしてその鷲には一匹の蛇がまつわっていた。鷲の獲物ではなく、友であるように見えた。鷲の頸《くび》にすがるようにして巻きついている。

「これはわたしの生き物たちだ[1]」とツァラトゥストラは言い、心から喜んだ。

「太陽のもとにおける最も誇り高い生き物と太陽のもとにおける最も賢い生き物――かれらは偵察しようとして出てきたのだ。

ツァラトゥストラがまだ生きているかを、知ろうとしているのだ。まことに、わたしはまだ生きているだろうか。

わたしは知った、人間たちのもとにいるのは、動物たちのもとにいるより、はるかに危険なことを。危険な道をツァラトゥストラは歩いている。わたしの生き物たちがわたしを導いてくれるように！」

こう言ったとき、ツァラトゥストラは森のなかの超俗の人のことばを思い出した。嘆息して、おのが心にむかって言った。

「わたしはより賢くありたい。わたしの蛇のように根底から賢くありたい。

しかし、それは不可能な願いだ。それならわたしは、わたしの賢さがつねに誇りを失うことがないように願う[2]。

そしていつかわたしの賢さがわたしを捨てることがあったら――ああ、この賢さというものはいつも女のように逃げ出したがっている――そのときは、わたしの愚かさが誇りをもって飛翔《ひしょう》するようでありたいものだ」

――こうしてツァラトゥストラの没落ははじまった。

(1) ツァラトゥストラの山中生活のときの伴侶《はんりょ》であった鷲と蛇。一二ページ参照。

(2) 自分がそれほど賢くなくとも、また愚かしくなるようなことがあっても、それをおのれの受けるべき運命として担い、自主的に生きる誇りだけは失うまい。

ツァラトゥストラの言説

三様の変化

同志への教説が始まる。重荷に堪える義務精神から自律へ、さらには無垢《むく》な一切肯定のなかでの創造へ。これが超人誕生の経路である。

わたしは君たちに精神の三様の変化について語ろう。すなわち、どのようにして精神が駱駝《らくだ》となり、駱駝が獅子《しし》となり、獅子が小児となるかについて述べよう。

畏敬《いけい》を宿している、強力で、重荷に堪える精神は、数多くの重いものに遭遇する。そしてこの強靭《きょうじん》な精神は、重いもの、最も重いものを要求する。

何が重くて、担うのに骨が折れるか、それをこの重荷に堪える精神はたずねる。そして駱駝のようにひざまずいて、十分に重荷を積まれることを望む。

最も重いものは何か、英雄たちよ、と、この重荷に堪える精神はたずねる。わたしはそれを自分の身に担って、わたしの強さを喜びたいのだ。

最も重いのは、こういうことではないか。おのれの驕慢《きょうまん》に痛みを与えるために、自分を低くすることではないか①? 自分の知恵をあざけるために、自分の愚かさを外にあらわすことではないか②?

もしくは、こういうことか。自分の志すことが成就して勝利を祝うときに、そのことから離れることか③。誘《いざな》う者を誘うために、高い山に登ることか④。

もしくは、こういうことか。乏しい認識の草の実によって露命をつないで、真理のためにおのが魂の飢えを忍ぶことか⑤。

もしくは、こういうことか。病んでいるのに君は、君を慰めに来る者を家に帰らせ、君の望むことをけっして聞くことのない聾者《ろうしゃ》と交わりを結ぶということか。

もしくは、こういうことか。真実の水であるならば、どんなにきたない水であっても、そのなかに下り立ち、冷ややかな蛙《かえる》をも熱気のあるがまをも追いはらおうとしないことか⑥。

もしくは、こういうことか。われらを軽蔑《けいべつ》する者を愛し、妖怪《ようかい》がわれらを恐れさせようとするときに、それに手をさしのべることか。

すべてこれらの最も重いことを、重荷に堪える精神は、重荷を負って砂漠へ急ぐ駱駝のように、おのれの身に担う。そうしてかれはかれの砂漠へ急ぐ。

しかし、孤独の極みの砂漠のなかで、第二の変化が起こる。そのとき精神は獅子となる。精神は自由をわがものとしようとし、自分自身が選んだ砂漠の主《あるじ》になろうとする。

その砂漠でかれはかれを最後に支配した者を呼び出す。かれはその最後の支配者、かれの神の敵となろうとする。勝利を得ようと、かれはこの巨大な竜と角逐する。

精神がもはや主と認めず神と呼ぼうとしない巨大な竜とは、何であろうか。「汝《なんじ》なすべし」(7)それがその巨大な竜の名である。しかし獅子の精神は言う、「われは欲す」と。

「汝なすべし」が、その精神の行く手をさえぎっている。金色にきらめく有鱗《ゆうりん》動物であって、その一枚一枚の鱗《うろこ》に、「汝なすべし」が金色に輝いている。

千年にわたったもろもろの価値が、それらの鱗に輝いている。それゆえ、あらゆる竜のうちの最も強力なこの竜は言う。「諸事物のあらゆる価値――それはわたしの身に輝いている」と。

「いっさいの価値はすでに創《つく》られた。そして創られたこのいっさいの価値――それはわたしである。まことに、もはや『われ欲す』は、あってはならない」そう竜は言う。

わたしの兄弟たちよ。何のために精神の獅子が必要になるのか。なぜ重荷を担う、諦念《ていねん》と畏敬の念にみちた駱駝では不十分なのか。

新しい諸価値を創造すること――それはまだ獅子にもできない。しかし新しい創造を目ざして自由をわがものにすること――これは獅子の力でなければできないのだ。

自由をわがものとし、義務に対してさえ聖なる「否」を言うこと、わたしの兄弟たちよ、そのためには、獅子が必要なのだ。

新しい諸価値を立てる権利をみずからのために獲得すること――これは重荷に堪える敬《けい》

虔《けん》な精神にとっては、身の毛もよだつ行為である。まことに、それはかれにとっては強奪であり、強奪を常とする猛獣の行なうことである。

精神はかつて、「汝なすべし」を、自分の奉ずる最も神聖なものとして愛していた。いまかれはこの最も神聖なもののなかにも、迷妄と恣意《しい》を見いださざるをえない。そして自分が愛していたものからの自由を強奪しなければならない。この強奪のために獅子を必要とするのだ。

しかし思え、わたしの兄弟たちよ。獅子さえ行なうことができなかったのに、小児の身で行なうことができるものがある。それは何であろう。なぜ強奪する獅子が、さらに小児にならなければならないのだろう。

小児は無垢《むく》である、忘却である。新しい開始、遊戯、おのれの力で回る車輪、始原の運動、「然《しか》り」という聖なる発語である。(8)

そうだ、わたしの兄弟たちよ。創造という遊戯のためには、「然り」という聖なる発語が必要である。そのとき精神はおのれの意欲を意欲する。世界を離れて、おのれの世界を獲得する。(9)

精神の三様の変化をわたしは君たちに述べた。どのようにして精神が駱駝になり、駱駝が獅子になり、獅子が小児になったかを述べた。――

ツァラトゥストラはこう語った。そのときかれは「まだら牛」と呼ばれる都市に滞在していた。

（1）自分自身の驕慢を反省して、それを打破すること。以下、ツァラトゥストラの考える「最も重い（困難な）こと」を列挙する。
（2）自分のなまなかな賢さを自嘲《じちょう》して、故意に自分の愚かさを見せつけようとする逆説的な誠実。
（3）成功の結果に安住せず、さらに新しい困難を目ざす。
（4）「誘う者」とは、荒れ野でイエスをためし、誘惑したサタンのような者。そういう者に誘われるのを待たず、すすんでそれを自分の道へ誘うために勝負をいどむこと。
（5）主として学的認識のつらさをさす。
（6）真実追究のためには醜やけがれをもいとわぬ。近代文学にはその傾向がつよい。
（7）精神が信奉した当為、道徳的命令。その最高のものは義務。それに次いでは習俗的な種々の価値体系。
（8）小児にとって、善悪正邪の区別はなく、世界と生における一切は、そのままで肯定される。このことが自由な創造の第一歩である。
（9）習俗的世界を離れておのれの固有な世界を。

徳の講壇

前章で説いた創造の道に対比して世俗的道徳にひそむ功利的精神を戯画的にえぐる。つまり、それは眠るために生きる精神である。

ツァラトゥストラは一人の賢者の名声を聞いた。その賢者は眠りと徳とについて説くことが巧みで、そのために高く敬われ、報いられ、すべての青年がその講堂に集まるという。その賢者のもとにツァラトゥストラは行き、すべての青年とともにその講義を聞いた。さて、その賢者はこう語った。

眠りにたいして敬意と羞恥《しゅうち》の心をもて。これが根本のことである。そしてよく眠らぬ者、夜も目ざめている者を避けよ。

盗人《ぬすびと》さえ眠っている者には羞《は》じらって、夜はいつも足音をしのばせて歩く。羞じらいのないのは、夜の見張人である。羞じらいもなくかれは角笛を持ち歩く。

眠るということは、けっして容易なわざではない。眠るためには、終日目ざめていなければならぬ。

十度、おまえは昼のあいだに自分に打ち克《か》たなければならぬ。それは快い疲労をもたらし、魂の麻薬となる。

十度、おまえは自分との和解を取りもどさなければならぬ。自分に克つことには不満がのこるから、和解をすましていない者は、よく眠ることができない。

十の真理をおまえは昼のあいだに見いださなければならぬ。そうでないと、おまえは夜も真理をさがし求めることになる。それでもおまえの魂は空腹のままである。

十度、おまえは昼のあいだに笑って、快活を保っていなければならぬ。そうしないと夜になって、憂愁の父である胃が、おまえの安静を乱すだろう。

次のことを知る者は少数である。よく眠るためには、あらゆる徳をもたねばならぬ。このわたしが偽証をするだろうか。姦淫《かんいん》を行なうだろうか。

隣人の端女《はしため》に色情を起こすだろうか。それらすべてはよい眠りとあい容《い》れないものである。

さらに、たとえわれわれがすべての徳を所有しているにしても、われわれはなお一つのことを心得ていなければならぬ。それは徳をさえも、適時に眠りにつかせることである。(1)

このしとやかな女たち、あれこれの徳が、互いにいがみあいをはじめぬために、である。おまえを奪いあう、そのいがみあいがはじまったら、そのときのおまえの不幸は目に見えている。

神、そして隣人と平和を保て。よい眠りはそれを要求する。そして隣人のうちにひそむ悪魔とさえも平和を保て。(2) さもないと、その悪魔は夜な夜なおまえのほとりに出没して、おまえを煩わすことだろう。

　官庁を敬って服従するを忘れるな。たとえゆがんだ官庁でも。よい眠りはそのことを要求する。権力は好んでねじけた歩き方をするが、それをわたしがどうすることができようか。

　自分の受け持つ羊の群れをもっとも緑の濃い野に導いてゆく者、これをわたしは最良の牧人とたたえよう。(3)そういう態度はよい眠りと親交の間柄にある。

　多くの名誉をわたしは欲しない。また大きい財宝をも欲しない。そういうものは脾臓《ひぞう》に炎症を起こさせる。しかし、なにかのよい評判といささかの財宝がなくては、よい眠りはやってこない。

　小さい範囲の社交は、わたしには悪質の社交(4)より好ましい。しかし、その社交は、わたしを妨げないよう、時を得たものでなければならない。そうすればそれはよい眠りと調和する。

　心の貧しい者たちも、大いにわたしの意にかなう。かれらは眠りの保護者である。かれらはきわめて幸福である。ことにかれらのありかたが周囲からいつも是認されているような場合には。

　徳の所有者はこのように昼を過ごす。さて夜が来ると、わたしは眠りを呼ぶことは心して避ける。もろもろの徳の主《あるじ》である眠りは呼ばれることを欲しない。

眠りを呼ぶことはしないで、わたしは昼のあいだにわたしがしたこと、考えたことを考える。反芻《はんすう》しながらわたしは自分にたずねる、牝牛《めうし》のようにがまんづよく。おまえがおまえ自身に打ち克った十のことというのは何であったかと。

それからあの十の和解、十の真理、わたしの心をくつろがした十の笑いは、何であったかと。

このようなことに思いをめぐらし、四十の思いに揺すぶられていると、ふいに、あの呼ばれぬもの、もろもろの徳の主である眠りが、わたしを襲うのだ。

眠りはわたしのまぶたの扉《と》をたたく。と、まぶたは重くなる。眠りはわたしの口に触れる。と、わたしは放心して口をあける。

まことに、音もなく足を運んで、かれはわたしのところにやってくる、盗人のうちの最も愛すべきこの盗人は。そしてわたしの思念をうばう。愚かしげにわたしはじっとして動かない。この講壇の卓のように。

しかし、いつまでもわたしはじっとしてはいない。わたしはすぐ横になる。——

賢者がこのように語るのを聞いたとき、ツァラトゥストラは、心中に笑いの声をあげた。それを聞いて一つのことをかれは悟ったからである。そしてかれはおのれの心にむかって言った。

四十の思いに揺すぶられているこの賢者は、わたしの目には阿呆《あほう》である。しかしわたしは信ずる、かれが眠るすべをよく心得ていることを。

この賢者の近くに住む者は、それだけで幸福である。こういう眠りは伝染する。厚い壁をも通して伝染する。

ある魔力がこの講壇そのものにひそんでいる。青年たちがこの徳の説教者の講義を聞いたのは、むだに時間を過ごしたのではない。

かれの知恵は、目ざめていることを、よく眠るための手だてにせよ、ということである。そしてまことに、生になんの意味もなく、わたしが無意味⑤を選ばねばならぬとしたら、わたしにもかれらのこの知恵は、最も選ぶにあたいする無意味であろう。

いまわたしは明らかに知った。かつて人々が徳の教師を求めたとき、かれらが第一に求めたものは何であるかを。よい眠りを得ることを人々は求めたのだ、そしてそのためにけしの花⑥のような徳を求めたのだ。

名声の高いすべてこれらの講壇の賢者にとっては、知恵とは夢のない眠りであったのだ。かれらは生のよりよい意味を知らなかったのだ。

こんにちでも、この徳の説教者のような者がいる。ただこれほど正直に語らないだけだ。しかしそういう者たちの時は過ぎた。もう長くはかれらは立ちつづけてはいまい。早くもかれらは身を横たえている。

眠気をもよおしているこれらの者は幸いである。やがてかれらの頭は点頭《うなずき》をはじめるだろうから。――

ツァラトゥストラはこう語った。

（1）たとえば、独立心と従順の二つの徳はなかなか折り合わない。だから状況に応じて、やっかいな徳は眠らせる必要がある。
（2）隣人の内部にひそむ悪とも戦わず、妥協するがいい。さもないと常に迷惑がかかる恐れがある。
（3）快適な生活ができるようにしてくれる政府などをほめたてる。
（4）「大きい範囲の社交より好ましい」でなければ、論理に合わない。著者はそれを承知のうえで、「大きい範囲の社交イコール悪質の社交」という等式をたてた。
（5）「知恵」というところを辛辣《しんらつ》に「無意味」と言った。
（6）外見は美しいが、人を眠らす麻薬のもとである。

背面世界論者

世界の背面・背後に神や原理を仮定して現実逃避をする背面世界論者（宗教者や形而上学者）の動機を突き、大地への忠実を説く。

かつてはツァラトゥストラも、すべての背面世界論者のようにその妄想を人間の彼岸《ひがん》に馳《は》せた。そのとき、わたしには世界は、苦しみと悩みにさいなまれている一個の神の製作物と思えた。(1)

世界は、そのときわたしには、一個の神の夢であり詩であると思えた。不満な神的存在者の眼前にただよう多彩な煙と思えた。

善と悪と快と苦と我と汝《なんじ》(2)――それらは創造者の眼前にただよう多彩な煙と思えた。創造者は自分というものから目をそらそうとした。――こうしてかれはこの世界を創造した。(3)

苦悩する存在者にとっては、おのれの苦悩から目をそらし、自分を忘れることは、陶酔的な歓楽である。陶酔的な歓楽と忘我、それがこの世界だと、かつてわたしには思われた。

この世界、永遠に不完全な世界、永遠につづく矛盾の写し絵、それも不完全な写し絵――不完全なその創造者にとっての陶酔的な歓楽(4)――それがこの世界だと、かつてわたしには思われた。

それゆえ、わたしもわたしの妄想を人間の彼岸に馳せた、すべての背面世界論者のように。だが、人間の彼岸に思いを馳せて、真理にはいることができたであろうか。

ああ、兄弟たちよ、わたしのつくったこの神は、人間の製作品、人間の妄念であったのだ。あらゆる神々がそうであるのと同じように。

その神は人間であったのだ。しかも人間とその「我」のあわれなひとかけらにすぎなかったのだ。わたし自身の灰と炭火の中からこの妖怪《ようかい》は、やってきた。そしてまことに！それは彼岸から来たのではなかったのだ。

だが、それから何が起こったろうか、わたしの兄弟たちよ。わたしは、悩んでいる自分自身に打ち克《か》った。わたしはわたし自身の灰を山上に運んだ。(5)より光のつよい炎をわたしは燃え立たせた。すると見よ、その妖怪はわたしから退散したのだ。

わたしは快癒した。いま、このような妖怪を信じようとするなら、それはわたしには苦悩であり、呵責《かしゃく》であろう。苦悩であり、屈辱であろう。わたしは背面世界論者にむかって、そう告げる。

苦悩と無能――それがすべての背面世界を創《つく》り出したのだ。また最も苦悩する者だけが経験するあのつかのまの幸福の妄想(6)が、それらの背面世界を創り出したのだ。

ひと飛びで、決死の跳躍で、究極的なものに到達しようと望む疲労感、(7)もはや意欲することをさえ意欲しない疲労感、それがあらゆる神々と背面世界を創り出したのだ。

兄弟たちよ、わたしの言うことを信ずるがいい。現世のわれわれの肉体に絶望したのは、現世のわれわれの肉体そのものであったのだ。――それが昏迷《こんめい》した精神のかぼそい指を使って、いや果ての壁へと手探りをこころみたのだ。(8)

兄弟たちよ、わたしの言うことを信ずるがいい。大地に絶望したのは、われわれの現実

の肉体であったのだ。――存在の「腹」の語りかけを聞いたのは、われわれの現実の肉体であったのだ。(9)

それで肉体は、頭で、いや果ての壁を突き破り(10)――いや、頭だけでやったのではない――、「あの世界」へ移ろうとしたのだ。

しかし「あの世界」、人間から離れた非人間的なあの世界、あの天上の無には、人間にはうかがうすべもなく隠されている。そして存在の「腹」は、人間的な現われ方をしなければ、けっして人間に語りかけることはないのだ。(11)

まことに、あらゆる存在は証明しがたく、語らせがたい。(12) だが、兄弟たちよ、あらゆる事物のうちで最も奇妙なものが、最もよくその存在を証明されているではないか。(13)

そうだ。この我、そしてその我の矛盾と混乱とは、その奇妙さにもかかわらず、最も率直にみずからの存在を語っている。いっさいの事物の尺度であり価値であるところの、創造し、意欲し、評価を行なうこの我は。

そして最も率直に、いつわりなく語るこの存在、この我は――つねに肉体について語ることを忘れない。この我は、それが詩作し、夢想し、破れた翼をはためかすときでさえ、(14) やはり肉体を欲しているのだ。

この我は、いよいよいつわりなく語ることを習得しつつある。そしていつわりなく語ることを習得すればするほど、いよいよ肉体と大地とをたたえ、敬うのである。

わたしの我は、一つの新しい誇りをわたしに教えた。それをわたしは人間たちに教える。もはや頭を彼岸的な世界の砂のなかに突っこむのではなく、いっさいの束縛を脱して、誇り高く昂然《こうぜん》と頭をもたげることを教えるのだ。大地にたいして意義を創造する現世の頭をもたげること。

一つの新しい意志をわたしは人間たちに教える。盲目的に人間が歩いてきたこの地上の道を自覚的に意欲することだ。そしてその道を是認し、病人や瀕死《ひんし》の者たちのように、もはやその道から抜け出そうとしないことだ。

肉体と大地をさげすみ、天上の世界と救済的な血のしずくとを発明したのは、病人と瀕死の者たちだったのだ。しかも、これらの甘やかな、よどんだ毒にしてからが、それはかれらが肉体と大地からつくったものなのだ⑮。

かれらはかれらのみじめさから脱出しようと願った。しかし星はかれらには遠すぎた。それでかれらは嘆息した。「ああ、今とは別の存在と幸福とにはいれる天上的な道があればいいに」と。——それでかれらは、かれらの抜け道と血の飲み物とを発明したのだ。

こうして自分らの肉体とこの大地から抜け出したと、かれらは信じた、これら忘恩の者たちは。けれども、かれらの有頂天で痙攣《けいれん》的なこの脱出は、何のおかげなのか。かれらの肉体とこの大地、ただそのおかげなのだ。

ツァラトゥストラは病める者にたいして温和である。かれは、かれらがしているような慰めの求めかた、忘恩のしかたに怒りはせぬ。願うのは、かれらが快癒する者、打ち克つ者になり、おのれのより高い肉体をつくり出さんことだ。

またツァラトゥストラは、快癒しつつある者が、おのれの感傷に甘えておのれの妄想を回顧し、真夜中におのれの神の墓のほとりを忍び歩きすることがあっても、それに怒りはせぬ。しかしそういう者の涙も、わたしから見れば、やはり病気であり、病んだ肉体であることに変わりはない。

詩作し、神への渇望に駆られた者たちのなかには、多くの病的なやからがいた。強烈にかれらは、認識する者を、そして諸徳のうちの最も若い徳、真実を語るという徳を憎悪するのである。

かれらは常に過去の蒙昧《もうまい》な時代を回顧する。もちろんその時代の妄想と信仰は、今とは別のものだった。理性の狂いが神との類似であり、それを疑うことが罪だった(17)。

現代における神の類似者たちのことを、わたしはあまりによく知っている。かれらは、自分がひとから信じられること、それへの疑いが罪になることを望んでいるのである。またかれら自身が何を最もよく信じているかを、わたしはあまりによく知っている。

まことに、背面世界と救済の血のしずくを、かれらは信じているのではない。かれらも肉体を最もよく信じているのだ。そしてかれら自身の肉体が、かれらの「物そのもの(18)」なのだ。

しかし、そのかれらの肉体が病んでいるのである。それゆえかれらは、おのれの皮膚から脱出しようとするのだ。それゆえかれらは死の説教者に耳をかたむけ、みずからも背面世界を説教するのだ。

わたしの兄弟たちよ、むしろ健康な肉体の声を聞け。これは、より誠実な、より純潔な声だ。

健康な肉体、完全な、ゆがまぬ肉体は、より誠実に、より純潔に語る。そしてそれは大地の意義について語るのだ。——

ツァラトゥストラはこう語った。

（1）現実の世界は不完全であるゆえ、それをつくった神も、苦悩しており、不満であると考えざるをえない。この「一個の神」を形而上学《けいじじょうがく》的な意志と解すると、ショーペンハウアー哲学の立場。ニーチェはかつてそれに傾倒した。

（2）矛盾にみちた世界の姿。「我と汝」は主観と客観の対立。

（3）悩める者が、おのれの悩みをまぎらすために、自分の外に表象的な物をつくる。芸術制作の動機にはそれが多い。そのことを造物主の心理に移入した。

（4）芸術制作の場合から類推すると、よくわかる。

（5）悩んでいる自分自身を、注（3）のようなしかたでまぎらすことをせず、自分に打ち克って、強い創造の意欲の道をとる。

（6）たとえば宗教的な陶酔など。

（7）疲労から辛抱強く進む気力を失い、一気に解決をはかり、究極のよりどころに飛びこもうとする。

（8）現世の自分の肉体に絶望したのは、肉体そのものであって、元来、魂や精神の問題ではない。ただその絶望の解決法が精神的な装いをしただけだ。

（9）存在の根幹、その本質。そういうものがあるとして（「腹」は戯画的表現）、それの語りかけを聞いたのは、精神ではなくて、肉体であったのだ。

（10）「頭で」は、「精神で」の意。精神で（いや、実は弱々しい感情もいっしょになって）、天上の世界へすがりついた。「いや果ての壁を突き破り……」は、われわれが自力でたどりついたような究極的なよりどころ（たとえば形而上学的な）をも突破して、宗教的な世界へ飛びこむ、の意であろう。

（11）存在の本質が、ただ霊的に人間に語りかけるということはなく、語りかけることがあるとすれば、ただ人間の感覚でつかめるように、人間的な現われ方をして、それをするのである。

（12）存在の問題は、けっきょく人知ではつかめない。

（13）次の文節で、その意味を説明している。

（14）たどたどしく精神上の活動をするときでさえ。

(15) そういう阿片《あへん》のような宗教的救いという毒の生産された動機は、現実（肉体と大地）の問題から来ている。

(16) 過去のものとなった神への郷愁を捨てきれぬ。

(17) 古代ギリシアのディオニュソス礼拝のように、「神との類似」である「理性の狂い」は、つよい活力にみちており、なまなかな知的な懐疑は罪とされた。現代のなまぬるい宗教的態度とは違う。

(18)「物自体」ともいう。不可知の究極的なものをさすカントの用語。宗教的な「かれら」が、いろいろ究極的なもののことを言うが、かれらの宗教の根本的動機、もしくは本尊は、かれら自身の肉体（現世的な意志）なのだ。

肉体の軽侮者

魂だけを強調して肉体を軽視する彼岸《ひがん》的・宗教的態度を責め、肉体の根本的意義を明らかにする。精神活動はその派生物なのである。

肉体の軽侮者たちにむかって、わたしはわたしのことばを語ろう。かれらをして学び直させようとするのではない。かれらの奉ずる教えを変えさせようとするのではない。ただ、かれらがかれら自身の肉体に別れを告げて[1]――そして沈黙してもらいたいのだ。

「わたしは肉体であり魂である」[2]――そう幼子《おさなご》は言う。なぜ、人々も幼子と同様にそう言っていけないだろう。

さらに、目ざめた者、洞察した者は言う。自分は全的に肉体であって、他の何ものでもない。そして魂とは、肉体に属するあるものを言い表わすことばにすぎないのだ[3]、と。

肉体は一つの大きい理性である。一つの意味をもった多様体、戦争であり、平和であり、畜群であり、牧人である[4]。

わたしの兄弟よ、君が「精神」と名づけている君の小さい理性も、君の肉体の道具なのだ。君の大きい理性の小さい道具であり、玩具《がんぐ》である。

君はおのれを「我[5]」と呼んで、このことばを誇りとする。しかし、より偉大なものは、君が信じようとしないもの――すなわち君の肉体と、その肉体のもつ大いなる理性なのだ。それは「我」を唱えはしない。「我」を行なう[6]のである。

感覚と認識、それは、けっしてそれ自体が目的とならない。だが、感覚と精神は、自分たちがいっさいのことの目的だと、君を説得しようとする。それほどにこの両者、感覚と精神は虚栄心と思い上がったうぬぼれにみちている。

だが、感覚と精神は、道具であり、玩具なのだ。それらの背後になお「本来のおのれ[7]」がある。この「本来のおのれ」は、感覚の目をもってもたずねる、精神の耳をもっても聞くのである。

こうして、この「本来のおのれ」は常に聞き、かつ、たずねている。それは比較し、制圧し、占領し、破壊する。それは支配する、そして「我」の支配者でもある。

わたしの兄弟よ、君の思想と感受の背後に、一個の強力な支配者、知られない賢者がいるのだ、――その名が「本来のおのれ」である。君の肉体のなかに、かれが住んでいる。君の肉体がかれである。

君の肉体のなかには、君の最善の知恵のなかにあるよりも、より多くの理性がある。しかし、いったい何のために、君の肉体は、君の最善の知恵を必要とするのだろうか。

「本来のおのれ」は君の「我」と、その得意げな跳躍をあざわらう。「思想のこういう跳躍と飛翔《ひしょう》、それはわたしにとって何なのだ」と、「本来のおのれ」はみずからに言う。「それはわたしの目的地に至るべき回り道だ。わたしは『我』の手引き紐《ひも》であり、『我』のもっている諸概念の吹込み人である」と。

「本来のおのれ」が「我」にむかって、「さあ、苦痛を感ぜよ」と言う。すると「我」は悩み、そしてその悩みを解消するには、どうすればいいかを考えめぐらす。――まさにそのために「我」は考えねばならないのである。

「本来のおのれ」が「我」にむかって、「さあ、快楽を感ぜよ」と言う。すると「我」は楽しんで、もっとしばしば楽しむためにはどうすればいいかを考えめぐらす。――まさにそのために「我」は考えねばならないのである。

肉体の軽侮者たちに、わたしはひと言述べよう。かれらが軽侮しているということは、かれらの敬意がさせているのである。(8) では、敬意と軽侮、価値と意志を創造したものは、何か。

創造する「本来のおのれ」が、みずからのために敬意と軽侮を創造したのだ。みずからのために快楽と苦痛を創造したのだ。創造する肉体が、おのれの意志の道具として、精神をみずからのために創造したのだ。

君たち、肉体の軽侮者よ。君たちの愚行と軽蔑《けいべつ》によってさえ、君たちは君たちの「本来のおのれ」に仕えているのだ。わたしは君たちに言う。君たちが肉体を軽侮するのは、「本来のおのれ」が死ぬことを欲し、生に背を向けているからなのだ。

すなわち、君たちの「本来のおのれ」は、おのれが最も欲すること――おのれ自身を超えて創造すること――を実行する能力がなくなっているのだ。それこそ「本来のおのれ」の最大の意欲、最高の情熱であるのだが。

だが、それを実行するには今はもう時が遅い。――それで君たちの「本来のおのれ」は没落を欲するのだ。肉体の軽侮者よ。

そのとき、君たちの「本来のおのれ」は没落を欲する。だから君たちは肉体の軽侮者になったのだ。つまり、君たちはもう君たち自身を超えて創造することができない身になっているのだ。

だから、君たちは生と大地にたいして怒るのだ。無意識の嫉妬《しっと》が、君たちの軽侮のながし目のなかにある　わたしは君たちの道を行かない。君たち、肉体の軽侮者よ。君たちはわたしにとって、超人への橋ではない。——

ツァラトゥストラはこう語った。

（1）かれらの考えどおりに、死んでもらったほうがいい。
（2）肉体と魂の両者が一体になっており、魂だけでできているのではない。
（3）幼子の考え方から、さらに歩を進めて、肉体こそ根本であり、魂は肉体に奉仕する一機能であるという。
（4）ここで言う理性とは、精神と肉体のもろもろのはたらきを包含した総合的なはたらきのこと。「生の意志」という統一的なものはもっているが、内容は多種多様で、もろもろの矛盾相克をはらみ、その諸要素のあいだに闘争、調和、支配、被支配などが行なわれている。
（5）自覚的な主体。
（6）注（5）の「自覚的」に対比して、無意識、無自覚のうちに自我として活動する。
（7）原語は das Selbst. 注（5）の「我」に対比して、肉体と精神、本能と知性とが一体となっていて、あらゆる種類の活動をする無意識で総合的な生きた自我。ニーチェはこれをおよそ生の意志の根源と見、その現実性、地上性を強調する。抽象や観念性を避けた概念だが、これを第一義として振りまわすところに、一種の観念性も感じられる。

（8）肉体に関心（敬意）があるからこそ、軽侮するのだ。

喜悦と情熱

真の徳は個性的な刻印をもち、情熱の泉から生まれ、それゆえにそれは喜悦となる。世間的な徳と違って破滅をも招く強烈なものだ。

わたしの兄弟よ。もし君が一つの徳をもっていて、それが君自身の徳であるなら、君はそれを、何びととも共有することはないだろう。

いうまでもなく、君はその徳に名をつけて呼び、それを愛撫《あいぶ》したいと思うだろう。その耳をつまんでもてあそび、それを相手に気晴らしをしたいと思うだろう。

しかし見よ。それをしたとき、君はその徳の名を民衆と共有してしまう。そして君は、君の徳をもちながら、民衆となり、畜群となってしまう。

むしろ君はこう言うべきなのだ。「わたしの魂の痛みと楽しみをなすもの、さらにわたしの内臓の飢えでもあるもの、それは言い表わしがたく、名づけがたいものである」と。

君の徳は、なれなれしく名で呼ばれるには、高すぎるものであってほしい。そしてもし君がそれについて語らねばならぬときは、どもりながら語ることを恥じるな。[1]

そのときはどもりながら、こう言うがいい。「これがわたしの善である。わたしはそれを愛する。このようなものが全的にわたしの気に入っている。このようなものとしてのみ、わたしは善を欲するのだ。

わたしはそれが神の掟《おきて》であることを欲しない。また人間たちの規約であり、必需物であることを欲しない。わたしはそれがわたしにとって大地を超えた世界、天上の楽園への道しるべとなることを拒絶する。

わたしが愛するのは地上の徳である。そのなかには世間知がふくまれることが少なく、万人共通の理性のふくまれることは、もっとも少ない。

しかしながらこの鳥は、わたしのところに巣づくりした。それゆえわたしはそれを胸に抱く。――いまそれはわたしのところで、金の卵をあたためている」と。

そういうふうに、君は君の徳をどもりながらたたえるべきなのだ。

かつて君はさまざまの情熱をもち、それを悪と呼んだ。しかし今は、君はそれらを徳と公言していいのだ。それらの徳は君の情熱から生まれ出たものなのだから。

君は君の最高の目的をこれらの情熱に刻みつけた。それによってその情熱が君の徳となり喜悦となったのだ。

そして、たとえ君が怒りに駆られやすい種族の出であろうと、淫蕩《いんとう》者、狂信者、または復讐《ふくしゅう》心の強い種族の出であろうと、――

結局、その君の情熱はことごとく徳となり、君の悪魔らはことごとく天使となったのだ。かつて君は君の穴蔵に猛犬どもを飼っていた。しかし結局、それらの猛犬は小鳥に変わり、愛らしい歌姫に変わったのだ。

君は君の毒から君の香油《バルザム》をかもし出したのだ。君は憂愁という君の牝牛《めうし》の乳をしぼった、――そしていまその乳房《ちぶさ》から湧《わ》く甘い乳を吸っている。

今後は君から何の悪も生ずることはないだろう。生ずることがあるとすれば、君の徳と徳との葛藤《かっとう》から生ずる悪にかぎられることだろう(2)。

わたしの兄弟よ。君が幸運児なら、君はただ一つの徳しかもたない。それ以上の徳はもたない。そして君はより身軽に橋を渡ってゆく。

多くの徳をもつのは、りっぱなことだ。しかしそれは重い運命である。そのために砂漠におもむいて、みずからを殺した者が少なくなかった。それはかれらが、もろもろの徳の闘争場であることに疲れたからである。

わたしの兄弟よ、戦争や闘争は悪だというのか。だが、この悪は必然のものである。君のもつもろもろの徳と徳とのあいだの嫉妬《しっと》、不信、そして誹謗《ひぼう》は必然のものである。

見よ、君のもつ徳の一つ一つが、いかに最高の位置を目ざしているかを。その一つ一つが君の全精神を要求して、それを自分の伝令使にしようとする。その一つ一つが、怒りにおいて、憎しみにおいて、愛において、君の力の全量を要求する。

あらゆる徳は他の徳にたいして嫉妬の念をもつ。嫉妬とは恐るべきものである。徳も嫉妬がもとで破滅することがある。

嫉妬の炎につつまれた者は、最後には、さそりと同様に、自分自身に毒針を向けるのだ。(3)

ああ、わたしの兄弟よ、君は何かの徳がその徳みずからを毀損《きそん》し、刺し殺した事例をまだ見たことはないか。(4)

人間は乗り超えられねばならぬあるものである。それゆえに君は君の徳を愛さなければならぬ。——なぜなら、それらの徳は君を破滅させうるのだから。(5)——

ツァラトゥストラはこう語った。

(1) ことば少なに言え。

(2) その意味は、すぐ引きつづいて言われる。

(3) たとえば、中世の騎士が勇武という徳性に執着しすぎると、過度の競争心や他への憎悪が起こり、その結果、勇武そのものが毒のある徳性となり、結局自壊するに至る。

(4) 前段の言い換えと見てよい。

(5) 真の徳はなまぬるい習俗的徳ではなく、情熱から生まれ出て、破滅のもとにもなるものだ。それだけに君はそれを愛して、高め、強めて行かねばならぬ。

　超人を目ざす生の立場から、犯罪者を位置づける。それは生の弱者、病者ではあるが、破滅に飛びこむ狂気、情熱はもっていた。

青白い犯罪者

　法官たちよ、犠牲の獣を供える祭司らよ。君たちは犠牲の獣がうなずかないうちは、それを殺そうとしないのだな。(1) それならば、見よ。あの青白い犯罪者はすでにうなずいた。かれの目は大いなる侮蔑《ぶべつ》(2)を語っている。

「わたしの我は乗り超えられるべきあるものである。わたしの我は、わたしから見て人間にたいする大いなる侮蔑である」そうかれの目は語っている。

　かれが自分自身を裁いたことは、かれの最高の瞬間であった。この崇高な人間を、もとの低劣さへ押しもどすな。

　このように自分自身の存在に苦しんでいる者には、すみやかな死以外には、救済はない。

　君たち、法官よ。君たちが犯罪者を殺すのは、同情からであるべきで、(3) 復讐《ふくしゅう》からであるべきでない。そして殺すことによって、君たち自身、君たちの生の根拠を得るよう、心がけよ。(4)

死刑によって君たちが殺す者と和解するだけでは十分でない。(5)そのときの君たちの悲哀をして、超人への愛たらしめよ。そうすることによって、君たちは、「なお生きのこっている」ことへの根拠を得るにいたるのだ。

君たちはその犯罪者を、「敵」と言うべきであって、「悪人」と言うべきではない。「病人」と言うべきであって、「卑劣漢」と言うべきではなく、「愚者」と言うべきであって、「罪びと」と言うべきではない。(6)

赤色の法服を着けた法官よ。もし君が、すでに思念のなかで犯している一切を声高に告白したら、万人は叫ぶであろう。「この不潔物、この毒虫をかたづけよ」と。

しかし、思念と行為は別ものである。それと行為の表象とはなおさら別ものである。それらのあいだに因果関係の車輪は回っていない。

表象がこの青白い犯罪者を青白くしたのだ。かれが犯罪の行為をしたとき、かれはその行為と等身だった。しかしその行為を犯したのちに、かれはその行為の表象に堪えることができなかった。

そのとき、かれは絶えず自分をその犯罪行為の行為者として見るようになった。わたしはこれを狂気と呼ぶ。かれはおのれの例外行為をおのれの本質と誤認するにいたったのだ。雌鶏《めんどり》のまわりに白墨で線を描けば、雌鶏は呪縛《じゅばく》されて動くことができない。それと同様に、犯罪者が行なった所業が、かれのあわれな理性を呪縛したのだ。——わたしはこれを行為ののちの狂気と呼ぶ。

さらに聞け、法官たちよ。そのほかにも狂気がある。それは行為のまえの狂気である。ああ、君たちはそのような狂気をもった魂の奥に十分深く穿《うが》ち入ることがなかったのだ。したがって赤色の法服を着けた法官はこう言う。「いったい何ゆえにこの犯罪者は殺人を行なったのか。かれは強奪を目的としたのだ」と。しかし、わたしは君たちに言う。かれの魂が血を欲したのだ。強奪を欲したのではない。かれは匕首《あいくち》の幸福に渇していたのだ。(7)

しかし、かれのあわれな理性はおのれのこの狂気を理解しなかった。そしてかれを説得しようとした。「血が問題なのではない」と言った。「この機会におまえは少なくとも強奪しようと思わないのか。復讐しようと思わないのか」

そしてかれはかれのあわれな理性の声に従ったのだ。鉛のように重く、その理性のことばは、かれを圧《お》しつけて離れなかった。――それでかれは殺人をするとともに強奪した。かれはおのれの狂気を羞恥《しゅうち》とともに自認することを欲しなかったのだ。(8)

そして、今はまた罪責感の鉛がかれの胸を圧しつけている。またもかれのあわれな理性は、それほどにも硬直し、麻痺《まひ》し、重くなっているのである。

かれがおのれの頭をひと振りすることができさえすれば、かれの重荷はころがり落ちるだろうに。しかし、かれ以外のだれが、かれの頭をひと振りさせることができよう。

この人間は何なのか。病気の堆積《たいせき》である。その病気が精神によって世界に手をのばそうとするのだ。その病気が世界で獲物を得ようとするのだ。[9]

この人間は何なのか。それはむらがって争いをつづける狂暴な蛇どもの集まりである。――それらの蛇どもが、それぞれ勝手に抜け出して、世界で獲物を得ようとするのである。

かれの貧しい肉体を見よ。それの悩み、それの欲求を、かれの貧しい魂は自己流に解釈したのだ――それをかれの魂は殺人の快楽と匕首の幸福として解釈したのだ。[10]

現代において病気になる者は、現代において悪とされているような悪に襲われる。かれはかれに苦しみを与えているものによって、他者に苦しみを与えようとする。だが、かつての時代は今とは違った時代であり、かつての善悪は今とは違った善悪だった。

すなわち、かつては懐疑が悪であり、本来のおのれへの意志が悪であった。その時代においては、病める者は、異端者となり、魔女となった。これらの病める者は異端者や魔女として、みずからも悩み、他をも悩ませようとしたのである。[11]

しかし、これらのことばは君らの耳にははいるまい。君らは言うだろう、それはわれわれの善い人々の害になると。しかし、君らの善い人々がわたしにとって何であろう。

君らの善い人々のもつ多くの点が、わたしに嘔気《はきけ》をもよおさせるのだ。かれらの悪が嘔気をもよおさせるのではない。むしろわたしは思う――かれらが、あの青白い犯罪者のように、おのれの破滅のもととなりうるような狂気をもっていたならばよかろうにと。

まことにわたしは思う。真実、誠実、正義などと言われているものがかれらの狂気ならよかろうにと。(12) だがかれらは、ただ長生きするため、しかもみじめな安逸のうちに生きようとするために、徳をもっているだけだ。
わたしは奔流のほとりに立つ欄干《らんかん》である。わたしをつかむことのできる者は、わたしをつかめ。だが、わたしは君らの松葉杖《づえ》ではない。——

ツァラトゥストラはこう語った。

(1) 裁判官を古代の供犠をとり行なう祭司にたとえ、犯罪者を犠牲として供えられる獣にたとえる。これによってニーチェの犯罪観がすでに暗示されている。その犯罪者がおのれの罪を認めることを「うなずく」と言った。
(2) 次に言われているように、犯罪者の自己軽蔑。
(3) 犯罪者の自己侮蔑の告白への同情。かれの意に従え。
(4) このような死刑が、生の向上に仕えることであり、裁判官たちは死の使徒ではなく、生の使徒として生きているのだという自覚をもつようになれ。
(5) 注(3)のように同情するのは、和解の一種であろう。
(6) 犯罪者を既成の善悪の規準から評価するな。生の立場から、戦う相手として、ないし生における弱者として評価せよ。

(7) 生の意志の一つの発現としての、破壊欲や殺人欲など。それは生の泉とつながっているのだという、ニーチェの見解がひそんでいる。

(8) 自分の犯罪の動機が、破壊のための破壊欲で、ほかに動機がなかったと告白することは、あまりに「狂気」じみて、恥をかくことになる。それを恐れて、犯罪者自身が、強盗、復讐《ふくしゅう》などの特殊な動機づけのできる行為をして、常識的立場にもどっている。

(9) 犯罪者は、元来、生の意志の立場からの行為をしているのである。しかし、かれが超人的な強者でないことはいうまでもなく、今まで本文で言われているように弱者であり、病者である。その病者が外的世界と交渉しようとして、犯罪が行なわれたのだが、それは「悩み」や「苦しみ」の克服ということで、つまりよかれ悪《あ》しかれ、精神上の問題という形をとって行なわれる。それが人間の犯罪というものである。

(10) 肉体からの悩み、すなわち生の意欲にかかわる不満を、「かれ」流に、破壊意志へと転化した。超人ならば、その悩み、その不満を、人類向上への努力に転化するのだが。ここは超人との比較において言っているのであって、七七ページの注(7)の箇所から、さらに深いところへ分析のメスを入れたのである。

(11) 昔の犯罪者のありかた。

(12) かれらが口にする真実、誠実、正義などが、かれらの狂気的な情熱から発しているならいいのに。

読むことと書くこと

ニーチェの自己告白をふくめて、著述における箴言《しんげん》的表現が推賞され、軽快で飛翔《ひしょう》的なこと、重々しさにたいする笑いが説かれる。

いっさいの書かれたもののうち、わたしはただ、血をもって書かれたもののみを愛する。血をもって書け。そうすれば君は知るであろう、血が精神であることを。

ひとの血を理解するのは、たやすくできることではない。わたしは読書する怠け者[1]を憎む。

読者とはどんなものかを知っている者は、読者のためにはもはや何事もしないだろう。もう一世紀こういう読者の世界がつづけば――精神そのものが悪臭を放つようになるだろう[2]。

万人が読むことを覚えるということは、長期にわたっては、書くことばかりでなく、考えることをも堕落させる。

かつては精神は神であった。やがてそれは人間になった。いまやそれは賤民《せんみん》にまでなりさがりつつある。

血と寸鉄の言で書く者は、読まれることを欲しない。そらんじられることを欲する。

山脈のなかでは、最短の道は、山頂から山頂へわたることである。が、そのためには、君は長い足をもたねばならぬ。寸鉄の言とはそういう山頂でなければならぬ。そしてそれによって語りかけられる者は偉大な体軀《たいく》の所有者でなければならぬ。

そこでは、稀薄《きはく》で清澄《せいちょう》な空気、身近にある危険、そして快活な悪意にみちた精神——これらはしっくりと結びあう。(3)

わたしは自分の身辺に妖魔《ようま》のいることを望む。わたしには勇気があるからだ。亡霊を恐れさせ、退散させることのできる勇気は、おのれ自身のために妖魔を創《つく》り出す。(4)——その勇気は呵々《かか》大笑したいのだ。

わたしはもはや君たちと感じ方を共にしない。わたしが脚下に見るこの雲、わたしが哄《こう》笑《しょう》をあびせかけるこの黒い重い雲——ほかならぬこれが、君たちにとっては雷雲なのだ。(5)

君たちは高められることを願うと、上を見る。わたしは、すでに高められているから、下を見おろす。

君たちのうちのだれが、高められた者であり、同時に哄笑する者であることができるか。

最高の山頂に登っている者は、いっさいの悲・劇を笑う。いっさいの悲・真面目を笑う。(6)

勇気にみち、泰然としており、嘲笑《ちょうしょう》的で、暴力的であれ——そう知恵はわれわれに要求する。知恵は一人の女性であって、つねに戦士だけを愛する。

君らはわたしに言う、「生は担うに重い」と。しかしその君らも朝には君らの誇りを、夕べには君らの諦念《ていねん》をもっているだろう。いったいそれは何のためか。(7)われわれ生は担うに重い。しかし、そのようにかよわいさまを示すことはやめてくれ。われわれはおしなべて、荷を担う力のある、愛すべき雌雄《めすおす》の驢馬《ろば》なのだ。(8)

一滴の露をのせているためにふるえるばらのつぼみとわれわれとのあいだには、何の共通点があるか。

まことに、われわれが生きることを愛するのは、生きることに慣れているからではない。愛することに慣れているからだ。(9)

愛というもののなかには、常にいくぶんの狂気があるが、狂気のなかには常にまたいくぶんの理性があるものだ。

だから、わたしにも（わたしは生きることをたいせつに思っているのだから）、蝶《ちょう》やシャボン玉や、また人間のなかでそれらに似かよっている者たちが、幸福について最もよく知っているものであるように思えてくるのだ。(10)

これらの軽やかな、おろかしい、愛らしい、動きやすい小さな生き物たちが、ひらひら舞っているのを見ると、――ツァラトゥストラは涙に誘われ、歌に誘われるのだ。

わたしが神を信ずるなら、踊ることを知っている神だけを信ずるだろう。(11)

わたしがわたしの悪魔を見たとき、その悪魔は、まじめで、深遠で、おごそかだった。それは重さの霊(12)であった。――この霊に支配されて、いっさいの事物は落ちる。

これを殺すのは、怒りによってではなく、笑いによってだ。さあ、この重さの霊を殺そうではないか。

わたしは歩くことを学びおぼえた。それ以来、わたしは自分の足が軽やかに歩いてゆくのにまかせている。わたしは飛ぶことを学びおぼえた。それ以来、わたしはひとに押されてから動き出すことを好まない。

いまわたしは軽い。いまわたしは飛ぶ。いまわたしはわたし自身をわたしの下に見る。いまわたしを通じて一人の神が舞い踊っている。

ツァラトゥストラはこう語った。

（1）形は読書しているが、精神に何の能動性もない者。
（2）つづいて言われているように、「書く」ということが、大衆にマッチすることだけをねらうようになるから。
（3）「寸鉄の言」の気圏の状況。
（4）亡霊は、過去のものとなった思想や観念。亡霊がいなくなれば、勇気は力だめしに敵としての妖魔を創り出す。すなわち相手としては不足でも、進んで敵をつくる（とくに文筆のうえで）。
（5）わたしがすでに乗り越えた雲（生の苦悩や困難）が、君たちにとっては恐怖のたねの雷雲だ。

（6）「悲・劇」は Trauer-Spiele と書かれ、世間で悲劇と言われているものが、高い者の目から見れば「児戯」、「戯れ」Spiele にすぎないことをほのめかす。「劇」という漢字も、たわむれ、しばしの意味。「悲・真面目」と訳した Trauer-Ernste は Trauer-Spiele に誘われて言った造語で、上述のような児戯的な悲劇も、当事者たちにとっては「大真面目なこと、真剣なこと」Ernste であることを、からかう。

（7）つまりは困難な生を生き抜いてゆくためなのだ。「朝」、「夕」を、人生の初期と晩年と取るほうが解しやすい。

（8）とにかく、だれもが生の重荷には堪えてゆけるしろものなのだ。

（9）人間は、自分がかかりあうものは、いやなものでも、多かれ少なかれ愛するようになるものである。だから、つらい生をも愛するようになる。

（10）軽快ではかない生き方をするもの。それらのほうが生の幸福をよりよく知っているらしい。このへん、つらい荷を負う驢馬と軽快な蝶との二面を言っていて、思想の運びにやや乱れがあるが、それは生きるということの二面を反映していよう。結局、ここの重点は終始軽快ということにおかれている。

（11）踊りは、軽快の具象化。

（12）重力はむろんのこと、すべて生の自由な活動をじゃまするものは、重さの霊である。

山上の木

高みを目ざす一青年を山上の木にたとえ、電光に打たれる危険に面しながら、その志を失うなと説く。妬《ねた》みに関する高貴な心理学の章。

ツァラトゥストラは、一人の青年がかれを避けたことに気がついた。ある夕べ、かれが「まだら牛」と呼ばれる町をかこむ山々のなかを独り歩いていると、ふとこの青年の姿を見かけた。青年は一本の木の根もとに腰をおろして幹によりかかり、疲れたまなざしで谷を見ていた。ツァラトゥストラは、その木に手をかけて、こう語った。

「わたしが両手でこの木を揺すぶろうとしても、それを揺すぶり動かすことはできないだろう。

しかし、われわれの目には見えない風は、この木を苦しめ、それを思うままに曲げる。われわれは目に見えない手によって、最もはなはだしく曲げられ、苦しめられるものなのだ[1]」

それを聞いて、青年は驚愕《きょうがく》して立ちあがり、そして言った。「これはツァラトゥストラだ。ちょうどわたしはかれのことを考えていたのだ」と。ツァラトゥストラは、そのことばにこたえて言った。

「だからといって、君がそう驚くのは、どういうわけか。——が、そういっても、人間は木と同じようなものだ。

高みへ、明るみへ、いよいよ伸びていこうとすればするほど、その根はいよいよ強い力で向かっていく——地へ、下へ、暗黒へ、深みへ——悪のなかへ」

「そうだ、悪のなかへ」と青年は叫んだ。「どうしてあなたはわたしの魂を見抜くことができたのか」

ツァラトゥストラは微笑した。そして言った。「魂はそうたやすく見抜けるものではない。見抜くことができるのは、見抜くほうでまずそういう魂を創《つく》り出しているからだ[2]」

「そうだ、悪のなかへ」と、青年はもう一度叫んだ。

「あなたは真実を語る、ツァラトゥストラよ。わたしは高みへ身を伸ばそうと思いはじめてからこのかた、もはや自分自身を信ずることができない[3]。そして何びとも、もはやわたしを信じようとしない。——いったい、どうしてそうなったのか。

わたしはあまりに速く変身する。わたしの今日は、わたしの昨日を否定する。登るとき、わたしはたびたび階段を跳び越す。——だが、どの階段も、それをわたしに咎《とが》めだてるのだ。

わたしが高みに立つと、いつもわたしはただ独りだ。だれもわたしと語らない。孤独の酷寒がわたしをおののかせる。いったいわたしは高みでどうしようというのだろう。

わたしの軽蔑《けいべつ》とわたしの憧《あこが》れとは、同時に成長する。わたしが高くのぼればのぼるほど、わたしはのぼってゆくそのわたしを軽蔑する。いったい、高みへのぼってどうしようというのだろう。

自分がのぼること、つまずくことを、わたしはどんなに恥じるだろう。わたしの喘《あえ》ぎのはげしさを、どんなにわたしはあざ笑うことか。飛ぶ者をわたしはどんなに憎むことか。高みに行きつくと、わたしはどんなに疲れていることか」

ここで、青年は、口をつぐんだ。ツァラトゥストラは、かたわらに立っている木に目をやって、こう言った。

「この木はこの山上に孤独者として立っている。これは人間と動物とを越えて、高く生《お》い立ったのだ。

もしこれが語ろうとしても、これを理解する相手は一人もいまい。それほど高くこれは生長したのだ。

いま、これはひたすら待っている——何を待っているのか。これは、雲の座にあまりに近く立っている。これはおそらく最初の雷電を待っているのであろうか」

ツァラトゥストラがこう言い終わるやいなや、青年は激しい身ぶりとともに叫んだ。

「そうだ、ツァラトゥストラ。あなたは真実を語った。高みにのぼろうとしたとき、わたしはわたしの没落を求めていたのだ。[4] そしてあなたは、わたしが待っていた電光なのだ。

見よ、あなたがわたしらの前に現われてからは、わたしは何者であるのだろう。わたしを砕いたのは、あなたにたいする妬みなのだ」——そう青年は言って、はげしく泣いた。ツァラトゥストラは青年をかかえて、共にその場を離れた。

二人がしばらく歩んだのち、ツァラトゥストラは、こう言いはじめた。

わたしは胸を裂かれる思いがする。君のことばにもまして、君の目が君の危険のすべてを語っている。

君はまだ自由ではない。君は自由をさがし求めている。その探求が君を不眠にし、覚めつづけさせているのだ。

自由な高みを君は目ざしている。星の世界を君の魂は渇望している。しかし君の低い衝動も、自由を渇望している。

君の内部の狂暴な犬どもが、自由の身になろうとしている。君の精神があらゆる牢獄《ろうごく》を打ち破ろうとつとめると、その犬どもは地下室のなかで、解放への期待と欲念に燃えて吠《ほ》え立てるのだ。

わたしから見れば、君はまだ捕われびとで、ただ自由を思い描いているだけだ。ああ、このような捕われびとの魂は賢く機敏になる。しかし同時に、狡猾《こうかつ》になり、粗悪になる。

精神の自由をかちえた者も、さらにおのれを浄化しなければならぬ。かれの内部には、なお多くの牢獄と腐敗物が残っている。かれの目はいっそう清らかにならねばならぬ。

そうだ、わたしは君の危険を知っている。しかしわたしの愛と希望にかけて、わたしは君に切願する、君の愛と希望とを投げ捨てるな。

君は自分が高貴なことを今も感じている。そして君を不快に感じ、君に悪意のまなざしを投げる他の者たちも、やはりまだ君を高貴だと感じているのだ。高貴な者は万人にとって、妨害物であることを知るがいい。

善良な人々にとっても、高貴な者は妨害物である。そしてかれらがこの高貴な者を善い人と呼ぶときでも、実はそう呼ぶことによって、その邪魔物を無害にしようとしているのだ。

高貴な者は、習俗を破る新しいもの、新しい徳を創造しようとする。善い人といわれる者は、古いものを愛し、古いものが維持されることを望んでいるのだ。

だが、高貴な者にとっての危険は、かれが善い人の一人になるということではない。それよりも、かれが鉄面皮な者、冷笑する者、否定者になるということなのだ(5)。

ああ、わたしはおのれの最高の希望を失った高貴な人たちを知っている。そのとき、かれらはあらゆる高い希望への誹謗《ひぼう》者になった。

そのとき、かれらは、はかない快楽のなかに入りこんで厚かましい生き方をし、わずか一日先きの未来にも、目標をおくことをしなくなった。

「快楽も、精神だ(6)」——そうかれらは言った。そのとき、かれらの精神の翼は破れた。いまその精神は匐《は》いまわり、あらゆるものに嚙《か》みついて、それを汚《けが》している。かつては、かれらは英雄になろうと志した。いま、かれらは蕩児《とうじ》となった。英雄はかれらにとって、恨みと恐れの的《まと》である。

しかし、わたしはわたしの愛と希望にかけて君に切願する。君の魂のなかの英雄を投げ捨てるな。君の最高の希望を神聖視せよ。——

ツァラトゥストラはこう語った。

（1）人が悩んだり、心を騒がすのは、目に見える諸力によるというより、目に見えないもの、無意識な不満、欲望、人に言えない嫉妬《しっと》などによる。青年の悩みのゆえんを突いたのである。

（2）他者の心理の洞察は、こちらの心内に、あらかじめ、その心象が形成されているからできるのだ。

（3）野心だけが先に立つから、自分の背が高くなっても、それがほんとうの成長なのか、自分で自分が信じられない。

（4）青年が「高みにのぼろう」と決意したとき、それは危険への決意であり、したがって無意識にでも没落を欲していたのだ。つまり真剣勝負の世界にはいったのだから、やがて自分以上の強者に打ち負かされることは必至であり、また本望でもある。

（5）高貴な者が志を得ないときは、凡庸になることはないが、皮肉なすね者になることは、しばしばである。
（6）「快楽」は、前文節にある語を受けている。その時その時の精神的快楽（皮肉や悪罵《あくば》）にふけって、それもエスプリから来ているから、「精神だ」というのである。

死の説教者

現世の生を軽んじ、死を説く宗教者や厭世《えんせい》主義者たちを生の向上に無用な者だと断定する。また真の生を逃避する勤勉をも指摘する。

死の説教者というものがいる。また大地は、生から離脱せよという説教を受けてしかるべき者たちにみちている。

大地は、不用な者たちにみちている。生は「多数の、あまりにも多数の者たち」によって、そこなわれている。かれらはあの「永遠の生」によって、その生からおびき出されてしまうがいいのだ。

「黄いろい者」または「黒い者」[1]と、死の説教者たちは呼ばれている。しかしわたしは君たちに、かれらをさらにほかの色で示そう。

かれらのあいだにはこのような恐るべき者たちがいる。その者たちはおのれのうちに猛獣を住まわせて歩きまわり、快楽にふけるか、おのれの肉を引き裂くか、――この選択以外には、なんの選択もしない。こういう者たちにとっては、おのれの肉を引き裂くことも、快楽にほかならぬ。(2)

かれら、この恐るべき者たちはまだ人間にさえなっていない。だから、ひとには生からの離脱を説教し、自分は生から立ち去るがよい。

また、死の説教者のなかには、魂の結核患者がいる。かれらは生まれるやいなや、早くも死のなかに足を踏みこみ、倦怠《けんたい》と諦念《ていねん》の教義にあこがれるのだ。

かれらは、つねに死人であろうとする。われわれはかれらのその意志を承認しようではないか。そして、これらの死人の眠りをさまたげないように、これらの生きている棺をそこねないように、気をつけようではないか。

病者、老者、または死骸《しがい》に出会うと、かれらはすぐに言う、「生は否定された」と。しかし否定されたのは、ただかれら自身である。生存のただ一つの面をしか見ないかれらの目、それが否定されただけである。

厚い憂鬱《ゆううつ》の毛皮につつまれて、死をもたらす小さい偶然を、かれらは待ちこがれている、歯を噛《か》みあわせながら。

またこういうこともある。かれらも砂糖菓子に手を出す。(3)そうしながら自分の子どもっぽさを嘲笑《ちょうしょう》するのである。かれらは生の藁《わら》しべにしがみついている。そして自分たちがまだ一本の藁しべにしがみついていることを自嘲するのである。

　かれらの知恵は言う。「生きつづける者は愚人である。こうして生きつづけているわれわれも愚人である。しかも、それを知りながらなお生きつづけているというこのことこそ、生における最大の愚劣である」と。

「生は悩みにすぎぬ」――またある者たちはそう言う。そしてそれは嘘《うそ》ではない。[4] それなら、せめてそれを言う君たちの生が終結するように、意を用いたらどうか。悩みにほかならぬ生が終結するように、意を用いたらどうか。

　だから君たちの徳の教義はこうあるべきだ。「なんじはなんじ自身を殺すべきだ。この世からひそかに去るべきだ」と。

「肉欲は罪である」――死を説教する者たちの一部の者はまたそう言う。――「われわれは肉欲を避け、子どもをつくることをやめよう」

「産むことは労苦である」そう言った者たちもいる。「それを知って何のために産むのか。ただ不幸な者を産むだけなのに」そういう言い方をする者たちも、死の説教者である。

「憐《あわ》れみこそ、必要である」――また他の者たちは言う。[5]「わたしの所有するものを持って行くがいい。わたしがわたしであるゆえんのものをも持って行くがいい。君たちがそうすればするほど、わたしは生に縛られることが少なくなる」と。

　もしかれらが、徹底して憐れみをもつなら、隣人たちの生を堪えがたいものにすべきだろうに。悪意的であること――これがかれらの真の善意であるべきだろうに。[6]

かれら自身は、生から離れ去ろうと願っている。だが、他人を鎖と贈り物とで、いっそう強く生に縛りつけようとするのは、どうしたことか。

また、生を激しい労働と激動とみなしている君たちも、実ははなはだしく生に倦《う》んでいるのではないか。君たちも死の説教を受け入れるべく熟しているのではないか。

激しい労働を愛し、速度、新奇、異常をこのむ君たちすべて――君たちは君たち自身をよく持ちこたえていないのだ。君たちの勤勉は逃避であり、自分自身を忘れようとする意志にすぎないのだ。

もし君たちが、もっと生を信じていたら、君たちはこれほど瞬間に身をゆだねはしないだろうに。しかし君たちは、静かに待つことができるほどには、自己のうちに充実した内容をもっていない。――いや、怠惰になりうるほどにも内容をもっていないのだ。[7]

いたるところに、死を説教する者たちの声がひびいている。そして大地は、死の説教を受けてしかるべき者たちにみちている。

それとも「永遠の生」の説教だというのか。どちらでもわたしには同じことだ、――つまり、かれらが早く立ち去ってくれればいいのだ。

ツァラトゥストラはこう語った。

（1）黄（胆汁の色）も黒も、厭世につながる色。
（2）死の説教者の一例として言っているのだから、一部の僧侶をさしていると見たい。度の過ぎた苦行の僧など。
（3）死を待つと言いながら、生の小さい快楽に手を出す。
（4）かれら自身の生き方を見ても、嘘でないことはたしかだ。
（5）自分における本質的なもの。
（6）生は苦悩であると言いながら、他者を苦悩の生につなぎとめておくような親切なことをするのは、矛盾ではないか。
（7）真に怠惰でありうるのは、充実した生の持ち主である。

戦争と戦士

超人誕生を目ざして絶えず戦わねばならぬこと、そしてその戦士の心的態度を説く。敵を敵として戦うのが、敵を愛するゆえんだ。

われわれはわれわれの最善の敵から、いたわられることを欲しない。またわれわれが真に愛している者たちからも、いたわられることを欲しない。だから、君たちもわたしが君たちに真実を語ることを許してくれ。

戦いにおけるわたしの相手よ。わたしは君たちを心の底から愛する。わたしは君たちと等しい者であるし、等しい者であった。そしてわたしは君たちの最善の敵でもある。だから、君たちもわたしが君たちに真実を語ることを許せ。

わたしは君たちの心の憎しみと妬《ねた》みについて知っている。君たちは憎しみと妬みに無縁であるほどには偉大でない。それなら、それらを恥じないほどには偉大であれ。

また認識の聖者[1]になることはできないにしても、せめて君たちは認識の戦士であれ。戦士はそういう聖者たちの伴侶《はんりょ》であり、先触れである。

兵卒は多い。だがわたしの見たいのは戦士たちだ。かれらが着ているものは、制服、すなわち「単一型」と呼ばれている。その単一型の制服につつまれている者が、単一型でなければいいが。

君たちの目は、つねに敵を――君たちの敵を、さがし求めていなければならぬ。君たちのうちの何人かは、ひと目見ての憎しみ[2]ということを経験したことがあるだろう。

君たちは君たちの敵をさがし求めなければならぬ。君たちの戦いを戦わなければならぬ、君たちの思想のために。そして万一君たちの思想が敗北しても、その敗北にたいする君たちの誠実さ[3]が勝利の声をあげうるようにしなければならぬ。

平和を愛するにしても、君たちはそれを新しい戦いへの手段として愛さねばならぬ。そして長期の平和より短期の平和を愛さねばならぬ。

わたしは君たちに労働をせよと勧めない。戦闘につけと勧める。平和を欲せよと勧めない。勝利を欲せよと勧める。君たちの労働は戦闘であれ。君たちの平和は勝利であれ。

人は弓と矢をもっているときだけ、沈黙して静かに座していることができる。そうでないときは、ただ饒舌《じょうぜつ》を投げあって、いがみあう。君たちの平和は勝利の平和であれ。

君たちは言う、よい理由は、戦争をさえ神聖ならしめると。わたしは君たちに言う、よい戦争は、あらゆる理由を神聖ならしめると。

戦争と勇気は、隣人愛がしたよりも数多くの偉大な事柄をしてきた。今までに危難におちいった者たちを救ったのは、君たちの憐《あわ》れみではなく、勇敢さであったのだ。

「『よい』とは何か」と、君たちは問う。勇敢であることが、「よい」ことだ。「愛らしく、同時に心に触れるものが、『よい』のだ」とは、小娘たちに言わせておくがよい。

人々は君たちを無情と呼ぶ。しかし君たちの心情は真正である。そしてわたしは情愛をあらわすことへの君たちの羞《は》じらいを愛する。君たちは君たちの心情の満潮を恥じるが、他の者たちはおのれの心情の干潮を恥じるのだ。(4)

君たちは醜い存在だろうか。よろしい、兄弟たちよ。それなら崇高さを身にまとえ。崇高さは、醜さの着るべきマントである。

しかし、君たちの魂が偉大になると、その魂は驕慢《きょうまん》になる。そして君たちの崇高の内部に悪意が生まれる。わたしは君たちという人間をよく知っている。

悪意において、驕慢な者と弱者とが結びあうことがある。だが、それは両者がお互いを誤解した結果だ[5]。わたしは君たちという人間をよく知っている。

君たちに、ただ憎むべき敵をのみもたねばならない。軽蔑《けいべつ》すべき敵をもってはならない。君たちは君たちの敵を誇りうるようでなくてはならぬ。そうすれば君たちの敵の成功は、君たちの成功でもあるのだ。

反抗——それは奴隷における高貴さである。君たちの高貴さは服従ということであるように！　君たちが命令を発することでさえ、服従であるように[6]！

よい戦士の耳には、「汝《なんじ》なすべし」のほうが、「我欲す」よりは、快くひびく。君たちは、君たちに快いいっさいのことを、まず命令への服従としてなすべきである[7]。

生への君たちの愛は、君たちの最高の希望への愛であれ。そして君たちの最高の希望とは、生についての君たちの最高の思想であれ。

しかし、君たちのその最高の思想を、君たちはわたしから命令として受け取るべきだ——その命令はこうである。人間とは、乗り超えられるべきあるものである。

このように、君たちの服従と戦いとの生を生きよ。「長く生きること」に何の意味があるか。およそ、いたわられることを望む戦士があるだろうか。

わたしは君たちをいたわりはしない。わたしは君たちを徹底的に愛する、わたしと共に戦っている兄弟として。——

ツァラトゥストラはこう語った。

(1) 最高の認識に達した人。

(2) 「ひと目ぼれ」の類推で言ったもので、ひと目見ただけで、相手を自分の強敵ないし好敵手と知る。

(3) いさぎよく負け、相手に教えられて、さらに思想の道を歩きつづけること。

(4) 心情が真正で見せかけをしないから、無情に見えることがある。それにそういう人はおのれの情愛の過多に羞恥《しゅうち》をもつ傾向がある。心の冷たい人は冷酷を恥じるから、つくろいや見せかけをする。

(5) おのれの心の高みから低い者を嘲弄《ちょうろう》する驕慢な悪意と、弱者が競争心や妬みから何ものかに悪意をもつ場合とがある。両者の悪意の対象が同じで、両者がお互いを仲間と思いちがいをすることがあっても、それらの悪意の動機や質はまったく違う。

(6) この服従は、高いもの、最高の理想というようなものへの服従である。君たちが指導の立場にあって他者へ命令するときでさえ、そのことは高い理想への服従から来ているのでなければならぬ。

（7）戦士は、「三様の変化」の章の表現を借りれば駱駝《らくだ》であって、獅子《しし》の自由には達していない。だから「汝なすべし」という道徳観や義務観から行動するほうが快い。ここの「命令」は、そういう道徳観や義務観から発せられた命令という意味。

新しい偶像

超人への道、創造的生をはばむものとして近代国家を痛罵《つうば》する。その功利性や虚偽など。ビスマルクのドイツ帝国に触発された声。

今もまだどこかには民族と民の群れがあるだろう。しかし、われわれのところにはない。兄弟たちよ、ここにあるのは、国家（1）だけだ。

国家！　国家とは何か。さあ、今こそよく耳をひらいて聞くがいい。いまわたしは民族の死について語るのだから。

国家とは、すべての冷ややかな怪物のうち、最も冷ややかなものである。それはまた冷ややかに虚言を吐く。その口から這《は》い出る虚言はこうである。「このわたし、国家は、すなわち民族である」と。

それは虚言である。かつて民族を創造し、その頭上に一つの信仰と一つの愛をかかげたのは、創造者たち（2）だったのだ。それをすることによって、かれらは生に仕えたのだ。

多数者をおとしいれるために罠《わな》をかけ、その罠を国家と称しているのは、殲滅《せんめつ》者たち(3)である。かれらはその罠の上に一本の剣と百の欲望の餌《え》をつるすのだ。

民族がまだ存在しているところでは、民族は国家というものを理解しない。そしてそれを邪悪な目、また風習と掟《おきて》とにたいする罪として憎む。

民族の標識を、わたしは君たちに示そう。それぞれの民族はすべて、善と悪について自分自身のことば(4)を語る。そのことばは隣国には理解できない。民族はみずからのためのみずからのことばを、風習として掟として創《つく》り出したのだ。

しかし、国家は善と悪についてのあらゆることばを使って嘘《うそ》をつく。国家が何を語ろうと、それは嘘だ。——国家が何をもっていようと、それは盗んできたものだ。

かれにおける一切は贋物《にせもの》である。盗んだ歯で嚙《か》みつく、この嚙み犬は。その臓腑《ぞうふ》さえ贋物である。

善と悪とについてのことばの混乱。これこそ国家の目じるしである。まことに、死への意志をこの目じるしは示している。まことに、それは死の説教者たちに目くばせを送っている(5)。

多数の、あまりにも多数の者が生まれてくる。それらの余計者のために国家は発明されたのだ。

見るがいい。どんなに国家が、かれら、多すぎる人間を誘いよせているかを。国家がどんなにかれらを呑《の》み、噛み、そして反芻《はんすう》しているかを。

「地上にわたしより大きいものはない。わたしは神の指として秩序を与えるのだ」——こうこの怪獣は咆《ほ》える。そのとき、ひざまずいて頭《こうべ》を垂れるのは、耳の長いものたち、目の近いものたちだけではない[6]。

ああ、君たち、大いなる魂の所有者よ。君たちの耳にも、国家はその暗鬱《あんうつ》な虚言をささやきこむ。ああ、国家は、よろこんでおのれを浪費し、身を捨てる豊かな心情の持ち主たちを見抜いているのだ。

そうだ。君たち、古い神を征服した者たちよ。国家は君たちの心をも見抜くのだ。君たちはその征服の戦闘によって疲労した。いま君たちのその疲労が、新たに新しい偶像に仕えるのだ。

英雄たちと尊敬すべき者たちとを、国家、この新しい偶像は、おのれの周囲に据えようとする。かれは、「良心の安らかさ[7]」という日光に浴したがるのだ——この冷血の怪獣は！

かれ、この新しい偶像は、君たちがかれに傾倒するならば、いっさいのものを君たちに与えようとする。そのようにして、かれは君たちの徳の輝きと君たちの威厳のあるまなざしを買い取るのだ。

かれは君たちを囮《おとり》にして、あの多数の、あまりにも多数の者たちをおびきよせようとするのだ。そうだ、地獄の手品が発明されたのだ。神々《こうごう》しくかがやく栄誉の装飾品に飾られ、それらの装飾品のぶつかりあう音をひびかせている「死の馬」[8]が発明されたのだ。

そうだ。多数者を招きよせる死が発明されたのだ。その死はみずからを「生」として讃《たた》えている。[9] まことに、死の説教者たちへのなによりの奉仕である。

善い者たちも悪い者たちも、すべての者が毒を飲むところ、それをわたしは国家と呼ぶ。善い者たちも悪い者たちも、すべての者がおのれを失うところ、万人の緩慢な自殺が——「生」と呼ばれているところ、それが国家だ。

これらの余計な者どもを見るがいい。かれらは発明者たちの諸作品と賢者たちの数々の宝を盗んで、それをわがものとし、その窃盗を教養と名づけている。——しかもそれらの一切が、かれらの病気となり、わざわいとなるのだ。[10]

これらの余計な者どもを見るがいい。かれらはつねに病気である。かれらはかれらの胆汁を吐き出して、それを新聞と呼んでいる。かれらはお互いを呑《の》みくだしあっている。しかもお互いを消化することさえできない。

これらの余計な者どもを見るがいい。かれらは富を獲得し、そのためにますます貧しくなる。かれらは権力を欲する。そしてまず、権力の鉄梃《かなてこ》である多額の金銭を欲する——この無能力者どもは。

かれらがよじ登るさまを見るがよい、このすばやい猿どものありさまを。かれらは互いの頭を飛び越えてよじ登り、そうしながら互いに他を泥と谷のなかへ引きずりこもうとする。

王座へ上ること、かれらのすべてがこれを欲する。かれらの狂気は――あたかも幸福が王座の上にあるかのように思いこんでいることだ。だが王座の上にあるものは、しばしばただ泥だけである。またしばしば王座が泥の上に乗っている。

わたしから見れば、かれらはみな狂人であり、木登りする猿であり、熱にうかされた者である。かれらの偶像、この冷血の怪獣は悪臭を放つ。これらの偶像崇拝者も、一人残らず悪臭を放つ、わたしの嗅覚《きゅうかく》にとっては。

わたしの兄弟たちよ。君たちは、かれらの口と欲念の発する毒気のなかで、窒息したいのか。それよりはむしろ窓を打ち破って、大気へおどり出よ。

この悪臭のそとに出よ。無用の者たちの偶像崇拝から遠ざかれ。

この悪臭のそとに出よ。これらの人身御供《ひとみごくう》から立ちのぼる濛気《もうき》から遠ざかれ。

大きい魂たちに、大地は今なお閉ざされていない。ただ一人の孤独者、ただ二人の孤独者(11)のために、今もなお多くの席があいている。その席のまわりには静かな海からの香りがただようのだ。

大きい魂たちには、今なお自由な生活が開かれている。まことに、所有することの少ない者は、他から所有されることも少ない。少ない所有に安んじている貧しさを讃えよう。(12)

国家が終結するとき、はじめて、余計な人間ではない真の人間がはじまる。そのとき、なくてはならぬ人間のうたう歌がはじまる。一回限りの、まにあわせのきかない歌が。

国家が終結するとき、——そのとき、かなたを見よ、わたしの兄弟たちよ。君たちはそこに見ないか、あの虹《にじ》を、あの超人への橋を。(13)——

ツァラトゥストラはこう語った。

(1) 民族という自然の基盤の上に立つことなしに組織された権力国家。

(2) モーゼのような古代の立法者や、ローマの建国者たちなど。生きた信仰と愛を紐帯《ちゅうたい》として、機械的でない民族連帯を創り出した。

(3) 民族的価値をほろぼす者たち。

(4) 善悪の規準、価値体系。しかも生きたことばとして通用している。

(5) 利害を主にした多数者の集合だから、善悪の規準も、時と場合に応じての御都合主義で、多くの矛盾と混乱を包含している。したがって生命や生きた創造を喜ばないで、それを敵視し、すべてを機械化しようとする。これが死への意志であり、そのためにあの「死の説教者たち」を利用しようとする。

(6)「耳の長いもの」は驢馬《ろば》。愚か者ばかりでなく、聡明《そうめい》な者、大いなる魂の所有者(次文節)も、国家に頭をさげる。
（7）尊敬すべき者たちをまわりに据えておけば、うしろめたい良心がやすまるような気がする。
（8）見かけはりっぱだが、中には死がひそんでいて、それに釣られると、たいへんなわざわいとなるようなもの。この文脈では、トロイア戦争の木馬を連想したように思える。
（9）国家の利害をまもるために、戦争などで多数者を死なせる。その死に美名を与えて、「生の成就」だと説く。
（10）生命のない借り物ないし盗み物だから。
（11）孤独な者 Einsame から、二人一組の孤独者 Zweisame（Zwei Einsame）と、たわむれに造語した。
（12）いわゆる清貧の状態。それは利用価値がないから国家の権力もおよんでこない。
（13）真の自由人の生がはじまるから。

市場の蠅《はえ》

愚衆と愚衆相手に演技している者たちの社会を避けて、孤独のうちに創造の道を歩めという。愚衆の「市場」のもろもろの害悪。

のがれよ、わたしの友よ、君の孤独のなかへ。わたしは見る、君が世の有力者たちの引き起こす喧噪《けんそう》によって聴覚を奪われ、世の小人たちのもつ針に刺されて、責めさいなまれていることを。

森と岩とは、君といっしょに高い品位を保って沈黙することを心得ている。君は君の愛する木、あの大枝をひろげている木と、ふたたび等しくなれ。無言のまま耳を傾けて、その木は海ぎわに立っているのだ。

孤独がなくなるところ、そこに市場がはじまる。そして市場のはじまるところ、そこにまた大俳優たち(1)の喧噪と毒ある蠅《はえ》どものうなりがはじまる。

世間では、最善のものも、それをまず演出する者がいなければ、何のたしにもならない。この演出者を民衆は偉大な人物と呼ぶ。

民衆は、真に偉大であるもの、すなわち創造する力にたいしては、ほとんど理解力がない。しかし民衆は、規模の大きいものの演出者と俳優たちとを受け入れる感覚はもっている。

新しい価値の創造者を中心として、世界は——目に見えず——めぐる。だが、俳優たちを中心としてめぐるのは、民衆と名声である。それが世の姿である。

俳優も精神のはたらきはもっている。しかしそれに伴う良心は、ほとんどもっていない。かれがつねに信ずるものは、人をして最も強く信じさせることに役立つもの——かれ自身を信じさせることに役立つものである。

明日、その俳優は新しい信仰をもつだろう。そして明後日は、いっそう新しい信仰を。かれがすばやい感覚をもっていることは、民衆と同じだ。そして変わりやすい天気のような気分をもっていることも。

ショックを与えて驚かすこと――かれにとっては、それが証明である。熱狂させること――かれにとっては、これが説得である。(2) そしてかれにとって、血はあらゆる論拠のうちの最上のものである。(3)

繊細な耳にだけそっとはいる真理を、かれは虚言、無意味と呼ぶ。まことに、かれが信ずるのは、ただ世に大きい喧噪をひき起こす神々だけである。

市場は、もったいぶった道化役者たちによって満たされている。――そして民衆は、そういう大人物たちを誇るのだ。それは民衆にとっては、「刻下《こっか》」の主君である。

しかし、「刻下」は、かれらをじっとさせておかない。同じように、かれらも君をじっとさせておかない。そして君にも、かれらは「賛《ヤー》」か「否《ナイン》」かを言わせようとする。ああ、君はそういう「賛」か「否」かのただなかに身を置こうとするのか。(4)

真理の求愛者である君よ。こういう押しつけがましい者たち、有無を言わさぬ圧制者たちがいるからといって、嫉妬《しっと》することはない。いまだかつて真理が、圧制者の腕に抱かれて、身を任せたことはないのだ。

これらの性急な者たちを避けて、君は君の安全な場所に帰れ。市場においてだけ、人は

「賛」か「否」かの問いに襲われるのだ。

およそ深い泉の体験は、徐々に成熟する。何がおのれの深い底に落ちてきたかがわかるまでには、深い泉は長いあいだ待たねばならぬ。

市場と名声とを離れたところで、すべての偉大なものは生《お》い立つ。市場と名声を離れたところに、昔から、新しい価値の創造者たちは住んでいた。

のがれよ、わたしの友よ、君の孤独のなかへ。わたしは、君が毒ある蝿どもの群れに刺されているのを見る。のがれよ、強壮な風の吹くところへ。

のがれよ、君の孤独のなかへ。君は、ちっぽけな者たち、みじめな者たちの、あまりに近くに生きていた。目に見えぬかれらの復讐《ふくしゅう》からのがれよ。君にたいしてかれらは復讐心以外の何ものでもないのだ。

かれらにむかって、もはや腕はあげるな。かれらの数は限りがない。蝿たたきになることは君の運命でない。

これらのちっぽけな者、みじめな者の数は限りがない。壮麗な建物が、雨のしずくと雑草とで滅びた例は少なくないのだ。

君は石ではない。だが、すでに多くの雨つぶによって、うつろになっている。これからも多くの雨つぶを受ければ、君は破れ砕かれるであろう。

君は毒ある蝿に刺されて、疲れている。百ヵ所に傷を負うて、血によごれている。しかも君の誇りは、それにたいして怒ろうともしない。

蠅どもは、まったく無邪気に、無考えに、君の血を吸おうとする。血液のないかれらの生まれつきが、血をほしがるのだ。──それゆえ、まったく無考えに君を刺すのだ。

しかし、深い心をもつ君よ。君は小さい傷にも、あまりに深く悩む。そのうえ、その傷がなおらぬうちに、同じ毒虫が君の手の上をはいまわったのだ。

君は、これらの盗み食いする者たちを打ち殺すには、あまりに誇りが高い。しかし、毒あるかれらの不正のすべてに堪えることが、君の宿命、君の非運とならないように気をつけるがいい。

かれらはまた賞讃のうなり声をあげて、君の周囲にむらがることがある。押しつけがましくつきまとうのが、かれらの賞讃である。かれらは、君の皮膚と血に近寄ろうとするのだ。

かれらは、神や悪魔に媚《こ》びるように、君にむかって媚びを呈する。神や悪魔の前でするように、君の前でしくしく泣く。それが何だというのだ。へつらい者、そして泣き虫。それ以外の何ものでもない。

時にはかれらはやさしい愛嬌《あいきょう》のある顔を君に見せることがある。しかし、それはいつも臆病《おくびょう》者の怜悧《れいり》さなのだ。臆病者は怜悧なものである。

かれらは君がどんな人間かと、かれらの狭い魂であれこれと推しはかる。──かれらにとって君は常にいかがわしい存在である。どんな人間かと、いろいろに推しはかられる者は、いかがわしい存在になるのだ。

かれらは君を、君のあらゆる徳をとがめて、罰する。かれらが真に許すのは——ただ君の失敗だけである。

君は柔和で、正しい心をもっているから、「かれらの存在が小さいことは罪過ではない」と言う。しかし、かれらの狭い魂は言う、「大きい存在はすべて罪過である」と。

君がかれらに柔和であっても、かれらは君から軽蔑《けいべつ》されていると感ずる。そして君の恩恵に、ひそかな加害をもって報いるのだ。

君の無言の誇りは、常にかれらの趣味に反する。君が、多弁になって自分を見せびらかそうとするほど謙遜《けんそん》になることがあると、かれらはこおどりして喜ぶ。

われわれがある人間においてある点を認識することは、その人間のそのある点に点火するということである。だから、小さい人間どもに近づくときは気をつけよ。(5)

君に向かうと、かれらは自分を小さく感ずる。そしてかれらの低劣は、君への目に見えない復讐となって燃えあがる。

君は気がつかなかったか、君がかれらの前に姿を現わすと、かれらがしばしば口を閉ざしたことを。そして、消えゆく火から煙が去ってゆくように、かれらから力が抜けていったことを。(6)

そうだ、わたしの友よ。君は君の隣人にとって、良心の呵責《かしゃく》なのだ。かれらは君の隣人としての値打ちがないから、それゆえかれらは君を憎み、君から血を吸いたがるのだ。君の隣人たちは、常に毒ある蠅であるだろう。君の偉大さ――それが、かれらをいよいよ有毒にし、いよいよ蠅にせずにはおかぬのだ。

のがれよ、わたしの友よ、君の孤独のなかへ。強壮な風の吹くところへ。蠅たたきになることは君の運命でない。――

ツァラトゥストラはこう語った。

（1）社会の舞台に演技する名士たち。ことにワーグナーが念頭にある。
（2）ショックを与えたり、熱狂させたりすること。政治家が好んで利用する手である。
（3）ビスマルクの言った「鉄と血」（武器と兵力）の血と解するなら、支配者が力で有無を言わさず押し通すことになる。
（4）かれら支配者たちを支持するかどうかを尋ねて、明白な態度決定をせまってくることがある。そんなところにいる気か。
（5）相手のずるい性格を認識して、ずるいやつと思っていると、結局そのずるさに火をつけて、いよいよそれを助長することになる。相手が本性を隠さなくなるからである。ところで、小さい人間には種々の低劣な性格がひそんでいるから、君はすぐそれらを認識することによって助長することになるだろう。警戒が必要である。

（6）意気盛んに悪口を言っていたが、当人が現われると、位負けがして元気がなくなる。

純潔

性的な純潔を論ずる。淫蕩《いんとう》を憎むが、禁欲を勧めず、官能の浄化を言う。肉体を軽蔑《けいべつ》せず、創造を重んずる考えが予感される。

わたしは森を愛する。都市は住むに堪えない。そこには淫蕩《いんとう》な者が多すぎる。

淫蕩な女の夢のなかに落ちこむよりは、殺人者の手に落ちこむほうが、ましではないか。

またあの男たちを見るがいい。かれらの目が語っている。――かれらはこの地上で、女と寝るよりましなことは何も知らないのだ。

かれらの魂の底には泥がたまっている。しかもその泥に精神があるとなると、わざわいである。(1)

かれらが、せめて動物として完全であるならいいのだが。だが動物であるためには、無邪気さが必要なのだ。(2)

わたしは君たちに、君たちの官能を殺せと勧めるのではない。わたしが勧めるのは、官能の無邪気さだ。

　わたしは君たちに貞潔を勧めるのではない。貞潔は、ある人々においては徳であるが、多くの者においては、ほとんど悪徳である。(3)

　そういう多くの者ら、なるほどおのれの欲望をおさえはする。しかし、かれらの行なういっさいのことから、肉欲の雌犬の妬《ねた》みの目がのぞいている。

　かれらの達する徳の高みへも、かれらのもちつづけている冷ややかな精神の底へも、この雌犬とその不満とは、ついてゆく。

　そしてこの雌犬は、彼女に一片の肉が拒まれると、なんと殊勝げに一片の精神をねだることだろう。(4)

　君たちは悲劇を愛するのか。すべての悲痛なものを愛するのか。しかし、わたしは君たちの内部に住む雌犬に心を許すことはできない。

　わたしの見るところでは、君たちはあまりにも残忍なまなざしをしている。そして悩んでいる者たちを淫《みだ》らな目でながめるのだ。それはただ、淫欲《いんよく》が変装して、同情と自称しているのではないか。(5)

　さらに、こういう比喩《ひゆ》を君たちに与えたい。世には、自分の内部から悪魔を追い出そうとして、かえって自分が豚の群れのなかへ走りこんだという人間が少なくないのだ。(6)

　純潔をまもることが困難な者には、純潔を思い切るように勧めるのがいい。純潔が、地獄――すなわち魂の泥と淫蕩――への道とならぬために。

わたしが汚らわしいことについて語っているというのか。だが、これはわたしの語る最悪のことではない。

認識を志す者が、真理の水にはいることをいとうのは、その水が浅いときだけであって、真理が汚らわしいからといって、かれはその中にはいることをいとい はしない。(7)

まことに、根本的に純潔な人々がいるものだ。かれらは心から柔和で、君たちよりも、好んで笑い、ゆたかに笑う。

かれらは純潔そのものをも笑う、そして言う。「純潔とは何であるか。

純潔とは愚かしさではないのか。しかしこの愚かしさは、愚かしさのほうからわたしたちのところへ来たのであって、わたしたちがわざわざその愚かしさと近づきになろうとしたのではない。

わたしたちはこの客に、わたしたちの心を宿として提供した。それでいまかれはわたしたちのところに泊まっている。――泊まっていたいあいだは、そこに泊まっているがいい(8)」

ツァラトゥストラはこう語った。

（1）享楽追求にも、人間は精神（知性）を利用したり、精神で理屈をつけるから、いよいよ始末におえない。
（2）無邪気さがないから、動物にもなれない。動物以下である。
（3）すぐつづいて言われるように、むりに貞潔をまもろうとすると、偽善や酷薄の悪徳におちいり、おさえられた性欲が、他者への恨みや妬みとなって、行動の一切をねじけたものにする。
（4）肉欲の満足が得られないと、精神上の仕事をこころがけて、そこで認めてもらいたがるが、それにもねじけた復讐《ふくしゅう》心がふくまれている。
（5）悩んでいる者たちに同情の目を向けると自分では言いながら、実は人の悩みに舌なめずりして喜んでいる。注（4）のような淫欲からの復讐心が満足するから。
（6）禁欲の苦行をして、そのためにかえって極端に堕落した例は世に多い。
（7）認識を志す者は、性欲などのいわゆる汚らわしい問題にはいることをも避けぬ。ただ浅薄な問題には心を向けない。
（8）道徳的要請としてではなく、おのずからに貞潔であって、それを誇らず、むしろそれを寸足らずの愚かしさとか偶然の事情の結果と考えている人がある。したがってその心は柔和で、人を責めることはなく、自分が純潔をまもりきれるとも公言しない。なお純潔については、第二部の「無垢《むく》の認識」で、さらにはっきりしたことが言われる。

友

友情論として屈指のもの。超人思想の当然の帰結だが、友のうちに敵を敬し、共に向上を目ざす生産的立場が実に美しい。

「わたしのところには、いつも一人だけ余分の者がいる」——そう隠栖者《いんせい》は考える。「いつも一かける一なのだが——それが長期にわたると二になってくる」[1]

「わたしは」と「わたしを」とは、いつも対話に熱中しすぎる。[2] どうしてそれに堪えられようか、もしそこにもう一人の友がいなければ。

隠栖者にとっては、友はいつも第三者である。それは、あの両人の対話が深みに沈んでしまうのを防ぐ浮き袋である。

ああ、すべての隠栖者にとっては、落ちこむべき深淵《しんえん》があまりに多くある。それゆえ、隠栖者は、せつに一人の友とその友の高みとを憧《あこが》れ求めるのだ。[3]

他者にたいするわれわれの信仰は、われわれが自分の内部にあるものとして何を信じたがっているか、その内容を暴露する。友へのわれわれの憧れは、われわれの秘密の暴露者である。

人は、友への愛によって友への嫉妬《しっと》を飛び超えようとすることがしばしばある。また自分が攻撃されやすい弱さをもつことを隠すために、攻撃し、敵をつくることもしばしばある[4]。

「少なくともわたしの敵であれ」――友情を望んでも、それを哀願することのできない真の畏敬《いけい》の言うことばはこれである。

友をもとうとするならば、その友のために戦争をすることをも避けてはならぬ。そして戦争をするためには、人の敵となることができなくてはならぬ。

人は、おのれの友をも敵として敬うことができなくてはならぬ。君は君の友にあまりに近づきすぎて、かれに隷属せずにいることができようか[5]。

おのれの友のうちに、おのれの最善の敵をもつべきである。君がかれに敵対するときこそ、君の心はかれに最も近づいているのでなければならぬ。

君は君の友の前にいるとき、衣服を脱いでいたいと思うのか。ありのままの君を友に与えることが、君の友の名誉になるというのか。いや、かれはそういう君を、悪魔にさらわれるがいい、と思うだろう[6]。

自分を少しもおおい隠さないということは、相手に不快の念をいだかせる。君たちは、全裸であることを、つつしみ恐れるべきである。さよう、君たちが神々なら、衣服を恥じるのもよかろうが[7]。

君は君の友のために、自分をどんなに美しく装っても、装いすぎるということはないのだ。なぜなら、君は友にとって、超人を目ざして飛ぶ一本の矢、憧れの熱意であるべきだから[8]。

君は、友がどんな顔をしているかを見るために、友の眠っているところを見たことがあるか。眠っていないときの友の顔は、いったい何か。それはゆがんだ鏡に映った君自身の顔なのだ[9]。

君は友が眠っているところを見たことがあるか。そのときの友の顔を見て、君は驚愕《きょうがく》しなかったか。ああ、わたしの友よ。人間は乗り超えられねばならぬものなのだ[10]。

人の友たるものは、推察と沈黙の、熟達者でなければならぬ。君は一切を見つくそうと思ってはならぬ。君の友が目ざめているときに何をするかを、君の夢が君に告げるのでなければならぬ[11]。

君の同情は推察であれ。まず友が同情を欲するかどうかを知ることだ。かれが君において愛しているのは、君の確固たる目と、永遠を見すえているまなざしであるかもしれないのだ[12]。

友への同情を堅い殻の下にかくすがよい。それを噛《か》めば、一枚の歯が折れるくらいに堅くなければならない。そうであってこそ、君の同情は、こまやかな甘美な味をかもしだすだろう。

君は君の友にとって、濁りのない空気であり孤独でありパンであり薬剤であるだろうか。

自分自身の鎖を解き放つことができなくとも、友を解き放って救うことのできる者は、少なくないのだ(13)。

君は奴隷であるか。奴隷なら、君は友となることはできぬ。君は専制者であるか。専制者なら君は友をもつことはできぬ(14)。

あまりにも長いあいだ、女性の内部には、奴隷と専制者とがかくされていた。それゆえに、女性にはまだ友情を結ぶ能力がない。女性が知っているのは、愛だけである。

女性の愛には、彼女が愛さないいっさいのものにたいする不公平と盲目がある。また知をともなった女性の愛にさえ、そこにはなお、光と並んで、発作と稲妻《いなづま》と闇《やみ》(15)とがある。

女性にはまだ友情を結ぶ能力がない。今も女性は、猫であり、小鳥である。最善の場合でも、牝牛《めうし》である(16)。

女性にはまだ友情を結ぶ能力がない。しかし、君たち男子よ。君たちのだれにいったい友情を結ぶ能力があるか。

おお、男子たちよ、君たちの魂の貧しさ、魂の貪欲《どんよく》さはどうだ(17)。君たちが友に与えるだけのものを、わたしは敵にも与えよう。そうしたからといって、より貧しくはならぬつもりだ。

世に仲間のよしみということはある。願わくば真の友情があってほしい。

ツァラトゥストラはこう語った。

(1) 一人はつねに一人で、二人になるはずはないのだが、長く独りでいると、自分が二分して、それが自分のなかで対話をはじめる。だから一人だけ数がふえたといえる。

(2) 「わたし」が、主体としての「わたしは」と、客体としての「わたしを」(例—わたしはわたしを話し相手にする) とに分かれる。これがいつも対話をしていて、うるさく、苦しい (自問自答によって自分自身をえぐって、堂々めぐりをしている)。

(3) それで、ふつうの意味での友が、「第三者」と呼ばれる。これが「わたし」のあまりに危険な自己沈潜を防いでくれる。「高み」は、「深淵」に沈む危険に対立させたことば。ただし、しだいにわかるように、「理想でわたしを引き上げてくれる」という気持がある。

(4) 他者への嫉妬に苦しみ、その他者を友として愛することによって、嫉妬を止揚する。攻撃うんぬんのほうは解しやすいが、「敵をつくる」と言って、友の問題が「敵」に飛躍したのは、次にしだいにわかるように、友と敵とが不可分になってくるから。

(5) 「おのれの友をも敵として……」は、前文節の「人の敵となることが……」を受けて、思想を発展させた。友を敵として敬うということで、友と敵とが一体になる。そのとき自分はその友に値する高貴な人格となることが要求される、友に甘えてはならぬ。

(6) 裸で友とつきあいたいと望むのは、つまりは自分のくつろぎや憩いを求めるからだろう。それは友を敬うことにならない。

（7）人間はギリシアの神々のように、裸を見せることができるほど美しいものでない。このあたり、ニーチェ的な羞恥《しゅうち》とつつしみ深さ。

（8）ここがって自分をより美しくしようという努力が生まれてくる。そして「君」と「友」とは互いに高みへ引き上げあうべきだ。

（9）眠ったときの友の顔はありのままの顔。目ざめたときの友の顔は、君の投影にほかならない。

（10）ありのままの友の顔は、人間の不完全を露呈していて、君を驚愕《きょうがく》させたろう。それほどに人間は、不完全なものなのだ。

（11）不完全という真実はただ察するにとどめて、沈黙をまもれ。たいせつなのは眠りの友ではなくて、目ざめているときに友が何をするか、である。それは君の夢（理想を目ざすヴィジョン）によって、君が友へ投影せよ。それが友を敬うゆえんだ。

（12）友の不完全は、察するにとどめ、なまなかに友の不完全をあわれんではならぬ。友は友で、君を永遠の理想を追っている確固たる人物、いうならば自分を鍛えてくれる敵と考えているかもしれない。

（13）相互の理想化、いわば誤解によって、実質以上のはたらきをなしうる。だから、けっして自分を（また友を）低めてはならない。

（14）友を支配しようとすれば、友に高めてもらう関係は成立しない。

（15）女性の感情的な非合理性。

（16）愛玩物か忍従的存在。
（17）魂が貧しいから、貪欲に取りこみ、ためこむことばかり考えている。

千の目標と一つの目標

各民族はそれぞれ独自の目標、価値観を立てて生存を戦いとってきた。だがいまや人類的に一つの価値観をもつ時が来たのではないか。

どんなに多くの国と多くの民族をツァラトゥストラは見てきたことだろう。そして多くの民族の善と悪とを発見した。ツァラトゥストラは地上において、善と悪以上に大きい力をもつものを見いださなかった。

どんな民族も、まず評価ということを行なわなければ、生存することはできないだろう。そして、その民族が自己の存続を望むなら、隣の民族が評価するとおりの評価をすることは許されない(1)。

この民族に善とされている多くのことが、他の民族には嘲笑《ちょうしょう》すべきこと、汚辱とされた。それをわたしは見た。ここでは悪と呼ばれている多くのことが、かしこでは真紅《しんく》の栄光に飾られているのを見た。

隣どうしの民族が、けっして相手を理解することはなかった。おのおのの魂が、いつも隣の民族の妄念と悪意とを、あやしみいぶかっていた。

　あらゆる民族の頭上には、善についてのそれぞれの表《ひょう》がかかげられている。見よ、それはその民族が克服してきたものの表である。見よ、それはその民族の力への意志の発した声である。

　ある民族が困難だとみなしているもの、それがその民族にとっては、たたえるべきものなのである。不可欠であって獲得するのに困難なもの、それが善と呼ばれる。最大の窮境からもその民族を救い出してくれるもの、まれなもの、このうえなく困難なもの(2)――それをその民族は聖なるものとして崇《あが》める。

　ある民族を支配と勝利と栄誉にみちびくもの、その民族を隣の民族の恐れと妬《ねた》みの的《まと》にさせるもの、それがその民族にとっては、高いもの、第一のもの、規準、万物の意義とされるのである。

　まことに、わたしの兄弟よ、君がまず、ある民族の困難と風土と隣人について知ったなら、君はおそらくその民族の努力の法則を推測することができるだろう。またなぜその民族がこの梯子《はしご》によっておのれの希望するところを目ざして登ってゆくかをも、知ることができるだろう。

「いつもおまえは第一人者であり、他者にぬきんでていなければならぬ。おまえの嫉妬《しっと》ぶかい魂は、友以外の何びとをも愛してはならぬ(3)」――この教えが、ギリシア人の魂をおののかせたのだ。おののきながら、ギリシア人は偉人へのかれの道を進んだのだ。

「真実を語れ、弓と矢を友とせよ」——ツァラトゥストラというわたしの名を生み出したあの民族[4]にとって、これは、好ましくもあり、同時に困難なことと思われたのだ。わたしの名[5]も、わたしにとって、好ましくあると同時に困難なものである。

「父と母を敬い、魂の底までもその意志に従え」こういう刻苦の表を、別のある民族はおのれの頭上にかかげ、それによって、強大となり、不滅となった[6]。

「忠誠をつくし、忠誠のためには、悪《あ》しきこと、危険なことにも、名誉と血を賭《か》けること」また別の民族は、こういうふうにおのれに教えて、克己し、努力した。そしてそういう克己と努力を重ねて、その民族は大きい希望をはらみ、それを育てた[7]。

まことに、人間はおのれの奉ずる善と悪との一切を、おのれの手でおのれ自身に与えたのである。それを他者から受け取ったのではなく、どこからか拾ってきたのでもない。天の声としてそれがかれらに降ってきたのでもない。

もろもろの価値の根源は人間である。人間が、おのれを維持するために、それらの価値を諸事物に賦与したのである。——人間が元で、それが諸事物に、意義、人間的意義を創《つく》り与えたのだ。それゆえ、かれはみずからを「人間」、すなわち「評価する者[8]」と呼ぶのである。

評価は創造である。君たち、創造する者よ、聞け。評価そのものが、評価を受けるいっさいの事物の要《かなめ》であり、精髄である。

評価することによって、はじめて価値が生まれる。評価されることがなければ、生存のはうつろであろう。このことを耳にとどめよ、君たち、創造する者よ。

価値の変動――それは創造する者たちの変動である。創造者とならずにおられない者は、つねに古いものを滅ぼす。

はじめは、もろもろの民族が創造者であった。のちになってはじめて個人が創造者となった。個人そのものが、最近の所産なのだ。(9)

かつてはもろもろの民族が、善の表《ひょう》をみずからの頭上にかかげた。上にいて統《す》べようとする愛と、下にいて従おうとする愛とが結びあって、こういう表を自分たちのために創り出したのである。

群居を喜びとすることは、「我」を喜びとすることより、発生が古い。そして、「良心にやましくない」ということと群居という言葉が同意義であるうちは、ただ「やましい良心」だけが、「我」ということを唱えたのである。(10)

まことに、わたしの見るところはこうである。おのれの利益のためという動機から多数者の利益をはかる、狡猾《こうかつ》な、愛のない「我」(11)は、群居する群衆の起原ではなくて、その没落である。

善と悪を創造した者は、つねに愛をもつ者であり、創造する者であった。いっさいの徳

の名のうちには、愛の火と怒りの火とが灼熱《しゃくねつ》している。(12)

ツァラトゥストラは多くの国と多くの民族を見た。かれは地上において、愛をもつ者たちの行なう事業以上に大きい力をもつものを見なかった。「善」と「悪」とは、その事業の名である。

まことに、これらのさまざまの善および悪を生んだ力は、怪物である。(13)言え、わたしの兄弟たちよ。この怪物を克服しうる者はだれか。この怪物の千の頸《くび》にくびきをかけうる者はだれか。

千の目標が今までに存在した。千の民族があったからである。ただその千の頸を一体とするくびきが、今もなお欠けているのである。一つの目標が欠けているのだ。人類はまだ目標をもっていない。

だが、答えてくれ、わたしの兄弟たちよ。人類にまだ目標が欠けているなら——まだ人類そのものが欠けているのではないか。(14)——

ツァラトゥストラはこう語った。

(1) それぞれ独自の価値規準、道徳観、つまり魂がなければ、民族という有機的共同体の生存は維持できるものではない。

（2）一例を言えば、堅忍、刻苦、努力など。
（3）ギリシア的な競争による向上心。
（4）古代ペルシア人。真実への愛と武をたっとぶ。
（5）ツァラトゥストラの名は「金の星」を意味するという。好ましいが困難な理想。
（6）ユダヤ人。
（7）古ゲルマン人。
（8）人間（Der Mensch）を、測る者（Der Messende）に関係づけてこう言った。語原的根拠はない。
（9）個人意識が目ざめたのは、ルネサンス以後の近代。
（10）古い時代には、集団だけが是認され、それに従っていれば、良心はやすらかであった。そして個我を言ったり、押し出したりすることは反倫理的であって、良心にとがめた。
（11）近代の功利的な態度。「多数のため」ということを言うが、それは機械的、数量的な多数であって、古代におけるような有機的集団の場合とは別である。
（12）善悪の規準があるから、愛とともに当然、背く者への怒りがある。モーゼはその例。
（13）生存をまもるために、実に多種多様の価値規準が生まれたわけで、それを複合体として見れば、怪物というほかはない。それを人類的に統一するものはだれか。
（14）しかし、人類はなければならぬ。そのためには「一つ」（千でなく一つ、そして統一的な）の目標が樹立されねばならぬ。「超人」がその「一つの目標」であることを、おのずから暗示している。

隣人愛

キリスト教の根幹をなす隣人愛に矛先を向け、それを自分自身から逃避する態度という。遠い未来への愛に生きなければならぬ。

君たちは隣人のもとにむらがり、そのことに美しい名を与えている。しかし、わたしは君たちに言おう、君たちの隣人愛は、君たち自身への悪い愛であると。

君たちは、自分自身と顔を向き合わせることからのがれて、隣人へと走る。そしてそのことを一つの徳に仕立てたがっているのだ。しかし、わたしは君たちの「没我」の本質が何であるかを見抜いている。

「汝《なんじ》」は「我」よりも、発生において古い。「汝」はすでに「聖」の名をかちえたが、「我」はまだそうでない。だから人間は隣人へと殺到するのだ[1]。

わたしは君たちに隣人愛を勧めるだろうか。いや、むしろわたしは君たちに、隣人を避けよ、遠人を愛せよと勧める。

隣人愛より高いものは、最も遠い者、未来に出現する者への愛である。人間への愛よりなおいっそう高いものは、事業と目に見えぬ幻影とへの愛である[2]。

君に先だって歩んでゆくこの幻影、それは、わたしの兄弟よ、君よりも美しいのだ。なぜ君はそれに君の血肉を授けないのか。だが君は恐れて君の隣人へと走るのだ。

君たちはおのれ自身に堪えることができない、またおのれ自身を十分に愛していない。それで君たちは隣人を愛へと誘い、誘いに乗った隣人のその過ちによっておのれを鍍金《めっき》しようとするのだ。

わたしが望みたいのは、君たちが、あらゆる種類の隣人たち、またこの近所の者たちに堪えきれなくなることだ。そうすれば君たちは、自分自身の内部から、友とそのあふれる心情とを創《つく》り出さざるをえなくなるだろう(3)。

君たちは自分自身について賞讃的なことを言おうとするとき、証人を招く。そしてその証人が君たちについて賞讃的なことを考えるようにかれをたぶらかしおおせると、君たち自身が自分を賞讃に値するものと考える。

自分の知に反して語る者だけが、虚言者なのではない。そうではなくて、自分の無知に反して語る者こそ、虚言者なのである(4)。つまり君たちは、隣人と交際して自分自身について語り、自分をも隣人をも欺くのだ。

だから道化師も言っている。「人間との交際は性格をそこなう。ことに性格のないやつの性格を」と。

ある者は自分自身をさがし求めるゆえに、隣人のところへ行き、またある者は自分自身を失いたいので、隣人のところへ行く。おのれ自身への粗悪な愛が、孤独を君たちの牢獄《ろうごく》にしてしまうのだ。

君たちの隣人への愛によって損害をこうむるのは、その場にいない者たちだ。君たちが五人集まると、いつも第六番目の者が犠牲の祭壇にのぼらなくてはならぬ。[5]

わたしは君たちの祝祭をも好まない。そこにはあまりに多くの俳優が登場した。そして観客もしばしば俳優を気どって演技した。

わたしは君たちに隣人を教えない。わたしは君たちに友を教える。友こそが君たちにとって地上の祝祭であるように！　超人の予感であるように！

わたしは君たちに友とその充《み》ちあふれる心情とを教える。しかし充ちあふれる心情に愛されたいと願うなら、君は海綿になることができなければならない。[6]

わたしは君たちに友を教える、すでに完成した世界をおのが内部にもっている友、善の容器である友を。――完成した世界をいつも贈り物にしようとしている創造する友を。

このような友の手によって、かつて繰り広げられた世界が、ふたたび美しく巻きおさめられる。悪による善の生成として。また無意義からの目的の生成として。[7]

未来と、最も遠いことが、君の「今日」の原因であれ。君の友の内部に、君は君の原因としての超人[8]を愛さねばならぬ。

わたしの兄弟たちよ、わたしは君たちに隣人愛を勧めない。わたしは君たちに遠人愛を勧める。

ツァラトゥストラはこう語った。

（1）「我」を問題にするより他（汝）に関心をもつことが、古くから要請された。民族、集団、家族、同胞など、みなそういう他（汝）であり、犯すことのできない聖なるものとされ、個人はそれに奉仕した。このように我の確立はおくれたから、隣人へ走りたがるのだ。

（2）「目に見えぬ幻影」とは、到達しがたい高い理想。「事業」の語とあいまって、超人の理想とそれに向かう努力とを暗示する。

（3）自分を自分の友とする。独立独歩の人間となる。

（4）知らないのに、知ったように言う。自分がいい人間だということを確かに知らないのに、いい人間だと語る。

（5）悪口の的になる。

（6）強い吸収力で友の心情を受けなければならない。

（7）友の導きによって、初め漫然と見ていた広大な世界が、意義と統一性のある世界となってくる。そして、既成価値への反逆としての悪を通じて新しい善が立ち、偶然で無目的なこの世界が目的のある世界に変わる。すべて「超人」の理想を念頭において言っている。

（8）君のすべての行動と思索の動因としての超人。

創造者の道

孤独のうちに真の創造者の道をとろうとする者の苦難と覚悟を説く。きびしく自分自身を乗り超えて創造することが求められる。

わたしの兄弟よ、君は孤独にはいろうとするのか。君自身への道をさがし求めようとするのか。それならもうしばらく足をとめて、わたしの言うことを聞くがよい。

「さがし求めて歩く者は、道に迷いやすい。孤独にはいることは常に罪だ」そう群衆は言う。そして君は今まで長いあいだそういう群衆の一人であったのだ。

その群衆の声は、今も君の内部にひびいているだろう。そして君が群衆にむかって、「わたしはもはやおまえたちと良心を共にしてはいない」と言っても、それはやはり一種の嘆きであり、苦痛の声であるだろう。

見よ、この苦痛は、やはり「かつて群衆と共にしていたその良心(1)」から生まれたものなのだ。そしてその良心の最後の燃え残りが、今なお君の憂愁に影を投げかけているのだ。

しかし、君は君自身への道であるところの憂愁の道を歩もうとするのか。それなら、その道を歩むべき君の権利と力(2)とをわたしに示すがよい。

君は一つの新しい力であるか。新しい権利であるか。始原の運動であるか。自分の力で回る車輪であるか。君は星たちにも支配の力をおよぼして君の周囲を回らせることができるか。

ああ、世には高みを求める欲念が、なんと多いことだろう。野心家たちの痙攣《けいれん》が、なんと多いことだろう。わたしに示してくれ、君がそういう欲念にとらわれた者、そういう野心家の一人ではないということを。

ああ、世には、ふいご以上のはたらきはしていない大思想が、なんと多いことだろう。それらは、物を吹きふくらませ、その内部をいよいよからっぽにする。

君は君自身を自由だと称するのか。わたしは、支配する力をもつ君の思想に耳を傾けたいのであって、君がある〈びきを脱したということを聞きたいのではない。

君はくびきを脱することを許された者であるのか。世には、他者への服従の義務を投げ捨てたことによって、自分のもつ価値の最後の一片を投げ捨ててしまった者が少なくないのだ。(3)

「何からの自由?」そんなことには、ツァラトゥストラはなんの関心もない。君の目がわたしに明らかに告げねばならぬことは、「何を目ざしての自由か」ということだ。

君は、君自身が立てた善と悪とを自身に課することができるか。君の意志を掟《おきて》としておのれの頭上にかかげることができるか。君は君自身にたいして、君の掟による裁判官となり復讐《ふくしゅう》者となることができるか。

君が孤独のなかに身を置き、君とともにいるのは、ただ君自身の掟に従う裁判官、復讐者だけだということは、恐ろしいことである。それは荒涼とした空間と、氷のような孤立の気圏へ投げ出された一つの星と同じことである。

君は一者として、今日はまだ多数者のために悩んでいる。(4)今日はまだ君の勇気と希望を全的にもっている。

しかし、いつか君の孤独は君を疲れ果てさすことだろう。いつか君の誇りは膝《ひざ》を曲げ、君の勇気は砕けるだろう。いつか君は叫ぶだろう、「わたしはただ独りだ」と。

いつか君は、君の高さにはもはや気がつかず、君の低さだけをあまりに間近に見ることになろう。君の崇高ささえ、幽霊のように君を恐れさすだろう。いつか君は叫ぶだろう、「一切はまやかしだ(5)」と。

孤独な人間を殺して死に至らしめるさまざまの感情がある。(6)君を殺すことに成功しなければ、それらの感情自身が死ななければならない。しかし、君ははたしてそれらの感情の殺害者となることができるか。

わたしの兄弟よ、君は「軽蔑《けいべつ》」という言葉を身にしみて知っているか。そして、君を軽蔑する者たちにたいしても公正をまもろうとする君の公正の苦悩を知っているか。(7)

君は、多数者をして、いやいやながらも君にたいするかれらの判断と認識を改めざるをえないようにした。そのことをかれらは深く君にたいして恨みとしているのだ。君はかれらのそばに来たのに、そののちそこを通り過ぎて前へ高みへ進んでしまった。そのことを、かれらはけっして君に許すことはないのだ。

君はかれらを超えてゆく。しかし君が高みへのぼればのぼるほど、妬《ねた》みの目は君を小さい者と見る。そして飛翔《ひしょう》する者は、最も憎まれる者なのだ。

「おまえたちがわたしに公正であろうとしても、どうしてそんなことができよう」――君はそう言わざるをえなくなるだろう。――「わたしはわたしの受取り分として、君たちの不公正を選び取る」と。

不公正と汚物を、かれらは孤独者にむかって投げかける。しかし、わたしの兄弟よ、君が一つの星であろうとするなら、かれらがそうするからといって、君がかれらを照らすことを少なくしてはならぬ。

また、善い者たち、正しい者たち(8)を警戒せよ。かれらは、自分自身の徳を創《つく》り出す者を、好んで十字架にかける――かれらは孤独者を憎むのだ。

また、神聖な単純さ(9)を警戒せよ。そういう単純さにとっては、単純でないものは、すべて神聖さをもたぬのだ。そういう単純さはまた好んで火をもてあそぶ――火刑の火を。

そしてまた君の愛の発作を警戒せよ。孤独者は、道で出会った者に、あまりにも早く手をさしのべる。

君が手をさしのべてはならぬ人間が多くいるのだ。かれらにはただ前足を与えればいい。

そしてその前足にはまた猛獣の爪がそなえられてあるように[10]！

しかし君の出会う最悪の敵は、いつも君自身であるだろう。君自身が洞穴《ほらあな》においても、森においても、君を待ち伏せしているのだ。

孤独な者よ、君は君自身への道を進んでいる。ところが、その道を行く君は、君自身に行き着かずに、いつしか君自身を通り過ぎてしまう。また君の七つの悪魔[11]を通り過ぎてしまう。

君は君自身にたいして異端者となり、魔女、予言者、道化、懐疑者、不浄の者、悪漢となるであろう。

だが、君は君自身を君自身の炎で焼こうと思わざるをえないだろう。いったん灰になることがなくて、どうして新しく甦《よみがえ》ることが望めよう。

孤独な者よ、君は創造者の道を行く。君は君の七つの悪魔から、一つの神をみずからのために創り出そうと欲すべきだ。

孤独な者よ、君は深い愛をもつ者としての道を行く。君は君自身を愛し、それゆえに君自身を軽蔑しなければならぬ[12]、深い愛をもつ者だけがするような軽蔑のしかたで。

深い愛をもつ者は、軽蔑するからこそ創造しようとするのだ。自分が愛するからこそ、その愛の対象を軽蔑せざるをえなかった経験のない者が、愛について何を知ろう。

君の愛と君の創造の力をたずさえて、君の孤独のなかへ行け。時を経てようやく、公正は不自由な足をひきずりながら、君についてくるだろう[13]。

わたしの兄弟よ、わたしの涙をたずさえて、君の孤独のなかへ行け。わたしは愛する、おのれ自身を超えて創造しようとし、そのために滅びる者を。――

ツァラトゥストラはこう語った。

（1）群衆の良心（意識や価値観）から離れていることが、やはり苦痛と嘆きの種となる。

（2）「権利」は資格と同じ。また孤独の道をとろうとするからには強者としての「力」がなければならない。

（3）束縛から自分を解放しただけでは、真の自分にもどったことにはならない。

（4）孤独の初期の段階。多数者から離れながら、多数者のことを悩みとし、多数者のことを憂えている。そこにまだ希望と勇気がある。

（5）虚無的感情からの発言。「すべてはむなしい」

（6）孤独者が、自分のうちに巣食う虚無的諸感情と、相手を殺すか自分が死ぬかの、決死的戦いをしあう。

（7）群衆は孤独者を軽蔑している。このように不当に軽蔑されても、相手への公正を忘れては、自分が群衆と同様の者になってしまう。

（8）日常的な意味における善人と正義の人。他への論難を事とする。

（9）無知の人。宗教改革者フスが火刑に処せられるとき、喜々として薪《たきぎ》を運ぶ農夫たちを見て、「おお、神聖な単純さよ」と言ったという故事をふまえている。

（10）断固たるきびしさを忘れるな。

（11）「七つ」とはただ修辞的に言う。すぐつづいて言われているように、人間は自分自身のなかに多くの危険な要素をもっている。それらをただ通り過ぎてしまうのではいけない。それらと対決してそれらを超克するのでなければならぬ。

（12）自分を甘やかすのは、愛するゆえんではない。現在の自分を軽蔑して、より高い自分を創造しなければならぬ。

（13）君にたいする後世の公正な評価。おくればせにやってくる、そんなものは意に介するにあたらない。

老いた女と若い女

大胆な女性観。ユーモアの味があり、心理学的に鋭い。女性の本質を超人の出現に奉仕させようとする意図を見のがしてはならない。

「ツァラトゥストラよ、どうしてあなたは足を忍ばせて、暗がりのなかを歩いているのか。

そして何をあなたは大事そうに、あなたのマントの下に隠しているのか。

それはあなたに贈られた宝か。それとも、あなたが生ませた子どもか。それとも、悪人どもの友であるあなた[1]は、いまみずから盗賊の道を歩いているのか」――

ツァラトゥストラは答えた。まことに、わたしの兄弟よ、それはわたしに贈られた宝だ。わたしが抱いているのは、一つの小さい真理なのだ。

しかし、それは赤子《あかご》のようにやんちゃだ。もしわたしがその口をおさえていなければ、大声でわめくだろう。

わたしは、きょうただ独り、日の沈んでゆく時刻に歩みを運んでいると、一人の年老いた女に出会った。その女はこうわたしの魂に語りかけた。

「ツァラトゥストラはわたしたち女にも多くのことを語ったが、女というものについてわたしたちに語ったことは一度もない」

わたしはそれに答えた。「女についてはただ男にだけ語るべきだ」

「わたしにも女について語ってもらいたい」と老婆は言った。「わたしは老いているから、聞いてもすぐにそれを忘れてしまうだろう」

そこで、わたしは老婆の望みにしたがってこう語った。

女における一切は謎《なぞ》である。しかも女における一切は、ただ一つの答えで解ける。答えはすなわち妊娠である。

女にとっては、男は一つの手段であり、目的はつねに子どもである。だが、男にとっては、女は何であろう。

真の男は二つのことを欲する、危険と遊戯を。それゆえ男は女を欲する、最も危険な玩具《がんぐ》として。

男は戦闘のために教育されるべきであり、女はその戦士の心身の勇気の回復に役立つように教育されなければならぬ。他の一切は、ばかげたことである。

あまりに甘美な果実――これは戦士の好みに合わぬ。それゆえ戦士は女を好むのだ。最も甘美な女も、苦みをもっているからだ。

女は男にくらべて、よりよく子どもを理解する。ところで男は女よりも子どもめいたものである。

真の男のなかには子どもが隠れている。この隠れている子どもが遊戯をしたがるのだ。さあ、女たちよ、男のなかにいる子どもを見つけ出すがいい。

女性は玩具であれ、きよらかな、美しい玩具であれ、そしてまだ出現していないような世界を飾るべきもろもろの徳の輝きにみちた宝石にひとしいものであれ。

女たちよ、おまえたちの愛のなかには一つの星が輝いているように！　おまえたちの希望は「わたしは超人を生みたい」ということであれ。

おまえたちの愛が勇敢さをもつように！　おまえたちは、おまえたちに畏怖《いふ》の念を起こ

させる男性にむかってまっしぐらに進んで行け。(2)
おまえたちの愛をおまえたちの名誉たらしめよ。ほかの場合に、女が名誉を解すること
はほとんどない。いつも、おまえたちが愛される以上に愛すること、愛において第二位に
はならぬこと、これがおまえたちの名誉であれ。
女が愛するときには、男はその女を恐れるがいい。愛するとき、女はあらゆる犠牲をさ
さげる。そしてほかのいっさいのことは、その女にとって価値を失う。
女が憎むときは、男はその女を恐れるがいい。なぜなら、魂の底において、男は「悪意
の者」であるにとどまるが、女は劣等であるのだから。(3)
女はどういう男を最も憎むか。——鉄が磁石に言ったことがある。「わたしがおまえを
最も憎むのは、おまえがわたしを引きながらも、ぐっと引きよせて離さぬほどには強く引
かないからだ」(4)と。
男の幸福は、「われは欲する」である。女の幸福は、「かれは欲する」ということである。
「見よ、今こそ世界は完全になった」——あらゆる女は、愛の力のすべてをあげて従うと
き、そう考える。
まことに、女は従うことによって、おのれの表皮のほかに一つの深みを獲得せねばなら
ぬ。(5)女の心情は表皮であり、動きやすく、騒ぎやすい、浅い水の面《おもて》である。
だが、男の心情は深い。その流れは、地下の見えないところを流れている。女はその力

を感じはする。しかし理解することはできない。——

これらのことを聞いたとき、年老いた女は言った。「ツァラトゥストラは多くの適切なことを言った。ことに、それを聞かせたいような年若い女たちについて多くの適切なことを言った。

不思議なことだ。ツァラトゥストラは、あまり女を知っていないのに、女について的確なことを言うとは。これも、女というものにかかりあえば、どんな不思議なことでも起こりうるせいなのだろうか(6)。

さて、わたしの感謝のしるしに、一つの小さい真理を受け取るがよい。わたしはわたしの齢《とし》のせいでその真理を知っているのだ。

だが、それをよくむつきにくるんで、その口をおさえているがよい。さもないと、大声でわめきたてるだろうから、その小さい真理は」

「女よ、その小さい真理をわたしに聞かせてくれ」と、わたしは言った。すると老婆はこう言った。

「女のもとへ行くなら、鞭《むち》をたずさえることを忘れるな」——

ツァラトゥストラはこう語った。

（1）弱い善よりは強い悪をよしとするあなた。
（2）ここには女性蔑視《べっし》の要素はまったくない。
（3）「劣等」の原語は schlecht である。品質の劣っている意味。だから何をするかわからないという恐れがうかがえる。
（4）真の男性的な力にとぼしい。
（5）従ってこそ、女の本質が生かされると言う。
（6）女は何でもやりかねないということをふまえて、女とかかりあうと、どんなことでも起こりうる、と軽く言ったのである

まむしのかみ傷

悪に善を報いるのでなく、受けた不正を自分への善に転ぜよ。敵をゆるしていい気になるより、ともどもに人間として敵とあい対せよ。

ある暑い日に、ツァラトゥストラはいちじくの木の下でまどろんだ。その両腕は顔をおおっていた。すると一匹のまむしが来て、かれの頸《くび》を嚙《か》んだので、痛みのためにツァラトゥストラは声をあげた。かれが腕を顔から離して、まむしを見つめると、まむしはそれがツァラトゥストラの目だと知って、無器用に身をかえして、逃げようとした。「逃げるな」

とツァラトゥストラは言った。「おまえはまだわたしの感謝を受け取っていない。おまえはわたしをよい時に眠りから起こしてくれた。わたしの行くべき道はまだ長いのだから」「あなたの道はもう短い」と、まむしは悲しげに言った。「わたしの毒は、命を奪う毒なのだ」ツァラトゥストラは微笑した。「今までに竜が蛇の毒で死んだことがあるか」――そうかれは言った。「だが、おまえの毒を取りもどせ。おまえはそれをわたしに贈るほど、富んではいないのだから」それでまむしはもう一度ツァラトゥストラの頸にからだを巻きつけ、その傷をなめた。

あるとき、ツァラトゥストラがこの話を弟子たちにすると、かれらはたずねた。「おお、ツァラトゥストラよ。いったいあなたの話に含まれている教訓は何か」ツァラトゥストラはそれに答えて言った。

善い者たち、正義の者たちは、わたしを道徳の破壊者と呼んでいる。つまり、わたしの した話は道徳を教えるものではない。

だが、わたしの言いたいのは、こうである。君たちに敵があるなら、その敵が君たちにたいしてした悪に、善をもって報いるな。それは敵を恥じさせることになるからだ(1)。それよりは、敵がそのことによって君たちに善いことをしてくれたのだ、ということを敵に立証してやるがいい。

相手を恥じさせるよりは、むしろ怒れ。敵が君たちに呪《のろ》いのことばを発したとき、君たちが祝福のことばでそれに応《こた》えようとするのは、わたしには気に入らない。むしろ、君たちも多少は呪いのことばを投げかけよ。

そして、もし君たちに一つの大きな不正が加えられたら、すみやかに五つの小さい不正をもって、それに仕返しをするがよい。(2)自分ひとりよい子になって相手の不正の圧迫に堪えている者は、見るからに不快なものである。

君たちはすでにこのことを知っていたか。不正に不正を報いて、相手とともどもに不正を行なうということは、すでに半ば正義なのである。不正を甘受していいのは、それに堪えることができる強者だけである。

小さい復讐《ふくしゅう》をするのは、まったく復讐しないことより、人間的である。そして、刑罰も、法の違反者にとって、一つの正義、一つの名誉になるという意味でなければ、(3)わたしは君たちの行なう刑罰にも同意することができない。

つねにおのれの立場の正しいことを主張するよりは、不正な者と見られることを意に介しない者のほうが、高貴である。ことにその者に正しさがある場合、そうである。ただそれをするには、人は十分に豊かでなければならぬ。

わたしは君たちの冷たい公正を好まない。君たちのところの裁判官の目は、つねに刑吏の目であり、そこには刑吏の冷たい刃《やいば》が隠見している。

言うがよい、明らかに見る目をもっている愛であるような公正は、いったいどこにあるだろう。

単にいっさいの刑罰を負うばかりでなく、いっさいの負い目を身に引き受けるような愛(4)を、君たちは創《つく》り出してくれ。

あらゆる者――裁く者を例外として――を無罪と宣告しうる公正(5)を、君たちは創り出してくれ。

君たちは、さらにこのことを聞きたいか。徹底して公正であろうとする者の場合には、虚言さえ人間への友愛となる(6)。

しかし、どうしてわたしは自分が徹底して公正であることを望むことができよう。どうしてそれぞれの人間にそれぞれの人間のありかたを容認することができよう。だから、わたしは次のことで十分としよう、わたしはそれぞれの人間をわたしの立場から見てゆくことにしよう(7)。

最後にわたしは言う。わたしの兄弟たちよ、あらゆる隠者にたいして不正を加えることをつつしめ。隠者は忘れることもできず、また報復することもできない。

隠者は深い泉に似ている。石を投げこむことはやさしい。しかし石が底まで沈んだとき、だれがそれを取り出すことができようか(8)。

隠者に侮辱を加えることをつつしめ。もしかれに侮辱を加えたときは、むしろさらに進んでかれを殺せ。

ツァラトゥストラはこう語った。

（1）悪に善を報いて敵を恥じさせるのは、徳を装った一種の復讐《ふくしゅう》で、かえって卑劣だというのである。

（2）敵を自分と対等に扱って、報復する。しかしせいぜい「五つの小さい不正をもって」ということろに、敵と自分との次元の違いが暗示される。

（3）罰することは、法の違反者を人格として扱うことになるのでなければならない。罰せられることで、その者は法と正義の世界の一員であるという名誉を得るのである。

（4）刑罰を甘受するという受身的な態度ばかりでなく、世のいっさいの弊害にたいして自分にも負い目（責任）があることを認めて、積極的に創造活動をするような愛。

（5）自分が負い目を引き受けるから、他者を罪ありと言わない。ただし、因襲に安住して裁きを事とする者は、大目に見られない。

（6）「徹底して公正」であれば、各人を裁かず、その各自のありかたを容認するから、「虚言」をもってその人を力づけることもある。各人を生きた人間として愛をもって遇することが、第一義である。

（7）一四八ページの注（6）の箇所に直結している。注（6）に言ったようなことは、しかし容易にはできないから、自分はせめて自分の立場を貫いて（超人を目ざして自己超克をせよとの要請をかかげて）、人に接しよう。

（8）隠者的要素をもつツァラトゥストラの自己告白が、ここにやや唐突に出てきた。隠者は、ひとから自分に加えられたことを、心の深部で、他者がうかがえぬような深い体験に化する。報復はしないが、それは隠者にとって消えない体験となる。こういう隠者は、普通の者が軽々にかかわりあってはならないような高い次元に住んでいるのであって、畏敬《いけい》しなければならない。

子どもと結婚

超人を生むという観点から、結婚の意義を説く。男女の最善の愛は、人類のより高い段階へ進むべき一つの道程になることだとする。

わたしの兄弟よ、わたしは君ひとりに訊《き》きたいことがある。測量用の鉛のように、わたしはその問いを君の魂のなかへ投げこむ、君の魂がどのくらい深いかを知るために。

君は若い。そして結婚して子をもつことを望んでいる。しかしわたしは君にたずねる、君は子を望むことを許されるような人間であるか。

君は勝利の力をもつ人か、自己克服者か、官能の統治者か、君のもつもろもろの徳の支配者か。そうわたしは君に問う。

それとも、結婚と子への願いの声をあげているのに、獣であり、そして「必要」ということではないのか。それとも孤独の苦しさか、また君自身にたいする不満か。

わたしは望む、君が、勝利者であり君自身の解放者であるがゆえに、子どもをあこがれるのであることを。[1] 君は君が達成した勝利と自己解放のために、生きた記念碑を建てるのでなければならぬ。

君は君自身を超えて建ててゆかねばならぬ。しかし、それにはまず君自身が、肉体において魂において、ゆがみなく建てられていなければならぬ。

君はただおのれを生みふやしてゆくだけでなく、おのれを生み高めてゆかねばならぬ。結婚の園は、そのことのために君に役立つものであれ。

より高い肉体を君は創造しなければならぬ。始原の運動、おのれの力で回る車輪を。――君は創造する者を創造しなければならぬ。

結婚、そうわたしが呼ぶのは、二人の意志が結合して、自分たち以上の一者を創造しようとすることである。その二人が互いを、そういう意志の意欲者として畏敬《いけい》しあうことである。

これが、君の結婚の意義であり真実であれ。しかし、あのあまりにも多数の者、無用の者たちが結婚と呼んでいるものを――ああ、わたしは何と呼ぼうか。

ああ、二人が共有しているあの魂の貧しさ、あの魂の汚らわしさ、あのみすぼらしい逸楽。

かれらはこれらすべてを結婚と名づける。そして言う、かれらの結婚は天で結ばれたのだと。

だが、わたしは無用の者たちの言う、こういう天を好まない。いや、わたしはかれらを好まない、天の網(2)にからめ取られたこれらの獣を。

あの神もわたしに近よらないでほしい。自分が結び合わせたのでもない二人を祝福しようと、遅ればせに不自由な足をひきずりながらやってくる神。

だが、こういう結婚を笑うのはよすがいい。自分の両親のことを泣かずにいられる子どもが、どこにあろう。

ある男は、わたしには品位もあり、大地の意義を実現するほどに成熟しているように思われた。しかしその妻を見たとき、大地は愚か者どもの住家《すみか》になったかと思われた。

そうだ、一人の聖者が一羽の鵞鳥《がちょう》と結びあうとき、わたしは大地が痙攣《けいれん》を起こして鳴動すればいいと思う。

また、ある男は英雄のように真理をたずねる旅に出たが、やがて化粧した一つの小さい虚偽を手に入れて帰ってきた。それをかれは結婚生活にはいったと呼んでいる。

また、ある男は、容易に妥協せず、選びに選んだ。しかし、一挙にしてかれはかれの交友関係を救いがたくそこねてしまった。それをかれはかれの結婚生活と呼んでいる。

また、ある男は、もろもろの天使の徳をそなえた一人の侍女をさがし求めた。しかし一挙にしてかれは一人の女の侍女になった。そのうえ、今は天使にならなければならなくなっている。(3)

買い手の立場にたつと、だれもみな慎重なものである。だれの目も抜け目がない。しかしだれにもまさって抜け目のない男も、自分の妻を買うとなると、調べずに袋入りのまま買うのである。

短期間の多くの愚かさ——それが君たちのあいだでは恋愛と呼ばれる。そして君たちの結婚は短期間の多くの愚かさに終わりを告げさせる——一つの長期間の愚かさの開始のために。

女にたいする君たちの愛、男にたいする女の愛。ああ、せめてそれが、悩んでいる隠れた神々(4)への同情であればいいのに。しかし、通常は二匹の獣が互いに互いの腹をさぐりあっているにすぎないのだ。

しかし、君たちの最善の愛さえも、歓喜にみちた一つの比喩《ひゆ》、灼熱《しゃくねつ》した一つの痛苦であるにほかならぬ。(5)それは、君たちを照らしてより高い道へと導くべき松明《たいまつ》である。

いつか君たちは、君たち自身を超えて、また互いに相手を超えて愛すべきである。だからまず愛することを実習せよ。それをするために君たちは君たちの苦い杯を飲まなければならなかったのだと、考えるのがいい。(6)

苦さは最善の愛の杯のなかにもある。それゆえ、その愛は超人への憧《あこが》れとなり、創造者としての君を渇望の人にするのだ。

創造者としての渇望、超人を目ざす矢と憧れ。わたしの兄弟よ、それがはたして結婚における君の意志であるか。

こういう意志、そしてこういう結婚を、わたしは神聖と呼ぶ。——

ツァラトゥストラはこう語った。

（1）自己を解放した強者として、その強さをつたえる子を望むことが、君の結婚意志でなければならぬ。
（2）次の文節でわかるように、因襲的な教会の説く神や天。
（3）天使のように辛抱づよく、妻に仕える男。
（4）人間のなかにひそみ隠れている人類向上の意志や願い。それらがなかなか実現しないので、悩みが起こってくる。
（5）男女が真に意義ある結婚生活にはいったとしても、それは終着駅であるべきでなく、より高い道へと進む一段階であり、それの一影像（比喩）にほかならぬことを自覚しなければならぬ。
（6）「真の愛」は、男女が現在の自分たちを超えて、高みを目ざして共に進むことである。通常の愛や結婚は、ただその「前段階」として考えるのがいい。
おのれの生を完成して生を去り、よき使命を次代へ引き継ぎたい。
それが真の生だ。未熟の生しか知らないのに死を憧《あこが》れてはならない。

自由な死

多くの者は死ぬのがおそすぎる。また、ある者たちは死ぬのが早すぎる。「時に適《かな》って死ね」この教えは、今のところはまだ異様に聞こえよう。

「時に適って死ね」ツァラトゥストラはそう教える。

もちろん、時に適って生きなかった者が、どうして時に適って死ぬことができよう。そういう者は生まれてこないほうがよかったのだ。――わたしは無用の者たちに、そう説く。

しかし、無用な者たちも、死ぬことにもったいぶった意味をつけたがるものだ。空《から》の胡桃《くるみ》も割ってもらいたがる。

すべての者が、死ぬことを大げさに考える。だが死そのものは祭儀にはならない。人間はまだ最も美しい祭儀のいとなみ方を習得していないのだ(1)。

わたしは君たちに、生者たちにたいして刺激となり、誓約となるような、完成をもたらす死を示そう。

完成に奉仕する者は、希望する者たち、誓約する者たちに取り囲まれながら、勝利にかがやいて、おのが死を遂げる。

人はこのように死ぬことを学ぶべきだろう。そして、死んでゆく者がこのように生者たちの誓いを固めさせるということがないなら、祭儀はいっさい行なわれてはならぬ。

このように死ぬことが最善である。しかし次善は、戦いながら死に、大きい魂を惜しむことなく浪費することだ。(2)

しかし、君たちの、薄笑いを浮かべている死は、戦う者にとっても勝利者にとってもいとわしい。それは盗人《ぬすびと》のように忍び足で来るが――実は支配者としてやってくるのだ。(3)

わたしの死を、わたしは君たちにむかって讃《たた》える。それは、わたしが欲するゆえに、わたしに来る自由な死だ。

それなら、わたしはいつ欲するだろうか。――目的をもち、相続者をもつ者は、目的と相続者にとって適正な時に死を欲する。

そして目的と相続者にたいする畏敬《いけい》から、かれはもはや生の聖殿にひからびた花輪を懸け添えようとはしないだろう。(4)

まことに、わたしはあの縄をなう者たちのようではありたくない。かれらはかれらの綯《な》い糸を長く引き延ばす。引き延ばしながら自分はあとへさがりつづけているのである。

また、真理と勝利を得るにはもう老いすぎている者も少なくない。歯のない口は、もはやどんな真理をも味わう権利はないのだ。

そして、栄誉を得ようとする者はすべて、適正な時に名誉と別れ、適正な時に――去るという困難な技術を習得しなければならない。

自分の味がいちばんよくなった時に、なおも人に食われつづけることは、やめねばならぬ。長く愛されることを望む者は、このことを知っている。(5)

むろん、酸《す》いりんごもある。そういうりんごは、自分のひきあてた運命として、秋の最後の日まで待とうとする。しかしその日まで待てば、そのりんごは熟れはするが、それと同時に黄ばんだもの、しなびたものになってしまうのだ。

ある者は、まず最初に心情が老い、ある者はまず最初に精神が老いる。またある者は青春のうちにもう老いている。だが青春の訪れのおそい者は、ながく青春を保つ。(6)

失敗の生を生きている者も、少なくない。毒虫がその心臓を食い荒らしつつあるからである。そういう者は、そのかわり、死が成功するように心がけるがよい。

いつまでも甘美になることのない者も少なくない。それは夏のうちに腐りはじめる。それを枝にしがみつかせているのは、臆病《おくびょう》心である。

あまりに多数の者が、あまりに長く、枝にしがみついている。これらの腐った実、虫食いの実をすっかり枝から振り落とす嵐《あらし》がくればいいのに。

早い死をすすめる説教者が来ればいいのに。それが、わたしの言う嵐であって、生の木をはげしく揺すぶるであろう。しかし、わたしが聞くのは、ゆるやかな死と、「地上のもの」すべてにたいする忍耐とを説く声ばかりだ。(7)

ああ、おまえたちは地上のものにたいする辛抱を説教するのか。だが、あまりにも寛大に君たち誹謗者《ひぼう》を辛抱しているのは、この地上の事物のほうなのだ。(8)

まことに、ゆるやかな死の説教者たちが敬うあのヘブライ人は、あまりに早く死んだ。そして、かれがあまりに早く死んだということは、そののち多数の者のわざわいとなった。(9)

まだ若いかれが知っていたことは、ヘブライ人たちの涙と憂愁、(10)それにあの正義の者たちの憎しみだけだった――このヘブライ人イエスが知っていたことは。それでかれは死への憧《あこが》れに襲われたのだ。(11)

かれはなおも荒野にとどまっていて、あの正義の者たちから離れていればよかったのだ。そうすれば、おそらく生きることを学び、大地を愛することを学び、さらには笑うことを学んだであろう。

わたしの兄弟たちよ、わたしの言うことを信ぜよ。かれはあまりに早く死んだのだ。もしかれが生きつづけていてわたしの年齢に達したなら、かれはかれの教えを撤回したことだろう。撤回をなしうるほど、かれは高貴な人であった。

だが、かれはまだ未熟だった。およそ青年というものは、未熟に愛し、また未熟に人間と大地を憎む。その心情と精神の翼は、まだ縛られていて重い。

だが、成人は、青年とくらべて、その内部に、より多量の小児と、より少量の憂愁をもっている。かれは生きること、死ぬことをよりよく理解しているのだ。死にむかって自由であり、死に際して自由である。もはや「然《しか》り」を言うべき時でなくなれば、神聖な「否《いな》」の発語者となる。[12] こういうふうに成人は、死ぬこと、生きることを、よく心得ている。

君たちの死が人間と大地にたいする冒瀆《ぼうとく》とならないように！　わたしの友らよ。このことをわたしは君たちの魂の蜜《みつ》に懇願する。

死ぬ時にも、そこにはなお君たちの精神と君たちの徳とが燃えかがやいていなければならぬ、大地をつつむ夕映《ゆうば》えのように。そうでなければ、君たちの死は失敗ということになろう。

君たちがわたしの死に接して、そのためにいよいよ大地への愛を深めてゆくように、そういうふうにわたしは死にたいと思う。そしてわたしはふたたび大地の一部となって、わたしを生んだこの母のなかで安静を得たいと思う。

まことに、ツァラトゥストラは一つの目的をもっていた。かれはかれのまりを投げた。さあ、君たち友人よ、わたしの目的の相続者となれ。君たちを目がけて、わたしは黄金のまり[13]を投げつける。

わたしの友人たちよ、何にもまさってわたしの見たいのは、君たちがその黄金のまりを投げるさまだ。だからわたしはもうしばらく大地にとどまろう。そのことをわたしに許せ。

ツァラトゥストラはこう語った。

（1）生を完成して死につき、次代によき使命を引き継ぐ死が、最も美しい祭儀に値する。
（2）よい魂の行使を物惜しみすることは、ニーチェの最も嫌うところ。
（3）虚無の力による暴力的支配者。
（4）生にしがみついて、むなしい栄誉をむさぼろうとはしないだろう。
（5）適時に訣別《けつべつ》してこそ、ながく愛惜される。
（6）いずれにしても、生の名に値する生をもつことが大事である。
（7）習俗化したキリスト教などの牧師が説くところ。死を説教しながら生へのなまぬるい未練がある。
（8）「辛抱」という語を中心にした皮肉。「地上の事物」、すなわちこの大地のほうが、そういう説教者の存在を辛抱しているのだ。
（9）イエスは、あまりに早く死んだため、大地と生を愛することを知らずにすんだ。それが後世の死生観をくるわせることになった。
（10）ローマ治下の当時のヘブライ人の苦しみ。

（11）パリサイびと。
（12）「然り」は、ここでは大地と生への肯定。その態度と表裏一体であるが、時が来れば平然として死（生への「否」）を迎えることができる。おのれの生の頂点に達したら、その時が来たのである、と解せられる。
（13）ツァラトゥストラの超人の理想。

贈り与える徳

他から施されるのでなく、おのれを贈り与えるのが最高の徳。しかもそれは大地に忠実な生、大いなる正午を実現するための徳である。

1

ツァラトゥストラが、かれの意に適《かな》っていた「まだら牛」という名をもつ町に別れを告げたとき、みずからかれの弟子と名のる多くの者がかれを見送った。こうしてある十字路まで来たとき、ツァラトゥストラはかれらに、自分はここから独りで行きたい、と言った。かれは独り行くことを愛する者だったから。それで弟子たちは、別離のしるしとして、かれに一本の杖《つえ》を贈った。その金の握りには、一匹の蛇が太陽に身を巻きつけて輪をなしていた。ツァラトゥストラはこの贈り物を喜んで、それを地に突いた。それからかれは弟子たちにむかって言った。

君たちの考えを言ってみよ。金はどうして最高の価値をもつにいたったか。そのわけはこうだ。金は通常性を離れた稀有《けう》のもの、不用のものであり、輝きをもっていて、その光が柔和であるからだ。それはつねに自分自身を贈り与えている。

金はもっぱら、最高の徳の写し絵として、最高の価値をもつにいたったのだ。贈り与える者のまなざしは金の輝きに似ている。金の光は月と太陽とを平和に結びつける。[1]最高の徳は通常性を離れた稀有のもの、不用のものであり、輝きをもっていて、その光は柔和だ。最高の徳は贈り与える徳である。

まことに、わたしはよく知っている、わたしの弟子たちよ。君たちがわたしと同様に贈り与える徳を得ようと努めていることを。君たちは猫や狼《おおかみ》となんの共通点もない。

君たちの渇きはこうだ、すすんで犠牲となり、贈り物となることだ。それゆえ君たちは、あらゆる富をおのれの魂のなかへ集めようと渇望する。

飽くことなく君たちの魂は富と宝玉を得ようと努めている。それは君たちの魂が、贈り与える意欲において飽くことを知らぬからだ。

君たちはあらゆる物を君たちのもとへ、君たちのなかへと、力強く呼びよせる。それは君たちがそのあらゆる物を君たちの泉から、君たちの愛の贈り物として、ふたたび外に流れ出させようとしているからだ。

まことに、こういう贈り与える愛は、価値のあるあらゆるものの強奪者とならざるをえない。しかし、わたしはこういう我欲を、健全と呼び、神聖と呼ぶ。――

それとは別種な我欲がある。あまりにも貧しく、飢えていて、つねに盗もうとする我欲である。病者の我欲、病める我欲である。

そういう我欲は、盗人《ぬすびと》の目ですべての輝くものを見る。飢餓の貪欲《どんよく》さで、ゆたかに食べている者に横目をつかう。そして贈り与える者の食卓のまわりをいつも忍び歩きする。

そういう欲望のうちにひそむものは、病気であり、目に見えぬ退化である。この我欲の盗人めいた貪欲さは、肉体に宿る生命力の病み衰えている証拠である。

言うがよい、わたしの兄弟たちよ。われらから見て、劣悪なこと、最も劣悪なこととは何か。それは退化ではないか。――そして贈り与える魂が存在しないところには、いつも退化の起こることをわれらは推測する。

われらの道は上にむかってのぼる。種《しゅ》から超種[2]へとのぼる。だが「一切はわれのために[3]――」と語る退化しつつある心は、嫌悪《けんお》によってわれらを身ぶるいさせる。

われらの心は上にむかって飛ぶ。すなわちこの心は、われらの生きた肉体の比喩《ひゆ》、向上の比喩である。もろもろの徳の名称は、このような向上の態度の比喩的表現である。

このようにして肉体は歴史を貫いて進んで行く、生成するもの、戦うものとして。そして精神とは、肉体にとって何であるか。肉体の戦闘と勝利をしらせる伝令使、肉体の同志、そしてその反響である。

善と悪とに与えられた名称のすべては比喩である。(4) それらの名称は、内容を言いつくしているのではなく、暗示しているだけである。それらの名称をもとに知識を得ようとする者は、愚か者だ。

わたしの兄弟たちよ、君たちの精神が比喩によって語ろうとするときの一刻一刻をゆるがせにするな。(5) そういう一刻一刻に君たちの徳の根源は芽ばえるのだ。

そのとき、君たちの肉体は高められ、復活したのだ。その肉体はおのが歓喜で精神を酔わせ、こうして精神は創造者となり、評価者、愛を注ぐ者、そして万物への恩恵者となる。(6)

君たちの心情が、大河のように満々としていて、そのほとりに住む者たちへの祝福とも危険ともなるとき、そのとき君たちの徳の根源は生まれるのだ。(7)

君たちが毀誉褒貶《きよほうへん》を超えて高くなり、君たちの意志が、愛を注ぐ者の意志として、万物に命令しようとするとき、(8) そこに君たちの徳の根源は芽ばえるのだ。

君たちが快適な住まいや柔らかいベッドをさげすみ、柔弱なやからからいよいよ離れて床につこうとするなら、それがすでに君たちの徳の根源となるのだ。

君たちが確立した一つの意志を意志する者となり、そのことによっていっさいの困苦を

転回させることが君たちに必然の名で呼ばれるとき、そこに君たちの徳の根源は生まれ出たのだ。(9)

まことに、そのときの君たちの徳は新しい善と悪なのだ。(10) 新しい深い水のとどろき、新しい泉の声なのだ。

力だ、この新しい徳は。支配する力をもつ高く強い思想だ。そしてそれを中心として一つの怜悧《れいり》な生き物が生動する。すなわち、金色の太陽に巻きついている認識の蛇だ。(11)

（1）太陽は光を与えるもの、月は光を受けるもの。この両者を平和に結びつけているのは、太陽の金色の光である。

（2）「超種」とは、種がおのれを超えて向上した段階。

（3）贈り与えるのではなく、一切をわがものにしようとする利己的態度。

（4）種々の名をもつ徳目や悪徳の根源をなすものは、生の向上の意志である。それが種々の現われ方をするのである。

（5）君たちの精神が目ざめて、善悪にたいする独自の判定をして道を進んで行こうとするとき、すなわち精神が自主性を獲得して活動しようとするときの一刻一刻をたいせつにせよ。

（6）そのとき君たちの精神は世界万物の中心となる。万物の価値を判定し、万物におのおのその所を得させる。

（7）心情が自己を浪費することを恐れず、外に働きかけるとき、たとえそれが他者への危険となっても、その真剣さが徳の根源となる。

（8）注（6）と同じと解してよい。

（9）確立した意志をもって生き、あらゆる困苦を意義あるもの、価値あるものに転回させずにはおかぬ。この「おかぬ」の言い換えがここで言う「必然」である。

（10）自主的な新しい価値観。

（11）杖の握りの比喩にもどった。自主的な生の発現、精神の目ざめが太陽。それにもとづいて新しい独自な価値観を立てようとする認識のはたらきが蛇。

2

ここで、ツァラトゥストラはしばらく沈黙した。そして愛のまなざしを弟子たちに注いだ。それからかれは語りつづけた。——声は別の調子になっていた。

わたしの兄弟たちよ、大地に忠実であってくれ、君たちの徳の力で。君たちの贈り与える愛と認識とが、大地の意義に仕えるように。そうわたしは君たちに切願する。

君たちの愛と認識とが、地上から飛び離れて、その翼を永遠の壁(1)につき当てることがないように。ああ、今までいつも天翔《あまがけ》って飛び失《う》せた徳はじつに多かったのだ。

わたしがしているように、それらの飛び失せた徳を大地へ連れもどせ——肉体と生へ連れもどせ。そしてそれらの徳が大地に意義を与えるようにせよ、一つの人間的な意義を。(2)

今までに精神も徳も、百千のあやまちを犯し、百千の飛び失せ方をした。われわれの肉体のなかにも、今なお、これらの迷妄と失策のすべてが住んでいる。それらが、われわれの肉体となり、意志となってしまったほどに。

今までに精神も徳も、百千の試みをし、道にまよった。そうだ、人間は一つの試みだった。ああ、多くの無知とあやまちが、われわれの肉体となった。

幾千年にわたる理性ばかりでなく——幾千年にわたる妄念も、われわれの内部から爆発して外へ飛び出る。それらを嗣《つ》いでいる者の身は危険だ。(3)

今もわれわれは、あの巨人「偶然」と、一進一退の戦いをしている。すなわち今の今まで全人類の上に愚昧《ぐまい》と無意義が支配していたのだ。(4)

君たちの精神と徳が大地の意義に仕えるように！　わたしの兄弟たちよ。そして万物の価値が新たに君たちによって定められるように！　そのために、君たちは戦う者であらねばならぬ。創造する者であらねばならぬ。

肉体は知を増しながら、みずからを清純なものにする。肉体は知をもって試みながら、みずからを高める。認識する者にとっては、あらゆる衝動が聖なるものになってゆく。高められた者の魂は快活になる。(5)

医者よ、君みずからを助けよ。そうすれば君は君の患者にも助けとなることができよう。患者に与えうる最上の助けは、自分自身をいやした者を患者が自分の目で見ることだ。そのことを忘れるな。

まだ踏まれたことのない幾千の小径《こみち》がある。幾千の健康なありかたと幾千の隠れた生命の島がある。人間と人間の住む大地とは、今なお汲《く》みつくされていず、発見しつくされていない。

孤独な者たちよ、眠らずにいて、耳をすましているがいい。未来から風が、ひそやかな羽ばたきの音とともにやってくる。そして鋭敏な耳には、よいたよりが聞きとれるのだ。

君たち、今日の孤独者よ、離脱者よ、君たちは未来において一つの民となるべきだ。自分自身を選び出した君たち[6]のなかから、一つの選ばれた民が生《お》い育ってゆくべきだ。――そして、その民のなかから超人が。

まことに、大地は今後快癒の場所とならねばならぬ。早くも新しい香り、祝福をもたらす香りが、大地をつつんでいる――そして新しい希望が。

(1) 観念的な天上の世界。

(2) 一六五ページ注(6)で述べたように、人間の精神が世界万物の主宰者となるから、「人間的な意義」といえる。人間を中心とし、規準とした意義。

（3）幾千年を経たのちの後継ぎであるわれわれは、光明的なものと種々の暗黒面とを嗣いでおり、それらがいつ顔を出すかわからない。
（4）光明面と暗黒面とが入りまじり、いわば混沌《こんとん》そのものである状態が「偶然」という巨人である。この巨人のおかげで無統制に愚昧と無意義が支配していた。それにたいして「人間」の意志が支配者とならねばならぬ。
（5）この一節で言われている「知」と「認識」とは同じことで、超人の理想にもとづく自覚と、その自覚にもとづく知のはたらきである。肉体とその自覚とが手をつないで進めば、真の向上が実現できる。そのとき、肉体も衝動も自覚を経ているから、純化され、聖化される。肉体と精神とが高度に結んで向上した超人のありかた。
（6）多数者から離れて自分自身を送別した君たち。進んで多数者から離脱した君たち。

3

ツァラトゥストラは、これらのことばを言ってから口をとざしたが、まだおのれの最後のことばを発していない人のようだった。しばらく思いまどいながら杖《つえ》をもてあそんでいた。ついにかれは言いはじめた。――その声音は変わっていた。

弟子たちよ、わたしはこれから独りとなって行く。君たちも今は去るがよい、しかもおのおのが独りとなって。そのことをわたしは望むのだ。

　まことに、わたしは君たちに勧める。わたしを離れて去れ。そしてツァラトゥストラを拒め。いっそうよいことは、ツァラトゥストラを恥じることだ。かれは君たちを欺いたかもしれぬ。

　認識の徒は、おのれの敵を愛することができるばかりか、おのれの友を憎むことができなくてはならぬ。

　いつまでもただ弟子でいるのは、師に報いる道ではない。なぜ君たちはわたしの花冠をむしり取ろうとしないのか。

　君たちはわたしを敬う。しかし、君たちの崇拝がくつがえる日が来ないとはかぎらないのだ。そのとき倒れるわたしの像の下敷きとならないように気をつけよ。

　君たちは言うのか、ツァラトゥストラを信ずると。しかし、ツァラトゥストラそのものに何の意味があるか。君たちはわたしの信徒だ。だが、およそ信徒というものに何の意味があるか。

　君たちはまだ君たち自身をさがし求めなかった。さがし求めぬうちにわたしを見いだした。信徒はいつもそうなのだ。だから、信ずるということはつまらないのだ。

　いまわたしは君たちに命令する、わたしを捨て、君たち自身を見いだすことを。そして、君たちのすべてがわたしを否定することができたとき、わたしは君たちのもとに帰ってこよう。

まことに、わたしの兄弟たちよ、そのときわたしは、今とは違った目で、わたしから別れた者たちをさがすだろう。今とは違った愛で、君たちを愛するだろう[1]。

さらに、わたしは、君たちがいつの日か、わたしの友、おなじ一つの希望の子となることを、期待する。そのときは、わたしは、三度目として君たちを訪れよう[2]、大いなる正午を君たちとともに祝うために。

大いなる正午とは、人間が、獣と超人とのあいだに懸け渡された軌道の中央に立ち、これから夕べへ向かうおのが道[3]を、おのが最高の希望として祝うときである。その道が最高の希望になりうるのは、新しい朝に向かう道だからである。

そのとき、没落してゆく者は、おのれがかなたへ渡ってゆく過渡の者であることを自覚して、おのれを祝福するだろう。そしてかれの認識の太陽[4]は、かれの真上に、正午の太陽としてかかることだろう。

「すべての神々は死んだ。いまやわれわれは超人が栄えんことを欲する」——これが、その大いなる正午におけるわれらの究極の意志であれ。——

ツァラトゥストラはこう語った。

（1）弟子たちを独立の人格として認めるから。

（2）弟子が独立の人格として同志となったから、三度目として帰ってくる。

（3）日は、正午という頂点から、夕べ、すなわち没落に向かう。しかしその先には朝がある。すなわち「わたし」の没落は、超人の出現のために必須のものである。

（4）自分の現在のありかたの意味の自覚、人類の向上にたいする展望などの総合的認識。

第二部

「——そして、君たちのすべてがわたしを否定することができたとき、わたしは君たちのもとに帰ってこよう。
まことに、わたしの兄弟たちよ、そのときわたしは、今とは違った目で、わたしから別れた者たちをさがすだろう。今とは違った愛で、君たちを愛するだろう」

『ツァラトゥストラ』第一部「贈り与える徳」

鏡をもった小児

数年の孤独の間にかれの教えは下界でゆがめられてしまった。かれの胸はふたたびあふれ、嵐のように友と敵を求めて下りてゆく。

ツァラトゥストラはふたたび山にはいって、かれの洞窟《どうくつ》の孤独に帰った。そして人間たちから遠ざかっていた。かれは、種をまき終えた人が待つように待ったのだ。しかし、かれの心は渇きはじめ、自分の愛する人々を求める気持に満ちてきた。それは、かれらに与えるべきまだ多くのものを持っていたからである。まことに、愛するからこそ開いた手を閉じ、贈り与える者でありながら羞恥《しゅうち》の心をもちつづけることは、(1)至難のわざである。

このようにして、この孤独な隠者に歳月は流れた。しかし、かれの知恵は生《お》い育ち、充実によってかれに苦痛を与えるようになった。

ある朝、かれは曙光《しょこう》に先立って目ざめ、臥床《ふしど》で長いあいだ思いにふけっていたが、ついに自分の心にむかって言った。

「どうして、わたしは夢のなかであんなに驚いて、目をさましたのか。そうだ、鏡をもった一人の小児がわたしに歩み寄ったのだ。

『おお、ツァラトゥストラよ』と、その小児はわたしに言った。『鏡のなかのおまえを見よ』

鏡をのぞいたとき、わたしは叫び声をあげた、わたしの心はおののいた。わたしがそこに見たのは、わたしではなくて、一人の悪魔の渋面と嘲《あざけ》りだった。

まことに、わたしはこの夢のしるしと警告とを、あまりにもよく理解する。わたしの教え
が危険に陥っている。雑草が小麦の名を騙《かた》っているのだ。

わたしの敵たちが強力になって、わたしの教えのありかたをゆがめた。そのためにわたしの最も愛する者たちさえ、わたしから受けた贈り物を恥じなければならなくなっている。

わたしの友人たちは失われた。わたしの失われた者たちをさがし求めるべき時が来たのだ」――

このことばとともにツァラトゥストラは立ちあがった。しかしその様子は、外気を求めてあえぐ窮迫した者のようではなく、精霊におそわれて予言する者、歌う者のようであった。かれの鷲《わし》と蛇とは、いぶかしげにかれを見あげた。それは来たるべき幸福が、朱《あけ》に染まった暁天のように、かれの面《おもて》に映《は》えていたからである。

実際、わたしに何が起こったのか、わたしの生き物たちよ、――とツァラトゥストラは言った。わたしは一変したのではないか。至高の幸《さち》が嵐《あらし》のように、わたしにやってきたのではないか。

わたしのこの幸福は愚かしい。そして愚かしいことを語るだろう。(2) まだ若すぎるのだ、

それは。――だから、わたしの生き物たちよ、この幸福を寛容の目で見てくれ。

わたしはわたしの幸福によって傷を負ったのだ。すべての悩む者たちがわたしの医者になるのだ。(3)

わたしの友人たちのところへ、わたしはふたたび下りて行くことができるのだ、また、わたしの敵のところへも。ツァラトゥストラはふたたび語りはじめ、贈り与え、愛する者たちに至高の愛を示すことができるのだ。

わたしのおさえがたい愛は、あふれて川となって流れ、東へ西へと向かう。寡黙の山上から、苦痛の荒天から、わたしの魂は谷々へとどろき注ぐ。

あまりにも長く、わたしは憧《あこが》れの目で遠くを見ていただけだった。あまりにも長く、わたしは孤独を友とした。そしてついに沈黙を捨てた。

わたしの全身は口となった。絶壁を落ちる渓流のとどろきとなった。わたしはわたしの言説を谷々へむかって逆落《さかお》としにしようと思う。

たとえ、わたしの愛の奔流が、道のないところへ落ちこもうと厭《いと》うまい。河流がどうしてついに大海へ注ぐ道を見いださないことがあろうか。

たしかにわたしの内部には一つの湖水がある、隠栖《いんせい》を愛し、自分に満ち足りている湖水が。しかしわたしの愛の奔流は、その湖水を連れ去るのだ、下へ、海へ。

新しい道をわたしは行く。新しいことばがわたしに湧《わ》く。わたしは、創造するすべての者がそうであるように、古い説き方に飽きた。わたしの精神はもうすりきれた靴を引きずって歩こうとはしない。

わたしには、あらゆる言説の歩みがおそすぎる。――おまえの馬車にわたしはとび乗る、嵐よ。そしてそのおまえをも、わたしはさらにわたしの悪意の鞭《むち》で鞭打とう。

叫喚と歓呼のように、わたしは大海を渡って行こう。わたしの友となるべき者たちが住んでいる至福の島々を見いだすまで。――

そしてその友らのあいだに、わたしの敵をも見いだすのだ。いまわたしは、話しかけることができさえすれば、何びとをでも、どんなにか愛することだろう。わたしの敵たちもわたしの至福の一部なのだ。

そして、このうえなく荒々しい馬にまたがろうとするとき、いつもわたしを最もよく助けて馬上に届かせてくれるものは、わたしの槍《やり》だ。それはわたしの足の、まめやかな下僕だ。――

敵にむかって投げつけるこの槍。わたしがそれをついに投げていい時が来たことを、わたしはどんなにかわたしの敵に感謝することだろう。(4)

わたしの雲は、あまりにも重く雷電をはらんだ。稲妻《いなづま》の哄笑《こうしょう》のあいだに、わたしは大量の霰《あられ》を下界になげうちたい。

そのときわたしの胸は力強く高まるだろう。強烈な嵐を起こして山々を吹き渡らせるだろう。そうすることでわたしの胸は軽くなるのだ。

まことに、わたしの幸福と自由とは、嵐のようにやってくる。だが、わたしの敵たちは、邪悪のものが頭上に吹き荒れると思うだろう。

そうだ、君たちも、わたしの荒々しい知恵に驚愕《きょうがく》するだろう、わたしの友らよ。そしておそらくわたしの敵もろともに逃げ去るだろう。

ああ、そのときわたしがやさしい牧笛の音をひびかせて、君たちを誘いもどすことができればいいのだが。ああ、わたしの知恵の牝獅子《めじし》がやさしい咆《ほ》え声をあげて呼ぶことができればいいのだが。わたしたちはすでに多くのことを、いっしょに学んできたのではないか。

わたしの荒々しい知恵は、さびしい山上ではらんだのだ。そして、荒々しい岩の上で彼女は、その子、その末の子を産み落としたのだ。

だから、彼女は分別もなく、苛烈《かれつ》な砂漠のなかを走り、やわらかい草地を求めに求めている――わたしのなつかしい、荒々しい知恵の牝獅子は。[5]

わたしの友らよ、君たちの心情のやわらかい草地――君たちの愛の上に、彼女はその最愛の子を寝かしつけたがっているのだ。――

ツァラトゥストラはこう語った。

（1）相手のためを思って与えないでいること、また、ゆたかにもつ身でありながら、たかぶらないで、与えることに羞恥心をもちつづけること。
（2）青年のように、おのが生命感に酔い痴《し》れて、節度がなく、多弁であるから。
（3）悩める者たちが、わたしの充溢《じゅういつ》の受け手になってくれるから。
（4）敵があればこそ、自分の力を発揮することができ、人間たちのところへ下って行く動機をも得る。
（5）さびしい荒々しい所で生んだ子（知恵の成果）だけに、その子のためにやわらかい草地（よくその成果を受け入れる者たち）を求める。

至福の島々で

友と敵の住む至福の島々が第二部の舞台である。本章では超絶的な思想を明確に否定し、現世における超人への創造の道を説く。

いちじくの実が木から落ちる。それはふくよかな、甘い果実だ。落ちながら、その赤い皮は裂ける。わたしは熟したいちじくの実を落とす北の風だ。（1）
このようにいちじくの実に似て、これらの教えは君たちに落ちかかる。さあ、その果汁と甘い肉をすするがいい。時は秋だ、澄んだ空、そして午後。

見るがいい、われわれの周囲いちめんになんという豊熟。そしてこの充溢《じゅういつ》のさなかから、はるかな海を望み見るたのしさ。

かつて、人々ははるかな海を眺めたとき、「神」と言った。しかし今わたしは君たちに教える、そのとき「超人」と言うことを。

神は一つの臆測《おくそく》である。しかしわたしは望む、君たちの臆測が、君たちの創造する意志を飛び超えて先走りすることがないように。

君たちが一つの神を創造することができるだろうか。答えは否である。——だから、どんな神についても語ることはやめるがいい。しかし君たちは超人を創造することはできるだろう。

わたしの兄弟たちよ、おそらく君たち自身にそれはできまい。しかし、君たちも、君たち自身を創《つく》り直して、せめて超人の父および祖父となることはできよう。それができたら、君たちの最上の創造なのだ。——

神は一つの臆測である。しかしわたしは望む、君たちの臆測が、われわれの思考しうる領域に限定されることを。(2)

君たちが一つの神を考えきわめることができるだろうか。答えは否である。——だが、真理への君たちの意志とは、一切を、人間が考えきわめることができ、見ることができ、感知することができるものへと変えようとする意志である。[3] 君たちは君たちの感覚でつなんだものを究極まで考え抜くべきだ。

君たちが世界と名づけたもの、それはまず君たちによって創造されねばならぬ。君たちの理性、君たちの心象、君たちの意志、君たちの愛そのものが、世界とならねばならぬ。そしてまことに、そのことが君たちの至福とならねばならぬ。君たち、認識する者たちよ。

この希望がなければ、どうして君たちは生に堪える気になれようか、君たち、認識する者たちよ。君たちは、理解できないもの、背理的なもののなかに生みつけられていていいはずはないのだ。

しかし、君たちにわたしの心を全的に打ち明ければこうだ、君たちよ。もし神々があるとすれば、わたしはどうしてわたしが神の一人でないことに堪えられようか。[4] だから神々は存在しないのだ。

なるほどこの結論をひき出したのは、わたしだ。だが、今はこの結論がわたしをひいてゆくのだ。——

神は一つの臆測である。だが、この臆測のもつあらゆる苦痛を飲みつくしたとき、死なずにいることのできる者があるだろうか。[5] 創造する者からその信念が奪われていいだろうか。鷲《わし》から、鷲固有の空間をきわめる飛翔《ひしょう》を奪ってよいものだろうか。

神とは、まっすぐなものの一切を曲げ、立っているものの一切にめまいを起こさせる思想である。いったい、なんという思想だろう。時間が失《う》せていいというのか。移ろいゆく現世のあらゆる事象が単なる嘘《うそ》であっていいというのか。(6)

それらを思いめぐらすことは、人間のからだにとって、渦流《かりゅう》運動であり、めまいであり、さらに胃にとって嘔吐《おうと》である。まことに、このようなことを臆測するのを、わたしは渦流病と呼ぶ。

わたしは、邪悪なもの、人間に敵対するものと呼ぶ。唯一者、充足している者、不動の者、飽和している者、不滅な者についてのこれらすべての教えを。

すべての不滅なものは――一つの比喩《ひゆ》にほかならぬ。(7) あの詩人たち(8)は嘘を言いすぎるのだ。

しかし、時間と生成ということについては、最上の比喩が語るのでなければならぬ。それは、移ろいゆく地上のものすべての讃美であり、是認でなければならぬ。

創造――それは苦悩からわれわれを解放する大いなる救いであり、生の軽快化である。だがまた、創造する者が生まれ出るために、苦悩と多くの変身が必要なのである。(9)

まことに、君たちの生のなかには、多くの苦渋な死去が含まれなければならぬのだ、君たち創造者よ。そのようにして君たちは、移ろいゆく地上のものの弁護者、是認者となるのだ。(10)

創造者みずからが新たに生まれ出る幼子《おさなご》であるためには、かれはみずから産む女、また産むことの痛みになろうと意欲しなければならぬのだ。

まことに、わたしは百の魂、百の道、百の揺籃《ゆりかご》と陣痛を経てきた。わたしはすでに幾度もの訣別《けつべつ》をした。わたしは胸も裂ける別離の最後の瞬間がどんなものであるかを知っている。

しかし、わたしの創造的な意志、わたしの運命がそれを欲するのだ。もしくは、もっと率直にいえば、そういうわたしの運命を、わたしの意志は欲するのだ[11]。

わたしの感受性は、つねに悩み、牢獄《ろうごく》につながれている。しかし、わたしの意欲は、つねにわたしの解放者、わたしに喜びを与える者として、やってくるのだ。

意欲は解放する。これこそ、意志と自由についての真の教えである。――ツァラトゥストラはそれを君たちに教える。

もはや意欲せず、評価せず、創造しない。ああ、こういう大きい倦怠《けんたい》がいつまでもわたしに近づいてこないように！

認識というはたらきにおいてさえ、そこにわたしが感じ取るのは、ただわたしの意志の生殖欲と生成欲だけである[12]。わたしの認識に無邪気さがあるとすれば、それは、その認識のなかに生殖への意志があることから来ている。

神と神々から離れよとわたしを誘ったのは、この意志だった。いったい創造すべき何が残っているだろう、もし神々が――存在するとすれば。

だが、わたしの熱烈な創造意志があって、それが常に新たに人間へとわたしを駆り立てるのだ。芸術家の鉄槌《てっつい》を石材へ駆り立てるのと同じように。

ああ、人間たちよ、石のなかに一つの像が眠っている、わたしの思い描く、像のなかの像が。[13] ああ、それが、最も堅い、最もみにくい石のなかに眠っていなくてはならぬとは。[14]

いまや、わたしの鉄槌は、この牢獄を破るべく、すさまじい力をふるう。石から破片が飛び散る。だが、そんなことに頓着《とんじゃく》していられようか。

わたしはこの制作を完成しよう。わたしは一つの影の訪れをうけたからである。——あらゆるもののなかで最も静かな、最も軽やかなものが、かつてわたしを訪れたのだ。

超人の美しさが、影としてわたしを訪れたのだ。ああ、わたしの兄弟たちよ。今はわたしに何のかかわりがあろう——あの神々が。

ツァラトゥストラはこう語った。

（1）南の国に吹き入るアルプスおろしのさわやかな風。それがよく熟した果実を落とすように、熟した思想をことばとして表現する。
（2）人間の認識能力の範囲で徹底的に思考し、それを越えて不可知のものを問題にしないこと。
（3）注（2）と同じ。一切を人間の認識能力でつかめば、本文で言う「変える」ことができる。

（4）「堪えられようか」は、「わたし」個人だけではなく、人間全体の立場から言っている。人間の意力が、無神を要請するのである。この箇所は、つまりは人間の向上の意志の強い表現である。

（5）神が実在するとすれば、人間は自主性と創造の意欲を失い、絶望におちいろう。

（6）神が実在し、したがって不滅や完璧ということがあるとすれば、生成や発展ということ、つまり時間と、時間のなかで変化し、推移する事象とは、まったくなくていいもの、仮象になってしまう。

（7）「すべての無常なものは比喩《ひゆ》にほかならず」（ゲーテの『ファウスト』第二部の終結「神秘な合唱」にある句）のもじり。

（8）「詩人たち」と言うが、もっぱらゲーテをさしている。

（9）向上や自己克服は、苦悩を伴う変身だが、それを経なければ、創造力に富む者は生まれない。この文節は「苦悩」という語が思考のかなめになっており、創造と苦悩が不可分な関係にあることを言う。

（10）古きを超えて向上するのは、「古きもの」の死去である。しかし、そのようにして向上のための段階となることで、「移ろいゆく地上のもの」は、意義を獲得するのである。

（11）「わたしの運命」は、創造しようとする意志だから、創造するために、苦悩と苦痛を要求するのである（注（9）参照）。そして一歩進んでいえば、創造しようとする意志を運命として担っていることは、受動的な運命というより、そのことがすでにわたしの積極的な意志から来ているのだ。

(12) 認識という客観性の多いはたらきも、根本的には、向上や創造への生の意欲から出ており、つまりその生殖欲の現われである。

(13) 理想的な像、すなわち超人。「石のなかに……」は、石の内部にいる人間を掘り出すのが自分の彫刻だ、とのミケランジェロのことばから来ている。

(14) 「最もみにくい石」とは現実の人間である。ここでは素材の悪さを嘆くというより、それだけ創造の意欲を駆り立てられているのである。

同情者たち

同情するのは、他者を弱者とみなして恥じさせることで、恥ずべきことである。愛する対象を鍛え高める高い愛に進むべきである。

わたしの友らよ。君たちの友であるわたしの耳に、ある嘲《あざけ》りのことばが聞こえてきた。「ツァラトゥストラを見よ。かれはわれわれのあいだを、まるで獣たちのあいだを歩くように歩いていているではないか」と。

だが、その嘲りは次のように言われたら、いっそう正しかったのだ。「認識する者は、人間たちのあいだを、獣たちのあいだとみなして歩む」と。

人間そのものが、認識する者にとっては、獣である、赤い頬《ほお》をした獣である。

どうして人間は頬が赤くなったか。あまりにもしばしば羞恥《しゅうち》を感じなければならなかったからではないか。

「おお、わたしの友よ」と、認識する者は語る。「羞恥、羞恥、羞恥——これが人間の歴史だ」

それゆえ、高貴な者は、他者に羞恥の思いをさせるな、とおのれ自身に命じている。また、悩んでいる人を目にしたら羞恥を感ぜよ、とおのれ自身に命じている。(1)

まことに、わたしはひとに同情して幸福を感ずるようなあわれみ深い人たちを好まない。かれらにはあまりにも羞恥心が欠けている。

わたしは、同情せずにいられないときにも、同情心の深い者とは言われたくない。また、同情するときには、自分の身を離して遠くから同情したい。

わたしはまた顔をつつみ、わたしだと気づかれないうちに、逃げ去りたい。そのようにすることを、わたしは君たちに命ずる、わたしの友よ。

わたしの運命が、いつも行く先々で、わたしを君たちのように悩みのない者と会わしてくれるといいのだが。またわたしが希望と饗宴《きょうえん》と蜂蜜《はちみつ》とを共にすることが
できるような人たちと会わしてくれるといいのだが。

まことに、わたしは苦悩している人たちに何ほどかのことをしたことはある。しかし、それ以上によいことをしたと思えたのは、わたしがよりよく楽しむことを覚えたときであ

る。(2)

人間が存在しはじめてからこのかた、人間は楽しむことがあまりに少なかった。そのことだけが、わたしの兄弟たちよ、われわれの原罪(3)なのだ。

そしてわれわれがよりよく楽しむことを学びおぼえるなら、われわれは他人に苦痛を与えようとする気持などは、きれいに自分のなかから払い落としてしまうだろう。また他人の苦痛になることを考え出すようなことも(4)なくなるだろう。

だから、わたしは悩む者を助けたことのある自分の手を洗う。それぱかりでなく、自分の魂をも念入りに拭《ぬぐ》うのだ。

というのは、悩む者が悩んでいるのを見たとき、わたしはそのことを、かれの羞恥のゆえに恥じたのだから。また、かれを助けたとき、わたしはかれの誇りを苛酷《かこく》に傷つけたのだから。

大きい恩恵は、相手に感謝の念を起こさせない。それどころか、相手のうちに復讐心《ふくしゅうしん》を芽ばえさせる。また小さい恩恵が記憶のうちに残っているあいだは、それは呵責《かしゃく》の虫となって、その恩恵を受けた者の心を食い荒らす。(5)

「気安く受け取ってはならない。受け取ってやることが、相手にたいする特別待遇であるという態度をとれ」――そうわたしは、他に贈り与えるべき何ものをも持たない人たちに忠告する。

だが、わたしは贈り与える者である。友として友にわたしは喜んで贈り与える。しかし未知の者や貧しい者たちは、わたしの果樹から自分の手で果実を摘み取るがいい。そうすればかれらに羞恥の念を起こさせることが少ないだろう。

だが乞食《こじき》たちを寄せつけることは、絶対にしてはならない。まことに、与えても与えなくても、乞食というものは、はらだたしい。

同様に、罪人と良心に責められている者たちをも寄せつけるな。わたしの言うことを信ずるがいい、友らよ。良心の呵責に噛《か》みつづけられている者は、ひとに噛みつくようになる。

だが、何よりもいけないのは、さまざまのちっぽけな考えである。まことに、ちっぽけな考えにふけるよりは、悪を行なうほうがましだ(6)。

なるほど君たちは言う、「小さい意地悪を楽しむことで、大きい悪い行為をしないですむ。それだけの節約ができるのだ」と。だが、この場合、節約などを問題にすべきではない。

悪い行為は腫物《はれもの》に似ている。それは、むずがゆくなり、痛がゆくなり、ついには破れる。――腫物の語ることばに嘘はない。

「見よ、わたしは病気だ」――悪い行為はそう語る。それが悪い行為の正直さである。

だが、ちっぽけな考えはかび類に似ている。それは匐《は》いまわり、もぐり、たえず所在をくらましている。――全身が小さいかび類のために腐ってしぼむまで。
それとは反対に、悪魔に憑《つ》かれた者の耳には、わたしはこういうことばを注ぎこもう。
「いっそおまえはおまえの悪魔を大きく育てるがいい。おまえにも偉大さへの道は、まだ一つ残されている」と。

ああ、わたしの兄弟たちよ。われわれはだれについても、いくぶん知りすぎるくらいに知っている。なかにはまるで透けて見える者もある。だが、そうであるからこそ、われわれはなかなかそれらの男を突き抜けて進むことができないのだ。[7]

人間たちとともに生きることは、むずかしい。それは沈黙していること[8]が実にむずかしいからである。

しかも、われわれがだれにたいして最も不当な態度を取っているかといえば、きらいな人間にたいしてではなくて、われわれに何の関心をも起こさせない人間にたいしてなのである。[9]

だが、もし君が悩む友をもっているなら、君はかれの悩みにたいして安息の場所となれ。だが、いうならば、堅い寝床、戦陣用の寝床となれ。そうであってこそ君はかれに最も役立つものとなるだろう。

そしてもし友が君に邪悪なことをしたら、こう言うがいい。「君がわたしにしたこと、それをわたしは君に許す。しかし、君がその行為を君にたいしてしたということ、[10]そのことを許す資格がどうしてわたしにあるだろうか」と。すべての大きい愛はこのように語る。こういう愛は許しをも、同情をも乗り超えたのである。

われわれは自分の感情をしっかりと制止しておかねばならない。それを勝手に走らせておけば、たちまち頭脳もろとも、あらぬ方向に逸脱してしまうだろう。[11]ああ、同情者たち以上に、愚行を行なった者が、この世にいるだろうか。そして同情者たちの愚行以上に苦しみをひき起こしたものが、この世に存在するだろうか。

おのれの同情を超えた高い場所にまだ至りついていない愛の所有者は、わざわいである。

悪魔がかつてわたしにこう語ったことがある。「神にも地獄がある。それは人間にたいするかれの愛である[12]」と。

そして最近、わたしは悪魔がこう言うのを聞いた。「神は死んだ。人間への同情のゆえに死んだのだ[13]」と。

それゆえ、同情の思いに駆られることを警戒せよ。その思いから、いやがうえにも人間には重い雲が寄せてくるだろう。まことに、わたしは荒天の徴候をよく知っている。

さらにこのことばをもよく心にとめるがよい。すべての大きい愛は、同情の段階を立ち超えているのだ。それは対象を愛するばかりでなく、その愛する対象をさらに創造しようとするのだ。

「わたしはわたし自身をわたしの愛にささげる。そしてわたしの隣人をも、わたし自身と同様にわたしの愛にささげる」[14]——すべての創造者の発することばはこれである。

すべての創造者は苛烈である。——

ツァラトゥストラはこう語った。

（1）次の文節以下で言っているように、羞恥は同情と密接に連関する。他者に同情するのは、羞恥心のない、あつかましいことである。他者を弱者あつかいし、他者に恥をかかせるからである。

（2）喜びや軽快をたっとぶ気持は、ニーチェには随所に出てくる。およそ真理をつかんでいるという自信が真にあるなら、喜んでいるのが当然である。

（3）わざとキリスト教の教説上の語を用いて、キリスト教が現世の悦楽に否定的な態度をとるのに対照させている。

（4）禁欲的な宗教家などには、この傾向がつよい。

（5）大小にかかわらず、他者に恩恵をさずけることは、他者を弱者と見たことになるから、復讐心を誘う。

（6）こそこそした、卑小な思いを人知れずもつよりは、悪を行なうほうが率直であり、勇気を必要とする。本文でやがて言われているように、そのことのなかには偉大さへの可能性も残されている。

（7）他者の内部の弱点が手に取るようにわかるだけに、同情の念にほだされて、無視して乗り超えることが、むずかしくなる。

（8）沈黙とは、同情の気持を表現しないこと。

（9）同情を排するが、無関心をよしとするのではない。いとわしく思うのは、まだしも相手の存在を認めていることだ。このくだりは、補足的に言われたのであるが、すぐれた人間には起こりうる感想で、ニーチェの心の姿勢がうかがわれる。衆人のあいだに生きることは、小さい同情心にとらえられるか、相手を眼中におかないかであって、とにかくむずかしい。

（10）他者に悪をしたということは、実は自分自身にたいして悪をしたということである。それを心内でいかに処理するかは、当人自身の問題である。

（11）同情におぼれれば、理知も感情も正しい方向を失う。

（12）愛は同情にみちびく。同情には、今まで述べられたようにさまざまの難点がある。ことに現実の人間のありかたが、実にみじめで同情を誘うことばかりだから。

（13）同情に気を取られて、自由な創造行為を忘れたから、神の神たるゆえんがなくなった。人間の立場から言えば、人間のもつ現実の弱さに同情する神は、創造への指針とするに足りなくなる。なお第四部「最も醜い人間」では、この問題に焦点をおいている。

（14）ここの愛はもちろん、創造的な高い愛。同情におぼれず、この高い愛の道に自他をささげる。

僧侶《そうりょ》たち

一種の英雄性をもってはいるが、生命にそむいて彼岸への救済をはかる僧侶と教会を攻撃する。自由な人間として超人を目ざせ。

あるとき、ツァラトゥストラは、弟子たちに合図をして、次のように語りはじめた。

「ここに僧侶たちがいる。かれらはわたしの敵ではあるが、かれらのそばを静かに通り過ぎるがよい。君たちの剣も眠らせておくがよい。(1)

かれらのなかにも英雄がいる。かれらのなかの多数の者は、あまりにも苦悩した。——それゆえかれらは、他人にも苦悩を与えようとしているのだ。

かれらは凶悪な敵である。かれらの謙遜《けんそん》以上に、復讐《ふくしゅう》心をひそめているものはない。そしてかれらに触れる者は、すぐに汚《けが》れるのだ。

だが、わたしはかれらと血のつながりをもっている。(2) わたしはわたしの血液が、かれらの血液のなかにあっても、その所有者たちによって、十分に敬われていることを欲するのだ」——

そこを過ぎたとき、ツァラトゥストラは、激しい痛みにおそわれた。しばらくその痛みと戦っていたが、やがてかれは語りはじめた。

わたしはあの僧侶たちを、いたましく思う。かれらもわたしの趣味に反する者たちである。しかしそんなことは、わたしが人間たちに交わりはじめてからの、いちばん些細《ささい》なことにすぎない。

わたしはかれらと同じ悩みをかつてもち、今ももっている。[3] わたしに言わせるなら、かれらは囚人であり、焼きごてをあてられたものである。かれらが救済者と呼んでいる者が、かれらをくびきにつないだのだ。――

にせの価値と虚妄のことばのくびきに。ああ、かれらをその救済者から救済する者があればいいに。

かつてかれらが大海を波のまにまに漂ったとき、かれらは一つの島に上陸したと信じた。しかし見よ、それは眠っている怪物だったのだ。

にせの価値と虚妄のことば、それは死すべき人間たちにとって最悪の怪物である。――そのなかに災禍は眠って、長いあいだ待っていたのだ。

しかしその災禍はついに来る。怪物は目をさまして、自分の上に小屋をつくって住んでいた者を、大口をあけて呑《の》み込むのだ。

おお、これらの僧侶たちが建てた小屋を見るがいい。甘やかにかおるそれらの洞穴《ほらあな》を、かれらは教会と呼んでいる。

おお、このまやかしの光よ、このよどんだ空気よ。そこは魂がおのれの高みにまで飛ぶことを——許されない場所だ。

それどころか、かれらの信仰はこう命ずる。「膝《ひざ》をついて階段を登れ、罪人よ」と。(4)

まことに、かれらの羞恥《しゅうち》と帰依《きえ》との斜視の目を見るよりは、わたしはまだしも無恥の徒の顔を見ることを選ぶ。

こういう洞穴と贖罪《しょくざい》の階段をつくった者はだれか。それは自分の姿を隠そうとした者、晴れわたった空にたいして恥を感じた者たちではなかったか。

この建物の天井が崩れて、晴れわたった空がふたたび顔をのぞかせ、くずれた塀《へい》のもとの草や赤いけしの花に光を投げるようになってからはじめて——この神の住むこういう場所に、わたしはふたたび心を向けようと思う。(5)

かれらは、自分たちの意に添わぬもの、自分たちに痛みを与えたものを、神と名づけた。(6)

そして実際、かれらのこういう帰依のしかたには、英雄的なものが多分にあった。

そして、その神にたいするかれらの愛しかたといえば、ただ人間をはりつけにすることだけだったのだ。(7)

かれらは、ただ屍《しかばね》として生きようとした。そしておのれの屍を黒衣でおおった。かれらの口にすることばからも、わたしは屍体《したい》室の不快なにおいをかぎつける。

かれらの近くに住む者は、たとえて言えば、ひきがえるの甘い憂鬱《ゆううつ》な歌が水底からひびいてくる黒い池の近くに住んでいるようなものだ。

もっとよい歌をそれらのひきがえるどもは歌うべきなのに。わたしがかれらの救済者を信ずるようになるためには。その救済者の弟子たちは、もっと救済されているように見えなくてはならないのに。

わたしはかれらの裸体を見たいと思う。なぜなら、ただ美だけが悔悛《かいしゅん》をうながす力をもっているのだから[8]。顔をつつみかくしたこの悲しみのさまが、だれを説得することができるだろう。

まことに、かれらの救済者たち[9]自身が、自由の世界、自由の第七天国[10]から来たのではなかった。かれらの救済者たち自身が、認識の絨毯《じゅうたん》[11]の上を歩いたことはなかったのだ。

これらの救済者たちの精神は、すきまだけから成り立っていた。そして、そのすきまの一つ一つには、かれらの迷妄がつめこまれていた、かれらから神と呼ばれるあの塡《う》め物が。

かれらの精神は、かれらの同情心におぼれて、溺死《できし》した。そしてその同情心の水かさがあふれるほどに増したとき、水面に浮かぶのは、いつも大きな愚劣であった。

叫び声をあげながら、かれらはかれらの畜群を熱心に駆り立てて、かれらの小橋を渡らせた、まるでそれが未来に到達できるただ一つの橋であるかのように。まことに、これらの牧人たちも、羊の仲間にほかならなかったのだ。

小さい精神と広大な魂[12]とを、これらの牧人たちはもっていた。しかしわたしの兄弟たちよ、かれらのもった今までのいちばん広大な魂も、なんという小さい国土であったことか。

血のしるしを、かれらは自分たちの歩いた道に書きつけた。そしてかれらの愚劣は、血は真理を証明する、と教えた。

だが、血は真理にたいする最悪の証人である。血は、最も純粋な教えにも毒をそそいで、それを迷妄と憎悪にしてしまう。(13)

自分の教えのために火をくぐる者があるにしても――それが何の証明になろう。まことに、自分自身の烈火のなかから、自分自身の教えが生まれてくることが、もっと意味のあることなのだ。

不安な蒸し暑い心情と低温の頭脳、この両者が結んだとき、(14)「救済者」という颶風《ぐふう》が生ずるのだ。

まことに、民衆が救済者と呼んでいるあの物ぐるおしい颶風たちより、もっと偉大な者、もっと高貴な生まれの者は存在したのだ。(15)

そして、わたしの兄弟たちよ。君たちは、すべての救済者たちにまさって偉大な者たちの支配からも救済されねばならぬ、もし君たちが真の自由への道を見いだそうとするならば。

まだ一人の超人も生まれたことはないのだ。最大の人間と最小の人間とを、わたしは裸のまま見てきたのだが。――

最大の人間と最小の人間とは、まだあまりに類似している。まことに、最大の人間も、わたしの見たところによれば――あまりに人間的であった。(16)――

ツァラトゥストラはこう語った。

(1) 究極的なものへの探究意志、苦難への意志、道のために戦う勇気など、英雄的心情において、自分と共通するものがあり、それゆえツァラトゥストラは僧侶たちに一種の敬意を寄せるところがある。
(2) 注(1)の内容をさす。
(3) 人間の生の苦悩を問題にし、それからの解放と救済を求めることにおいて。ただし解放の方法は、対蹠《たいせき》的に異なる。一は現世における創造、他は彼岸への帰依。
(4) ローマのスカラ・サンタ寺院の階段が有名である。信者が祈りの文句を唱えながら膝をついて階段を登ってゆく。
(5) 教会が廃墟《はいきょ》となって、暗鬱《あんうつ》な支配力を失い、自然のなかでわれわれがこういう人間心情の現われを見ることができるようになったら、これに注意を向けることもあろう。
(6) 苦痛を避けず、それを神のおぼしめしとして受け取った。
(7) 人間の生の発揮を否定することを神への愛とした。
(8) ありのままの姿が美しければ、それを見た人は自分もそうなろうとして、生き方を変える。

（9）ここでは複数にして一般に諸宗教の祖たちをさす。
（10）「第七天国」は、最高の天国を意味する慣用句。
（11）認識とは、元来偏見のないものである。しかしかれらはそういう精神活動をしたことがない。
（12）人を包容する心情（魂）は広いが、人間であることを自覚する知性や意力（精神）は狭い。
（13）殉教《じゅんきょう》などの血の要素がはいると、それにとらわれて、真理が真理としてでなく、盲信や迫害者への憎悪などを動機として信奉されるようになる。
（14）心情は不安にみちてむんむんしているし、それを処理すべき認識（頭脳）の力は微力である。
（15）狂信的でない真理探究の人たち。高い哲人や芸術家。
（16）最大の人間といっても、まだ知れたものである。「人間的」とは、低いままの人間らしさの意味。

有徳者たち

有徳者と言われる者たちの低い種々相をあばき、真の徳とは人間が「本来のおのれ」を愛して、それを生かしていくことにあると説く。

だらけた、眠っている心にむかっては、雷鳴と電光とをもって語らねばならぬ。

しかし、美の声はひそやかに語る。その声は、最も生気にみちた魂のなかにだけ忍び入る。

今日、わたしの紋章は、わたしにむかって、ひそやかに揺れて、笑った。それは美の聖なる笑いであり、揺らぎであった。

有徳者たちよ、君たちのことを今日わたしの美は笑った。その声はこうわたしに聞こえた。「この人たちはまだ――支払いを受け取るつもりでいる」と。

君たちは、まだ支払いを受け取るつもりなのか、有徳者たちよ。徳にたいして報いを、地上の生活にたいして天国を、君たちの「今日」にたいして永遠を手に入れるつもりでいるのか。

そしていまわたしがこう教えると、君たちは怒るのか。およそ報酬官も会計官も、そんなものはどこにも存在しないのだと。わたしは、徳はそれ自体が報酬だとさえ、教えはしない。(1)

ああ、これがわたしの悲しみだ。人々は、物事の根底に、報酬と罰という嘘《うそ》をはめこんだのだ――そしてさらにそれを君たちの魂の根底にも据えつけたのだ、有徳者たちよ。

しかし、わたしのことばは、猪《いのしし》の鼻のように、その君たちの魂の根底をあばくだろう。わたしは君たちの地を掘り起こす犂頭《すきがしら》と呼ばれよう。

君たちの根底の秘密は、すべて明るみに出されるだろう。そして君たちが、掘り起こされ、砕かれて、日にさらされるとき、君たちの内部の真実も、嘘から分離されることだろう。

つまり、君たちの内部の真実というのはこうだ。君たちは、復讐《ふくしゅう》、罰、褒賞《ほうしょう》、報復などの汚らわしいことばにかかりあうには、あまりに清潔すぎるのだ。

君たちが徳を愛するのは、母が子を愛するのにひとしい。だが、母が子への愛にたいして支払いを受けようとしたことがあるだろうか。

君たちの最愛の「本来のおのれ」、これが君たちの徳の目標である。[2] 円環の渇きが、君たちの内部にある。あらゆる円環は自分自身にふたたび到達しようとして、環をなし、めぐるのである。

そして、君たちの徳の行ないのすべては、消えてゆく星に似ている。常にその星の光は進行していて、とまることがない。——それが進行をやめるということが、いったいあるだろうか。

そのように、君たちの徳の光は、徳の行為が終わったのちも、進行をつづけている。たとえ、その行為がすっかり忘れ去られてしまうことがあるにしても、その光線はなおも生きていて、進行しているのだ。[3]

君たちの徳の目ざすものが君たちの「本来のおのれ」であって、異物ではないということ、皮膚や外套《がいとう》ではないということ、これが君たちの魂の根底にある真実なのだ、有徳者たちよ。

しかし、鞭《むち》の雨の下でのもがき[4]を徳と思っているような人々もいるだろう。そして君たちはそういう人々の叫び声に、あまりに耳を傾けすぎたのだ。

また、自分たちの悪徳が怠け者、無精者になったことを徳と称している人々もいる。ところで、そういう人間たちの憎悪や嫉妬《しっと》が手足をのばしはじめると、かれらの「正義」が目をさまして、寝ぼけたまなこをこすりはじめるのだ。⑤

また、下へ引っぱられていく人々がいる。かれらの悪魔が引きおろすのである。ところで、この人たちは、下へさがればさがるほど、その目は熱気をおび、おのれの神への欲望に燃えるのである。⑥

ああ、有徳者たちよ、こういう者たちが次のように叫ぶ声も、君たちの耳をおそった。「わたしがそれでないもの、それがわたしには神であり、徳である」

また、ある者たちは、重々しく、きしみながらやってくる。石塊を積んでふもとに運びおろす車に似ている。かれらは威厳について、徳についてしきりに語る。――かれらは自分の制動機を徳と称している。

また、ねじを巻かれた柱時計のような者たちもいる。⑦かれらはチクタクをくりかえして、そのチクタクが徳と呼ばれることを望んでいる。

まことに、そのたぐいの者は、わたしにもよい慰みである。こういう時計を見つけたら、わたしはわたしの嘲笑《ちょうしょう》でそのねじを巻くだろう。おまけに、そのねじを得意げにうならせてやろうと思う。

またある者たちは、かれらのひと握りの正義を誇って、その正義のために、あらゆる事物にたいして不正をはたらく。世界がかれらの不正におぼれてしまうほどに。

ああ、かれらの口から「徳」ということばがもれるとき、そのひびきはなんと不快なことだろう。そして、かれらが「わたしは正しい」と言うとき、それはいつもまるで「わたしは復讐をした」と言っているように聞こえる。

かれらはかれらの徳によってかれらの敵の目玉をえぐり取ろうとしている。かれらがおのれを高めるのは、ただ他者を低くしようためである。

さらに、こういう者たちもいる。かれらはおのが沼のなかに腰をおちつけて、芦《あし》のあいまからこう語る。「徳――それは沼のなかに黙ってすわっていることだ。

われわれはだれをも嚙《か》まず、嚙みつこうとする者を避ける。そして何事につけても、ひとから与えられた意見をもつ(8)」

さらにある者たちは身ぶりを好んで、徳は一種の身ぶりだと考える。

かれらの膝《ひざ》はつねに崇拝のためにかがみ、その手ぶりは徳をほめそやしている。しかし、かれらの心情はそれと何のかかわりもない。

さらに、こういうたぐいもいる。かれらは「徳はなくてはならぬものだ」と口にすることを、徳だと思っている。しかしかれらは実は、警察はなくてはならぬものだと、信じているだけである(9)。

また、人間における高貴なものを見る目のない者には、こういうのが多い。かれらは人間における低劣なものをすぐそばから見ることを、徳と呼んでいる。つまり、かれらにはおのれの悪意の目が徳なのである。[10]

また、ある者は高尚なことを聞いて心を高めようとして、そのことを徳と称している。さらにある者は衝撃的な感動を与えてもらうことを望み、これをやはり徳と称している。[11]

こういうふうに、ほとんどすべての人間が、徳に参与していると信じている。少なくとも、だれもが「善」と「悪」の精通者をもって任じている。

だが、ツァラトゥストラが来たのは、これらすべての嘘つきと道化たちに、「おまえらは徳について何を知っているか。何を知ることができようか」と言おうとするためではなかった。

そうではなくて、わたしの友人たちよ、君たちが、これらの道化や嘘つきたちから学んだ古いことばに飽き飽きしてくることを、ツァラトゥストラは願うからだ。

「報酬」、「報復」、「罰」、「正義による復讐」などのことばに飽き飽きしてくることを。

「おのれを空《むな》しくさせる行為が善なのだ」ということに、君たちが飽き飽きすることを、かれは願う。

ああ、わたしの友人たちよ。子の内部に母があるように、君たちの「本来のおのれ」が行為の内部にあること、[12]これが徳についての君たちのことばであってくれ。

まことに、わたしは君たちから百のことばと君たちの徳が最も好んでいる玩具《がんぐ》類を奪った。そしていま君たちは、子どものようにわたしに腹をたてている。

子どもたちは砂浜で遊んでいた。――と、波が来て、子どもたちの玩具を海底へさらって行った。子どもたちは泣いている。

だが、子どもたちを泣かしたその波が、かれらに新しい玩具をもたらすことになろう、色とりどりの新しい貝殻をかれらの目の前にまきひろげることだろう。

それによって子どもたちの機嫌もなおろう。また、わたしの友人たちよ、君たちも、同じように機嫌をなおすことだろう――新しい色とりどりの貝殻を得て。――

ツァラトゥストラはこう語った。

(1) 報酬という観点から徳を考えることをいっさいこばむ。
(2) 徳の目ざすところは、人間の「本来のおのれ」(「肉体の軽侮者」注(7)参照)を生かすということに尽きる。
(3) 徳の行為は終わっても、その力は生きつづけ、はたらきつづけている(たとえ人の目につかなくとも)。
(4) 強制による徳行。

（5）悪徳を行なうだけのエネルギーがなくなったのを徳と呼ぶ。ところがそういう人間も、すぐれた人間を見ると、憎悪や嫉妬の心が頭をもたげて動き出す。そのことをさすがに徳と呼ぶことはできないから、「正義」の看板を借りて、他を攻撃する。
（6）堕落するほど手前勝手な気持で神や理想を求めるが、いたずらに狂熱的である。
（7）習慣と惰性による徳行。
（8）きたないところにも安住して、万事に事なかれ主義をとる。
（9）徳を他人の取締りや社会の保安のための手段と考えている。
（10）検察官気どりで、あらさがしや咎めだてばかりをする。
（11）両者ともに、あまりに他力本願で、自己のなかに根底がない。後者は、新聞の徳行記事などばかりに感激している人。
（12）子の内部に、母を思う心がある。そのように「本来のおのれ」を思って、それを生かそうとする心が、常に行為に含まれている。

賤《せん》民《みん》

「市場の蠅《はえ》」の章では民衆の卑小さを、ここでは賤民の汚らわしさをののしる。しかし嘔気《はきけ》がかれを高所の清涼な泉に導く、生の真夏に。

生は愉悦の泉である。が、どんな泉も、賤民《せんみん》が来て口をつけると、毒に汚《けが》されてしまう。

わたしは純潔な者のすべてに好意をよせるが、不潔な者たちの口をゆがめた笑いと渇きとを見ることを好まない。

かれらが泉のなかへ視線を投げると、そのいとわしい微笑が、泉のなかからわたしの目に飛びこんでくる。

聖なる水を、かれらはかれらの淫欲《いんよく》の毒で汚した。そしてかれらがかれらの汚らわしい夢[1]を愉悦と名づけたとき、かれらはことばをも、毒で汚してしまったのだ。

かれらがかれらの湿った心臓を火に近寄せると、炎さえ不機嫌になる。賤民が火のそばに来ると、火の精霊さえ、不満げにうなり、煙を立てる。

果実も、かれらの手に握られると、不自然に甘くなり、熟れすぎて軟弱になる。かれらのまなざしを浴びると、果樹は、風にたいする抵抗力を失って実を落とし、枝や葉は枯れてくる。

人生に背を向けた者の多くは、実は賤民に背を向けたのである。かれらは、泉と炎と果実の享受を賤民とともにすることを欲しなかったのである。

また幾多《いくた》の者は砂漠に世をのがれて、猛獣とともに渇きに悩んだが、それはただ、きたならしい駱駝《らくだ》追いたちといっしょに水ため桶《おけ》を囲むことに堪えなかったからである。

さらに、破壊者のように、実りの畑に降る雹《ひょう》のように、世を驚かした者も少なくないが、かれらは要するに賤民たちの口のなかに足を踏み入れて、その喉《のど》をふさごうとしたのだ。

わたしがこれまで喉を(2)通すのに最も苦しんだ食物は、生そのものが、敵意と死と受難の十字架を必要としているということの認識ではなかった。

そうではなくて、わたしはかつて心に次のような問いを起こしたとき、ほとんど自分自身の問いによって窒息しそうになったのである。「なに？　生はこの賤民をも必要とするのか」(3)

毒で汚された泉が必要物なのか。悪臭を放つ火が。きたならしい夢が。生のパンのなかのうじ虫が。

むさぼるようにわたしの生命力をかじり荒らしたものは、かれらへの(4)わたしの憎悪ではなくて、嘔気《はきけ》であった。ああ、賤民にも機知縦横な精神をもつ者があると知ったとき、わたしはしばしば精神そのものにいや気がさした。

また、支配者たちがこんにち支配と呼んでいるものを見て、わたしはかれらに背を向けた。それは権力を目的としての駆け引きと取り引きなのだ——賤民を相手としての。

民衆のあいだで、わたしはことばの通じない者として、耳を閉ざして住んでいた。権力を目的としてのかれらの駆け引きと取り引きのことばが、わたしにはいつまでも他国語であってほしいものだ。

また鼻をつまみながら、わたしは昨日と今日の出来事のなかを不愉快な気持で通りぬけてきた。まことに、昨日と今日のそれらの一切には、物を書く賤民の悪臭がしみている。⑤そのわたしの様子は、耳も目も廃《し》い、口もきけなくなった不具者に似ていた。こうしてわたしは、権力賤民、文筆賤民、愉悦賤民⑥と交わらないようにして生きてきた。

わたしの精神は、骨を折って、そして用心ぶかく、階段を登った。ときどき味わう真の愉悦が、わたしをよみがえらせる施物《せもつ》であった。杖《つえ》にすがって、この盲者の生は忍びやかに歩いた。⑦

だが、わたしに何事が起こったのか。どのようにしてわたしはわたしを嘔吐《おうと》から救い出したのだろう。だれがわたしの目を若返らせたのだろう。どのようにしてわたしは、もはや泉のほとりに一人の賤民もすわっていない高所に飛び上がることができたのだろう。

それは、わたしの嘔気そのものが、翼と、泉に近づく力とを創《つく》り出して、それをわたしに与えてくれたからなのだろうか。まことに、わたしは愉悦の泉をふたたび見いだすために、至高の場所に飛ばなければならなかったのだ。

おお、兄弟たちよ、わたしはそれを見いだした。この至高の場所にその愉悦の泉は湧《わ》いているのだ。そこには一人の賤民もきたない口をつけないような生が湧き出している。

愉悦の泉よ、はげしすぎるくらいに、おまえはあふれ出ている。そしてしばしばおまえは、その勢いで、一度満たされた杯を、また空《から》にしてしまう、そしてそれをかさねて満たすのだ。

だが、この上わたしが学ばねばならぬことは、もっと謙遜《けんそん》におまえに近づくことだ。(8) 今はまだ、あまりにもはげしくわたしの心はおまえにむかって流れ出る。

わたしの心には、わたしの夏が燃えている。つかのまの、暑い、憂鬱《ゆううつ》な、幸福すぎる夏が。どんなにかわたしの夏の心は、泉よ、おまえの清涼さを求めることだろう。(9)

わたしの春の、はかばかしく去って行かぬ、たゆたいがちの悲しみは過ぎた。六月に時ならぬ雪片を散らしたわたしの悪意も去った。わたしはまったく夏となった。夏の正午となった。

清涼な泉と至福の静けさのある、この最高所における夏。おお、友らよ、来たれ、この静けさが、いっそうその清らかな幸福を増すように。

つまり、ここそがわれわれ、君たちとわたしとの高所であり、故郷なのだ。すべての不純な者とその渇きとが近づくには、あまりに高い、険しいところ、それがわれわれの住んでいるこの場所だ。

友らよ、どうか君たちの清らかなまなざしをわたしの愉悦の泉に投げ入れてくれ。どうして、泉がそのために濁ることがあろう。泉は泉の清らかなまなざしを返して、君たちに笑いかけるであろう。

未来という木にわれわれは巣をつくる。鷲《わし》が、孤独に住むわれわれに、食物をそのくちばしにくわえて運んでくることだろう。

まことに、その食物は、不潔な者たちが、われわれとともに味わうことの許されるようなものではない。もしそれを食ったら、かれらは口にやけどをし、火を食った思いをするであろう。

まことに、われわれはここにいて、不潔な者どものために、住み家を用意しているのではない。かれらの肉体と精神にとっては、われわれの幸福は氷の洞穴《どうけつ》というべきものだろう。

強力な風のように、われわれはかれらを超えて生きたい。鷲の隣人、雪の隣人、日の隣人として。強力な風はそういうふうに生きるのだ。

そして、いつの日かわれわれは、風のようにかれらのただなかに吹き入り、わたしの精神でかれらの精神の微弱な呼吸を吹きさらおう。わたしの未来がそれを意欲するのだ。

まことに、ツァラトゥストラはあらゆる低地にたいして強力な風である。かれは、おのれの敵と、つばきを吐くすべての者に、こう忠告する。「風にさからって、つばきを吐くな」

と。——

ツァラトゥストラはこう語った。

（1）ここの夢は妄想や欲念。それを愉悦と上品ぶって呼んでいる。
（2）生の発展には、もろもろの苦難、とりわけ戦いや死（自己超克）などが必要であることは、今までくりかえし述べられてきた。
（3）賤民をいとわしく思うことをも苦難と考えると、これもわれらが担ってゆくべき生に不可分のものか、という問いが出てくる。
（4）知的賤民。ここの「精神」はほとんど機知というのに等しい。
（5）日々の出来事は、すべてジャーナリズムに寄生する文筆賤民の筆にかかっているから。
（6）注（1）にある、汚らわしい夢を愉悦と名づけた賤民。
（7）賤民たちにわずらわされながら、一歩一歩生の向上を目ざして歩むありさま。真の喜びを味わうことは、ごくまれである。
（8）自分ひとりが生の泉を発見したことを誇りとして、激烈にそれに近づくのではなく、平静にその泉の与える高い喜びを味わう。
（9）知恵の成熟は夏にたとえられるが、夏には幸福感とともに、過ぎやすさを思うさびしさや、繁茂の絶頂期にともなう憂鬱がある。それだけに高所に湧く泉（おまえ）の清涼さを求める。

えせ現実主義者の平等説への痛撃。それは高貴をひきずり下ろそうとする復讐《ふくしゅう》心から来ている。不平等へ、すなわち超人へ向上せよ。

毒ぐも

見よ、これが毒ぐも(1)の住む洞穴《ほらあな》だ。君は自分の目でそれが見たいのか。ここにその巣網がかかっている。さわれば、それは激しくふるう。

さあ、くもが自分から進んで出てきた。よく来た、毒ぐもよ。おまえの背には、おまえの三角形の紋章が黒々と居すわっている。そしてわたしは、おまえの魂のなかに居すわっているものをも知っている。

復讐《ふくしゅう》がおまえの魂のなかに居すわっている。おまえが噛《か》みつくと、そこには黒いかいせんができる。おまえの毒は復讐によって人の魂をかき乱し、それに狂気の踊りをさせる。

わたしはいまおまえたちに比喩《ひゆ》を用いて語っているのだ。多くの者の魂に狂気の踊りをさせるおまえたち。平等の説教者よ。わたしにとって、おまえたちは毒ぐもであり、復讐の思いを抱いて身をかくしている者たちだ。

だがいま、わたしは、おまえたちの隠れ家《が》を明るみにさらしてやろう。それゆえわたしは、おまえたちの顔に、わたしの高所からの哄笑《こうしょう》をあびせかける。

それゆえ、わたしはおまえたちの網を裂く。おまえたちを激怒させて、その虚言の洞穴の外へおびき出すために。また、おまえたちの復讐の念を、おまえたちの慣用語「正義」のかくれ蓑《みの》から飛び出させるために。

なぜなら、人間が復讐心から解放されること、これがわたしにとっては最高の希望への橋であり、長い荒天の後の虹《にじ》であるからである。(2)

だが、毒ぐもの望むことは、もちろんそれとは別である。「世界じゅうがわれわれの復讐の荒天でいっぱいになること、これをこそわれわれは正義と呼ぶ」——そうかれらは語りあう。

「われわれは、われわれと同等でない、より強力なすべての者に、復讐と誹謗《ひぼう》を加えよう」——そう毒ぐもたちの心は誓いあう。

「そして『平等への意志』——このこと自体が今後は徳の名称となるべきだ。権力をもついっさいのものに反対して、われわれはわれわれの叫びをあげよう」

おまえたち、平等の説教者よ。このように無力を原因としている野心家的精神錯乱が、「平等」を求めて叫び立てているのだ。おまえたちが胸の底にかくしている野心家的情欲が、このように徳のことばの仮面をつけているのだ。

恨みと化した自負、押えられた妬《ねた》み、おそらくはおまえたちの父親以来の積もりに積もった自負と妬み、それがおまえたちの内部から復讐の炎と狂乱となって、ほとばしるのだ。父が口に出さなかったこと、それが息子《むすこ》においてことばとなって外に出る。わたしはしばしば息子が父親の秘密の裸身像であることを発見した。

かれらは感激家に似ている。しかしかれらを興奮させているものは、心情の高まりではなくて——復讐の念である。そしてかれらが、緻密《ちみつ》で冷静になることがあるとしても、かれらを緻密で冷静ならしめるものは、精神ではなくて、妬みである。

かれらの嫉妬《しっと》は、かれらを導いて思想家の道を行かせることもある。そしてかれらの嫉妬の標識は——いつもかれらが、あまりに遠くまで行きすぎることである。その結果、かれらは疲労して雪の上に身を横たえねばならぬはめになる(3)。

かれらの哀訴の一つ一つから、復讐の音調がひびいている。かれらの賞讃の一つ一つにひとを傷つけようとする意図がひそんでいる。そして裁き手となること、これがかれらには最上の幸福に思える。

だが、わたしの友らよ、君たちにはわたしはこう忠告する。罰しようとする衝動の強いすべての人間を信用するな。

かれらは質と素姓《すじょう》の悪い種族である。かれらの顔からのぞいているのは、刑吏とスパイの目である。

おのれの正義について多くを語るすべての人間を信用するな。まことに、かれらの魂に欠けているのは、蜜《みつ》ばかりではない[4]。

そして、かれらがみずから「善い者、正しい者」と称していても、君たちは忘れてはいけない、かれらがパリサイの徒となるのに欠けているものは――権力だけであることを[5]。

友らよ。わたしはあらぬ者と混同され、取り違えられたくはない。

世には、生についてのわたしの教えを説くと同時に、平等をも説いている毒ぐもがいる[6]。

この毒ぐもたちが、自分は生にそむいて、洞穴のなかにすわっていながら、生の意志に適《かな》うようなことを説くのは、それによって他者に害を与えようとしているからである。すなわちかれらは、現在権力を握っている者たちに、その説によって害を与えようとしているのだ。これらの権力者たちのあいだでは、今もなお死の説教が最も勢力をしめているからだ[7]。

もし権力者たちの信奉するのがそれと別種のものであったら、この毒ぐもたちは別の教えを説くだろう。実際かれらこそ、かつては最もはなはだしい世界誹謗《ひぼう》者、そして異端火刑者であったのだ[8]。

これらの平等論者とわたしは混同され、取り違えられたくない。なぜなら正義はわたしにこう語っているからだ、「人間は平等ではない」と。

また、人間は平等になるべきでもない。わたしがそう言わなければ、超人へのわたしの愛は、いったいどうなるだろうか。

人間たちは幾千もある大橋小橋を渡って、未来へ突き進むべきである。そしてますます多くの戦いと不平等とが、かれらのなかに起こるべきである。わたしの大きい愛はわたしにそう語らせるのだ。

人間たちは、たがいに敵対しながら、さまざまな幻影(9)の発明者となるべきである。そしてそれぞれの幻影をたずさえて、いよいよ互いに最高の戦いを戦うべきである。

善悪、貧富、上下、その他もろもろの価値の名。それらが戦いにおける武器であらねばならぬ。また、生が常にくりかえしておのれを乗り超えてゆかねばならぬこと、そのことを示す旗じるしでなければならぬ。

生そのものが、柱を立て、階段をつくって、高みを目ざして、おのれを打ち建ててゆこうとする。生は、はるかな遠方に目を注ぎ、至福の美を望み見ようとする。——そのために生は高みを必要とするのだ。

そして、生は高みを必要とするゆえに、階段を必要とし、またもろもろの階段、そしてそれを登り行く者たちの、矛盾を必要とする。(10)生は登ろうとする、登りながらおのれを乗り超えようとする。

そして友らよ、見るがよい。毒ぐもの洞穴のあるこの場所に、一つの古い寺院の廃墟《はいきょ》がそばだっている。——活眼を開いてこれを見るがよい。

まことに、かつてここにおのれの思想を石材で高くそびえ立たせた人物は、最高の賢者とひとしく、生のすべての領域の秘密を知っていたのだ。

闘争と不平等、そして力と優越を求めての戦いが、美の領域にもあること、このことをその人物はこの場所においてわれわれに最も明瞭《めいりょう》な比喩《ひゆ》で教えている。

ここに見る穹窿《きゅうりゅう》と迫持《せりもち》が、いかに神々《こうごう》しく、互いに格闘しながら、相手を屈服させていることか。いかにそれらが、光と影を投げあって相対抗していることか、この神々しく向上を目ざしている者たちが——。

友らよ、われわれもこのように悠然《ゆうぜん》と、このようにみごとに互いの敵となろう。われわれは神々しくたがいに対抗して向上を目ざそうではないか。

この激痛！　いま、わたしの古いなじみ、この毒ぐもがわたしを咬《か》んだ。神々しく、悠然と、みごとに、わたしの指に咬み入った。

「罰と正義が行なわれなければならぬ[11]」——そう毒ぐもは考える。「この男がここで敵意を讃《たた》えて歌をうたったことが、あだに聞きのがされてはならぬ」

そうだ、毒ぐもは復讐したのだ。そしてああ、さらに毒ぐもは復讐によって、わたしの魂をもかき乱し、それに狂気の踊りを踊らせるだろう。

だが、友らよ、わたしが狂って踊り出さないように、わたしをしっかりとこの円柱に縛りつけてくれ。わたしは復讐の狂風になるよりは、むしろ円柱聖者[12]となろう。

まことに、ツァラトゥストラは狂気のつむじ風ではない。かれは舞踏者であるにしても、[13]

けっして毒ぐもの毒による踊り手ではない。——

ツァラトゥストラはこう語った。

（1）原語は Tarantel. イタリアのタラント市から来た名で、その付近に垂直の穴を掘って住むという。それに刺されると毒を消すために長時間踊らなければならないと言われるが、事実には反しているという。ここでは、刺されると狂って踊ると解されている。社会主義者的平等論をこれにたとえたのは、一般人がこの思想にかぶれると踊らされるからであろう。
（2）高い価値をもつ者を嫉妬し、それを引き下ろして復讐するかわりに、素直にその高さを認めることは、人類の向上の大前提である。
（3）人に負けまいとして、節度を忘れ、突っこんで徹底性だけを追求する（人が百キロ行けば、自分は百五十キロ行くというふうに）。その結果は、その思想は現実から離れ、その思想家も強行に疲れて行き倒れになる。
（4）心のやさしさばかりでなく、いっさいの人間としてのよさが欠けている。
（5）権力がないから、今の程度でいるが、権力があったらパリサイの徒のような小うるさい特権階級になるだろう。
（6）宗教的な彼岸《ひがん》性を排して現実の生を重しとするが、平等を強調する唯物論的社会主義者など。

（7）現在の支配層においては、死を説教するキリスト教が最も有力だから、それにたいして反対のことを言うだけだ。
（8）かつてはかれらはキリスト教の権威を笠に着て、生命や現世の意義を説いた近代の先駆的思想家を迫害した。
（9）それぞれの理想。
（10）階段は、上を目ざしているが、より上にある階段の下積みになるべき矛盾した運命をもつ。登る者も、登りついた自分の上方の位置をつねに踏み越えて、下にして行かねばならない。
（11）元来、寛容を重んずる平等論者だったのだが、復讐の本性をあらわして、いわゆる「正義」の立場から反対論者に刑罰を科そうとする。
（12）シリア地方で最初は狭い場所、のちには円柱の上で贖罪《しょくざい》した四、五世紀ごろの苦行僧たち。
（13）ツァラトゥストラは、重さの束縛を脱しようとする軽快な舞踏者であろうとつねに心がけている。

名声高い賢者たち

名声高い思想家たちは、民衆の奴僕《ぬぼく》であって、精神の真髄が何であるかを知らない。では精神とは何か、それを熱意をもって説く。

君ら、名声高い賢者たちのすべてよ。君たちは民衆とその迷信に仕えた、——真理に仕えたのではない。そしてそれゆえにこそ、人々は君たちに畏敬《いけい》を払ったのだ。

また、それゆえにこそ人々は君たちの不信仰にも目をつぶったのだ。というのは、その不信仰は要するに、民衆に到達するための一つの機知に富んだ回り道であったのだから。[1]このように、主人は奴隷に勝手なことをさせ、その度を越したはしゃぎぶりにも興ずるものである。[2]

それと反対に、犬たちが狼《おおかみ》を恐れ憎むように、民衆が恐れ憎むものは、自由な精神である。鎖の敵、従順でない者、森を家とする者などである。

こういう者をその隠れ場所から追い立てること——それが常に民衆にとっては「正義感」であった。そういう者にたいして、民衆は今もなお最も牙《きば》の鋭い犬どもをけしかける。「民衆がある以上、そこに真理はあるではないか。探究する者にわざわいあれ」そういう声が、むかしからひびいていたのだ。[3]

名声高い賢者たちよ。君たちは民衆を崇拝して、民衆の信ずる正義を是認し、弁護しようとする。それが君たちの「真理への意志」なのだ。

君たちの心情は、常におのれ自身にこう語った。「民衆からわたしは来た。神の声がわたしにとどいたのも、民衆を通じてである」と。

君たちは、常に民衆の代弁者として、驢馬《ろば》のように、辛抱づよく、そして抜け目がなかった。

だから、民衆と衝突することなしに馬車をはしらせようとした権力者たちのある者は、馬車につなぐ馬たちの前にさらに――一匹の驢馬をつないだ、すなわち名声高い賢者一人を。(4)

名声高い賢者たちよ、君たちがかぶっている獅子《しし》の皮を、今はすっぽり脱いでしまうがいい、そうわたしは思う。

つまり、美しい斑紋《はんもん》に飾られた猛獣の毛皮、探求し追求する者、征服する者としての壮麗な仮装を脱ぐのだ。

ああ、わたしが君たちの「誠実さ」を信ずることができるようになるためには、君たちはまず君たちのもつ崇拝意志(5)を砕き捨てることが必要だ。

誠実、――神々の住まぬ砂漠に走り、そこでおのが崇拝意志を砕き捨てた者を、わたしはそう呼びたい。

黄砂の上に住み、日に焼かれて、かれはおそらく渇きに堪えかね、茂った木陰に生き物たちが憩いをとっているあの泉ゆたかな島(6)のほうへ、ながし目を送ることだろう。

だが、その渇きも、かれを説き伏せて、あの安逸な者たちのまねをさせることはできない。オアシスのあるところには、また偶像があるからだ(7)。

飢えていて、猛々《たけだけ》しく、孤独で、神をもたぬ。――獅子の意志は、自分がそうであることを意欲する。

奴僕《ぬぼく》的幸福から自由であり、神々と崇拝から解放され、恐れを知らず恐ろしく、偉大で孤独であること、――それが誠実な者の意志である。

砂漠には、遠い時代から誠実な者たち、自由な精神の所有者が砂漠の主《あるじ》として住んでいた。それに反して都会に住むのは、よく飼育された、名声高い賢者ら――荷車を引く動物たちである。

つまりかれらはいつも驢馬として引いている――民衆の荷車を。

そうだからといって、わたしはかれらに怒っているわけではない。だが、わたしから見るなら、かれらはやはり従属の徒であり、馬具をつけられた者である、たとえかれらが輝く金の馬具をつけられているにしても。

またしばしばかれらは、すぐれた、賞讃にあたいする従者だった。つまり、徳もこう教えている。「おまえが従者とならねばならぬなら、おまえに仕えられて最も大きい益を受けるような者をさがし出して主人とするがよい。
おまえの主人の精神と徳は、おまえがかれの従者であることによって成長するのでなければならぬ。そうすれば、おまえ自身も、主人の精神と徳といっしょに成長するのだ」
そしてまことに、名声高い賢者たちよ、民衆の従者らよ。君たち自身、民衆の精神と徳といっしょに成長したのだ――そして民衆は君たちのおかげで成長した。君たちの名誉のために、わたしはこれを言っておく。
しかしわたしから見れば、君たちはその徳において依然として民衆である――弱視の民衆――精神が何であるかを知らない民衆である。
精神とは、みずから生のなかに切り入る生である。それはみずからの苦痛によってみずからの知を増すのだ。――君たちはすでにそのことを知っていたか。[8]
そして精神の幸福とはこうである。聖油をそそがれ、涙で清められて、犠牲の獣となること。――君たちはすでにそのことを知っていたか。[9]
そして盲《めしい》の状態で、手探りしながらおぼつかなく尋ね求めるのであっても、しかもその求め方は、その盲人がかつてひたと見つめた太陽の力の証《あかし》となるべきである。――君たちはすでにそのことを知っていたか。[10]
そして認識する者は、山々をもって建てることを学ぶべきである。精神が山を移すというのでは、まだ足りない。――君たちはすでにそのことを知っていたか。[11]

君たちはただ精神の火花を知っているだけだ。しかし君たちは精神の本体である鉄敷《かなしき》を見ない。また精神の鉄槌《てっつい》の残酷さを見ない⑫。

まことに、君たちは精神の誇りがどんなものであるかを知らない。しかし君たちは、精神の謙遜《けんそん》さがひとたび語ろうとするとき、その謙遜さにはなおさら堪えることができないだろう⑬。

また君たちは、いまだかつて君たちの精神を雪の大穴に投げこむにはいたらなかった。君たちはそれをすることができるほど十分に灼熱《しゃくねつ》してはいないのだ。したがって君たちはまた雪の冷たさの恍惚《こうこつ》感をも知らぬのだ⑭。

万事に君たちは精神を盲信しすぎるのだ。そしてしばしば君たちは、君たちの知恵を、単なるへぼ詩人たちのための救貧院、また病院にしてしまったのだ⑮。

君たちは鷲《わし》ではない。だから君たちは精神の驚愕《きょうがく》⑯にともなう幸福をも知ることがない。鷲でないものは巣を深淵《しんえん》の上に懸けてはならぬのだ。

君たちはわたしにとってなまぬるい存在だ。だが、深い認識は、すべて冷ややかに湧《わ》き出るのだ。精神の内奥にある泉は、氷のように冷たい。そしてそれは熱い手と熱い行動者にさわやかな冷たさを贈るのだ。

名声高い賢者たちよ、君たちは謹厳なすがたで立っている、からだをこわばらせ、背を突っ立てて。——どんな強い風も意志も、君たちをその場から動かすことはできない。

君たちはまだ見たことがないのか。帆がまるくふくらんで、強烈な風におののきながら海を渡ってゆくのを。

その帆のように、精神の強烈な風におののきながら、わたしの知恵は海を渡ってゆく――わたしの荒々しい知恵は。

だが、君たち、民衆の従者たちよ。名声高い賢者らよ。――どうして君たちにできようか、わたしとともに行くことが。――

ツァラトゥストラはこう語った。

（1）キリスト教から離脱するような気のきいたことを言っても、一種の人気取りにすぎず、心から因習に反抗するのではない。結局は、衆俗と妥協し、それに奉仕するのである。ジャーナリスティックな文筆家には、この傾向の者が多い。大きい存在としては、ヴォルテールにその気配がある。

（2）古代ギリシアにおいて、ある祭日に主人が奴隷たちに無礼講を許した風習があった。主人たちはそれを「驢馬の自由」といって興じながら見た。

（3）民族の共同体が絶対支配力をもっていたころからの考え方（第一部「千の目標と一つの目標」一二四ページ以下参照）。近代では、多数者としての民衆を尊重する思想が強まった。

（4）御用思想家の利用。多少の毒舌家を利用したほうが、民衆の人気を集めるし、権力者のカムフラージュにもなる。

（5）民衆とその習俗的価値への崇拝と従属の意志。これがあるうちは真の自由精神をもたない。

（6）砂漠のなかのオアシス。

（7）群居があり、したがって群衆が奉ずる固定的、束縛的な価値観がある。

（8）「知」はこの書でよく使われる「認識」に同じ。つまりは、生の実相と真の生き方を知ることである。

（9）生の認識のために、精神が力をふりしぼって刻苦し、ついにそのために倒れても、それは生の認識、したがって生の進展のために意義ある犠牲となったのであり、そこに幸福がある。

（10）真の認識のために乏しい力をつくす精神の姿を述べる。その盲人は目は見えなくとも、かつて見た太陽のイメージはいきいきと保っていて、その存在は知っている。そのように精神は、生の偉大な真理の存在を予感しているのでなければならない。

（11）信仰は山をも移す、という念力を頼むだけでは不十分である。精神が積極的に困難な事業に立ち向かうのでなければならない。

（12）精神のはたらきの中核をなすものは、鉄敷と鉄槌のすさまじい打ち合いに似ている。火花（機知に富んだ表現など）は、付随的現象にすぎない。

（13）「君たちはすでにそのことを知っていたか」という問いのもとに列挙されたことは、すべて精神の誇りである。しかし精神は、元来生に仕えるもので、生の支配者ではなく、当然、その力には限界がある（注（9）および注（10）における犠牲、盲目などはそれを示す）。これを自覚するとき、精神はおのれの分を悟って、謙遜になり、おのれを超えおのれを捨てて、大きい生に帰入しようという決意を語るだろう。おのが精神の力を過信している賢者たちには、そんな悲痛な消息はわからない。

（14）この文節の前半部は注（13）の謙遜に関する部分を参照。「雪の冷たさ」とは、冷厳な生の実相。燃える精神がおのれを捨てて、それに帰入するとき、かえって清涼感をおぼえてうっとりとする。

（15）哲学者や思想家の説が、二流詩人の思想的なよりどころとなることを諷《ふう》する。

（16）精神が生の深淵をのぞいたときの戦慄《せんりつ》や、おのれの無力さの自覚。しかしそれには、生の実相をかいま見ることのできた喜びが伴う。

夜の歌

主人公は歌う人となった。本書の抒情《じょじょう》的性格を代表する章の一つ。光と力にみちて、与えるだけで受けることのない痛切な嘆き。

夜だ。ほとばしり出る泉はいまみな声を高めて語る。そしてわたしの魂もほとばしり出る一つの泉だ。

夜だ。愛をもつ者たちの歌がみな、いまようやく目をさます。そしてわたしの魂も、心に愛をもつひとりの者のうたう歌だ。

鎮められていないもの、鎮めることのできないものが、わたしのなかにある。それが声を出そうとする。愛(1)への熱願がわたしのなかにある。その熱願がみずから愛のことばを語る。

わたしは光だ。ああ、わたしは夜でありたい。だが、わたしが光につつまれていること、それがわたしの孤独だ(2)。

ああ、わたしは暗くありたい、夜でありたい。そうなったら、わたしはどんなにか光の乳房《ちぶさ》にすがって飲むだろう。

そして、おまえたち、小さい天上の火花よ、きらめく蛍よ、おまえたちをさえ(3)わたしは祝福し、おまえたちからさえ光の贈り物を受けて、ひたすら幸福になれように。

しかし、わたしはわたし自身の光のなかに生きている。わたしは、わたしから発した炎を、わたしのなかへ飲みかえす。

わたしは、受ける者の幸福を知らない。そしていくどかわたしは夢想した、もしわたしが盗むことができたら、受けるときよりも、なおいっそうしあわせになるにちがいあるまいと(4)。

わたしの手は与えつづけて休むことがない、それがわたしの貧しさだ。どこを見てもわたしの目にうつるのは、待ち受ける目と、あかりをともした憧《あこが》れの夜ばかり。それがわたしの妬《ねた》みだ。

おお、与える者のふしあわせ。わが太陽の憂鬱《ゆううつ》。欲しがることへの憧れ。飽満のなかの激しい飢え。

かれらはわたしから受ける。だがわたしはかれらの魂に触れることができるだろうか。与えることと受けること、そのあいだには一つの亀裂《きれつ》がある。(三) そしていちばん小さい亀裂こそ、いちばん橋をかけることがむずかしいのだ。

わたしの美しさのなかから飢えが生まれる。わたしが光を与えている者たちに、わたしは痛みを加えてやりたい。わたしが贈り物を与えた者たちから、わたしは奪いたい。――こういうふうにわたしは悪意に飢える。

受ける者の手がさしのばされたとき、わたしは手を引っこめる、落ちかかっていてなおためらう滝の水に似てためらう――このようにして、わたしは悪意をもちたがる。

こういう復讐《ふくしゅう》をわたしの充実は思いめぐらす。こういうたくらみがわたしの孤独のなかから湧《わ》き出る。

贈ることのなかにあるわたしの幸福は、贈ることで死んだ。わたしの徳は、ありあまって自分自身に倦《う》んだ。

与えつづける者の危険は、羞恥《しゅうち》を失うことだ。配りつづけている者の手と心には、配ってばかりいるために、たこができる。

わたしの目はもう、乞《こ》う者の羞恥を見ても涙することがない。わたしの手は、施し物をいっぱいに受けた人々の手のふるえを感ずるには、かたくなりすぎた。

どこへ行ったのだ、わたしの目の涙は？　わたしの心の柔毛《にこげ》は？　おお、与える者の孤独よ。光を発する者の沈黙よ。

荒涼とした空間に、多くの太陽がめぐっている。光をもたぬすべてのものに、それらの太陽は、その光で話しかける——わたしには話しかけない。

おお、これが輝くものにたいする光の敵意だ。冷酷に光はその軌道を歩んでいる。

輝くものにたいして心の底では不公正に、他の太陽には冷ややかに——このようにすべての太陽は歩を運んでいる。(6)

嵐《あらし》のようにもろもろの太陽はおのれの軌道を飛ぶ。それがかれらの歩みだ。おのおの自分の仮借のない意志にしたがう。それが太陽たちの冷ややかさだ。

おお、おまえたち暗いものよ、夜のなかにあるものたちよ。おまえたちこそ、輝くものから受け取って、おまえたちの温《ぬく》もりをつくり出すのだ。おお、おまえたちこそ、光の乳房から乳と活力を飲み取るのだ。

ああ、氷がわたしをかこんでいる。わたしの手は氷の冷たさに触れてやけどする。ああ、わたしのうちには渇きがある。その渇きは君たちの渇きを求めてこがれる。

夜だ。ああ、わたしが光のままでいなければならないとは。そして夜でありたいという渇き。この孤独。

夜だ。いまわたしの内部から泉のようにわたしの熱望がほとばしる――語ることへの熱望が。

夜だ。ほとばしり出る泉はいまみな声を高めて語る。そしてわたしの魂もほとばしり出る一つの泉だ。

夜だ。愛をもつ者たちの歌がみな、いまようやく目をさます。そしてわたしの魂も、心に愛をもつひとりの者のうたう歌だ。――

ツァラトゥストラはこう語った。

（1）受ける者になって、与える者と結びたいという心。

（2）光には、だれも光を与える者がないから。

（3）相手は天上のちっぽけな星たちにすぎないけれど……。

（4）盗みは、いっそうはなはだしい欠如の状態だから。

（5）与えることは積極的行為であり、受けることは受け身であるから、「受ける」ことが、与える行為とぴったり息が合って、共々に高い意義を成就することは、なかなかむずかしい。与える者の一人相撲に終わることが多い。

（6）与える者どうしのあいだには、結びつきが生まれない。それぞれが偉大であり、孤独である。

舞踏の歌

生を愛しはするが、生への認識（知恵）を捨てることはできない。
知恵は生へと誘うが究極の満足は与えない。生の舞踏に伴う悲哀。

ある夕べ、ツァラトゥストラは弟子たちといっしょに森を過ぎた。泉はないかとかれがたずね求めていると、ふと緑の草地に出た。それは木々とくさむらにひっそりと取りかこまれている場所だったが、そこには見よ、乙女《おとめ》たちがうち連れて踊っていた。ツァラトゥストラに気づくや、乙女たちは踊りをやめた。しかしツァラトゥストラは、親しみぶかい様子で乙女たちに歩み寄り、こう言った。

「愛らしい乙女たちよ、踊りをつづけるがいい。おまえたちのところへ来たのは、意地悪い目をした遊戯の妨害者ではない。乙女たちの敵ではない。

わたしは、悪魔にたいしては、神の代弁者だ。その悪魔とは、重さの霊(1)なのだ。かろやかな者たちよ、どうしてわたしが神々《こうごう》しい舞踏に敵意をもとう。美しいくるぶしをもった乙女の足に敵意をもとう。

なるほどわたしは森であり、深い木立ちの闇《やみ》である。だが、わたしの暗さをこわがらな

い者は、わたしの糸杉の木立ちの下にばらの咲く斜面をも見いだすだろう。(2)

また、そこには、乙女たちにとって最も好ましいあの童神も見いだされよう。(3)泉のほとりにその童神は、ひっそりと、目をとじて横たわっている。

まことに、日は明るいのに、この童神は寝入ってしまった。たぶん蝶《ちょう》を追いすぎたのであろう。

美しい踊り子たちよ、わたしがこの童神をほんの少しばかり叱《しか》っても、(4)わたしを責めないでくれ。たぶんそのとき、かれは大声を出して泣くだろう。――しかし泣きながらも、かれは人を笑いに誘うだろう。

そして、目に涙を浮かべながら、かれはおまえたちに踊ってくれと頼むだろう。そのときにはこのわたしが、かれの踊りに合わせて歌をうたおう。

それは、重苦しさの霊に与える舞踏の歌、その霊にたいする嘲笑《ちょうしょう》の歌だ。その霊は人々が『世界の主《あるじ》』(5)と呼んでいる、わたしの最高、最強の悪魔なのだ」――

こうして童神が乙女たちといっしょに踊ったとき、ツァラトゥストラは、次のように歌った。

おお、生よ、おまえの目に、さきごろわたしは見入った。そしてわたしは底知れぬ深みのなかへ沈んでゆくような気がした。(6)

しかしおまえは金の釣《つ》り針でわたしを引き上げた。[7] わたしがおまえを底知れぬものと言うと、おまえは嘲弄《ちょうろう》の笑い声をあげた。

「それは魚たちの言うことば」とおまえは言った。「魚たちにとって底の測れぬものは、底知れぬものとなる。

けれど、わたしはただ変わりやすいというだけのこと。[8] そして激しい。そしてつまりはひとりの女、それも徳の高い女ではない。

なるほどわたしは男たちからは『深いもの』、『貞節なもの』、『永遠なもの』、『神秘なもの』といわれている。

けれどそれは、男たちが、いつも自分の徳をわたしたちに贈っているだけ[9]の話。ああ、あなたがたは徳のあるおかただから」

こう言って彼女、この信用のおけない女は笑った。しかしわたしは、彼女が自分のことを悪《あ》しざまに語るとき、けっしてそのことばと笑いとを信じない。[10]

さてそれから、わたしがわたしの気性の激しい知恵[11]と人知れずさしむかいで語ったとき、知恵はわたしに腹だたしげに言った。「あなたは生を望んでいる、熱望している、愛している。あなたが生をほめるのは、ただそうした理由から[12]」

わたしは危うくそれに意地悪い答えをするところだった。つまり、腹をたてている彼女に真実を言いそうにしたのだ。われわれが自分の知恵にむかって「真実を言う」とき[13]ほど、意地の悪い答えになることはない。

つまりわたしたち三人の間柄はこうだ。心《しん》からわたしが愛しているのは生だけだ。――そしてまことに、わたしは生を憎むときこそ、生を最もつよく愛している。[14]

しかしわたしが知恵に好意をもち、ときには好意をもちすぎるようになるのは、知恵がわたしに強く生を思い出させるからだ。[15]

知恵は目も、笑いも、そして金の釣《つ》り竿《ざお》までも持っている。生と知恵、この二人の女がこんなにお互いに似ているのは、わたしのせいではない。

そしてあるとき生がわたしに、「いったい知恵とはだれのこと」とたずねたとき、――わたしは力をこめてこう言った。「ああ、あの知恵という女！

あの女をこがれ求めて、いくら近づいても、渇きのとまることはない。つまりヴェールを隔てて見ているのだ、網で捕えようとしているのだ。[16]

彼女は美しいか？　そうおまえは聞くのか。わたしは何とも言えない。しかしどんなに年老いた鯉《こい》[17]でも、彼女を餌《えさ》にすれば誘われる。

彼女は変わりやすく、わがままだ。たびたびわたしは見た、彼女が唇を噛《か》み、手荒に髪をくしけずっているのを。

たぶん彼女は意地悪で、不実なのだろう。つまりはひとりの女性なのだ。だが彼女が自分のことを悪《あ》しざまに言うとき、かえって彼女はいちばん強く惹《ひ》きつける」

わたしが生にむかってそう言ったとき、生は意地悪げに笑い、そして目をとじた。「だれのことをいったいあなたは話しているの」と彼女は言った。「それはたぶんわたしのこと。

そしてあなたの言うことがよし当たっているにしても——それをそんなに無遠慮にわたしに言うとは！　けれど今度は、あなたの知恵について話して」

ああ、そう言っておまえはまたもや目をとじた。おお、愛する生よ。するとわたしは自分がふたたび底知れぬ深みへ沈んでゆくような思いだった。——

ツァラトゥストラはこう歌った。だが、舞踏が終わり、乙女たちが去ってしまうと、かれは悲しみにおそわれた。

「日はとうに沈んだ」と、かれはようやく言った。「草地は露をおび、森からは冷気が吹きつけてくる。

未知のものがわたしを囲んでいて、物思わしげに見ている。なに！　おまえはまだ生きてゆくのか、ツァラトゥストラよ。

なぜ？　何のために？　何によって？　どこへ？　どこで？　どうして(18)？　なおも生きてゆくのは、愚かなことではないか。

ああ、わたしの友らよ。わたしの内部からこのように問いかけてくるのは、たそがれなのだ。[19] わたしの悲哀を許せ。
たそがれになった。たそがれになったことを、わたしに許せ」

ツァラトゥストラはこう語った。

(1) 物理的には、重力、慣性など、精神的には物欲、野心など、人を束縛し、人間の自由な活動をさまたげるもの。ツァラトゥストラが、超克の課題としている最大のものの一つ（八五ページ注（12）参照）。
(2) 糸杉は悲哀のシンボル。自分は暗鬱《あんうつ》や悲哀だけの味方ではない。
(3) 愛神キューピッド（エロス）のこと。自分の生のなかには、その要素もあることを、美しい乙女たちに率直に言う。
(4) そんなに蝶を追いすぎてはいけないではないかと。しかし、童神をおさえつけてしまうのでないところに、アイロニーがある。エロスは生の重要な要素で、次に歌（重さの霊を嘲笑し、軽快な生への愛を歌う）をうたうとき、この童神を機縁の一つにしていることには、深い用意がうかがわれる。
(5) 注（1）で説明したこの霊の一面は、言い換えれば「必然性」で、世界の運行を、因果の法則の網目で支配する。

（6）窮めがたい生の謎のなかにからめ取られ、どうしようもない。
（7）生のいきいきした魅惑によって。
（8）生の本質。流動や変化。
（9）男が自分のめがねで女をよいものとして見ているのである。文中、男がこの女（生）に与えた諸性格は、それぞれに理解できるが、「貞節なもの」は、生の属性としては理解しにくい。ここは、女性一般への男のお人よしの評価が混入したのだと思う。
（10）それで生の実態がわかったとは思えない。
（11）知恵も女性として述べられる。強い認識意欲をもつから、気性が激しい。認識（知恵）の主体である精神は「生のなかに切り入る生」（「名声高い賢者たち」二二五ページ参照）と言われている。
（12）知恵は女性としてやきもちをやき、「あなたは生を自分のものにしようと望んでいるから生をほめるのだ」という。
（13）「自分は生を愛しているだけだ。知恵（認識）は生のための手段にすぎないから、あまり愛さない」と、ありのままに答える。心理的には、男女の三角関係を類推せよ。
（14）生から苦悩を受けるとき、かえって生への愛着が強くなる。心理的には、愛人を憎むときは、つよく愛しているのである。
（15）知恵（認識）の主体である精神は、「生のなかに切り入る生」であるから。真の知恵は必然的に生と瓜《うり》二つになる。精神が生に忠実であろうとすれば、そうなるほかはないのであって、次に言われているように、「わたしのせいではない」。わたしが二人の女を互いに似るように飼育したわけではないのだ。

(16) 直接手で捕えずに。知恵をとらえるのは、いつも頭によって。したがっていつも紙一重へだたっているようなもどかしさがある。

(17) 経験を積んだ古強者。

(18) 「なぜ」、「何のため」等々の問いを発するのは、認識（知恵）活動である。一日の夕暮れに生が不可解な顔を見せるときには、生を愛していても、生きるためにはやはり知恵の力によろうとする。その知恵はいくら近づいても捕えがたい。こういう循環のなかにツァラトゥストラの悲哀がある。

(19) こういう悲哀を感ずるのも、生の行路のたそがれがかれに迫りつつあるからである。生の強者であるツァラトゥストラが、こういう悲哀を告白するのは、似合わしくないことで、それでかれは「許せ」と言うのである。

　全体として難解な章である。ツァラトゥストラは生の使徒であるが、認識を通じてのそれである。かれの認識は生に切り入るのだが、認識であることによって、やはり生そのものではない。それで認識を捨てて軽快な生につこうとするが、生はそれだけでは尽くされないという疑念が起こり、また認識につこうとする。こういう循環のなかに、生きること自体についての疑いが悲哀の念とともに起こる。闘士のツァラトゥストラが悲哀を語る正直さ、すなわち詩人ニーチェの誠実さをうかがわせる。

墓の歌

これも抒情の歌である。青春の諸理想が、敵たちの悪意によって早死したことを嘆く。しかもたくましい意志は墓を破って再生する。

「あそこに墓の島がある、物言わぬ島が。そこにはまたわたしの青春を葬った墓もある。そこへわたしは生の常磐木《ときわぎ》を編んだ輪を運んで行こう」

このように心をきめて、わたしは舟出して海を渡った。

おお、おまえたち、わたしの青春時代のさまざまな幻影よ、心象よ。おお、愛のまなざしのすべてよ、神的な瞬間よ。どうしておまえたちは、そんなに先を急いで死んでいったのだ。わたしはきょう、親しい死者たちをしのぶように、おまえたちをしのぶのだ。

わたしの最愛の亡き者たち(1)よ。おまえたちからある甘い香りがわたしに漂ってくる。心を解きほぐし、涙をさそう香りだ。まことにそれは、ただ独り舟を進める者の心を動かし、解きほぐすのだ。

今もなおわたしは最も富み、最もうらやまれるべき者だ——このうえもない孤独な身でありながら。なぜなら、わたしはかつては、おまえたちをもっていたのだから。そしておまえたちは今なおわたしをもっているのだから(2)。言うがよい。このように美しいばら色のりんごの実の数々が木から落ちかかってきてくれたのは、わたしひとりの恵まれた経験ではあるまいか。[3]

今もなおわたしはおまえたちの愛の相続者であり、おまえたちをしのばせる、色さまざまな野生の徳[4]を花咲かせている土壌なのだ。おお、最愛のおまえたちよ。

ああ、おまえたち、やさしい、今はわたしに遠くなった奇跡たち[5]よ。われわれは、お互いに近しい間柄であるようにつくられていたのだ。そしておまえたちがわたしとわたしの渇望のもとにやってきたのは、ものおじする小鳥のようにではなかった。――いや、信頼する者として信頼する者のところにやってきたのだ。

そうだ。おまえたちは、わたしと同様に、誠実と永遠の情愛をもつものとしてつくられたのだが、いまわたしはそのおまえたちを不実なものと呼ばなければならないのだ、おまえたち、神々《こうごう》しいまなざしや瞬間よ。[6] わたしはほかには呼びようを知らないのだ。

まことに、おまえたちは、あまりに急いで死んでいったのだ、逃亡者たちよ。だが、おまえたちはわたしから逃げ出したのではない。またわたしがおまえたちから逃げ出したのでもない。わたしたちはお互いに不実になったが、それはわたしたちのどちらの罪でもないのだ。

わたしを殺すために、人々はおまえたちの首をしめたのだ、わたしの希望の鳴禽《めいきん》たちよ。

そうだ、おまえたち、最愛のものたちよ、おまえたちを目がけて、常に悪意が矢を射かけたのだ――わたしの心臓を射とめるために。

そしてその悪意の矢は的《まと》に当たったのだ。つまり、おまえたちは、わたしの心臓、わたしの心から愛するもの、わたしの所有、そしてわたしに取り憑《つ》いたものだったのだ。それゆえにおまえたちは若い身で死なねばならなかったのだ、あまりに早く。

わたしの所有している最も傷つきやすいものを目がけて、人々は矢を射かけた。つまり、おまえたちを目がけて。おまえたちの膚は柔毛《にこげ》に似ていた。それ以上に微笑に似ていた、ひとにちらと見られるともう死んでゆく微笑に。

わたしはわたしの敵たちにこのことばを投げつけたい、「おまえたちがわたしに対してしたことに比べれば、どんな殺人も取るに足りない」と。

わたしの敵たちよ、おまえたちは、あらゆる殺人にもまさる邪悪な所業をわたしにしたのだ。おまえたちはわたしから取り返しのつかぬものを奪ったのだ――おまえたちにわたしはそう告げる、敵たちよ。

まさしくおまえたちは、わたしの青春時代の幻影と最愛の奇跡を殺したのだ。わたしの遊び友だち、至福の精霊たちをおまえたちはわたしから奪ったのだ。その亡きものたちを追憶して、わたしはここに置く、この常磐木とこの呪《のろ》いを。

わたしの敵たちよ、おまえたちへのこの呪いだ。おまえたちはわたしの所有した永遠的なものを短くしてしまったのだ。まるで一つの楽音が寒い夜空にくだけて消えるように。

それは、神々しい目のつかのまの輝きよりも短く、ただ瞬間として、わたしの所有であったのだ。

かつて、よい時にめぐまれていたときは、わたしの純潔はこう言った。「世界におけるすべては、わたしにとって神的なものでなければならぬ」(7)と。

そのとき、わたしの敵たちは、きたならしい妖怪《ようかい》をひきつれて、わたしを襲った。ああ、あのよい時はどこへ逃げて行ってしまったのか。

「日々のすべては、わたしにとって神聖なものでなければならぬ」――かつてわたしの青春の知恵はそう語った。まことに、それは喜ばしい知恵のことばだった。

しかしそのとき、おまえたち敵どもは、わたしからわたしの夜々を盗み、それを売り払って、あとには眠れぬ夜々の苦しみを残した。ああ、あの喜ばしい知恵はどこへ逃げて行ってしまったのだろう。

かつてわたしはよい鳥占い(8)のしるしを熱望した。そのときおまえたちは、いまわしい梟《ふくろう》を、わたしの行く手に現わさせた。ああ、そのとき、わたしの思いをこめた熱望はどこへ逃げて行ったことだろう。

かつてわたしは、いっさいの嫌悪の念を捨てようと誓った。そのときおまえたちは、わたしのまわりの者たち、わたしに最も近い者たちを膿《うみ》の流れる腫物《しゅもつ》に変えた(9)。ああ、そのときわたしの最も高貴な誓いは、どこへ逃げて行ったことだろう。

かつてわたしは盲人として、幸福な道を歩んでいた。[10] そのときおまえたちは、その盲人の道に汚物をまき散らした。こうしてわたしは、自分がかつて盲人として歩んだ道に嘔気《はきけ》をもよおすのだ。

そしてわたしがわたしの最も困難な仕事をしとげ、わたしの超克の勝利を祝ったときに、おまえたちは、わたしを愛している人々をして叫ばせた、わたしがかれらに手ひどい苦痛を与えたと。[11]

まことに、おまえたちのすることは、いつもそうだった。おまえたちはわたしの最上の蜜、わたしの最上の蜜蜂《みつばち》の勤勉の産物に胆汁を注いだのだ。

わたしの慈愛の心に、おまえたちはいつも最もあつかましい乞食《こじき》を送ってよこした。わたしの同情心の周囲に救いがたい恥知らずの徒をむらがらせた。こうしてわたしのもつもろもろの徳の自信を傷つけた。

さらにわたしがわたしのもつ最も神聖なものを祭壇に供えると、たちまちおまえたちの「敬虔《けいけん》さ」は、おまえたちの脂こい供え物をそのかたわらに置いた。[12] こうしておまえたちの脂から立つ湯気につつまれて、わたしの最も神聖なものも台無しになってしまったのだ。

また、かつてわたしは、それまでわたしがしたことのないような舞踏をこころみようとした。わたしは四方の天を乗り越えて踊ろうとしたのだ。そのとき、おまえたちはわたしの最も愛する歌手を説き伏せたのだ。

それでその歌手は、身ぶるいのするような、陰気なメロディーを歌いだした。[13] ああ、さながら暗い角笛を吹き立てるように、かれはわたしの耳を悩ました。

殺害的な歌い手よ、自分自身では少しも気づかずに、悪意の道具になっている者よ。すでにわたしは最上の舞踏をしようと身構えていた。そのときおまえは、おまえの調べでわたしの恍惚《こうこつ》の思いを殺害した。

舞踏しているときにだけ、わたしは最高の事柄の比喩《ひゆ》を語ることができる。——いまわたしの最高の比喩は、語られぬままにわたしの四肢のなかにとどまっている。

わたしの最高の希望は、語られぬまま、解き放されぬままだった。そしてわたしの青春時代の幻影と慰めのすべては死に絶えた。

いったいどうしてわたしはそれに堪えることができたか。どうしてわたしはこういう傷に堪え、それに打ち勝つことができたか。どうしてわたしの魂はこれらの墓の中からよみがえったか。

そうだ、傷つけることのできないもの、葬ることのできないもの、岩をも砕くものが、わたしにはそなわっている。その名はわたしの意志だ。それは黙々として、屈することなく歳月のなかを歩んでゆく。

わたしの昔ながらの伴侶《はんりょ》、わたしの意志は、このわたしの足によって、おのれの道を行こうとする。かれの思いは堅く、不死身である。

わたしはわたしの踵《かかと》だけが、不死身なのだ。(14) このうえなく忍耐強いわたしの意志よ、今もなおおまえは生きつづけていて、不変である。いつもおまえは、あらゆる墓をも破って出てきたのだ。

おまえのなかには、わたしの青春の満たされなかったものが、まだ生きつづけている。そしておまえは生として、青春として、希望しつづけながら、この黄いろい墓石のかけらを踏んで立っている。

そうだ、わたしの意志よ、今もおまえは、わたしにとってあらゆる墓の破壊者なのだ。健やかなれ。墓のあるところにだけ、復活はあるのだ。

ツァラトゥストラはこう語った。

（1）前の文節で呼びかけた青春時代の幻影その他。つまりは若い時の夢や理想。

（2）わたしは過去にそういう数々の理想をもっていたのだし、それらの理想は今もわたしの心をつかんでいるのだから。

（3）美しい理想の数々をおのずから心にいだくようになったという経験にたいする感謝の気持。

（4）注（3）のりんごの実は死んでしまって今はない。したがってそれがよく栽培されて、よい木に育ったという事実はない。しかし、おまえたちを思わせるような野生の徳（理想よりは具体的。

勇気や闘志や忍耐などだろう）は、今もわたしの内部に花咲く。

（5）注（1）で呼びかけたもの（つまり青春の理想）を、種々に言い換えて呼ぶのである。以下も同じ。

（6）早く去って行ってしまったから不実。「神々しいまなざしや瞬間」とは、青春の理想の訪れをさす。

（7）世界にあるすべてを、理想的なものたらしめようとする青年時代の意気ごみ。

（8）鳥占いは、古代ギリシアなどで行なわれたもので、行く手に飛ぶ鳥の種類やその飛び方で吉凶をうらなう。

（9）どんないやなことにも苦しいことにも、嫌悪の念を捨てて直面しよう……と誓った。しかし最も近しい者たちに裏切られたときは、その誓いも破れた。

（10）青年らしく、十分の批判力がなく心酔したことを言う。ニーチェのワーグナー体験が想起されていることは疑いない。

（11）友人たちがかれの業績を祝福せず、非難したこと。すべて「おまえたち」という不特定の敵たちがさせたことだという表現をとっている。

（12）わたしが何事かをたたえると、おまえたちは不純な動機から、その仲間入りをする。

（13）ワーグナーが、キリスト教傾向をあらわにした『パルジファル』を制作したこと。

（14）ギリシアの英雄アキレウスは、踵を除いて不死身だったことに対比させた。意志が乗り移った踵だから不死身なのであろう。

自己超克

認識も評価も客観的真理ではなく、力への意志の現われと見、およそ生を、力への意志によって自らを克服してゆくものと力説する。

君たち、最高の賢者たちよ。君たちは、君たちをおし進め、熱中させているものを、「真理への意志」と呼んでいるのか。

いっさいの存在者を思考しうるものにしようとする意志、(1)わたしは君たちの意志をそう呼ぶ。

いっさいの存在者を君たちはまず、思考しうるものにしようとする。君たちは、それぞれの存在者が思考しうるものであるかどうかを、真率な不信の念をもって疑う。

だが、君たちの意志が欲することは、いっさいの存在者が君たちに適応し、服従するということだ。(2)それは扱いやすくなり、精神に臣従しなければならぬ、精神の鏡として、映像として。そのことを君たちは望むのだ。

最高の賢者たちよ。それが君たちの意志の全貌《ぜんぼう》だ。つまりそれは、力への意志の一種なのだ。(3)君たちが善と悪、また種々の価値について語るときも、そうなのだ。

君たちは、君たちがひざまずいて礼拝するに足る世界を、君たちの精神によって創造しようとしている。(4) それが君たちの究極の希望であり、陶酔なのだ。

もちろん、賢明でないもの、民衆は、無意識に流れる川にひとしい。だがその川に一艘《そう》の小舟が浮かんでいて、進路を取ってゆく。そしてその小舟のなかには、覆面をした価値評価がおごそかにすわっている。(5)

君たちは君たちの意志と君たちの立てた価値とを、生成の川の上に浮かべたのだ。こうして民衆によって善として悪として信じられているもののなかに、昔ながらの力への意志が透けて見えるのだ。

君たちなのだ、最高の賢者たちよ、こういうさまざまの価値判断を客としてこの小舟に乗せ、それに華やかな装いと誇らしい名を与えたのは。――君たちと君たちの支配意志なのだ。

そうすると君たちの小舟を川が先へ運んでゆく。川はそれを運ばざるをえないのだ。波がくだけて泡だっても、怒って竜骨にさからっても、そんなことは取るに足りない。

最高の賢者たちよ、君たちの危険、言い換えれば君たちの善と悪との終末は川から来るのではない。そうではなくて、その危険はあの意志そのものにひそんでいるのだ。常に生みつづけてゆく、尽きることのない生の意志に。(6)

しかし、君たちが善と悪についてのわたしのことばを理解することができるように、わたしはさらに生について、また生あるものすべての天性についてわたしのことばを語ろう。

わたしは生あるもののありかたを追求した、最大の道をも最小の道をも歩んで、その天性を認識しようとした。

生あるものが口を閉じていれば、わたしはその目を百の鏡で照らして、その目に語らせようとした。するとその目はわたしに語った。

およそ生あるものが見いだされるところでは、服従ということばが言われているのをわたしは聞いた。すべての生あるものは、服従するものである。(7)

わたしの認識した第二のことは、自分自身に服従することができない者は、他者から命令されるということである。これが生あるものの天性である。

さらに、わたしの見聞した第三のことは、命令は服従より困難だ、ということである。それは単に、命令者は服従者すべての重荷を負い、その重荷にくだかれやすい、ということだけを意味するのではない。――

いっさいの命令のなかには試みと冒険が含まれているとわたしには思えた。生あるものが命令するときには、いつも自分自身を賭《か》けているのだ。

それればかりではない、生あるものが自分自身に命令するときでも、かれはおのれが命令行為の償いをしなければならない。すなわちかれは自分自身の掟《おきて》の裁き手、報復者、またその犠牲にならねばならない。(8)

いったいどうしてそうなるのか、とわたしは自分自身にたずねた。何ものかに説得されて、生あるものは、服従し、命令し、また命令しながらも服従しているのか。

わたしのことばを聞くがいい、最高の賢者たちよ。そして真剣に吟味するがいい、わたしが生そのものの心臓、またその心臓の奥の奥まで切り込んでいるかどうかを。

およそ生あるものの見いだされるところに、わたしは力への意志をも見いだした。そして服従して仕えるものの意志のなかにも、わたしは主人であろうとする意志を見いだしたのだ。

弱者が強者に仕えるのは、自分は、自分より弱い者の主人になろうという弱者の意志があるからだ。主人となることの喜びだけは、生あるものであるかぎり、捨てることができないのだ。

そして、より小さいものが、より大きいものに身をささげ、そして最も小さいものにたいする支配の喜びと力を得ようとするのとひとしく、最も大いなるものも、さらに身をささげる[9]。そして力を獲得するために——生を賭けるのだ。

冒険、危険、そして死を賭けてのばくち、これが最も大いなる者の献身である。

そしてまた、犠牲の行為、奉仕、そして愛のまなざしの見いだされるところにも、主人となろうとする意志が見いだされる。つまり、そのとき、弱者は間道を通って、強者の城郭と心臓とに忍びこみ、力を盗み取ろうとするのだ。

そして、次の秘密は、生そのものがわたしに語ったことなのだ。「見よ」と生は語った。

「わたしはつねに自分自身を超克し、乗り超えざるをえないものなのだ。

なるほど、君たちはそれを生産への意志、または目的への衝動、より高いもの、より遠いもの、より多様なものへの衝動と呼んでいる。しかしそれらすべては同一のものであり、同一の秘密なのだ。

わたしはこの一つのものを断念するよりは、むしろ没落を選ぶ。そしてまことに、没落が行なわれ、葉が落ちるとき、そのとき生はおのれを犠牲にしてささげているのだ――力のために[10]。

わたしが闘争、生成、目的、そして目的と目的との矛盾葛藤《かっとう》であらざるをえないということ[11]。――ああ、わたしのこの意志を推察する者は、またその意志がどんなに曲折の多い道を歩まなければならないかを推察するであろう。

わたしが何を創《つく》ろうと、そしてそれをどんなに愛そうと、――すぐにわたしは、それにたいして、またそれへのわたしの愛にたいして敵対者とならねばならない。わたしの意志がそのことを欲するのだ。

そしておまえ、認識する者[12]よ、おまえも要するにわたしの意志の一つの小径《こみち》、ひとつづきの足跡にほかならないのだ。まことに力へのわたしの意志は、真理へのおまえの意志をも足として歩むのだ。

真理にむかって、『生存への意志[13]』ということばの矢を射かけた者は、もちろん真理を射当てなかった。そういう意志は——存在しないのだ。

その理由はこうだ。まだ存在しないものは、意欲するはずがない。またすでに存在しているものが、さらに存在や生存を意欲することは、ありえぬことだからである。

およそ生があるところにだけ、意志もある。しかし、それは生への意志(14)ではなくて——わたしは君に教える——力への意志である。

生きている者にとっては、多くのことが生そのものより高く評価される。しかもそういう評価のしかたそのもののなかに明らかに見てとれるのが——『力への意志』である」

そのようにかつて生はわたしに教えた。そしてそこから出発してわたしは、君たち最高の賢者らの心の謎《なぞ》をも解くのだ。

まことにわたしは君たちに言う。無常でないような善と悪は——存在しないのだ。善と悪はつねに自分自身の力で自分自身を乗り超えずにはいられないのだ。

君たち、価値評価を行なう者よ、君たちは、善と悪についての君たちの評価と言葉によって、暴力をふるっている。そしてそのことは君たちの隠れた愛であり、君たちの魂の輝き、おののき、氾濫《はんらん》であるの(15)だ。

しかし、君たちの立てたもろもろの価値の内部から、いっそう強い暴力と新しい克服が育ってくる。それによって卵と卵の殻はくだける。

そして、善と悪において創造者とならざるをえない者は、まことに、まず破壊者となって、もろもろの価値をくだかざるをえないのだ。
したがって、最高の悪は最高の善の一端である。そして最高の善とは創造的なものなのである。——

最高の賢者たちよ、われわれはただそのことだけを語ろうではないか。語るのはよくないことだが、(16)沈黙しているのは、いっそうよくない。すべて語られることなく秘められている真理は認識者に有毒のはたらきをするものだ。(17)

われわれの説く真理に触れてくだけるようなものは、みなくだけるがよい——まだ建てるべき多くの家があるのだ。——

ツァラトゥストラはこう語った。

(1) 世界のいっさいの事象を頭脳のなかで観念化して取り扱おうとする態度。哲学者や思想家の態度。
(2) 君たちは真理を欲するのではなくて、いっさいの事象が、精神行使者である君たちに順応して、観念に化すること、しかも君たちの精神に似た観念に化することを欲しているのだ。
(3) 真理探究の名のもとに、世界万象をおのが精神に同化させようとしているから。
(4) 注(3)と同じ意味。とくに善と悪や諸価値について語るときに、このことがあてはまる。

（5）民衆にたいして立法家の立場にある者たちのもつ価値観。真理という覆面をかぶっている。

（6）民衆は、いつも導かれるままだから、そこから価値変革の危険は起こらない。生の意志（力への意志）から価値観は生まれたのだから、その意志そのものの自己超克（生の必然的なありかた）によって、変革される危険がある。

（7）強弱や価値の高下という関連から見れば、かならず服従ということが目につく。最強者も、強者も、いつも強であることを願う心に服従している。

（8）自分自身に命令したときは、むろん自分の奉じている掟によって命令したのである。したがってその掟が正当なものであるかどうかについて、その当事者は責任を負うことになる。こうしてやがて、その掟の不当を裁くこともあり、また掟の犠牲となって倒れることも、またまったく反対の掟に転向して、以前の掟に仕返しをすることもあろう。

（9）注（7）参照。ここでは何に身をささげるかは、わざと言わず、想像の余地を広く残している。

（10）選び取られた没落さえ、それは諦念《ていねん》的敗北ではなく、自分をより高く生かそうとする積極的行為である。この「自分をより高く生かす」ことが、ここで言う「力」である。

（11）生はたえず力を目ざし、発展向上してゆくから、以前の目的を後の目的が否定することも起こりうる。

（12）「認識する者」とは、「認識する者としてのわたし」、すなわち、わたしの認識作業であろう。

（13）ショーペンハウアーは、世界の根源にあるものを盲目的な「生存への意志」と見た。

（14）「生存への意志」と書いたほうが文脈に合うだろうが、前文節を受けて、生が生を意欲することはありえないと、ついでに言っているのである。

(15) 生の「力への意志」の発現だから。

(16) 深い秘密をかるがるしく口に出すべきでない。

(17) 内に秘めていることが、認識者を病気にするというほどの意。

崇高な者たち

強者が刻苦と力闘によって、いかに崇高に見えようとも、くつろぎと遊びと美の世界にはいらなければ真の高所に達したのではない。

わたしの海の底は静かである。だれが知ろう、それが戯れ好きの怪物をかくしていることを。

わたしの深部はゆらぐことがない。しかしそこは、泳ぎ遊ぶさまざまの謎《なぞ》と笑いとで、かがやいている(1)。

わたしはきょう一人の崇高な者を見た。もったいぶっていて、精神に奉仕する贖罪者《しょくざい》(2)である。おお、わたしの魂はどんなにかかれの醜さを見て笑ったことだろう。

胸を高く張り、深く息を吸いこんださまで、この崇高な者は立っていた、黙々として。

狩猟によって獲《え》たいくつかの醜い真理をぶらさげ、裂けた着物を幾重にも着ている。

茨《いばら》もおびただしくついていた。——だが、ばらの花は一つもない。

かれはまだ笑いを学んでいないのだ、そして美をも。この猟人は認識の森から、暗い顔をして帰ってきた。

野獣との戦い(3)からかれは帰ってきた。しかしかれの厳粛さのなかからは、まだ一匹の野獣がのぞいている——克服されなかった野獣が(4)。

かれは、あいかわらず、とびかかろうとする虎《とら》に似た姿で立っている。しかしわたしはこういう張りつめた魂を好まない。わたしの趣味には、こういうような内にこもっているすべてのものがいとわしい。

友らよ、君たちは言うのだな、趣味と味覚は論争の外《そと》にあると。しかし生の一切は、趣味と味覚をめぐる争いなのだ。

趣味。それは秤皿《はかりざら》であり、同時に錘《おもり》であり、秤り手である。錘と秤皿と秤り手たちについての争いなしに生きようとする者は、救いがたい(5)。

この崇高な者が自分の崇高に倦《う》むならば、そのときはじめてかれの美は湧《わ》き出るだろう。——そのときはじめてわたしはかれを味わって、かれが口にかなうことを見いだすだろう。

そして、かれが自分自身に没頭することをやめるなら、そのときはじめてかれは、自分自身の影を飛び越え——自分の太陽のなかにおどり入るだろう(6)。

かれはあまりにも長く影のなかにすわっていた。精神に仕えるこの贖罪者の頬《ほお》は青ざめてしまった。かれはあまりに多くの期待をかかえて、ほとんど飢え死にしそうだった。

かれの目には、今なお蔑《さげす》みの色があり、その口辺には嘔気《はきけ》がかくれている[7]。なるほど今かれは静まっているが、その安らかさはまだ日あたりに寝そべるということを知らない。

かれは牡牛《おうし》のようにふるまうべきだったのだ。そしてかれの幸福は、地の匂《にお》いを発すべきで、地への蔑みの匂いを発すべきではなかったのだ。

白い牡牛として、鼻息も荒く、うなりながら、力強く犂《すき》を引くさまをわたしは見たいのだ。そして、そのうなりが地上のもの一切の讃歌の一つであってほしいのだ。

かれの面持ちはまだ暗い。手の影がせわしげにその顔の上に行き来している。かれの目の表情もまだかげっている。

かれの行為そのものが、まだかれをうす暗く見せる影である。手が行為者に影を落とすのである[8]。まだかれはかれの行為を乗り超えるにいたっていない。

たしかにわたしは、かれのもつ牡牛の頸《うなじ》[9]を愛しはする。しかしさらに、わたしはかれが天使の目をもつようになるのを見たいのだ。

かれはかれの英雄的意志をも忘れ去らなければならない。かれには、高い飛翔《ひしょう》の人になってもらわなければならない。単に崇高な人でとどまっていてもらいたくない。——意志をも捨て去った[10]かれを、天の大気そのものが、高めるのでなければならぬ。

かれは怪獣を征服し、謎を解いた。しかしかれはかれ自身の怪獣と謎をも救い出すべきである。[11] それらをさらに、天上の子どもたちに変えることができなければならぬ。

まだかれの認識の行為は、ほほえむこと、対他的な意識の緊張を捨てることを、学んでいない。かれのあふれる情熱は、まだ美の世界にはいって、そこで静かな安らぎを得るようにはなっていない。

かれの欲求が満ち足りて沈黙すべきだ、とわたしに言っているのではない、そうではなくて、美の世界にひたってかれの欲求が沈黙するのでなければならない。優雅[12]は、気宇の大きい高邁《こうまい》な者に、なくてはならぬものである。

腕を頭上に遊ばせて、勇者は憩いをとるべきだろう。そういうふうにして、かれはおのれの憩いをも乗り超えるべきである。[13]

しかし、勇者にとってこそ、美は最も困難なことである。美は激しい意志ではとらえられない。

ほんのわずかの過不足、それが美においては大問題になるのである。最大の問題になるのである。

筋肉を遊ばせ、意志の馬具をはずして立つこと、これが、崇高な者たちよ、君たちすべてにとって最も困難なことである。

威力がものやわらかになって、可視の世界へ降りてくるとき[14]、そういう下降をわたしは美と呼ぶ。

そしてわたしは、力強い者よ、だれにもまして、君からこそ、美を期待するのだ。やさしい心を獲得することが、君の最後の自己克服であるように！

わたしは君があらゆる悪をなしうることを信ずる。それゆえにわたしは君から善を期待するのだ。

まことに、わたしはしばしばあの虚弱者たちを笑った。かれらは、自分の手足が弱々しく萎《な》えているので、自分を善良だと思っている。

君は円柱の姿になるように努めるべきだ。円柱は高くなればなるほど、いよいよ美しく、細くなる。しかし内部では、いよいよ勁《つよ》く、担う力をましてゆくのだ。

そうだ、崇高な者よ、君はいつの日か、美しいものにならねばならぬ。そして自分自身の美しさを鏡にうつしてながめねばならぬ。

そのとき、君の魂は神的な欲念のためにおののくだろう。そしてその美しさを誇りながらも、高いものへの愛慕が君のうちに湧くことだろう[15]。

つまり、これが魂の秘密なのだ。魂から英雄が離れたとき、はじめて、その魂に夢のなかで——超英雄[16]が近づくのだ。

ツァラトゥストラはこう語った。

（1）心の底には、常識人に不可解な「遊び」の心がある。
（2）精神の世界において苦行的に精進する人。
（3）官能や本能など、すべていわゆる精神的でないものとの戦い。
（4）屈折や反省のない、いわゆる真剣な熱意（精神上のそれをも含めて）が、ここで言う「まだ一匹の野獣」である。
（5）生きるためになくてはならぬ価値評価（価値の規準や、評価者の主体的態度など一切）を、最もよく反映しているものは趣味。
（6）自分にひっついて離れない小さい我欲が影。自由な理想的境地が太陽。
（7）ただ戦闘、ただ圧伏という態度は、敵を目のかたきにしているから、こういう表情がつきまとう。
（8）行為することの重さやその結果のよしあしにとらわれすぎていて、天空のような自由な朗らかさがない。
（9）頑強、辛抱づよさ。
（10）意志からも脱却して、高い、自由な遊びの境地にはいる。
（11）「かれ」は、スフィンクスの謎を解いて、この怪獣を制圧したオイディプスの事業にも比すべき精神上の難事業をしたが、さらに、かれ自身の内部にひそんでいてかれを暗鬱《あんうつ》ならしめているものを、外へ解放すべきである。
（12）美は優雅として現われることが最も多い。

(13) 憩いを意欲的にとろうというのではなく、ゆったりと憩うているのは、憩いの観念を乗り超えている。
(14) たとえば、強者が高く構えて、他者を眼中におかないのではなく、だれにもわかるようなやさしい態度をとることは、美となるだろう。力の要素のある美は、美として高次である。
(15) 自分の美しさをよろこびながら、いっそう高い美を予感し、それを慕う。つまりは、その意味で人類の向上を願う。
(16) 意識的な英雄性を超えた、自由な高次の英雄。

教養の国

かき集めた教養に寄食する現代を痛撃し、自分は過去の遺産に頼らず未来への創造に生きようとする決意を言う。先駆的な教養不毛論。

わたしの羽ばたきは、あまりにも深く未来の空間のなかへはいりすぎた。おののきがわたしを襲った。
あたりを見まわすと、わたしと時を共にする道連れは、ただ時だけであった。[1]
それでわたしは翼を返した。故国に向かって——いよいよ急いだ。そして現代の者たちよ、わたしは君たちのところへ着いた。そして教養の国へ。

はじめてわたしは、君たちを見ようとする目と、君たちを思う善意の欲望をたずさえて来たのだ。まことに、わたしは心に憧《あこが》れをもって来たのだ。

だが、そこでわたしが見、聞いたことは何か。わたしは非常に胸苦しくなったが――笑わないわけにはいかなかった。今までわたしは、こんなに雑然としたまだら模様を見たことはない。

わたしは笑いに笑った、わたしの足と、さらにわたしの心臓はまだ胸苦しさにふるえていたけれど。「これはまったく、あらゆる絵具の集散地だ」――と、わたしは言った。

現代の者たちよ、顔に手足に五十の絵具のしみをつけて、おまえたちはそこにすわっていた。そしてわたしを驚かせ、あきれさせた。

そしておまえたちのまわりには五十の鏡が置かれていた。それがおまえたちの色の叫喚に媚《こ》び、それをまねて叫び声をあげている。

まことに、現代の者たちよ、おまえたちのその顔貌《がんぼう》こそ、何にもまさる仮面なのだ。だれにできよう、おまえたちが何者かを見分けることが。

過去の生んだ記号をからだいちめんに書きつけ、さらにその記号を新しい記号で上塗りしている。このようにしておまえたちは、あらゆる記号解読者も読み解けないほどに、巧みに自分自身を隠したのだ。

どんなにすぐれた腎臓《じんぞう》の診察者でも、おまえたちに腎臓(2)があると思うことはできまい。

おまえたちは絵具と、膠《にかわ》で張られた紙とでできているのだ。

あらゆる時代と民族が、おまえたちのヴェールの向こうから、色さまざまにのぞいている。あらゆる風習と信仰が、おまえたちの身ぶりから、色さまざまに語っている。

おまえたちから、ヴェールとマントと色と身ぶりをはぎ取ったら、あとに残るのは、鳥おどしに役立つ程度のものだろう。

まことに、わたし自身が、かつておまえたちの絵具なしの裸体を見て、おどろき、おどされた鳥なのだ。そして、その骸骨《がいこつ》がわたしに秋波を送ったとき、わたしは飛び上がって逃げた。

おまえたちのそばにいるくらいなら、わたしはむしろ下界の亡霊たちのところで日雇い人になるだろう。——おまえたちにくらべれば、まだしも冥府《めいふ》の者たちのほうが肉づきがいいだろう。

そうだ、わたしの臓腑《ぞうふ》にとっての苦痛は、おまえたちが、裸体でいても衣服を着ていても、わたしにがまんがならないということだ、現代の人間たちよ。

未来におけるすべての無気味なもの、また過去において鳥たちをおどして飛び去らせたいっさいのものも、おまえたちの「現実」にくらべれば、まだしも親しみを感じさせる。

つまり、おまえたちの言うことはこうだ、「われわれはまったく現実的な存在である。そして信仰にも迷信にもとらわれない」そう言っておまえたちは胸を張る、——が、あいにくその胸がない。

そうだ、信ずるということが、どうしておまえたちにできよう。雑然としたまだら模様の者たちよ。――かつて信ぜられたいっさいのことの写し絵にすぎないおまえたちよ。

おまえたちは、おまえたちのことばを聞くまでもなく、そうして立っているだけで信仰の否定である。手足をもった生身《なまみ》の否定である。あらゆる思想の脱臼《だっきゅう》である。信ずるにあたいせぬ者、そうわたしはおまえたちを呼ぶ。(3) 現実的な者たちよ。

おまえたちの頭のなかでは、あらゆる時代が、互いに矛盾したことをしゃべり散らしている。しかも、どんな時代の夢と饒舌《じょうぜつ》も、おまえたちの覚醒《かくせい》状態にくらべてみると、まだしも現実性をもっているのだ。

おまえたちは産むことができない。それゆえおまえたちには信仰が欠けている。だが、創造せざるをえなかった者は、いつもかれ独自の予言的夢想と星の知らせをもっていたのだ。――そして信仰の力を信じていたのだ。――

おまえたちは墓掘り人で、いつも扉をなかば開いて待っているのだ。そしておまえたちの現実というのは、こうだ。「一切は滅びるにあたいする」(4)

ああ、おまえたち不毛の者よ、なんというみじめな姿だ。肋骨《あばら》もあらわなその痩《や》せようはどうだ。もっとも、おまえたちのうちには、そのことに気のついた者も何人かはあったらしい。

それらの者は言った。「わたしが眠っているあいだに、一人の神が、こっそりとわたしから何かをかすめ取って行ったのではなかろうか。そうでなければ、一人の女をつくりうるぐらいの材料はもっていたろうに。[5]

いぶかしいことだ、わたしの肋骨の貧弱さは」すでに何人かの現代人はそう語った。

そうだ、おまえたちはわたしには笑うべき存在だ、現代の者たちよ。ことに自分自身をいぶかるときのおまえたちがそうだ。

わたしがおまえたちのいぶかりようを笑うことができなくなったら、そしておまえたちの鉢《はち》のなかからすべてのいとわしいものを飲まねばならなくなったら、さぞわたしはみじめなことだろう。

しかし、わたしはおまえたちのことを軽く受けとめておこう、わたしは重いものを担わなければならない身なのだから。わたしの荷に甲虫《かぶとむし》や羽虫などがとまったからといって、それが何だろう。

まことに、おまえたちがとまったからといって、わたしがそれを重荷にするはずもない。現代の者たちよ、おまえたちから大きい疲労がわたしに伝わってくるはずもない。

ああ、わたしの憧れを担っているわたしは、さらにどこへ登るべきか。わたしはあちこちの山から、父の国、母の国へと目をそそぐ。[6]

だが、どこにも故郷は見いだせなかった。わたしはどんな都市にも落ちつくことができない。わたしはあらゆる市門からの出発者である。

現代の者たちは、わたしには他郷の者であり、笑いの種である。なるほど、ついさきごろわたしの心はかれらへ駆り立てられはしたが。そしてわたしは父の国、母の国からも追われた身だ。

こうして、わたしが今も愛するのは、わたしの子どもたちの国だけである。大洋の果てにある、まだ発見されない国である。わたしはわたしの帆にその国をあくまでさがせと命令する。

わたしがわたしの父祖の子として生まれたことを[7]、わたしはわたしの子どもたちで、取り返そうと思う。未来で——この現在を取り返そうと思う——。

ツァラトゥストラはこう語った。

（1）自分が未来という時間を相手にしているだけで、人間の道連れは一人もない。

（2）腎臓は人間の精髄、本性の意味で、聖書にも用いられている。

（3）ことばとしては、「他者から見て信ずるだけの値打のない者、存在しているかいないかわからない者」の意味だが、「信仰をもつ資格のない者」の意味をひびかせている。

（4）つぎつぎと教養を追いかけて、確固不動のものをもたないから、意識の底にこの気持がある。

（5）アダムが眠っているときに、神がかれの肋骨を取って、それからイヴをつくったことをふまえて言う。
（6）文明の源流である過去の諸時代。
（7）注（6）で言われた、過去の文明の流れをくんでいること。

無垢《むく》な認識

主観的な意図や欲望を離れた、いわゆる純粋な認識や観照の欺瞞《ぎまん》性を突き、真の美は生気にみちた無垢な創造行為にのみ宿ると説く。

昨夜、のぼりゆく月を見たとき、わたしは月が一つの太陽を生もうとしている、と思った。それほどに月は、地平線上に大きな孕《はら》んだ姿を見せていた。

しかし、月が懐妊と見せかけたのは、いつわりだった。だから、わたしは月が男性であることを信じよう、月が女性であることを信ずるよりは。

そうは言っても、月、このおずおずした夜歩き人はあまり男性的ではない。まことに、かれはやましい良心をもって屋根屋根の近辺を渡っているのだ。

つまり、かれ、月中の僧侶《そうりょ》は、好色で嫉妬《しっと》ぶかい。大地にたいして、また恋人たちのあらゆる喜びにたいして、ものほしげな目を向けている。

そうだ、わたしは屋根屋根を渡りあるくこの牡猫《おねこ》を好まない。なかば閉ざされた窓のあたりを忍び足であるく者たちは、すべてわたしにはいとわしい。

殊勝げに、寡黙に、かれは星々をちりばめた絨毯《じゅうたん》の上を移ってゆく。しかし、わたしは、拍車の音をひびかせることなしに、ひっそりと歩く男の足を、おしなべて好まない。

正直な者の歩みは、声高に語る。だが猫はこっそりと床《ゆか》を渡って行く。見よ、月が猫のように、不正直者らしくやってくるのを。――

この比喩《ひゆ》を、わたしは君たち、神経質な偽善者たちに与える。君たち、「純粋に認識する者たち」[1]に。君たちを、わたしは――淫欲家《いんよくか》と呼ぶ。

おまえたちも大地を愛し、地上のものを愛しているのだ。わたしにもそれはわかる。だがおまえたちのその地上のものへの愛には、羞恥《しゅうち》とやましい良心とがある。[2]――おまえたちは月と同じだ。

地上のものをさげすむようにと、おまえたちの精神は教えこまれた。しかしおまえたちの内臓は、そう教えこまれはしなかった。その内臓が、おまえたちのもつ最強のものなのだ。

すると、おまえたちの精神は、自分が内臓の意のままになっていることを恥じる。そして自分自身にたいする羞恥から、いつわりの道をこっそりと歩むのである。

「わたしにとって最高のことは」――おまえたちのいつわりの精神は、そう自分自身に語る。――「生を、欲念なしに、また犬のように舌をたらすことなしに、観照することだ。観照に幸福を見いだそう、意志を殺し、主我的な干渉と欲念をなくして。――全身は冷ややかに灰色に、しかし目は月のように見ることに陶酔して。

これがわたしにとって最も好ましいことだ」――そう言って、この道を誤った者は、いよいよ誤った道にはいってゆく。「月が大地を愛するような愛しかたで、大地を愛しよう。ただ目だけで大地の美を撫《な》でよう。

そしてわたしは、すべての事物から何も欲しないということを、すべての事物にたいする無垢な認識と呼ぼう。わたしが望むのはただ、すべての事物の前に、百の目をもつ鏡のように横たわっていることだ」――

おお、おまえたち、神経質な偽善者よ、好色者よ。おまえたちの欲念には無邪気さが欠けている。[3] それゆえおまえたちはいま欲望そのものを誹《そし》るのだ。

まことに、おまえたちが地を愛するのは、創造する者、生殖する者、生成を喜びとする者としてではない。

では、無邪気さはどこにあるか。生殖への意志があるところにある。自分自身を超えて創造しようとする者は、わたしにとっては、最も純粋な意志をもつ者である。[4]

美はどこにあるか。わたしがいっさいの意志をあげて意欲せざるをえなくなった時と場合とにある。形象が単に形象として終わらないように、愛し、没落することをわたしが欲

するようになったところにある。(5)

　愛することと没落することとは、永遠の昔からあい呼応している。愛への意志、それは死をも意欲することである。おまえたち臆病《おくびょう》者に、わたしはそう告げる。

　だが、おまえたちはおまえたちの去勢された「ながし目」を「観照」と呼ぼうとする。そして、臆病な目で撫でまわしたものを、美と名づけたがる。おお、高貴な名称の冒瀆《ぼうとく》者たちよ。

　しかし、無垢《むく》な者たちよ、純粋に認識する者たちよ、おまえたちの受けた呪《のろ》いは、おまえたちがけっして分娩《ぶんべん》することがないということだ。たとえおまえたちが地平線上に、大きな孕んだ姿を見せて横たわるにしても。

　まことに、おまえたちは高貴なことばを口いっぱいにつめている。それはおまえたちの心があふれているからだ、そうおまえたちはわれわれに信じさせようとするのか、虚言者たちよ。

　それに反して、わたしのことばは、卑しい、さげすまれたことばだ。(6)姿の悪いことばだ。おまえたちの食事のときに食卓の下に落ちたものを、わたしは好んで拾いあげる。

　だが、わたしはこれらのことばを使って、――偽善者たちに真理を言うことができるのだ。そうだ、わたしの拾った魚の骨、貝の殻、また刺《とげ》のある葉などで、おまえたちの鼻をくすぐることができるのだ。

いつもおまえたちとおまえたちの食卓のまわりには、悪い空気がただよっている。おまえたちのみだらな思想、嘘《うそ》、そして隠しごとが、その空気のなかにこもっている。

まず大胆に自分自身を信ずるがよい――おまえたち自身とおまえたちの内臓を信ずるがよい。自分自身を信じない者のことばは、つねに嘘になる。

おまえたち、純粋な者らよ。おまえたちは、一種の神の仮面をかぶったのだ。その仮面のなかに、おまえたちのいまわしい匐《は》い虫がはいこんだのだ。

まことに、おまえたちは欺瞞《ぎまん》者だ、「観照の者たち」よ。ツァラトゥストラも、かつてはおまえたちの神々《こうごう》しい外観に心酔した[7]。そのなかにつまっている蛇のとぐろを見抜くことができなかったのだ。

おまえたち、純粋に認識する者らよ。かつてはわたしはおまえたちの戯れのなかに、神の魂の戯れを見ることができるような気がした。かつてはおまえたちの芸術にまさる芸術を考えることはできなかった。

距離の遠さが、わたしに蛇の汚なさと悪臭とを隠していたのだ。奸智《かんち》にたけたとかげがみだらな気持でそこを徊いまわっていたことを隠していたのだ。

しかし、わたしはおまえたちのすぐそばに近づいた。と、洞察の朝がわたしに開けた。

――いまその朝はおまえたちにも来る、――月の情事は終わったのだ。

見るがいい。月は正体を現わして、青ざめてかかっている――あけぼのの真紅《しんく》の光の前に。

早くもあの灼熱《しゃくねつ》する太陽がやってくる——大地にたいする太陽の愛がやってくる。無邪気さと創造の欲望が、太陽の愛である。

見るがいい、なんと太陽がもどかしげに海の上へのぼってくることか。おまえたちは太陽の愛の渇きと熱い息づかいを感ずることはできないのか。

太陽は海を吸い、その深みをおのが高さにまで吸いあげようとするのだ。すると海の欲念は千の乳房《ちぶさ》をみなぎらせて高まる。

海は太陽の渇きから接吻《せっぷん》を受け、太陽の渇きによって吸われることを望んでいる。海は大気になろうとする。高みに、日光の道に、いな、日光そのものになろうとする。

まことに、わたしは太陽とひとしく、生とすべての深い海とを愛する。

そしてわたしにとって認識と呼ばれるべきものはこうだ、——いっさいの深みにあるものをのぼらせること——わたしの高みにまでのぼらせることだ。(8)——

ツァラトゥストラはこう語った。

（1）欲念や主我的態度を離れて、現象をありのままに観照しようとする人たち。哲人や学者にはそういう人が多い。ショーペンハウアーは意志を離れた観照を美の母胎と見た。

（2）認識者としては、自分が愛にとらわれないということを、口にしているから。
（3）あふれる創造欲から来た欲念ではないから。
（4）本章の眼目。生もうとする性欲の、また創造欲の無邪気さと純潔を高唱する。
（5）「形象」は具体的行為に対照させたのであろう。心象、理想と解してもよい。全文の意味は、思索や芸術制作に満足せず、自分を賭《か》け、血を流して創造の行動をしようとすること。
（6）生気にみちていて、お上品ぶっていない。
（7）若いニーチェがショーペンハウアーの世界に引き入れられたことと、かれ自身精密な文献学に従事したことが思い出される。
（8）太陽と海との比喩《ひゆ》から来た表現だが、単なる観照的認識ではなく、高い創造の行為によって、深くたたえているものを生動させ、それに「わたし」の教えるような意味を与えることを言う。

学者

凡庸な学者を口をきわめて攻撃する。ニーチェがアカデミズムの世界を去らねばならなかったことへの個人的憤激がにじんでいる。

わたしが身を横たえて眠っていると、一匹の羊が、わたしが頭にいただいているきづたの冠を食べた。――食べて、そして言った。「ツァラトゥストラはもはや学者ではない[1]」

と。

　そう言って、尊大な誇らしげな足取りで去って行った。一人の子どもがわたしにそのことを話した。

　わたしは、子どもたちの遊ぶこの場所に喜んで身を横たえる、くずれた石垣のほとり、あざみと赤いけしの花の咲くところだ。

　わたしは、子どもたち、またあざみと赤いけしの花にとっては、今も学者だ[2]。これらのものたちは、悪意においてさえ無邪気である。

　しかし、羊たちにとっては、わたしはもはや学者ではない。わたしの運命がそのことを欲するのだ――わたしの運命を讃《たた》えよう。

　つまり真実を語ればこうだ。わたしは学者たちの家を去ったのだ。しかもドアを強く背後に閉じて。

　わたしの魂は、あまりにも長くかれらの食卓につらなっていて、飢えに苦しんだ。わたしは、かれらと違って、胡桃《くるみ》割りの仕事を目的として認識の訓練を受けたのではない[3]。

　わたしは自由を愛する、そして生き生きした大地をおおう空気を愛する。わたしは学者たちの地位と威厳との上に眠るよりは、むしろ牛の皮の敷物の上に眠りたい。

　わたしは自分自身の思想のためにあまりにも熱をおびてきて、身を焼かれるのだ。そのためわたしは、しばしば呼吸さえ奪われそうになる。そのときわたしは埃《ほこり》まみれの部屋を捨てて、大気のなかへ出なければならない。

しかし学者たちは冷ややかな日陰に冷ややかにすわっている。かれらは何事につけ、ただ観照者であろうとする。そして太陽が灼《や》くように照りつける階段に降り立つことを避ける。

街路に立っていて、行き来する者を口をあけて見ている者とひとしく、かれらもじっとしたまま、他者が考えた思想を口をあけてながめている。

かれらをつかめば、かれらはしかたなしに粉袋のように埃を立てる。しかし、その埃が、もとは夏の畑の産み出した黄金《こがね》色の歓喜、あの穀物から生じたものであることに、だれが思い及ぶだろう(4)。

かれらが賢者ぶるとき、わたしはかれらのみすぼらしい寸言や真理に寒けを感ずる。かれらの知恵には沼から立ちのぼるような臭気のあることがしばしばだ。まことに、かえるの鳴き声も、早くもその臭気に運ばれて聞こえてくる(5)。

かれらは熟練しており、器用な指をもっている。その複雑さに比べたら、わたしの単純さに何ができよう。かれらの指は、糸のあつかい方、結び方、編み方をすっかり心得ている。こうしてかれらは精神製の靴下を編み上げるのだ。

かれらは上等の時計仕掛けである。ただかれらのねじをきちんと巻いてやることを忘れてはならない。それさえしてやれば、かれらはまちがいなく時を知らせる。そのうえつつましい音を立てる。

かれらは粉ひき機械のように、杵《きね》のように、作業する。そのなかにただ穀物の粒を投げこんでやればいい。――かれらはすぐその穀物を砕いて、白い粉にすることを心得ている。

かれらはかれら同士で互いに監視しあっている。そして互いに相手をあまり信用していない。小さい策略には長《た》けており、足弱の知識の持ち主を網にかけようとして待っている⑥。――くものように待っている。

かれらがいつも慎重な態度で毒を調整しているのを、わたしは見た。そのときかれらはいつも透明なガラス製の手袋⑦を指にはめていた。

かれらは、いかさまの骰子《さい》をもてあそぶことをも心得ている⑧。そして汗みどろになって勝負に熱中するさまを、わたしは見た。

わたしとかれらとは互いに異邦人だ。かれらの徳は、かれらの虚偽といかさまの骰子以上に、わたしの趣味に反するのだ。

かれらのもとに住んでいたとき、わたしはかれらの階上に住んでいた⑨。かれらはそのことをわたしにたいして恨みとした。

かれらは自分の頭上に人が歩きまわっていて、足音がすることを好まない。それで薪《たきぎ》と泥と汚物を、わたしと自分の頭との間に置いた⑩。

こうして、かれらはわたしの足音をかれらの耳から遠ざけた。こうしてわたしは今まで最もすぐれた学者たちから耳をかたむけられることが、最も少なかったのである。

かれらはかれらとわたしとの間に、人間すべての過誤と弱点とを置いた。[11]――それをかれらの家における「防音板」と称した。

しかもわたしは今もわたしの生きた思想をいだいて、かれらの頭上を歩んでいる。たとえわたしがわたし自身の過ちを履き物にして歩くことがあっても、それでもわたしがかれらの頭上を歩いていることには変わりがない。[12]

なぜなら人間は平等ではないからだ。公正はそう語る。[13] かれらは、わたしの欲することを欲する資格をもたないのだ。

ツァラトゥストラはこう語った。

（1）ニーチェのすぐれた処女作『悲劇の誕生』を、紙を食う羊（専門学者）が少し食べてみて、これを非学問的だとけなしたことが念頭にある。きづたの冠は、ディオニュソス（『悲劇の誕生』の主題）への連想。
（2）無邪気な者たちのすなおな見方からすれば、わたしは思想家、学者の一人だ。
（3）学問の考証的、文献学的操作をするよりは、生命にみちた学問をするよう、訓練を受けていた。
（4）かれらを相手にすれば、古人の引用句などを埃のように立てて応対する。それらの引用句も、もとはたくましい生命から生まれたものだが、かれらのもとでは本来の生気を失った埃にひとしい。

(5) 多少の生命的意欲がひびいてきたと思ったら、泥沼にふさわしいかえるなどの声だった。

(6) かれら同士でも、弱い者があれば、さっそくいじめる。

(7) 人からは手袋をはめているようには見えない。

(8) 論争などに勝つためには、詭弁《きべん》その他、手段を選ばない。

(9) ニーチェが職業学者以上の視野で思索したことをさすと思われる。

(10) ニーチェの仕事は非学問的だという悪声を放って、人の注意をそれからそらす。

(11) 人間的な過ちや弱点を、学問的業績にけちをつける材料にする。

(12) たとえわたしの説くことに、時には過ちがあっても、自分がかれらより高い立場において思索している事実は、動かすことができない。

(13) 公正に事実を見れば、人間が不平等であることは否定できない。

詩人

ツァラトゥストラも詩人であるだけに、詩人の弱点を痛感する。それにゲーテがどうも気にかかる。明日を担う本質的な詩人たれ。

「わたしが肉体のことをよりよく知るようになってから」と、ツァラトゥストラは弟子の一人に言った。「わたしは知った、精神は単にいわゆる精神にすぎないことを。(1) そしてあらゆる『移ろわぬもの』も、一つの比喩《ひゆ》にすぎないことを(2)」

「あなたが前にもそう言ったのをわたしは聞いた」と、弟子は答えた。「そしてそのときあなたはこう言い添えた。『しかし詩人は嘘《うそ》をつきすぎる』と。(3) なぜあなたは言ったのか、詩人は嘘をつきすぎると」

「なぜ、と問うのか、君は」と、ツァラトゥストラは言った。「ある種の人間にたいしては、君たちは、なぜ、という問いをかけてはならぬ。わたしはそういう人間の一人だ。

わたしの体験は、きのうきょうのことだろうか。わたしがわたしの意見の根拠となることを体験したのは、久しい前のことだった。

もしわたしがそういう数々の根拠を覚えておこうとしたら、わたしは記憶の樽《たる》とならざるをえないではないか。

わたしの意見そのものを覚えていることが、すでにわたしには煩わしすぎる。逃げ去ってしまった鳥も少なくない。(4)

だが時にはわたしの鳩舎《きゅうしゃ》のなかに、よそから飛んできた見慣れぬ鳥を見いだすこともある。そういう鳥は、わたしがそれに手をあてると、ふるえるのだ。(5)

だが、かつてツァラトゥストラは君にどう語ったというのか。詩人に嘘をつきすぎると語ったのか。——だがツァラトゥストラも詩人の一人だ。(6)

さて君は、ツァラトゥストラがこのことについて真実を語ったと思うか。(7) なぜ君はそう思うのだ」

弟子は答えた。「わたしはツァラトゥストラを信ずる」と。しかしツァラトゥストラは、微笑して頭を振った。

「信ずるという君の態度は、わたしに喜びを与えない」かれは言った。「ことにわたしを信ずるということは。

だが、だれかが本気で『詩人は嘘をつきすぎる』と言ったとしたら、そのことばは当たっている。——われわれ(8)は嘘をつきすぎるのだ。

われわれは、知ることがあまりに少ない、そして学ぶことも下手《へた》だ。それでわれわれはすぐ嘘を言わなければならないはめになるのだ。

われわれ詩人のうち、酒の偽造をしなかった者があろうか。われわれの酒蔵では、たびたび有害な混ぜ合わせが行なわれ、[9] あまたの名状しがたいことが行なわれた。[10]

そしてわれわれは知ることが少ないから、精神の貧しい者は、ことにわれわれの気に入る。ことにそれが若い女であれば、なおさらである。

そればかりではなく、老いた女たちが夜な夜な互いに語り合うような考えをさえ、われわれはしきりにほしがる。そういう欲求をわれわれは、われわれ自身における『永遠に女性的なもの』と呼んでいる。[11]

また、知に達するには特別な秘密の通路があり、それは個々のことを学ぶ者には閉ざされているが、われわれ詩人には開かれているのだと言わんばかりに、われわれ詩人というものは民衆とその『知恵』を、その秘密の通路として信ずるのである。[12]

とくにすべての詩人の信じていることは、草地やさびしい山腹に寝そべって耳をそばだてていれば、天と地の間にあるもろもろのことについて、いくばくかを知りうるということだ。

そして感情のこもった興奮がやってくると、詩人たちはいつもうぬぼれる、自然がかれらに惚《ほ》れこんだのだと。

つまり、自然がかれらの耳もとに忍びよって、秘密な事柄や恋慕のことばをささやくのだ、と思いこむ。そしてそれを万人にむかって誇るのだ。

ああ、天と地との間には、詩人だけが夢に見たと自慢しているようなあまたのことがあ

るのだ。(13)

とくに天の上にそれが多い。つまりあらゆる神々は詩人たちの編み出した比喩であり、密輸品なのだ。

ここに、それはわれわれを高みへ引いてゆく(14)——というのは、つまり、雲の国へ引いてゆくのである。その雲の上へわれわれは色さまざまなわれわれのぬけがらを載せて、それに神々とか超人とかいう名を与えるのだ。——

つまり、これらの神々とか超人とかは、雲の上に載せることができるほどに軽いのだ。

ああ、あっぱれな出来事と見なされようとしているこれらの『不十分なこと(15)』に、なんとわたしは飽き飽きしていることだろう。ああ、なんとわたしは詩人に飽き飽きしていることだろう」


ツァラトゥストラがそう言ったとき、弟子はかれにたいして忿懣《ふんまん》の思いをいだいた(16)が、沈黙していた。ツァラトゥストラも沈黙していた。かれの目は、はるかなかなたに注がれたように、内部へ向けられていた。やがてかれは吐息をもらし、それから息を深く吸った。

そして言った。わたしは「今日」と「かつて」の人間だ。しかしわたしのなかには、「明日」と「明後日」と「いつの日か」に属する、あるものがある。

わたしは古い詩人、また新しい詩人に飽きた。わたしにとってはかれらのすべてが、表皮であり、浅い海である。かれらは十分に深く考え抜いたことがなかった。それゆえかれらの感情も、真に底の底まで沈んで行ったことがなかった。[17]

多少の悦楽と多少の退屈、これがせいぜいかれらの最善の思索だった。

かれらのひく竪琴《たてごと》のひびきは、わたしにはすべて幽霊の吐く息、幽霊の飛び過ぎる音のように聞こえる。今までに詩人たちは、楽音の熱情について何を知っていたろう。――

それにわたしから見れば、かれらは十分に清らかではない。かれらのすべては、自分の池が深く見えるように、それを濁すのである。

そうすることによって、かれらは自分を調停者[18]として売り込みたがる。しかしわたしにとっては、かれらはいつも取り持ち屋であり、混ぜ合わせ屋である。寸足らずの不潔な存在である。――

ああ、わたしはわたしの網をかれらの海のなかに投げ入れて、よい魚を捕えようとした。しかしわたしの引き上げたものはいつも、どこかの古い神の頭であった。[19]

このように海は、飢えた者に石を与えたにすぎなかった。そして詩人自身もおそらく海から生じた貝殻にすぎないのだろう。

たしかに、詩人の内部に真珠の見いだされることはある。それだけに、詩人自身はいよいよ殻の硬《かた》い貝類である。そして、魂のかわりに、わたしはしばしばかれらのなかに、塩水にひたった粘液を見いだした。

かれらはさらに海から虚栄心をも学び取った。海は孔雀《くじゃく》のなかの孔雀ではなかろうか。海は、最も醜い水牛にも、その尾をひろげて見せる。海は、銀と絹のレースでできた自分自身の扇に飽きることがない。(20)

水牛は傲然《ごうぜん》としてそれを見ている。その魂は砂に似ている、それ以上に藪《やぶ》に似ている。いや沼にこそ似ている。

この水牛にとっては美も海も孔雀の尾も何であろう。この比喩をわたしは詩人たちに与える。

まことに、詩人の精神そのものが孔雀のなかの孔雀であり、虚栄の海である。

観客を詩人の精神は欲する、たとえそれが水牛であろうと。(21)――

しかしこういう精神にわたしは飽きた。そしてわたしは見るのだ、この精神が自分自身に飽き飽きしてくるだろうことを。

すでにわたしは見る、詩人たちが変化して、自分自身に目を向けはじめているのを。

わたしは精神の懺悔《ざんげ》者たちが来るのを見る。(22)それは詩人のなかから生長したのだ。――

ツァラトゥストラはこう語った。

（1）精神は絶対のものではなく、肉体を含めての「本来のおのれ」の一つの現われにすぎない。（第

一部「肉体の軽侮者」六七〜六八ページ参照)

(2)「至福の島々で」一八五ページ注(7)を見よ。「無常なもの」の反対が「移ろわぬもの」すなわち不滅なもの。

(3)一八二ページの注(8)の箇所を見よ。

(4)忘れてしまった意見も多い。発展成長が盛んだから、いちいちメモにつけたように覚えていない。

(5)他人の思想や意見がまざりこんでいることがあるが、それは主人に十分なじんでいない鳩のようなもので、主人にさわられるとふるえ、十分主人の所有になっているとはいえない。

(6)ニーチェも詩人の一人。ツァラトゥストラも「夜の歌」、「舞踏の歌」などをうたう詩人の一人。

(7)以上のようなことを言ったのも詩人の嘘かもしれぬ。

(8)詩人の一人であるツァラトゥストラを含めて。

(9)詩人の仕事ぶりの暴露。他人のモチーフなどは、再三失敬する。

(10)ゲーテの『ファウスト』第二部終結部「名状しがたきこと ここに成就せり」へのあてつけ。

(11)老婆が語り合うような甘い通俗的な敬神や道徳観。詩人は無思想だから、そういうものまで、自分の作にとりこみたがる。そして老婆の思想にまで傾斜する自分の欲求を、もったいぶって「永遠に女性的なもの」(ゲーテの『ファウスト』第二部末尾にあることば)などと呼ぶ。

(12)「民衆」は注(11)の老婆と同類項。学問では知りえないことが、民衆の情感的、直観的、神秘的な感じ方でとらえられると言いたげに……。

(13)『ハムレット』のせりふ、「ホレーショ、この天地の間には、われわれの哲学には思いも及ばぬ多くのことがあるものだ」のパロディ。
(14)『ファウスト』第二部末尾「永遠に女性的なもの、われらを高みへ引きゆく」へのあてつけ。
(15)『ファウスト』第二部終結部「不十分なことがここでは出来事となった」(欠陥の多い生涯が、ここでは一つの意義ある出来事になった。不十分なことも永遠的なものの象徴として意味がある、の意)へのあてつけ。
(16)アイロニーが多く、からかわれていると思った。
(17)苦悩も浅い。
(18)理想と現実、精神と肉体などの。
(19)すたれた理想や信仰などの切れはし。
(20)海の怒濤《どとう》の砕ける風景。
(21)水牛のように鈍感な、無関心な民衆をも観客にもちたがる。
(22)詩人ニーチェの願望の反映であろう。とにかく詩人は、より高い詩人に向上すべきである。

大いなる事件

永劫《えいごう》回帰の思想は熟しつつあるが、ここでは革命家の根底を探り、大事件は喧噪からではなく、静かな時間のうちに生まれると説く。

海中に一つの島がある——ツァラトゥストラの滞在している至福の島々から遠くはない——その島には火山があって、たえず煙を吐いている。この島について民衆、ことに民衆のなかの老婆たちの言うところによれば、それは冥界《めいかい》の門の前に、それを塞《ふさ》ぐ岩塊のように置かれてあるのだという。そしてその火山の内部に、下に通じている細い道があって、それを行けば冥界の門に行きつくということである。

さて、ツァラトゥストラが至福の島々に足をとめていたときのことである。ある日、一艘《そう》の船が、火山のあるその島に錨《いかり》をおろし、船員たちは兎《うさぎ》狩りをするために上陸した。しかし、正午近く船長と船員がふたたび集合したとき、突然かれらは一人の男が空中をかれらを目ざしてやってくるのを見た。そのうえその男がはっきりと次のように言うのを聞いた。「その時は来た。今こそその時である」しかしその姿は、かれらの間近に来ると——影のように飛び過ぎて、火山のある方向へ去った。——それがツァラトゥストラであることを認めて、船員たちは驚愕《きょうがく》した。(1)船長を除いて、かれらはみなツァラトゥストラを見て知っていたのである。そしてかれらはかれを、民衆と同じ愛しかたで、愛していた。つまり愛と畏《おそ》れとがあい半ばする愛しかたで。

「見ないか！」と老いた舵手《だしゅ》が言った。「ツァラトゥストラが地獄へ渡って行く」

これらの船員が火の島にとどまっていたその時刻に、ツァラトゥストラの行くえがわからなくなったという噂《うわさ》がひろまった。人々がかれの友人たちにききあわせると、かれは夜、行く先を告げずに船で旅に出た、という。

こうして不安が生まれた。三日後には、さらにあの船員たちからの話が伝わってきて、いっそう不安は高まった。民衆たちは、悪魔がツァラトゥストラをさらったのだと言いあった。弟子たちはその臆説《おくせつ》を笑い、その一人は「むしろツァラトゥストラが悪魔をさらって行ったと思いたい」と言いさえした。しかし心の底では、弟子たちはこぞってかれを憂え、かれを慕った。それゆえかれらの喜びは大きかった、五日目にツァラトゥストラがふたたび姿を現わしたときには。

そしてツァラトゥストラは、かれが火の犬たち(2)とかわした対話について語った。それは、次のとおりである。

大地は皮膚をもっている。そしてこの皮膚はさまざまの病気におかされている。たとえば、その病気の名の一つは、「人間」である。

それらの病気の一つに、また「火の犬」というのがある。その火の犬について、人間たちは勝手なことを言いあって、欺いたり欺かれたりしてきた。

この秘密を究明しようとして、わたしは海を渡った。そして赤裸の真実を見た。まことに頭から爪先《つまさき》までの赤裸の真実である。

この火の犬がどういうものであるか、それをいまわたしは知った。同様に、あの爆発と転覆の悪魔どもがどういうものであるかも知った。まことに、それらのものを恐れているのは老婆だけではないのだ。

「出て来い、火の犬よ、おまえの深みから」と、わたしは叫んだ。「そしてその深みがどれほど深いかを告げよ。おまえが噴《ふ》き出している濛気《もうき》は、どこから来るのか。

おまえはしたたかに海の水を飲み上げているな。それはおまえの塩っぽい多弁によってわかる。まことに、深みに住む犬としては、おまえはおまえの栄養をあまりに表面から取りすぎるのだ[3]。

わたしはおまえをせいぜい大地の腹話術師と見なしている[4]。そして、わたしは転覆と爆発の悪魔どもの語るのを聞くたびに、それがおまえとそっくりであるのを見いだす。塩っぽくて、まやかしで、浅薄なのだ。

おまえたちは、ほえたり、灰を噴き上げて、あたりを暗くすることが巧みだ。おまえたちは最上級のほら吹きで、泥を煮て熱くする術を十分に学びおぼえている[5]。

おまえたちがいると、そのほとりには、かならず泥がある。また多くの海綿状のもの、穴だらけのもの、つめこまれ押しこめられたもの[6]がある。そういう道具立てがなくてはならない。それらが自由の天国へ出たがっているのだ。

『自由』と、おまえたちはいつもほえ立てる。だがわたしは『大いなる事件』と言われるものを本気に受け取る気持をなくしてしまうのだ、多くの咆哮《ほうこう》と煙とがその事件を取りまくのを見るやいなや。

わたしの言うことを信ずるがいい、わたしの友、地獄の喧噪《けんそう》よ。最も大いなる事件というのは、われわれのもつ最も騒がしい時間ではなくて、最も静かな時間なのだ。

世界の回転の軸となるのは、新しい喧噪の発明者たちではない、新しい価値の発明者たちである。世界は音もなく回転する。

そして、率直に認めるがいい。おまえの喧噪と煙とがひくと、あとにはいつもほとんど何事も行なわれてはいないのだ。一つの都市がミイラとなり、一つの柱像が倒れて泥まみれになったからといって、それに何の意味があるだろう。

そしてわたしは、柱像の転覆者たちに、さらにこう告げたい。海のなかへ塩を投げ入れ、柱像を泥に投げこむのは、およそ最大の愚行であると。

それらの柱像は、おまえたちの軽蔑《けいべつ》という泥土にまみれて横たわったのだ。しかし、そういう軽蔑のなかから柱像の生命と生き生きした美がよみがえるのは、まさに柱像の法則なのだ[7]。

いま柱像は、以前にまさる神々《こうごう》しい面持ちで立ち上がる。そして苦悩の魅力をたたえている。まことに柱像はおまえたちに、転覆してくれたことへの感謝のことばをも述べるだろう。おまえたち、転覆者よ。

また、国王や教会、そして年齢と徳の衰えのいちじるしいすべてのものにたいして、わたしはこう忠告したい――君たちは転覆してもらうのがいいのだ。そうすればおまえたちには生命がよみがえり、徳がもどってくるだろうと」――

そうわたしは火の犬の前で語った。と、犬は不興げにわたしをさえぎってたずねた。「教会？　教会とはいったい何か」

わたしは答えた。「教会についてたずねるのか。それは一種の国家だ、しかも最もいつわりに満ちた国家だ。だが、だまるがいい、偽善の犬よ。おまえはおまえの同類を最もよく知っているはずだ。

おまえとひとしく、国家は偽善の犬だ。おまえとひとしく、国家は煙と咆哮とで語りたがる。――そしておまえとひとしく、自分は事物の核心から語っているのだと信じさせたがっている。(8)

つまり国家は、あくまで地上の最も重要な生き物であろうとする。そして人々も、国家はそうであると信じるのだ」――

わたしがそう言うやいなや、火の犬は嫉妬《しっと》のあまり、物狂おしい身ぶりをした。「なに？」とかれは叫んだ。「地上の最も重要な生き物というのか？　そして人々も国家がそうであると信ずるのか」そしてかれの喉《のど》の奥からは、多量の濛気とものすごい声とが湧《わ》き出たので、わたしはかれが憤怒《ふんぬ》と嫉妬で窒息してしまうかと思ったほどである。

やがていくぶん静かになり、そのあえぎはおさまった。わたしはそれを待って、笑って言った。

「怒っているのだな、火の犬よ。してみると、わたしがおまえについて言ったことは当たっているのだ。

それが当たっていることがいっそうよくわかるため、別の火の犬についてわたしの語ることを聞け。その犬は真に、大地の心臓から語っているのだ。(9)

かれの息は黄金を吐く。黄金の雨をしたたらせる。(10)かれの衷心《ちゅうしん》がそれを欲するのだ。

かれにとって、灰、煙、燃える岩漿《がんしょう》(11)などが、いまさら何の意味をもとう。

笑いが、かれの口から五彩の雲のようにこぼれ出る。かれはおまえの喉の雑音や臓腑《ぞうふ》の憤怒などから顔をそむける。

それに反して黄金と笑いを、かれは大地の心臓から汲《く》み取る。おまえもよく知るがよい——大地の心臓は黄金でできているのだ」

火の犬はこれを聞くと、それ以上わたしのことばに耳を傾けるだけの気力をなくしてしまった。恥じ入ってかれは尾を巻き、低い声で一声、二声ほえ、そしておのれの洞穴《ほらあな》にもぐりこんだ。——

ツァラトゥストラはこう語った。しかし弟子たちは、ほとんどかれのことばを聞いていなかった。あの船員たち、兎狩り、そして空中を飛んで行った人物について、ツァラトゥストラに話そうとする気持は、それほどに強かったのだ。

「それをわたしはどう考えたらいいのか」と、ツァラトゥストラは言った。「ではわたしは幽霊なのか。

だが、それはわたしの影だったのだろう。君たちはおそらく漂泊者とその影[12]について、何事かを聞いたことがあるだろう。

しかしこれだけは確かだ。わたしはかれを縛っておかなくてはならない。——そうでなければ、かれはなおもわたしの名声を傷つけるだろう[13]」

そう言ってツァラトゥストラはもう一度頭を振って、いぶかった。「わたしはそれをどう考えたらいいのか」と重ねて言った。

「なぜその幽霊は叫んだのか。今がその時だ、いよいよその時が来た、と。

いったい何をするための——時が来たというのか」——

ツァラトゥストラはこう語った。

（1）この事件は、この章の枠をなしていて、異常な気分をかもしているが、十分に展開されていない。しかし、それが予感させる重大なことは、第二部の終わりから第三部にかけて、しだいに明らかになる（永劫回帰の思想の成熟）。
（2）地獄の番犬にたとえられた暴力的革命家。
（3）海の表面から。小さい日々の現象を追いかけて、革命的情熱の養分とし、深く考えることはない。
（4）大地の声のまねをしている。革命は地球の歴史の必然だというようなことばかり言う。
（5）愚民を煽動《せんどう》する術。
（6）愚民。人の思想をうのみにする者。空虚な者。十ぱひとからげにつめこまれ、圧迫されている者。
（7）柱像は伝統のようなものと見てよかろう。殺そうとすれば、かえってよみがえる。
（8）国家は、戦争などを意志表示の具としたがる。しかも、国家が言ったりしたりしていることは、事柄の本質上やむをえないこと、また適切なことだと、世人に信じさせようとする。
（9）真に大地の要求から人生における諸価値の転換をはかる人物。真の意味の革命家。ツァラトゥストラはその一人。
（10）黄金は最高の価値のしるしである。また黄金は「つねに自分自身を贈り与える」（第一部「贈り与える徳」一六二ページ）。
（11）火山の爆発（暴力的革命）にかけていう。

（12）孤独な漂泊者は、つねにかれ自身の影を伴侶にしている。そしてツァラトゥストラはそういう孤独な漂泊者である（第一部「友」冒頭部参照）。

（13）ツァラトゥストラのうちには大いなる思想が生まれつつあるが、ほんとうにそれが熟さないうちに、かるがるしくそれに関したことを外にむかって言うべきではなく、自重しなければならない。さもないと、自分とその説は実体のない幽霊にすぎないという評を招き、かれの名声を傷つける。

ある予言者

強い生の教説者にとって最大の敵は、すべてはむなしいとの虚無感である。それに苦しんだ末、新しい打開の予感を得る。永劫《えいごう》回帰。

「――そしてわたしは大きい悲哀が人類を襲うのを見た。最善の者たちも、おのれの仕事に疲れた。

一つの教えが宣《の》べられた。一つの信仰がそれと並んでひろまった。[1]『一切はむなしい。一切は同じことだ。一切はすでにあったことだ[2]』と。

そしてあらゆる丘はこだまを返した。『一切はむなしい。一切は同じことだ。一切はすでにあったことだ』と。

なるほどわれわれは収穫した。しかしなぜすべての穀物はみな腐って、黒ずんでしまったのか。邪悪な月から昨夜何が降ってきたのか。[3]

すべての仕事はむだ骨折りだった。われわれの酒は毒物となった。月の邪悪なまなざしがわれわれの畑をも心をも黄に焦がしてしまった。

われわれは一人のこらずひからびた。そして火がわれわれの上に降ってくると、われわれは灰のように飛び散った。――そうだ、われわれは火をさえ、ぐったりと萎《な》えさせたのだ。[4]

泉はみなかれてしまった。海も退《ひ》いた。地はどこもかも裂けようとしている。しかし地底は呑《の》みこもうともしない。[5]

『ああ、われわれが溺《おぼ》れ死ぬことができるような海は、どこに残っているのだ』そうわれわれの嘆きの声はひびく――かわいた沼を前にして。

まことに、われわれはもうあまりにも疲れて、死ぬことさえできない。それでわれわれは目ざめたままで生きつづける――墓穴のなかで」――

ツァラトゥストラは、一人の予言者がそう語るのを聞いた。そしてその予言はかれの肝に銘じて、かれを別人のようにした。悲哀の心をいだき、倦《う》み疲れてかれは歩きまわった。そのさまは、あの予言のなかで語られた人たちと同じようであった。

まことに、と、かれは弟子たちに言った。もうしばらくすると、いま予言されたような

う。長いたそがれが来るのだ。ああ、わたしはわたしの光をどうして救い出したらいいのだろ

この悲哀のなかでわたしの光が窒息してしまわなければいいのだが。それはより遠い世界を、そして最も遠い夜をも照らすべき光なのだ。

このように憂いに閉ざされて、ツァラトゥストラは、あちこちを歩いた。そして三日間、飲み物も食べ物も取らず、身を横たえることもなかった。かれはことばを失った。ついに深い眠りに落ちた。弟子たちはかれを囲んで、長い夜を宿直《とのい》し、ツァラトゥストラが目ざめて、悲哀から癒え、ふたたび語りだすようになることを、心痛しながら待った。

さて、かれが目ざめたとき語ったことばは次のようである。しかし、弟子たちにはその声は遠いかなたからひびいて来るもののように思われた。

「わたしの見た夢の話を聞いてくれ、友らよ。そしてわたしとともにその夢の意味を解き明かしてくれ。

まだわたしには謎《なぞ》なのだ、この夢は。その意味は夢そのもののなかに隠され、閉じこめられていて、まだ夢を飛び越えて自由に羽ばたくにはいたっていない。(6)

わたしはいっさいの生に思いを断《た》った、それがわたしの夢だった。わたしは夜と墓との番人になった、かなたにあるあの寂しい山上の死の城で。

山上のその城で、わたしは死が支配する多くの棺を守っていた。陰気な穹窿《きゅうりゅう》は、そう

いう死の勝利のしるしをおびただしく収めていた。ガラス製の棺のなかからは、死に征服された生がわたしを見つめていた。

埃《ほこり》にまみれた永遠的な存在(7)たちの匂《にお》いを、わたしは吸った。わたしの魂も、暑苦しさにもだえながら、埃まみれになって横たわっていた。ここで自分の魂に風を入れることなどは、思いも及ばぬことだった。

深夜の明るみ(8)が常にわたしをつつんでいた。孤独がそのほとりにうずくまっていた。それにもう一人のもの、「死の静寂」が喉《のど》をごろごろいわせている。わたしの最悪の女友だちである(9)。

わたしは、あらゆる鍵《かぎ》のうちでいちばん錆《さ》びている鍵をもっていた。この鍵でわたしは、あらゆる門のうちでいちばんきしむ門を開くすべを心得ていた(10)。

その門の扉が動きだすときには、怒りに駆られた鳥の叫びに似た響きが長い廊下を走るのだ。その鳥は憎らしげに鳴く。目をさまされることを、いやがるのである(11)。

しかし、その響きが消えて、あたりは静まり、その悪意をはらんだ沈黙のなかに独りすわっていると、わたしはいっそう恐怖におそわれ、胸をしめつけられる思いをした。

こういうふうに、時は音もなく過ぎて行った、それは時というものがまだあるとすれば、の話だが。それについてわたしが何を知ろう。しかし、ついに、わたしを目ざめさせるあることが起こった。

三度、強く門がたたかれる音がした、雷鳴のようだった。死の穹窿は三度こだまを返してとどろいた。わたしは門に向かって走った。

アルパ!〔12〕とわたしは叫んだ。だれか、自分の灰を山へ運んでくるのは? アルパ! アルパ! だれか、自分の灰を山へ運んでくるのは?〔13〕

そして、わたしは鍵をさし入れ、門の扉をもたげようとして力を尽くした。しかし指一本ほどもあかなかった。

そのとき一陣の強烈な風が来て、門の扉をさっと押しあけた。風は、けたたましい音とともに一つの黒い棺をわたしにむかって投げつけた。

すると激しい、鋭い音とともに、その棺は裂けた。そして千様の哄笑《こうしょう》を吐き出した。

小児、天使、梟《ふくろう》、道化、小児ほどもある蝶《ちょう》など。それらの千様のおどけた顔から、笑いと嘲《あざけ》りとどよめきが、わたしに向かって殺到した。〔14〕

わたしは驚愕《きょうがく》し、身ぶるいした。どっとわたしは床に倒れた。そしてかつてないほどの恐怖の叫びをあげた。

しかし自分自身のその叫びがわたしを目ざめさせた。――わたしはわたし自身に返ったのだ。――

ツァラトゥストラは、このように自分の夢を物語り、そして沈黙した。まだ自分の夢の意味を解きかねていたのである。だが、かれの最も愛している弟子は、躊躇《ちゅうちょ》なく立ち上がり、ツァラトゥストラの手をとった。そして言った。

「あなたの生活そのものが、わたしたちにこの夢の意味を教える。おお、ツァラトゥストラよ。

あなた自身が、強烈な音を立てて死の城の門を押しあけた風ではないのか。

あなた自身が、生のさまざまな悪意と天使のおどけ顔とにみちた棺ではないのか。

まことに、ツァラトゥストラは、千様の幼子《おさなご》の笑い声とひとしく、あらゆる死の穴倉に入りこむ者だ。あの夜と墓との番人たちを笑いながら、また陰気な鍵をがちゃつかせるその他のすべての者を笑いながら。

あなたはかれらをあなたの笑いで驚かし、投げ倒すであろう。いったん失神しながらも覚醒《かくせい》したということは、かれらにたいするあなたの力の優越を立証するものであろう。

そして、たとえ長いたそがれと死の倦怠《けんたい》が来るにしても、あなたはけっしてわれわれの空から没することはないだろう、生の弁護者であるあなたよ。

あなたは新しい星々と新しい夜の壮麗さをわれわれに見せてくれた。まことに生そのものを、あなたは多彩なテントのようにわれわれの頭上に張りひろげたのだ。

これからはいつも小児の笑い声が棺のなかから湧《わ》き起こるだろう。いつも強烈な風があらゆる死の倦怠にたいして吹き起こり、勝利を占めるだろう。あなた自身がそのことの証人、予言者となってくれたのだ。

まことに、あなたはあなたの敵たちそのものを夢みたのだ。それはあなたの最も苦しい夢であったのだ。
しかし、あなたが目をさましてあなたの敵たちの支配から離れ、あなた自身に帰ったように、あなたの敵たちも目をさまして自分自身の支配を脱し――あなたのもとに駆けつけるだろう」――

そうその弟子は語った。他の弟子たちもツァラトゥストラを取り囲んで、その手を取り、かれが病床と悲哀を捨てて、かれらのもとに帰ってくるよう、かれにすすめた。しかしツァラトゥストラは床《とこ》の上に身を起こし、その場になじまぬまなざしをしてすわっていた。長い異郷の旅から帰ってきた者のように、かれは弟子たちの顔をしげしげとながめた。まだそれが弟子たちであることが、わからなかったのだ。しかし弟子たちがかれを助けて立たせたとき、見よ、かれの目は一変した。かれは今までに起こったいっさいのことを理解したのだ。ひげをなでて、力強い声で言った。

「よし。いまやこのことは終わった。さあ、弟子たちよ、われらはよい饗宴《きょうえん》を催すことにしよう、その準備をするがよい、時を移さず。そして、わたしは悪い夢見への償いをしようと思う。

しかしわたしは、あの予言者[15]をも招いて、わたしのわきにすわらせ、飲食を供することにしよう。そしてまことに、かれが溺れ死ぬことのできる海[16]が今もあることを、かれに示そう」

ツァラトゥストラはこう語った。それから、夢解きの役をつとめたあの弟子の顔をいつまでも見つめていた、いくどか頭を振りながら。(17)――

(1)「一つの教え」は、命名すれば厭世観《えんせい》。それにもとづく「一切はむなしい……」との考えは、真理というよりは信仰である。

(2)旧約聖書「伝道の書」一および二にもとづく。

(3)月から有害な露でも降ってきたのか。

(4)ひからびていて、すぐ灰になってしまい、烈火のたしにはならないから。

(5)冷淡に無関心に口をあけているだけで、人間にとって危険なものという意味合いを失ってしまった。それは人間が、深淵《しんえん》を深淵と感ずるような、大地の生への積極的関心をなくしてしまったからである。

(6)意味そのものが、まだ一本立ちになれない。まだ意味がわからぬ。

(7)生前には「永遠的な人物・存在」などとうたわれたが、ここでは埃だらけだ。

(8)足もとを見るほどの明るみ。星あかりの程度。

(9)「死の静寂」Todesstille は女性名詞なので、女友だちと言った。

(10) ツァラトゥストラ自身にも意味がわからぬ夢だから、いちいちまともに意味をあてはめるまでもあるまい。めったに口にされない重要な思想（使われないで錆びている鍵）で、人間の力ではなかなかあけにくい生死の秘密の門を開く（認識する）ことが、できるつもりでいたのだろう。

(11) 一回かぎりの出来事ではなくて、夢の中のことではあるが、およそいつもそういうぐあいなのだ、というふうに取りたい。ナウマンは、永劫回帰のなかのことだから、門をあけることは、くりかえされるのだ、と言っている。

(12) ギリシアの字母「アルファー」を連想させる。ただいかめしい音の効果をねらって、間投詞として用いたのであろう。

(13)「自分の灰を山上へ運ぶ」という表現は、第一部「ツァラトゥストラの序説2」にあった。燃えつきた過去の生活をあとにして山上の孤独にはいること。しかし、ツァラトゥストラはその山上で新しく覚醒したのだから、未来における希望はともなっていたと見られる。この夢では、ツァラトゥストラは山上の城のなかの墓倉の番人である。それでだれか墓への新入りがあったと思ったのだろう。死人なら門の扉はたたけないから、「生きながら葬られに来たのはだれか」とたずねたのだろう。

(14) 永劫回帰の思想の形象化として心にとめておきたい。やがてその思想が明らかにされれば、おのずとこの形象も理解される。生に思いを断った墓倉の番人に笑いがあびせかけられたことを特に心にとめておきたい。

(15) 本章冒頭のことばを吐いた厭世的予言者。

(16) 人間にとっての危険として能動的な意味をもつ海。命の捨てがいのある生き方。
(17) 愛弟子《まな》の夢解きは、「死を笑う生」という点では、よく当たっている。それゆえ元気をとりもどしたツァラトゥストラは、宴の準備を命じた。しかし、それはかれのうちに熟しつつある永劫回帰の思想の全的な把握には達していない。ツァラトゥストラ自身、まだその思想を十分に自覚してはいない。それでまだ何か夢の意味がありそうに思って、合点がゆかぬように頭を振るのである。

救　済

真の救済とは不具を癒やすことではなく、過去の偶然を意志が積極的に肯定し、それを意志の必然に化すること。永劫《えいごう》回帰説は近づく。

ある日ツァラトゥストラが大きい橋を渡って行くと、不具の乞食《こじき》の群れがかれを囲んだ。そして一人の背にこぶのある男が、かれにこう言った。

「見よ、ツァラトゥストラ。民衆もあなたから学び、あなたの教えを信ずるようになりつつある。しかし民衆をして完全にあなたを信じさせるためには、なお一つのことが必要だ。――あなたはまずわれわれ不具者にあなたを信ずる心を起こさせなければならない。ここには不具者が立派にそろっている。まことにここであなたがもつことのできる機会は、前髪もうしろ髪ももっている。盲者を癒やすのも、足萎《あしな》えを歩かせるのも、あなたの選択のままだ。また背中に余分なものを背負っている者からも、その荷をいくぶん除くこともできるだろう。(1) ——それが、不具者をしてツァラトゥストラを信じさせるよい方法だと思う」

だが、ツァラトゥストラは、その乞食にこう答えた。「もし背にこぶのある者からその背のこぶを取るならば、それはかれの精神を取り去ることになる——これは民衆がわたしに教える知恵だ。(2) 盲者に視力を返してやるなら、かれは地上におけるあまりに多くの不愉快なことを見るようになって、かれを癒やしてくれた者を呪《のろ》うだろう。また足萎えの足を立たせるのは、かれに最大の禍《わざわ》いをくだすことだ。なぜなら、かれが歩き出すやいなや、かれの悪徳もかれと同行するのだから。——これらが不具者についての民衆の教えである。民衆がツァラトゥストラから学んでいる以上、ツァラトゥストラも民衆から学んでいけないという理由があろうか。

もっとも、わたしが人間たちのところに来てから、この種の人間を見るということは、わたしの経験するごく些細《ささい》なことにすぎない。『この者には目が一つない、あの者には耳が。そして第三の者には足がない。また舌や鼻や頭を失った者たちもいる』(3) ということは、問題とするに足りないのだ。

わたしはもっと悪いもの、そしてさまざまの嫌悪すべきものを、今までも見てきたし、今も見ている。それらはあまりに嫌悪すべきものなので、わたしはそれらについていちいち語ろうと思わない。だがそのうちの二、三のものは、それについて沈黙していることさえできないほどに厭《いと》わしいのだ。すなわちある種の人間は、一つだけを過度に多量にもっているが、そのほかの一切を欠いている、――かれらは一つの大きい目、一つの大きい口、一つの大きい腹等々、それら以外の何ものでもない。――わたしはこういう人間をさかしまの不具者(4)と呼ぶ。

わたしがわたしの孤独の境涯を出て、はじめてこの橋を渡ったとき、わたしは自分の目を信ずることができなかった。二度、三度見た末に、言った。『これは一つの耳である。人間大の耳である』なお目をこらして見ると、まことにその耳の下に何ものかが動いていたが、それはあわれにも小さく、見すぼらしく、やせていた。実際その巨大な耳は一つの小さい細い柄《え》に乗っているだけだったのだ――その柄がつまり人間だった。めがねをかけて見れば、そのほかに小さい、嫉妬《しっと》ぶかそうな顔も見ることができた。またはればったい小さい魂が柄の先にぶらぶらしているのも目についた。だが民衆はわたしにこう言った。この大きい耳は一個の人間であるばかりでなく、偉大な人間、天才であると。しかしわたしは民衆が偉大な人間について語るとき、けっしてそれを信じたことがない。――そしてそういう偉大な人間がさかしまの不具者であるというわたしの信念をもちつづけた。その不具者は一切をもつことがあまりに少なく、ただ一つのものだけをあまりに多量にもっているのだ」

ツァラトゥストラは背にこぶのある男と、その男を代弁者としている不具者たちにこのように言ってから、深い不興の面持ちで弟子たちのほうに向いて、言った。

「まことに、わが友人たちよ、わたしは人間たちのあいだを歩いているが、まるで人間たちの断片とばらばらになった手足のあいだを歩いているような気がする。

わたしがそこに見いだすのは、人間が寸断されていて、その寸断されたものが戦場や屠場そのままに、いちめんに散らばっている光景だ。わたしの目は、それにおびえる。

わたしの目が現在から過去へのがれても、そこに見いだすのはいつも同じ光景だ。断片とばらばらになった手足、残酷な偶然のたわむれ——だが、人間はどこにもいない。

地上における現在と過去——ああ、わたしの友人たちよ——それがわたしにとって最も堪えがたいものなのだ。もしわたしが来たるべきこと(5)の予見者でなかったら、わたしは生きつづけることができないであろうに。

一人の予言者、一人の意欲者、一人の創造者、未来そのものであり、未来への橋でもある。そして、ああ、さらに言うならば、この橋のほとりにいる一人の不具者(6)でもある。それらすべてがツァラトゥストラなのだ。

君たちもしばしば自分自身にたずねた。われわれにとってツァラトゥストラとは何者だろう、われわれはかれを何と呼ぶべきだろうと。そしてわたし自身がいつもするように、君たちは答えとして問いを自分にかけたのだ。

かれは約束する者であろうか。それともすでに約束を成就した者であろうか。征服者であろうか。それとも継承者であろうか。収穫の秋か。それとも耕作する犂《すき》か。医者か、それとも病の癒えた者か。

かれは詩人か、それとも正直者か(7)。解放者か。それとも圧制者か。善人か。それとも悪人かと。

わたしは、未来の断片としての人間たちのあいだを歩いている者なのだ。わたしの観《み》るところのあの未来の断片としての人間たちのあいだを。

そして、断片であり、謎《なぞ》であり、残酷な偶然であるところのものを、『一つのもの』に凝集し、総合すること、これがわたしの努力と創作の一切なのだ。

人間は詩人でもあり、謎の解明者でもあり、偶然の救済者(8)でもある。もしそうでなければ、どうしてわたしは人間であることに堪えられよう。

過去に存在したものたちを救済し、いっさいの『そうであった』を『わたしはそう欲したのだ』に造り変えること――これこそはじめて救済の名にあたいしよう(9)。

意志、――それが解放し、喜びをもたらす者の名だ。そうわたしは君たちに教えた、わたしの友人たちよ。しかし、いまそれに添えてこのことを学ぶがいい。意志そのものはまだ一個の囚《とら》われ者なのである。

意志は解放者である。しかしこの解放者をも鎖につなぐ者がある。それは何であろう。『そうであった』――これが意志の切歯扼腕《せっしやくわん》であり、このうえもない孤独のうちの悲しみである。意志は、すでに起こったことにたいしては無力であり、――過去の一切にたいして怒っている傍観者である。

意志は、過去にあったことを意欲によって左右することはできない。時と時の欲念[10]とをくじくことはできない――これが意志のこのうえもないさびしい憂悶《ゆうもん》である。

意志は解放者である。それなら意志は自己の憂悶と牢獄《ろうごく》とを脱するために、みずからどういう手段を考え出すだろうか。

ああ、囚人はすべて阿呆《あほう》になる。意志も囚われ者であるゆえ、阿呆めいた仕方で、おのれを救おうとするのだ。

時があともどりしないこと、これが意志の痛憤である。『かつてこうであったもの』――それが、意志が力をふるっても、ころがすことのできない大石の名称である。

こうして意志は痛憤と不興とから他のさまざまな石を押しころがし、かれと同じように痛憤と不興を感じていない者にたいして、復讐《ふくしゅう》[11]する。

こうして解放者である意志は、加害者となる。そしておよそ悩むことのできるすべての者にたいして、自分があともどりできないことへの恨みの復讐をする。

これが、いや、これのみが――時と『かつてこうであった』とにたいしていだく意志の敵意のみが——復讐の本来の姿である。

まことに、われわれの意志の内部には大きな阿呆性が住んでいる。そしてこの阿呆性が精神のいとなみを習得したということが[12]、人間の世界にとってわざわいとなったのである。

復讐の知性！　わたしの友人たちよ、この知性の考えたことが、人間が今までにしてきた最善の工夫であった。そして人が苦悩にとらえられると、その苦悩はいつも刑罰として説かれた[13]。

すなわち『刑罰』[14]とは、復讐が自分自身にたいしてあたえた名である。復讐は、いつわりのことばによって、良心がやましくないことを装ったのだ。

そして意欲者そのものの内部に、かれが過去へさかのぼって意欲をおよぼすことのできない悩みがあるから——それで、意欲すること自体とあらゆる生とが——刑罰であるとされるにいたったのだ[15]。

こうして精神の上には雲また雲が積み重なり、ついに狂気が次のように説教をしはじめた。『一切は過ぎ去る。それゆえに一切は過ぎ去るにあたいするのだ[16]』

『だから時はおのれの子どもたちを食わざるをえない、この時の法則は、まったく正当なことである[17]』そう狂気は説教した。

『世のいっさいのことは、正義と罰とによって道徳的に秩序づけられている。おお、世の事象の流れからの救済、また〈生存〉という罰からの救済は、どこにもない[18]』そう狂気は説教した。

『永遠の正義が存在する以上、救済ということがありえようか。ああ、〈かつてそうだった〉という大石は、押しころがすことのできないものである。だからすべての罰も、永遠に存在せざるをえないものである(19)』そう狂気は説教した。

『いかなる行為も抹殺《まっさつ》することはできない。罰を受けたからといって、どうして行為が行なわれなかったということになろう。そして〈生存〉という罰のもっている永遠性とはこうである。生存も、永遠にわたって行為であり罪責であることをくりかえさなければならぬのだ。

この循環を絶ち切る道はただ一つである。すなわち意志がついにおのれみずからを救済し、〈意欲〉が〈意欲せぬ〉に変わることである(20)——』わたしの兄弟たちよ、狂気のこういうお伽歌《とぎうた》は、君たちのよく知っていることで、これ以上くどくど述べる必要はあるまい。

だが、わたしが君たちに『意志は創造する者だ』と教えたとき、わたしは君たちをこのお伽歌の支配のそとへ連れ出したのだ。

いっさいの『かつてそうであった』は、一つの断片であり、謎であり、残酷な偶然であるにすぎない、——だが、創造する意志は、ついにそれにたいして、『しかしわたしはそれがそうであったことを欲したのだ(21)』と言うのだ。

——創造する意志は、ついにそれにたいして、『しかしわたくしはそれがそうであったことを、今も欲しており、これからも欲するだろう』と言うのだ。

しかし、意志はすでにそういうことばを発したであろうか。またそれはいつ言われるだろうか。意志はすでに自分自身の愚かさというくびきから離脱したであろうか。意志はすでに自分自身にたいして、救済する者、喜びをもたらすものとなったであろうか。意志は復讐の精神とあの切歯扼腕のすべてを忘れ去ったであろうか。

そして意志に、時との和解、さらにはあらゆる和解(22)よりも高いものを、教えた者があったろうか。

意志はすなわち力への意志である。こういう意志はあらゆる和解よりも高いものを欲しなければならぬ。――しかし、どうして意志がそれをするようになるだろうか。意志に、過去へさかのぼって意欲することをも教える者は誰だろうか」

――ここまで語ったとき、にわかにツァラトゥストラは口をつぐみ、極度の驚愕《きょうがく》におそわれたような目をした。驚愕の目をみはってかれは弟子たちを見た。その目は矢のように、弟子たちの思いとその思いの底にあるものを射通した(23)。しかし、時をおかずにかれは早くもまた高らかに笑い、おだやかな調子にもどって言った。

「人々と交わって生きることはむずかしい。なぜなら沈黙していることが非常にむずかしいからだ。ことに多弁な者にはそれがむずかしい(24)」――

ツァラトゥストラはそう語った。背にこぶのある男はツァラトゥストラと弟子たちとの対話に耳をかたむけながら、顔をおおっていた。(25) しかしいまツァラトゥストラの笑い声を聞いて、好奇の目をあげた。そしてゆっくりとした口調でたずねた。

「だが、なぜツァラトゥストラはわれわれに、弟子たちに話すのとは違った話し方をするのか(26)」

ツァラトゥストラは答えた。「それはあやしむに足りない。背にこぶのある者に対しては、こぶのある者らしいことばで語らねばならない」

「よろしい」と、背にこぶのある男は言った。「では弟子たちに語るときは、弟子あつかいをして心を許して語っていいというのだな。

だが、なぜツァラトゥストラは、弟子たちに語るとき、違った調子で語るのか——自分自身に語る場合とは？」——

（1）イエスは不具者を救って、信仰をひろめた。

（2）不具者は、不具であるということが、かれの生存と精神作業の中核をなし、それをもとにして生存をはかり、自分を強めつつあるのである。その中核を取ってしまったら、かれはふぬけの人間になってしまう。人はそれぞれの中核をもっているのがいいのだ、民衆は直観的にそのことを感じ取って、不具者によけいなおせっかいはしない。

（3）知性、知能。
（4）一つの能力だけ過度に発達して、人間としてはかたよっている者。ある種の天才。
（5）ツァラトゥストラの説く未来の人間像。
（6）まだまだかれには欠点が多いから。
（7）「詩人は嘘《うそ》をつく」（「詩人」二八二ページ）ということにかけて言った。
（8）偶然事はただ受動的に起こるだけで、なんの主体的権威もない。その偶然事になんらかの積極的意義づけをしようとする者。
（9）本章の中心命題。以下、最後までこのことについて述べられる。
（10）すべては時の流れの強い力にさらされている。その時を主体として見れば、「時の欲念」という考え方も出てこよう。
（11）過去はどうすることもできないから、現在におけるさまざまなことに難をつけ、その敵となる。過ぎ去った事実に対する痛憤から、現状否定の不満家、復讐《ふくしゅう》者になるのである。
（12）感情で復讐をはかるばかりでなく、知力、知性によって、法律をつくったり、道徳的説教をしたりして、復讐的動機をカムフラージュする。
（13）以前に何か悪いことをしたから、今の苦悩を受けているのだ、自業自得だと説く。こういう説き方が、すでに復讐なのである。
（14）法律や宗教的教義のことば。それは復讐心をつつむ仮面だと言うのである。
（15）仏教で意欲を業《ごう》、生を苦と見、キリスト教で原罪を言うなどは、これにあたる。

(16) ろくなものはない。まじめに受け取る必要はない、という気持。
(17) ギリシア神話の「時の神」クロノスは、支配権を奪われまいとして、おのが子たちを食った。そのように時が時の生んだ現象をつぎつぎに滅ぼしてゆくのは、正当なことである。
(18) 宗教にこの発想が多い。道徳的な悪を犯せば、神の罰を受け、生きても死んでも神の怒りから身をかくす場所はない。それを恐れるがよい。
(19) 正義が永遠的なものなら、罰も永遠的であるはずだ。いったん犯した所業が白紙になるはずがない。
(20) この説き方はショーペンハウアーの哲学そのもの。かつてニーチェがあまりにも親しんだもの。
(21) 意志によって過去を肯定する態度に進んだ。
(22) 「時との和解」は過去を恨まぬこと。さらに進んで積極的に「そうであった」を意欲し、それを愛するにいたれば「和解より高いもの」である。
(23) 以上の教えは、必然的に永劫回帰の思想に結ぶのである（それはのちに理解されよう）。この恐るべき思想の予感にツァラトゥストラはいまさらながら驚愕し、またそれを不熟のまま弟子たちにもらしたのではあるまいかと、鋭い目をかれらに向けた。
(24) 自分の大事なことをうっかりしゃべりそうなのを、冗談交じりに自責する。
(25) 復讐についてのツァラトゥストラのことばは、背にこぶのある男の胸にひびいたのである（注(12)参照）。
(26) 背にこぶのある男には、背のこぶを取らないほうがいいと言い、弟子たちには過去を意欲せよ、と言う。方向は同じだが、前者はただ嘲笑《ちょうしょう》、後者は熱心な教説で、ひびきが違う。それをなじり気味に言う。だが、男はツァラトゥストラの心の動きをかなりに感じ取っており、かれがまだ心中の重大な思いを言い残しているらしいことを指摘するのである。

対人的知恵

人間をののしるが、人間を離れては自分の事業を行なう場所がない。それで人間をがまんする知恵を語る。皮肉のうちに愛情がほのめく。

おそろしいのは、絶頂ではない、山の斜面である。

斜面では、目は下へと急降下し、手は上へとつかみかかる。そのとき心は、その二重の意志のためにめまいする。

ああ、友人たちよ、諸君はわたしの心の二重の意志をも察することができるだろうか。

わたしの斜面、わたしの危険は、次のことにほかならないのだ。わたしの目が絶頂をめがけて突進しているのに、わたしの手は、谷底へと延び、そこに支点を求めようとしている。

わたしの意志は人間界にしがみつく。鎖でわたしはわたしを人間界にしばりつける。そうしないと、わたしは超人をめがけて上方へ激しく拉《らっ》し去られてしまうからである。つまりわたしのもう一つの意志は、超人へ進もうとしているのだ。

そしてわたしが人間たちのあいだで盲者として生き、人間がどんなものであるかを知らないふりをしているのは、わたしの手に、その手が確固としたものをつかんでいるという信念を、すっかりはなくさせまいとしてのことだ。

わたしはおまえたち人間がどんなものであるかを知らない。こういう無知が慰めとして、しばしばわたしをつつんでくれるのだ。

わたしは、あらゆる悪漢の通る門のほとりにすわっていて、「わたしを欺く者などがあるものか」と、公言する。

わたしの第一の対人的知恵は、人間たちがわたしを欺くのにまかせて、詐欺漢を警戒せずにいるということである。

ああ、もしわたしが人間たちにたいして警戒心をもつとすれば、どうして人間というものが、わたしの気球をつなぐ錨《いかり》でありえよう。わたしはたちまちに上方へ引きさらわれてしまうだろう(1)。

わたしは警戒心をもたずにいなければならない。こういう摂理がわたしの運命をつかさどっている。

また、人間たちのあいだにいながら、渇き死にをしては困ると思う者は、あらゆる杯から飲むことを学びおぼえなければならない。それに、人間たちの世界にいて、身をきれいにしておこうと思う者は、けがれた水によっても自分の身を洗うことができなければならぬ[2]。

そして、わたしはしばしば自分を慰めるためにこう言った。「さあ、よろしい。親愛なわが心よ。一つの不幸がおまえにやってきた。おまえはその不幸をおまえの——幸福として享受するがいい[3]」と。

さらに、わたしの第二の対人的知恵は、虚栄的な人間にたいしては、誇りの高い者にたいしてよりも寛大だということである。

傷つけられた虚栄心はあらゆる悲劇の母ではなかろうか。それとは反対に、誇りが傷つけられた場合には、おそらく誇りよりもっとよいものが生まれるであろう[4]。

人生がおもしろい見ものであるためには、人生の劇がよく演じられねばならぬ。しかしそのためにはよい俳優が必要である。

わたしは、虚栄的な者がみなよい俳優であることを発見した。かれらは人々がかれらを喜んで見物することを望んで演技する——かれらの全精神はこの意志と結んでいる。

かれらは舞台にあがり、自分の工夫した姿態を演ずる。かれらのほど近くにいて、人生劇を見物することを、わたしは好む。——それは憂鬱《ゆううつ》を癒やしてくれる。

そういうわけで、わたしは虚栄的な人間たちを大目に見る。かれらはわたしの憂鬱の医者であり、わたしを一つの演劇に結びつけるように、人間というものに結びつけてくれるのである。

それにまた、だれが虚栄的な人間の謙遜《けんそん》の深さを測りつくすことができよう。わたしはかれの謙遜のゆえに、かれに好意をもち、かれをあわれむ。

虚栄的な人間は、おのれに寄せる自信を、君たちの手からもらおうとする。かれは君たちの視線を食料にしている。賞讃を君たちの手からもらい、かぶりついてそれを食う。

この虚栄的な人間は、君たちがかれを褒《ほ》めて耳をくすぐる嘘《うそ》をつけば、嘘でもそれを信ずる。というのは、心の奥底でかれは、「自分はいったい何者だろう」と嘆いているからだ。

また、自分自身について知らないことが真の徳であるとすれば、虚栄的な人間は自分自身の謙遜については何も知らない有徳の人士である。――

さて、わたしの対人的知恵として第三にあげるべきものは、悪人たちを見る興味を、君たちの臆病《おくびょう》さに邪魔させないということだ。(5)

わたしにとっては、灼熱《しゃくねつ》の太陽が孵化《ふか》させる奇跡――虎《とら》や椰子《やし》や、がらがら蛇などを見ることが、このうえもなく楽しい。

人間たちのあいだにも、灼熱の太陽によって孵《かえ》された美しいひながいる。悪人たちには多くの驚嘆すべき点がある。(6)

とはいっても、わたしは人間の邪悪さがその評判ほどでないことは、すでに気がついているのだ。それはおまえたちの世界の最高の賢者たちもわたしにはあまり賢明に見えないのと同じことだ。

そしてしばしばわたしは頭を振りながらたずねたものだ。おまえたち、がらがら蛇よ、なぜ相変わらずがらがらと音ばかりさせているのか、と。

まことに、悪にはまだまだ未来の可能性がある。[7] 最も熱量のゆたかな南国は、まだ人間には開かれていないのだ。

せいぜい幅は十二フィート、長さは生後三ヵ月分ほどしかないものが、きわめつきの悪と呼ばれていることが、現在なんと多いことだろう。しかしいつの日か、より大きい竜が世に現われることだろう。

超人が生まれ出るためには、かれの敵としてふさわしい超竜も出現しなければならない。そのためにはこれからまだ灼熱の太陽が湿気に富んだ原始林に照りつけなければならない。まずおまえたちの山猫が虎に、おまえたちの有毒の蟇《がま》が鰐《わに》にならねばならぬ。そうしてこそ、よい猟師は手ごたえのある猟をすることができる。

そしてまことに、おまえたち善良な者たち、正しい者たちよ。おまえたちには、多くの笑うべき点があるが、今まで「悪魔」と呼ばれてきたものにたいするおまえたちの恐怖こそ、とくに笑うべきものだ。

おまえたちの魂は偉大なものには無縁である。だからおまえたちには超人は、かれがそのやさしさを現わしているときでも、恐ろしいものだろう。

またおまえたち、賢者と知者たちよ。おまえたちは、超人がよろこんで裸体をさらす焼きつけるような知恵の日光浴から逃げ去ることだろう。

わたしの目に触れるおまえたち、最高の人間たちよ。おまえたちにたいするわたしの疑いとひそかな笑いはこうだ。おまえたちはわたしの超人を――悪魔と呼ぶだろう、わたしはそれを察する。

ああ、わたしはこういう最高の人間、最善の人間たちに飽きた。かれらの「高み」を離れて、わたしは上へ、外へ(8)、かなたへ進みたいという願いに駆られる。すなわち超人へ。

これらの最善の者たちの裸体を見たとき、わたしは戦慄《せんりつ》におそわれた。そのとき、わたしに、はるかな未来へ飛び立つべき翼が生じたのだ。

今までにどんな芸術家が夢みたよりも、よりはるかな未来へ。より南の国へ。神々がどんな衣をもつけることを恥じるようなところへ。

しかし、隣人たちよ、同胞たちよ。おまえたちはむしろ仮装しているのがいい、着飾って虚栄的で、「善良な者、正しい者」としての威厳を示しているのがいい。

そしてまことに、わたし自身も仮装しておまえたちのあいだにすわっていたい。――そしておまえたちとわたしの真実の姿を見ないですましたい(9)。つまりこれがわたしの最後の対人的知恵である。――

ツァラトゥストラはこう語った。

(1)理想にだけ走って現実の世界から離れてしまう。

(2)小心でいてはならない。あまりに神経質だと、かえって垢《あか》がたまる。

(3)不幸がわたしにやってきたが、わたしはそのとりこにはならない。そしてその不幸を嘆かずに、むしろ幸福と思う。

(4)「誇り」は男性的だから、いたわられることを欲せず、傷つけられても、それを契機にして、かえって向上する。虚栄心はそうはゆかぬ。

(5)一般人は臆病で悪人をきらっているが、それに遠慮せずに見る。

(6)凡庸な人より……。

(7)人間の強烈なエネルギーの発揮としての悪には、まだ、より強烈になる可能性が残っている。まだまだこれからだ。

(8)世間をはずれて外側へ、アウトサイドへ。

(9)おまえたちとわたしとの距離や質の相違を感じないですましたい。

最も静かな時刻

最も静かな時刻が来て、永劫《えいごう》回帰の真理を宣《の》べ伝えよ、と命ずる。モーゼの召命に似た場面。かれは自分の未熟を思って孤独にはいる。

何事がわたしに起こったのか、わたしの友人たちよ。君たちの見るとおりだ。わたしは心乱れ、追い立てられ、心ならずもそれに従って、立ち去ろうとしている——ああ、君たちから立ち去ろうとしているのだ。

そうだ、もう一度ツァラトゥストラは自分の孤独へ帰らなければならないのだ。しかし今度はこの熊《くま》はいやいやいやながらおのれの洞窟《どうくつ》へ帰ってゆくのだ。

何事がわたしに起こったのか。だれがわたしに命令するのか。——ああ、わたしの女主人が怒って、それをわたしに要求するのだ。彼女がわたしに言ったのだ。彼女の名をわたしは君たちに言ったことがあるだろうか。

きのうの夕方ごろ、わたしの最も静かな時刻がわたしに語ったのだ。つまりこれがわたしの恐ろしい女主人(1)の名だ。

それからの次第はこうである——わたしは君たちに一切を話さなければならない、君たちの心が、突然に去ってゆく者にたいして冷酷になることがないように。

君たちは、眠りに落ちようとしている者を襲う驚愕《きょうがく》を知っているか。――足の指の先までかれは驚愕する。自分の身の下の大地が沈み、夢がはじまるのだ。

このことをわたしは君たちに比喩《ひゆ》として言うのだ。きのう、最も静かな時刻に、わたしの足もとの地が沈んだ、夢がはじまった。

針が時を刻んで動いた。わたしの生の時計が息をした。[2]――今までにこのような静寂にとりかこまれたことはない。それゆえわたしの心臓は驚愕したのだ。

そのとき、声なくしてわたしに語るものがあった。「おまえはそれを知っているではないか、[3]ツァラトゥストラよ」――

このささやきを聞いたとき、わたしは驚愕の叫び声をあげた。顔からは血が引いた。しかしわたしは黙ったままだった。

と、重ねて、声なくして語られることばをわたしは聞いた。「おまえはそれを知っているではないか、ツァラトゥストラよ。しかしおまえはそれを語らない」――

それでわたしはついに反抗する者のような声音《こわね》で答えた。「そうだ。わたしはそれを知っている。しかしわたしはそれを語ることを欲しないのだ」

と、ふたたび声なくしてわたしに語られることばがあった。「欲しないというのか、ツァラトゥストラよ。そのことも真実か。反抗のなかに身をかくしてはならない」――

このことばを聞いて、わたしは幼子《おさなご》のように泣き、身をふるわした。そして言った。

「ああ、わたしはたしかにそれを言おうとした。しかし、どうしてわたしにそれができよう。そのことだけは許してくれ。それはわたしの力を超えたことなのだ」

と、ふたたび声なくしてわたしに語られることばがあった。「おまえの一身が問題なのではない、ツァラトゥストラよ。おまえのことばを語れ、そして砕けよ」――

それでわたしは答えた。「ああ、それはわたしのことばだろうか。このわたしが何者だろう。わたしはより権威ある者[4]を待っているのだ。わたしはその者の前に出て砕けるだけの値打ちもない身だ」

と、ふたたび声なくしてわたしに語りかけられることばがあった。「おまえの身の成り行きが問題なのではない。おまえはわたしの目には、まだ十分に謙遜《けんそん》ではない。謙遜は最も堅い皮をもつものだ[5]」――

それでわたしは答えた。「わたしの謙遜の皮は、これまでにあらゆるものを忍んできたではないか。わたしはわたしの高山の麓《ふもと》に住んでいる。その頂がどのくらい高いか、わたしは知らない。だれもそれをわたしに言ってくれた者がないから。しかし、わたしはわたしの谷がどんなに低いかは、よく知っている[6]」

と、ふたたびわたしにむかって声なき声は語りかけた。「おお、ツァラトゥストラよ、山を移そうとする者は、谷と低地をも移すのだ[7]」――

それでわたしは答えた。「まだわたしのことばは山を移したことがない。またわたしの語ったことは人間たちに到達することもなかった。なるほどわたしは人間たちに近づいて行った。しかしわたしはまだ人間たちへ行き着いていないのだ」

と、ふたたび声なき声はわたしに言った。「おまえはそれについて何を知ろう。露は、夜が最も深い沈黙にはいったときに、草におりるではないか(8)」——

それでわたしは答えた。「かれら人間たちは、わたしがわたし自身の道を見いだして、それを歩んで行ったとき、わたしを嘲笑《ちょうしょう》した。そして実際わたしの足はそのとき慄《ふる》えたのだ。

するとかれらはわたしに言った。おまえは正しい道を忘れた。今は慄えて、歩むことも忘れようとしているのだなと」

と、ふたたびあの声はわたしにむかって言った。「かれらの嘲笑が何であろう。おまえは服従することを忘れた者の一人だ(9)。いまおまえは命令しなければならない。

おまえは知らないのか、いかなる者が万人に最も必要であるかを。最も必要なのは、偉大なことを命令する者だ。

偉大なことをしとげるのは、困難だ。しかしより困難なのは、偉大なことを命令することだ。

おまえの最も許しがたい点はこれだ。おまえは力をもっている、しかもおまえは支配しようとしない」——

それでわたしは答えた。「わたしには命令するための獅子《しし》の声が欠けている」

と、ふたたびささやくようにわたしに語りかけるものがあった。「嵐《あらし》をもたらすものは、最も静寂なことばだ。鳩《はと》の足で歩んでくる思想が、世界を左右するのだ。

おお、ツァラトゥストラよ、おまえは、来たらざるをえない者の影[10]として歩まねばならぬ。それゆえおまえは命令しなければならぬ。命令しながら先駆しなければならぬ」――

わたしは答えた。「わたしは羞恥《しゅうち》を感ずる」と。

と、ふたたび声のない声はわたしにむかって語りかけた。「おまえはこれから幼子《おさなご》になれ、そして羞恥の思いを放棄しなければならない。

青年期の誇らしさ[11]がまだおまえを離れない。おまえは青年になることがおそかったのだ。しかし幼子になろうとする者は、おのれの青年期をも乗り超えなければならぬ」――

それでわたしは長いあいだ思いに沈んだ。そしてわたしはふるえた。だが、ついにわたしは言った。それはわたしが最初に言ったあのことばだ。「わたしは欲しない」

と、わたしのまわりに笑い声が起こった。ああ、なんとその笑い声がわたしの腸《はらわた》をかきむしり、わたしの心臓をずたずたにしたことだろう。

すると、あの声はこれを最後にわたしにむかって語りかけた。「おお、ツァラトゥストラよ、おまえの果実は熟したのだ。だが、おまえはまだおまえの果実にふさわしく熟していない。

それゆえおまえは孤独のなかにもどってゆかねばならぬ、おまえはいっそう熟して美味にならねばならぬのだ」――

そしてもう一度笑い声が起こり、それは遠ざかって行った。もとに倍する静寂がわたしをつつんだ。わたしは地に伏したままだった。汗が五体から噴《ふ》き出した。

――わたしの友人たちよ、これで君たちは一切を聞いたのだ。また、なぜわたしがわたしの孤独に帰らねばならぬかをも、聞き知ったのだ。わたしは何事をもつつみかくすことはしなかった。

同時に、君たちはわたしから次のことをも聞いたのだ、すべての人間のうちでだれが最も沈黙する者であるか――また最も沈黙する者であろうと欲するかを(12)。

ああ、わたしの友人たちよ。わたしは君たちになお言うべきことをもっているのだ。君たちになお与えるべきものをもっているのだ(13)。だが、なぜ、わたしはそれを与えないのか。わたしは吝嗇《りんしょく》なのだろうか。――

ツァラトゥストラがこのことばを言い終えたとき、激しい苦痛がかれを襲った。そして友人たちとの別れの迫ったことが、かれを悲しませた。ツァラトゥストラは声を放って泣いた。だれひとりかれを慰めることばをもたなかった。その夜、友人たちをあとに残して、かれはひとり去った。

（1）時刻 die Stunde が女性名詞なので、こう言った。「最も静かな時刻」に直面し、その命令を聞くことは、内省的な人間には非常におそろしい。
（2）非常な静寂のなかに、決定的な時間がせまってくるけはい。
（3）「それ」は永劫回帰の真理。知っていて、なぜ黙っているのだ。
（4）超人。
（5）荷物ずれのしたような堅い皮。驢馬《ろば》のように黙々と困難を引き受けてこそ、真の謙遜である。
（6）理想の高山を目ざしているが、まだその麓に住んでいるだけだ。その高山がどれほど高く困難であるかさえ、わたしにはまだわかっていない。ただ人間たちの低さだけは知っている。要するに、自分はまだ微力だと、謙遜する。
（7）おまえの「谷……」ということばは言いわけにならない。山を目あてに大事業をする者は、当然谷をも移すことになる。低い人間の世を切り離した大事業というものはない。
（8）おまえが任に堪えるだけの資格があるかどうかは、おまえ自身にはわからないことだ。草木を育てる露がおりるのは、夜が夜自身もそれを自覚しないほど静かな真夜中のことだ。
（9）ありきたりの価値体系にそむいて、それにたいする服従を捨てた者だ。
（10）まだ本物の超人とはいえなくとも、そのおもかげをつたえる者。
（11）つまり、青年らしいみえ。

（12）最も重大な考えを内部にもつ者。その考えが重大であればあるだけ沈黙にはいる。
（13）永劫回帰の思想。この前後は、それを与えたい気持はありながら、まだ自分がそれを言うだけに熟していないことを思い、あれとこれとに心が乱れるのである。

第三部

「君たちは高められることを願うと、上を見る。わたしは、すでに高められているから、下を見おろす。

君たちのうちのだれが、高められた者であり、同時に哄笑《こうしょう》する者であることができるか。

最高の山頂に登っている者は、いっさいの悲・劇を笑う。いっさいの悲・真面目を笑う」


『ツァラトゥストラ』第一部「読むことと書くこと」

さすらいびと

洞窟に帰るべく、さすらいの道にある。偉大な高みに向かう最後の孤独な歩み。しかもまず海へ下りようとする。最高へは最深から。

真夜中であった。ツァラトゥストラは島の背を越えようとして歩みをつづけていた。あくる朝早く、向こう側の海岸に出るためにである。そこで船に乗りこむつもりだった。そこにはよい停泊地があって、外国の船もよく錨《いかり》をおろしたのである。それらの船は、この至福の島々から海を渡って他国へ旅しようとする人たちにも乗船の便宜を与えていた。さてツァラトゥストラは山を一歩一歩登りながら、若いときからのさまざまの孤独なさすらいを追想し、自分が今までにどんなに多くの山々、尾根、頂上に登ったかについて考えた。

わたしはさすらいびとであり、登高者である、とかれは自分の心にむかって言った。わたしは平地を愛さない。わたしはいつまでも静かにすわっていることができないらしい。

これからも、たとえどんな運命や体験がわたしを訪れようと、――それにはかならずさすらいと登高とが含まれることだろう。われわれの体験とは、結局ただ自分自身を体験することなのだ。

偶然の事柄がわたしに起こるという時は過ぎた。今なおわたしに起こりうることは、すでにわたし自身の所有でなくて何であろう。

つまりは、ただ帰ってくるだけなのだ、ついに家にもどってくるだけなのだ、――わたし自身の「おのれ」が。ながらく異郷にあって、あらゆる偶然事のなかにまぎれこみ、散乱していたわたし自身の「おのれ」が、家にもどってくるだけなのだ(1)。

それに、もう一つのことをわたしは知っている。わたしはいまわたしの最後の山頂、わたしに与えられることが最も長く保留されていたものの前に立っているのだ。ああ、わたしの最も苛酷《かこく》な道をわたしは登って行かねばならぬ。ああ、わたしはわたしの最も孤独なさすらいをはじめたのだ。

しかしわたしのような種類に属する者は、このような時間をのがれることはできない。それはこう語りかけてくる時間だ。「今こそおまえは偉大へと向かうおまえの道を行かねばならぬ。山頂と谷――それらはいま大きい一体のなかに包含されたのだ(2)。

おまえは偉大へと向かうおまえの道を進んでいる。今まではおまえの最後の危険であったもの(3)が、おまえの最後の隠れ家《が》になったのだ。

おまえは偉大に向かうおまえの道を行かねばならぬ。おまえの背後にもう道がないということが、いまおまえに最善の勇気を与えねばならぬ。

おまえは偉大へと向かうおまえの道を行かねばならぬ。ここでは何びともおまえのあとに従う者はないだろう。おまえの足が自分で自分の歩いた道を消して進むのだ。そしてその道の上方には、『不可能』という大文字がかかげられている。

そしておまえに、もはや使うべき一つの梯子《はしご》もなくなったら、おまえはおまえ自身の頭へも登ることができねばならぬ。[4] そのほかのどんな方法でおまえは上へ登って行こうとするのか。

おまえ自身の頭に登り、おまえ自身の心臓を超えて進まねばならぬ。今はおまえにそなわる最も柔和なものも、最も苛酷なものにならねばならぬ。

いつも自分自身をいたわることの多い者は、その多いいたわりのために病弱になる。われわれを苛酷ならしめるものを讃《たた》えよう。わたしはバタと蜜《みつ》の流れ出る国を讃えない。

多くを見るために、自分自身を度外視することが必要だ。[5] ——この苛酷さは、あらゆる登高者に必須《ひっす》のことである。

認識者として目を凝らしすぎる者が、どうしてあらゆる事の前景以上を見ることができようか。

だがツァラトゥストラよ、おまえはあらゆる事の根底と背景を見ることを欲した者だ。それゆえおまえはどうしてもおまえ自身を超えて登らねばならぬ、——かなたへ、上へ。おまえがおまえの星々をもおまえの下に見ることができるようになるまで。

そうだ。自分自身を、そして自分の星々を見おろすこと、それこそが自分の頂上の名にあたいするのだ。それが自分の最後の頂上として残されていたのだ」——

ツァラトゥストラは、山を登りながらこう自分自身に語った。きびしい寸鉄のことばでおのが心を慰めたのだ。それは、かれの心が今までになかったほど傷で痛んでいたからである。さて、山の背の頂にいたりつくと、見よ、かれの眼前には他方の側の海が広がっていた。かれは立ちどまって、いつまでも無言でいた。するとこの高みにおいて、夜は寒さをまし、空ははっきりと澄みわたって、明るい星をちりばめた。

これがわたしの負うべき運命だ、とツァラトゥストラはやがて悲しみの声で言った。よし。わたしは用意ができている。いままさにわたしの最後の孤独がはじまったのだ。

ああ、わたしの足もとに広がる黒く悲しい海。ああ、この身ごもっている、夜闇《よやみ》のなかの苦渋。ああ、運命と海。おまえたちのもとへ、わたしはいま降りてゆかねばならぬ。

わたしはわたしの最も高い山、わたしの最も長いさすらいの前に立っている。それゆえわたしはまず、今までにしたよりもいっそう深く下らねばならぬ。⑥

——わたしが今までにしたよりも深く、苦痛のなかへ、苦痛の最も黒い潮《うしお》のなかへ下ってゆかねばならぬ。わたしの運命がそれを欲するのだ。よし。わたしは用意ができている。

最高の山々はどこから来たのか。そうかつてわたしは問うた。そして、それらが海から生じたということを学び知った。

そのことの証明は、最高の山々の岩石と、その頂上の岩壁に書き込まれている。⑦最高の場所は、最深の場所から、その高みに達するのでなければならない。——

ツァラトゥストラは、寒冷な山の頂でこう言った。しかし海のほとりに来、ついに独り岩礁《がんしょう》のあいだに立ったときは、これまでの行路によって疲れており、かつてなかったほどに憧《あこが》れに満ちてきた。

今はまだ一切が眠っている、とかれは言った。海も眠っている。海は眠りに酔い、未知の者を見る目つきで、わたしのほうを見ている。

しかし、それにもかかわらず海はあたたかく息づいている。それをわたしは感ずる。わたしはまた海が夢みていることをも感ずる。海は夢みながら、堅いしとねの上で身を輾転《てんてん》させているのだ。(8)

聞くがいい、聞くがいい。なんと海が呻《うめ》いていることか、悪い追憶のために。もしくは悪い期待のために。(9)

ああ、暗い怪物よ。わたしもおまえとともに悲しい。そしてわたしは、おまえが悲しんでいるということで、わたし自身にわたしの無力を責めたいくらいだ。

ああ、わたしの手が十分の強さをもっていないとは。どんなにか、わたしはおまえをおまえの悪い夢から救い出したいことだろう。——

しかし、ツァラトゥストラはそう語りながら、憂鬱《ゆううつ》に苛烈《かれつ》に自分自身に笑いをあびせた。どうしたことだ、ツァラトゥストラよ、おまえは海にまで慰めの歌をうたってやろうとしているのか。[10]

ああ、愛情ゆたかな阿呆《あほう》、ツァラトゥストラよ、おめでたい信頼狂よ。しかしこれは今にはじまったことではない。いつもおまえは、すべての恐ろしいものに、信頼をたたえ、うちとけて、近づいたのだ。

どんな怪物をもおまえは撫《な》でいつくしもうとした。ほんの一度のあたたかい息づかい、前足のわずかな柔毛《にこげ》、――それだけですぐおまえは、その怪物を愛し、誘う気になったのだ。

愛は孤独の極みにある者にとっての危険だ、生きているものでありさえすればどんなものでも愛そうとする愛は。まことにわたしの阿呆な心は笑うべきだ、そして愛におけるわたしの謙遜《けんそん》さ[11]は、まことに笑うべきだ。――

ツァラトゥストラはこう語った。語りながらもう一度笑った。しかしそのときかれはかれがあとに残して来た友人たちのことを思った。――そして、「思った」ことによって友人たちに罪を犯したかのように、「思った」自分に腹を立てた。[12]と、それにつづいて、いま笑ったばかりのかれが、声をあげて泣いた――怒りと憧れとのために、ツァラトゥストラは激しく泣いた。

（1）いっさいの体験は、本来の「おのれ」の再確認だ。

（2）いまツァラトゥストラが向きあっている偉大への道は、山にたとえれば、山頂だけではなく、谷を含めての全山である。「理想」の高さが、低い「現実」と別物ではなく、一体である。

（3）真の「おのれ」に帰ること。すなわち、ここで言う偉大に到達することは非常な危険であるが、ほかに行くべきところはない。

（4）自己を乗り超え、超克すること。

（5）狭い意味での自分の安危を忘れて、高みにのぼり、視野を広くする。すなわち引きつづいて言われているように、「わたし自身を下に見おろす」ほどに、おのれの頂上をきわめる。

（6）深く下るのは、次の文節で言われているように、「苦痛の最も黒い潮」へ、である。この風景表象によって、何が意味されているかは、だいたい察することができよう。人生と人間性においてマイナスの価値とされているものの総体。しかし、それは空の高み、プラスの価値と別物ではなく、それの母胎である。

（7）山上に貝殻の化石や水成岩が見いだされるように。

（8）海の底は荒く、堅い。

（9）「あたたかく息づき」、「夢みている」のは、海を生産性においてつかんだのである。すると、海は、粗悪な人間を生んだこと、またこれからも生むであろうことの予感で苦しんでいる。

(10) 安価な同情を自分にいましめながら、またその癖の出たことを自嘲《じちょう》する。

(11) 低い愛を注ごうとするのは「愛における謙遜さ」である。高い愛は、きびしくすることによって相手を向上させなければならぬ。

(12) 注(11)と同じ気持。弱い心で友を思ったのは、低い愛であり、友を軽蔑《けいべつ》したことになる。

幻影と謎《なぞ》

幻影として永劫《えいごう》回帰の予感を述べる。それは重さの霊をも無力にし、生の敵、厭世《えんせい》観をも嚙《か》み切って、高く笑って生へと決意させる。

1

船員たちのあいだに、ツァラトゥストラがこの船に乗っているという噂《うわさ》がひろまったとき——というのは、かれのほかに至福の島々から来たもう一人の男が乗っていたからである——、大きな好奇心と期待が生じた。しかしツァラトゥストラは二日間というもの口を閉ざしていた。悲哀のために冷淡で、耳は廃《し》い、ひとのまなざしにも問いにも答えなかった。しかし二日目の夕方、かれの耳はふたたび開いた。といってもまだ沈黙はつづいていたのだが。つまり、はるかな遠国から来てはるかな遠国へ行こうとしているこの船では、多くの珍しいこと、危険なことを聞くことができたのである。ツァラトゥストラは、はるかな旅を好み、危険なしでは生きていられないすべての者の友であった。そして見よ、それらの話を耳にしているうちに、ついにかれの舌が解けた。かれの心の氷が割れたのだ。――こうしてかれは語りはじめた。

君たち、敢為な探求者、探検者よ。またおよそ狡猾《こうかつ》な帆をあげて恐ろしい海に乗り出したことのある者たちよ。

君たち、謎解きに酔い痴《し》れている者たちよ、薄明を喜ぶ者たちよ。笛の音を聞けばどんな谷の迷路へも誘い寄せられる魂の所有者たちよ。(1)

おまえたちは、臆病《おくびょう》な手で一本の糸を探りながら、おぼつかない歩みを運ぼうとはしていない。そして演繹を憎んで、言い当てることを好む。(2)――

そのおまえたちにだけ、わたしはわたしの見た謎を語ろう、――孤独の極みにある者を訪れた幻影を。――

さきごろわたしは屍《しかばね》の色をしたたそがれのなかを歩んでいた。――心は暗鬱《あんうつ》で冷たく、唇はかたく結ばれていた。わたしの目から消え去ったのは、ただきょう一日の太陽だけで

はなかった。(3)

石ころのなかをかたくなに登っている山道、草や灌木《かんぼく》の媚《こ》びをも許さぬ悪意をもった孤独な山道が、かたくなに踏みつけるわたしの足の下で歯がみしていた。

わたしの足は、嘲笑《ちょうしょう》的にきしむ砂利の上を黙々として歩み、足をすべらす石を踏みつけながら、おのれを励まして上へ進んだ。

上へ。――わたしの足を下へ、深淵《しんえん》へと引き下げる霊、わたしの悪魔であり、宿敵である重さの霊(4)に抗して。

上へ。――この重さの霊、なかば侏儒《しゅじゅ》、なかばもぐら、自分も足萎《あしな》えで、そして他者の足を萎えさせるこの霊が、わたしの耳に鉛を、わたしの脳髄に鉛のしずくの思想をしたたらせながら、わたしにとりついているにもかかわらず、わたしは上へ進んだ。

「おお、ツァラトゥストラよ」と、その霊は一語一語あざけりの口調でささやいた。「知恵の石であるおまえよ。(5)おまえはおまえ自身を高く投げ上げた。しかし投げ上げられた石はすべて――落ちざるをえない。

おお、ツァラトゥストラよ、知恵の石、石弓の石、星の破壊者よ。おまえ自身をおまえはこれほど高く投げ上げた、――しかし投げ上げられた石はすべて――落ちざるをえないのだ。

おまえ自身へもどって、自分自身を石でうつべく判決されているツァラトゥストラよ。

たしかにおまえは石を高く投げ上げた。——しかしその石は投げ手のおまえを目がけて落ちるのだ」

そう言って、侏儒は口を閉ざした。その口はいつまでも開かれなかった。その沈黙はわたしの心を圧《お》しつけた。このようにして二人でいることは、まことに一人でいる以上に孤独なのだ。

わたしは登りに登った。夢みた。考えた——しかし一切がわたしを圧しつけた。わたしは、病苦に疲れ、寝入ろうとするともっと苦しい夢によって起こされる病人に似ていた。

——

しかしわたしの内部には、わたしが勇気と呼んでいるあるものがある。これが今までわたしのあらゆる意気沮喪《そそう》を打ち殺してくれたのだ。さて、この勇気が命令して、ついにわたしを踏みとどまらせ、わたしに次のことばを言わせた。「侏儒よ。この場所から去るのはわたしか。さもなければおまえだぞ」

すなわち勇気、攻撃する勇気は最上の殺害者である。およそ攻撃のなかには、高く鳴りひびく剣《つるぎ》のたわむれがある。

しかも人間は、最も勇気のある動物である。勇気によって人間はあらゆる動物を征服した。さらに人間は高く鳴りひびく剣のたわむれによって、あらゆる苦痛を征服した。人間の受ける苦痛こそ最も深い苦痛なのである。

勇気はまた深淵を真下に見おろしたときのめまいをも打ち殺す。そして人間は、そもそもいつも深淵を真下に見て立っているのではないか。見るということ自体が――深淵を見るということではないか。

勇気は最善の殺害者である。勇気はまた苦悩への同情をも打ち殺す。苦悩への同情こそ最も深い深淵なのだ。人間は、生を見ることが深ければ深いほど、苦悩を見ることが深くなるのだ。

それにしても、勇気は最善の殺害者である、攻撃する勇気は。それは死をも打ち殺す。つまり勇気はこう言うのだ。「これが生だったのか。よし。もう一度」[6]と。

こういうことばのなかには、高く鳴りひびく剣のたわむれがあるのだ。[7]耳ある者は、聞くがよい。――

（1）鳥の姿をした海の妖女セイレーンが歌声によってオデュッセウスを誘うという、ホメロスの『オデュッセイア』を連想させる。

（2）論理をたどって普遍から特殊へ思考を進めるのが演繹である。そういう安全な方法を憎んで、「言い当てる」という冒険を好む。

（3）あらゆる光明がわたしから消えた。

（4）上昇をさまたげる力。物理的には重力、精神的には厭世、虚無感、また偏狭な現実精神。

（5）次に言われているように、星をも破壊するほど高く投げ上げられた精神力。その意味で高い知恵であるが、人間の属性をもつものとして現実を離脱することができないので、やはり石なのである。

（6）生に絶望して、死を望む心をも打ち殺し、苦しい生であればこそ、それをもう一度生きようと決意する。永劫回帰の思想における最も重要な実践的態度。なおその真意は、文と章を追うごとに明らかになる。

（7）「鳴りひびく」は、戦闘的な剣の性格。同時に、生を高所から達観した知恵であり、態度であるから、「たわむれ」でもある。

2

「黙るがよい。侏儒《しゅじゅ》よ」とわたしは言った。「わたしか、それともおまえかだ、この場所から去るのは。だが二人のうちの強者はわたしだ。——おまえはわたしの深淵《しんえん》の思想がどんなものであるかを知らない。よし知ることはできても——その思想に——おまえは堪えることができないだろう」——

すると急にわたしは身軽になった。あの侏儒が好奇心に駆られてわたしの肩から飛びおりたのである。そしてわたしの前にある石ころの上にしゃがんだ。そのようにして、わたしたち二人が立ちどまったのは、ちょうど一つの門のほとりであった。「この門を見るがいい。侏儒よ」と、わたしは語りつづけた。「この門は二つの顔をもっている。二つの道がここで出会っている。どちらの道も、まだだれ一人その果てまで行った者はない。

このうしろへの道、それは永劫《えいごう》へとつづいている。それから前をさして延びている道——それは別の永劫に通じている。(1)

この二つの道はあい容《い》れない。たがいに角つきあいをしている。だが、この門で、両者が行き会っている。この門の名は、上にかかげられているとおりだ、『瞬間』(2)である。

ところで、この二つの道の一つをさらに先へ——どこまでも先へ、どこまでも遠く進む者があるとして、侏儒よ、この二つの道が永遠にあい容れないものであると、おまえは信ずるか」——

「すべてまっすぐなものは偽り者である」と、侏儒はさげすむようにつぶやいた。「あらゆる真理は曲線である。時も円環をなしている」(3)

「重さの霊よ」とわたしは怒りをあらわにして言った。「あまりに手軽に考えるな。そんなことなら、わたしはおまえを、おまえがしゃがみこんでいるこの場所にそのまましゃがみこんだままにしておくぞ、足萎《あしな》えよ——おまえをこんなに高く運んできたのはわたしなのだ」

「この瞬間を見よ」とわたしはことばをつづけた。「この瞬間という門から、一つの長い永劫の道がうしろに向かって走っている。すなわち、われわれのうしろには一つの永劫があるのだ。

すべて歩むことのできるものは、すでにこの道を歩んだことがあるのではないか。すべて起こりうることは、すでに一度起こったことがあるのではないか、なされたことがあるのではないか。この道を通り過ぎたことがあるのではないか[4]。

そして一切がすでにあったことがあるなら、侏儒よ、おまえはこの瞬間をどう考えるか。瞬間というこの門もすでに――あったことがあるにちがいないのではないか。

そしてすべてのことは互いにかたく結び合わされているのではないか。したがって、この瞬間は来たるべきすべてのことをうしろに従えているのではないか。だから――この瞬間自身をもうしろに従えているのではないか。

なぜなら、歩むことのできるものはすべて、前方へと延びるこちらの道をも――もう一度歩むにちがいないのだから。――

そして月光をあびてのろのろと匐《は》っているこの蜘蛛《くも》、またこの月光そのもの、また門のほとりで永遠の事物についてささやきかわしているわたしとおまえ――これらはみなすでに存在したことがあるのではないか。

そしてそれらはみな再来するのではないか、われわれの前方にあるもう一つの道、この長いそら恐ろしい道をいつかまた歩くのではないか――われわれは永劫に再来する定めを負うているのではないか。――」

わたしはこう語った、そして語りながらいよいよ声を低めた。わたしはわたし自身の思い、そしてその底にひそむ忌いに恐怖の念をいだいた。と、突然近くで、一匹の犬のほえるのが聞こえた。

わたしは、犬がこのようにほえるのをいつか聞いたことがあるだろうか。わたしの思いは過去へ馳《は》せた。そうだ。わたしが子どものときのことだ、遠いあのころのことだ。――そのときわたしは犬がこのようにほえるのを聞いた。⑸そして毛を逆立て、頭をおこして、身をふるわせながらほえているその犬の姿をも見た。犬でさえ幽霊を信ずる静まりかえった真夜中に。

わたしは犬をあわれんだ。ちょうどそのとき大円の満月が家の上にのぼったのだ。死のように沈黙して、白く燃えるこの球体は、平らな屋根の上に静止した。まるで他人の所有地の上にいるようによそよそしく。

それを見て犬は驚愕《きょうがく》したのだ、犬は盗賊や幽霊を信じているからである。そしていまふたたび、犬がそんなにほえているのを聞いて、わたしはまたしても犬をあわれんだ。

だが、侏儒はもうどこへ行ってしまったのだろう。そして門は？　蜘蛛は？　あのささやきあいは？　わたしはいま夢を見ているのだろうか。それとも覚めたのだろうか。ふと気がつくと、荒々しい断崖《だんがい》と断崖のあいだにわたしは立っていた。ただ一人、寂莫《せきばく》として。寂莫のかぎりの月光をあびて。

と、そこに一人の人間が横たわっているのが見えた。そしてそのそばに、——犬が毛を逆立て、哀訴しながら、とびはねていた。——いま犬はわたしが近づくのを見た——と、犬はふたたびほえた、絶叫した。——犬がこれほど助けを求めて絶叫したのを、わたしはかつて聞いたことがなかった。

そしてまことに、そこに見いだしたのは、いまだかつてわたしが見たことのないものだった。一人の若い牧人、それがのたうち、あえぎ、痙攣《けいれん》し、顔をひきつらせているのを、わたしは見た。その口からは黒い蛇が重たげに垂れている。

これほどの嘔気《はきけ》と蒼白《そうはく》の恐怖とが一つの顔に現われているのを、わたしはかつて見たことがなかった。かれはおそらく眠っていたのだろう。そこへ蛇が来て、かれの喉《のど》に匐《は》いこみ——しっかりとそこに嚙《か》みついたのだ。

わたしの手はその蛇をつかんで引いた——また引いた。——むだだった。わたしの手は蛇を喉から引きずり出すことができなかった。と、わたしのなかから絶叫がほとばしった。

「嚙め、嚙め。

蛇の頭を嚙み切れ。嚙め！」——そうわたしのなかからほとばしる絶叫があった。わたしの恐怖、憎しみ、嘔気、憐憫《れんびん》、わたしの善心、悪心の一切が、一つの絶叫となって、わたしのなかからほとばしった。——

君たち、敢為な探求者、探検者よ、またおよそ狡猾《こうかつ》な帆をあげて恐ろしい海に乗り出したことのある者たちよ。君たち、謎を喜びとする者たちよ。

さあ、わたしがそのとき見た謎を解いてくれ。最も孤独な者の見た幻影を解き明かしてくれ。

つまりそれは一つの幻影、そして一つの予見だったのだ。——わたしがそのとき見たものは何の比喩《ひゆ》か。いつの日か来るに相違ないこの者は何びとなのか。

このように蛇に喉を犯された牧人はだれなのか。このように最も重いもの、最も黒いものの一切が喉に匐いこむであろう人間はだれなのか[6]。

——だが、そのとき牧人は、わたしの絶叫のとおりに噛んだ。かれはしたたかに噛んだ。遠くへかれは蛇の頭を吐いた。——そしてすっくと立ち上がった。

それはもはや牧人ではなかった、人間ではなかった、——一人の変容した者、光につつまれた者だった。そしてかれは高らかに笑った。今まで地上のどんな人間も笑ったことがないほど高らかに。

おお、わたしの兄弟たちよ、わたしはどんな人間の笑い声にも属さない笑い声を聞いたのだ。——そしていまわたしは一つの渇望、一つの憧《あこが》れにさいなまれている、その憧れはどうしても静まろうとはしないのだ。

あの高らかな笑い声への憧れが、わたしをさいなむのだ。おお、どうしてわたしはなお生きていることに堪え得よう。しかし、いま死ぬことにも、どうしてわたしは堪え得よう。(7)

ツァラトゥストラはこう語った。

(1) 一方の道は「過去」、他方の道は「未来」。
(2) 現在という瞬間。
(3) 「真理は曲線」は、常識的知者の思想。直線的に割り切れるようなものは真理でない、という程度に解してよい。「時も円環」、これも常識的な、歴史は堂々めぐりをするという考え方と解してよい。一見、達観した者の言であり、ツァラトゥストラの永劫回帰の思想に似ているようであるが、忍苦や向上の要素がなく、安易な現実肯定になる。それでツァラトゥストラは怒るのである。
(4) 現在の事象はすべて過去のそれの回帰ではないか。最もニーチェ的な永劫回帰の思想がこの文章とつづく文章に展開される。すなわち現在の瞬間も事象も、現在においてだけでなく、未来においても回帰する。
(5) 犬が恐れてほえるのも、過去の回帰であった。われわれの日常にも、ある瞬間の体験が過去にもあったことだという気のすることがある。感覚的にはこれがニーチェの永劫回帰説の一根拠をなしているといえる。

（6）ツァラトゥストラその人のように、真に生へと決意する者。絶体絶命的な生の敵（虚無、否定、厭世《えんせい》などの思想）を自力で嚙み切って、おのれを生の意志に転換するのである。

（7）死ねば、あのように笑うことができないから。生へと決意しながら、生を大観的に遊びと取る態度が、この哄笑《こうしょう》のもとである。

望まぬ至福

不幸によって自分を鍛えようとしても、おのが運命の完成の間近い幸福感がしきりにおそう。ためらいのなかに奏でられる諧謔《かいぎゃく》曲。

こういう謎《なぞ》と痛みとを心にいだいて、ツァラトゥストラは海を航行した。だがかれが至福の島々とかれの友人たちから四日の行程を隔たったときには、かれはかれのあらゆる苦痛に打ち克《か》っていた。――勝利にかがやき、確固として、ふたたびおのれの運命をしっかりと踏みしめて、かれは立った。そのときツァラトゥストラは、喜び勇むおのが良心にむかってこう語った。

わたしはふたたび独りだ、そして独りでいようと思う。純潔な空をいただき、ひろびろした海に臨んで、独りである。そしてふたたび午後がわたしをつつんでいる。

わたしがはじめてわたしの友人たちを見いだしたのは午後だった。二度目に友人たちを見いだしたのも午後だった、――すべての光が静寂になる時刻だ。

つまり、天から地にくだりつつある幸福は(1)、おのれの宿泊の場所として、明るく光る魂を求めている。そしていま幸福のあまり、すべての光はいっそう静寂になったのだ。

おお、わたしの生の午後よ。かつてわたしの幸福も谷へくだって、おのれの宿を求めた。そこには、この客を喜んで迎える開かれた魂たちが見いだされたのだ。

おお、わたしの生の午後よ。わたしは一つのことを得るために、万事を放擲《ほうてき》したのだ、わたしの思想の生きたこの栽培地(2)と、わたしの最高の希望のこの黎明《れいめい》とを得るために。

わたしというこの創造者はかつて道連れと、おのが希望の子どもをさがし求めた。そして見よ、かれは次のことを知ったのだ。まずかれ自身の手で、それらの道連れ、それらの子どもをつくらぬかぎり、かれはそれらの者を見いだしはしないということを。

こうしてわたしは、わたしの子どもたちのところへ行くにせよ、その子どもたちから遠ざかるにせよ、わたしの事業に没頭しているのだ。ツァラトゥストラは、おのが子どもたちのために孤独のうちに自分を完成しなければならぬのだ。

つまり、人が根底から愛するのは、ただ自分の子どもと事業だけなのだ。そして自分自身への大きい愛が生まれたとすれば、それは懐妊の徴候なのだ。[3] わたしはそのことを悟った。

わたしの子どもたちはまだ、その最初の春にいつくしまれて、わかわかしく芽吹きながら、並びあって立ち、ともどもに風にゆすぶられている。わたしの園、最上の土壌に生《お》い育つべき木々だ。

そしてまことに！　このような木々が並び立つところ、そこに至福の島々はあるのだ。

しかし、わたしはいつかその木々を抜き、それぞれを一本ずつ植えて、ひとり立ちさせようと思う。そのおのおのが孤独と抵抗心と先見とを学ばんために。

そして、その一本一本はたくましく風に堪え、しなやかさと堅さとを兼ねそなえて、海のほとりに立たねばならない。不屈の生をともす生きた灯台として。

嵐《あらし》が海に突き入るところ、山なみの鼻が長く伸びて潮《うしお》を吸うところ、そこでいつの日かそれらの木の一本一本は昼に夜に見張りの役を果たさねばならぬ、自分自身を試練し、認識するために。

その一本一本の木は、それがわたしの種属であり、系統であるかどうかについて、試練され、認識されねばならぬ。――かれが長く持続する意志の主《あるじ》であって、語っても寡黙であり、取る場合にも与えながら取るというほどに寛容であるかどうかについて、吟味されねばならぬ。――

――かれがいつの日かわたしの道連れになるかどうか、創造と祝祭をツァラトゥストラとともに行なう者になるかどうかを、吟味されねばならぬ。すなわち、いっさいの事物のより完全な完成のために、わたしの意志をわたしの鉄板に書きつける者になるかどうかを、吟味されねばならぬ。

そして、その一本一本の木のために、またそれと種属を同じくするもののために、わたしはわたし自身を完成しなければならぬ。それゆえ、わたしはいまわたしの幸福から身をひき、あらゆる不幸にこの身を提供する――わたしを最終的に試練し、認識するために。

そしてまことに、それはわたしの立ち去るべき時だったのだ。あのさすらいびとの影[4]と、もっとも長い無為と、もっとも静寂な時刻とは、こぞってわたしに語りかけたのだ。「今こそその時だ」と。

風は鍵穴《かぎあな》から吹きこんで、「来たれ」とわたしに言った。扉はさかしく急激に開いて言った、「行くがよい」と。

しかし、わたしはわたしの子どもたちへの愛につなぎとめられて、身を横たえたままだった。愛への熱望がわたしにこのわなをしかけたのだ、わたしがわたしの子どもたちの獲物となり、かれらにわたし自身を与えきって、自身を失ってしまうというわなを。

愛への熱望――それはわたしにはすでに、自分を失ってしまったことを意味している。わたしの子どもたちよ、わたしは君たちを所有しているのだ。こういう所有のなかにはい

っさいの確実さが含まれているべきであって、熱望が含まれているべきではない。(5)

しかし、わたしの愛の太陽は、ただ蒸し暑くわたしを照りつけているばかりだった。(6)ツァラトゥストラは自分自身の果汁のなかで沸騰しているだけだった、――それで影と疑いとが、わたしを離れて飛んだ。(7)

わたしはすでに寒気と冬とにこがれていた。「おお、寒気と冬とがふたたびわたしをつかみ、わたしの骨と歯とが打ち合って鳴るほどにわたしをおののかせればいいに」とわたしは嘆息とともに言った。――すると氷のように冷たい霧がわたしの内部から立ちのぼった。

わたしの過去が、おのれの墓を破って立ち現われたのだ。生きながら葬られていたさまざまの苦痛が目をさましたのだ。――それらはただ眠っていただけだった、屍衣《しい》を着せられて。(8)

このように、一切はわたしにむかって、徴《しるし》のことばで語りかけた、「時は来た」と。しかし、わたしは――聞かなかった。するとついにわたしの深淵《しんえん》が揺れはじめ、わたしの思想がわたしを嚙《か》んだ。(9)

ああ、おまえ、わたしの思想であるところの深淵的な思想よ。地の深みを掘りかえすおまえの鍬《くわ》の音を聞いても、身ぶるいせずにいられるだけの強さを、わたしはいつになったら獲得することができるだろう。

おまえの鍬の音を聞くと、わたしの心臓は喉《のど》までも鼓動してくる。おまえの沈黙さえわたしの頸《くび》をしめつける、おまえ、深淵のように沈黙するものよ。

まだわたしは、おまえを上へ呼びあげることをあえてしたことがない。おまえを担っているだけで、せいいっぱいだった。獅子《しし》の究極的な尊大さと放恣《ほうし》さに達するほどに、わたしはまだ強くなかったのだ。

いつもわたしにはおまえが、その重さということだけで、もう十分に恐ろしかったのだ。しかしいつかはわたしは、おまえを上へ呼びあげる強さと獅子の声とを獲得しなければならぬ。

わたしが自分に打ち克って、まずそのことを実現すれば、それに次いで、わたしはなおも自分に打ち克って、より大きいことを実現しようと思う。そして勝利をわたしの完成の封印たらしめよう。——

そう思いながら、わたしはまだ不安定な海上を漂流している。なめらかな弁舌を弄《ろう》する偶然がわたしにおもねる。[10] わたしは前方を見、後方を見る——。しかしまだ究極的なものを見ることはできない。

まだわたしにはわたしの最後の戦闘の時は来なかったのだ。——それともそれはちょうどいま来つつあるのだろうか。まことに、たくらみに満ちた美しさをもって、海と生が[11]まわりからわたしを見つめている。

おお、わたしの生の午後よ。夕べの前の幸福よ。大海のただなかにある港よ[12]。不安定のなかの平和よ。どんなにかわたしはおまえたちすべてに不信の念をいだいていることだろう。

まことに、わたしはおまえたちのたくらみを秘めた美しさに不信の念をいだいている。わたしは、ビロードを思わせるあまりにも柔媚《にゅうび》な微笑に不信の念をもつ恋人に似ている。嫉妬《しっと》心のつよいこの恋人が、その最愛の女性を、苛酷《かこく》のうちに情愛を捨てきれぬ気持で押しのけるように——わたしもこの至福の時をわたしから押しのける。

去るがよい、至福の時よ。おまえは一つの至福をたずさえてわたしを訪れたが、それはわたしの望まぬ至福なのだ、わたしはわたしの最も深い苦痛をすすんで受けようとして、ここに立っている。——おまえは時ならぬときに来たのだ。

去るがよい、至福な時よ。むしろ、おまえは、あちらの——わたしの子どもたちのところに宿を求めるがいい。急げ。そして夕暮れにならぬうちにわたしの子どもたちをわたしの幸福で祝福してくれ[13]。

すでに夕暮れが近づいている。太陽は沈んでゆく。かなたへ去れ、——わたしの幸福よ。

——

ツァラトゥストラはこう語った。そして終夜かれはかれの不幸を待ち受けた。しかしむだだった。夜はいつまでも清く静かだった。そして幸福もいよいよかれから離れようとしなかった。明け方近く、ついにツァラトゥストラは高らかにおのれにむかって笑いかけ、あざけりの声で言った。「幸福がわたしを追いかける。それは、わたしが女を追いかけないからだ。幸福とはつまり一人の女なのだ」

(1) すなわち光のこと。内容的には、ここで光と幸福は一体である。
(2) 思想をつたえる人間たち。つづいて言われている道連れや子どもたち。「希望の黎明」、これも「子ども」の言い換えである。
(3) 懐妊した女は自愛するようになる。自愛するのは、自分の子ども(と仕事)への真の愛が自分の内部に生じたからである。
(4) 第二部「大いなる事件」参照。ことに二九六ページを。
(5) 真に所有していれば、相手から離れていても大安心(いっさいの確実さ)がある。いまさら熱望する必要はない。所有が完全でないから相手を熱望するのである。
(6) 子どもたちへの愛にあたたかくつながれていて、真に自分を完成すべき孤独の寒冷へ出発できない。
(7)「影」を注(4)の影と見たい。「疑い」は影と同一物。「いつまでもこんな状態でいいのか」という疑い。

（8）子どもたちへの愛によって、しばらく忘れられていた、昔からの不安や苦悩がよみがえって、わたしを静止させておかなくなった。
（9）わたしがまだぐずぐずしているので、自分の内奥にあるもの（深淵）がいらだって動き出し、さらに、わたしの最も深い思想（永劫回帰）が、わたしを痒いほど噛んだ。
（10）現実の目先の幸福感。それはいつくつがえるか予測できない偶然の現象にすぎない、静かに波を立てている海面と同様に。
（11）わたしを誘惑して、安住させようとする生の諸現象。
（12）大海のさなかにいての一時の安住感。
（13）子ども（弟子）たちにたいしては、さすがにこの温情がわくのであろう。しかし「むしろ」を冠して言われており、強いアクセントのある箇所ではない。

日の出前

日の出前の深い清らかな空を仰いで、それとひとしい絶対肯定、自由と創造の生の立場を再確認する。世界合理性の否定。妥協の排除。

おお、わたしの頭上の空よ、おまえ、清らかなものよ、深いものよ。おまえをじっと見ながらわたしは神的な欲念にふるえる。

おまえの高みに身を投ずること――それがわたしの深みだ。おまえの清らかさのなかに身をかくすこと――それがわたしの純潔だ。

神はおのが美しさをつつみかくす、それと同様におまえはおまえの星々をかくしている。おまえは語らない、語らずにおまえはおまえの知恵をわたしに告げる。

おまえはきょう、とどろく海をおおうて声もなく明るんだ。おまえの愛とはじらいは、わたしのとどろく魂にむかって啓示する。

おまえはおまえの美しさにおおいかくされて、美しくわたしにむかってやってきた。おまえは知恵をあからさまに示して、無言でわたしにむかって語りかける。

おお、わたしはおまえの魂のはじらいのすべてを察する。太陽ののぼらぬうちに、おまえはわたし、この最も孤独な者のところへやってきたのだ。[1]

おまえとわたしは最初からの友だちだ。わたしたちは憂悶《ゆうもん》と戦慄《せんりつ》と深淵《しんえん》とを共有している。そのうえ太陽をも共有している。[2]

われわれは語りあわない、互いにあまりに多くを知っているからだ。――われわれは互いに無言でいる。われわれはわれわれの了解を微笑につつんで、それを互いに投げかける。

おまえはわたしの熱火に加えられた光ではないか。おまえはわたしの明識にとっての姉妹の魂ではないか。

われわれはすべてのことを共に学んだ。われわれ自身を超えてわれわれ自身へのぼり、雲をとどめず、ほほえむことを共に学んだ。——

——雲をとどめず、明るい目から、はるかな高みから下にむかってほほえむことを共に学んだ、われわれの下では強制と功利と罪過とが雨のように煙っているのに。(3)

わたしが独りさすらいの旅をしたとき、夜と迷路のなかでわたしの魂がこがれ慕ったのはだれだったか。わたしが山々に登ったとき、わたしが求めたのは、おまえでなくてだれであったか。

わたしのさすらいと登高のすべては、無力なわたしがまにあわせにしたことにすぎなかったのだ。——わたしの全意志は、ただ飛ぶこと、おまえのなかへ飛び入ることだけを望むのだ。

そしてわたしの最も憎んだものは、おまえをおおい、おまえにしみをつける雲だった。さらにわたしはわたし自身の憎しみを憎んだ。それはおまえにもしみをつけたからだ。(4)わたしはこれらの雲、忍び歩きする泥棒猫たちに怒りをいだく。それはかれらがおまえとわたしから、おまえとわたしの共有するものを奪うからだ。あの巨大な、限りない「然《しか》り」という発語(5)を。

これらの妥協家、そして調合者、すなわちこれらの浮動する雲に、われわれは怒りをいだく。祝福することをも、徹底的に呪《のろ》うことをも学ばなかったこれらの中途半端な者たちに。

まだしもわたしは、夜空の下で樽《たる》のなかにすわっていたい、空のない深淵のなかにすわっていたい、おまえ、光に満たされた空が浮動する雲たちによってしみをつけられるのを見るよりは。[(6)]

そしてしばしばわたしは、これらの浮動する雲を鋸歯状《きょし》の稲妻の金の針金でしばりあげ、その釜《かま》のような腹を、雷神さながらに乱打したくなった。――

――わたしは怒った鼓手《こしゅ》になりたくなった。なぜならこれらの浮動する雲はおまえの「然り」という肯定の姿をわたしから奪い取ってしまうからだ。おまえ、清らかなもの、光にみちみちたものよ、光の深淵よ。――そして、わたしの肯定の姿をおまえから奪い取ってしまうからだ。[(7)]

わたしはこの子細ぶった疑いぶかい猫どもの静かさよりは、むしろ喧噪《けんそう》と雷鳴と荒天の呪《のろ》いを好む。そして人間たちのあいだでも、わたしが最も憎むのは、忍び足で歩く者たち、中途半端な者たち、そして疑いぶかい、ためらいがちな浮動する雲に似た者たちのすべてである。

そして、「祝福することのできない者は、呪うことを習得せねばならぬ[(8)]」――この明晰《めいせき》な教えが明晰な空からわたしに授けられたのだ。この星は黒い夜にもわたしの空にかがやいている。

しかし、わたしは祝福する者であり、「然り」の発語者である。おまえ、清らかなものよ、光にみちた空よ、光の深淵よ、おまえさえわたしの頭上にいてくれるなら、わたしは決して祝福することを忘れまい。――どんな深淵のなかへも、わたしはわたしの祝福の「然り」の発語をたずさえて行く。

わたしは祝福する者、「然り」の発語者になった。そしてわたしが長いあいだ苦闘をつづけ、苦闘者であったのは、わたしがいつの日か祝福するための両手の自由をわがものとしたいためだった。

だが、わたしの祝福というのはこうだ。どのような事物の上にもその事物の本来の空としてかかること、その円《まる》屋根、その碧《あお》い玻璃笠《はりがさ》、永遠の保証となることだ。[9]こういうふうに祝福する者は、幸いである。

なぜなら、すべての事物は、善悪の彼岸の地帯にある永遠の泉において洗礼を受けたものであるからだ。善と悪とは、ただ中間的色調、湿気のある濁り、浮動する雲であるにすぎない。[10]

まことに、わたしが次のように教えるのは、一つの祝福であって、誹謗《ひぼう》ではない。「いっさいの事物の上には、偶然という空、無垢《むく》という空、気まぐれという空、放恣《ほうし》という空がかかっている[11]」

「気まぐれ[12]」――これは貴族の特性として世界最古のものである。これをわたしはあらゆる事物に取りもどしてやった。わたしはあらゆる事物を目的への隷属から救い出した。

この自由と晴れわたった空で、わたしは碧い玻璃笠でおおうように、いっさいの事物をおおったのだ、そしてわたしは、いかなる「永遠の意志」[13]もそれら事物を統《す》べてはいない、貫いてはいない、と教えたのだ。

この放恣とこの物狂いを、わたしはあの「永遠の意志」の代わりに立てた。そしてわたしは、「どうしてもありえないものが一つある、――それは合理性だ[14]」と教えたのだ。

なるほど少量の理性、星から星へ定めなくまき散らされている知恵の種の一粒――こういう酵母《こうぼ》は、あらゆる事物に混ぜ合わされている。知恵は物狂いを促進するために、あらゆる事物に混ぜ合わされているのだ[15]。

少しばかりの知恵というものはむろんありうる。しかしわたしがいっさいの事物に、至福の思いとともに確実に見いだしたことは、それらがむしろ偶然という足をはたらかして――踊りたがっていることだ。

おお、わたしの頭上の空よ、おまえ、清らかなもの、高いものよ。わたしにとっておまえの清らかさとは、そこになんらの永遠的な理性蜘蛛《ぐも》とその蜘蛛の巣がないということなのだ。

――またおまえがわたしにとって神的な偶然が[16]踊る踊り場であるということ、神的な骰《さ》子《い》と神的な骰子遊びをする者にとっての神的な卓であるということなのだ。

だが、おまえは顔を赤らめるのか。わたしはことばに言い表わすことのできないことを口にしたのか。わたしはおまえを祝福しようとして、かえって誹謗したのか。

それともおまえの顔を赤らめさせたのは、わたしたちが二人だけで親密にしていることの羞恥《しゅうち》なのか。おまえはわたしに、もう昼になるから語らいをやめて立ち去れ、と命ずるのか。

世界は深い――昼が今までに考えていたよりも、なお深い。昼だからといって、一切がことばになりうるわけではない。(17)それにしてももう昼が来る。ではわれわれは別れよう。おお、わたしの頭上の空よ、おまえ、羞《は》じらうものよ、顔をほてらすものよ。おお、おまえ、日の出前のわたしの幸福よ。昼が来る。ではわたしたちは別れよう。――

ツァラトゥストラはこう語った。

（1）空を恋人の心理においてとらえている。

（2）「わたし」における太陽は、わたしの最高の希望や理想。

（3）下界のありかたにとらわれず、笑いとともにそれを見おろす高い自由な態度。下には法や力による強制、功利思想、宗教的な罪責観が横行している。

（4）雲を憎むことは、雲を眼中において相手にすることで、こちらをも低める。またわたしと兄弟分の天空をも低め、けがす。

（5）生にたいする大肯定。その全内容は、永劫回帰の思想に含まれ、本書全体の眼目として、しだいにより明らかにされてゆく。
（6）「樽のなか……」は、ギリシアの哲人ディオゲネスへの連想から。
（7）「奪い取る」の目的格の「肯定の姿」に、「おまえの」と「わたしの」を交錯させたのは、両者が兄弟として、分かちがたい一体であるからだろう。雲が互いの姿を見えなくさせるのである。
（8）この妥協のない態度が、真の生産性、創造性と結ぶからである。妥協に生産性はない。
（9）すべての事物を、その本然の姿で肯定すること。
（10）善悪は、人間のそれぞれの立場からの評価による相対的なもの。すべての事物は、その本然の姿においては、永遠のなかの存在であって、そのまま肯定すべきものである。
（11）「偶然」、「無垢」など列挙されたものは、総括すれば、自由ということ。狭い善悪の立場に制約されることなく、事物そのものとして自由である。
（12）注（11）参照。人間社会でも、貴族（社会的に精神的に）は、他に隷属しないから、気まぐれなものである。
（13）その代表的なものは神の摂理。またヘーゲルの言う世界精神など。
（14）世界の本質を非合理的なものと見る立場。注（15）参照。
（15）「物狂い」は前の文節にもあったが、反語的に言われた非合理的な自由な生命の立場。理性は個々のものに部分的には存在するが、世界を統一している原理ではなく、それは非合理的な生命に奉仕するためにあるだけだ。

(16) 世界の現象はすべて非合理的で、偶然であるということの言い換え。それを神的な「遊び」、「たわむれ」としてとらえている。

(17) すべてが合理的に把握されるものではない。

卑小化する徳

洞窟の孤独に帰る前に、人を卑小にする日常道徳を攻撃し、そうする自分を無頼な、神をなみする者だと言う。しかもなお民衆への愛。

1

ツァラトゥストラは、ふたたび陸を踏んだが、まっすぐに自分の山と洞窟《どうくつ》を目ざしはしなかった。さまざまな道を取り、さまざまな問いをかけて、あれこれのことを探知した。こうして自分自身について、たわむれに言ったほどである。「この川を見るがいい、これは多くのうねりを重ねて自分の源泉へ流れ帰ってゆくのだ(1)」と。かれはかれの不在のあいだに人間たちに何が起こったか、人間は大きくなったか、小さくなったかを知ろうとしたのだ。と、あるとき、かれはひと連なりの新しい家を見て、怪しんだ。そして言った。

「これらの家は何を意味するか。まことに、これらの家をおのれの比喩《ひゆ》として建てた者は、[2]大きい魂ではない。

おそらく愚かしい子どもがこれを玩具《おもちゃ》箱から取り出したのだろうか。それならほかの子どもがそれをまた自分の玩具箱に入れればいいに。

これらの小部屋は、おとなたちが出入りできるものだろうか。それらは絹の布でつくった人形を入れるためのものではないかと思われる。それともつまみ食いを好み、自分の身をもひとにつまみ食いさせる牝猫《めねこ》用のものなのか」

ツァラトゥストラは立ちどまって、思いに沈んだ。ついにかれは悲しみの色を浮かべて言った。「一切が小さくなったのだ。

どの門を見ても、前より低い。わたしと類を同じくする者も、今ならばまだくぐれよう。しかしそのためには——身をかがめなければならぬ。

おお、わたしが故郷へ帰っても、小人たちの前に身をかがめる必要がなくなる時は、いつだろう」——そうツァラトゥストラは嘆息して、目を遠くにやった。——

さてその日、かれは卑小化する徳について、次のように語った。

（1）その源泉は「超人」という大海。あくまで超人ということをもとにして、人間たちがそれに近くなったか、遠くなったかをたずねるのである。

（2）建物にせよ、仕事にせよ、すべてそれを建設した人の象徴であり、比喩である。

2

わたしはこの民衆のあいだを行く、そして目を見開いている。かれらは、わたしがかれらのもつもろもろの徳をうらやましく思わないことを、わたしにたいして許さない。

かれらはわたしに咬《か》みつく。それはわたしがかれらに、小さい人間に必要なのは小さい徳だ、と説くからである。また、小さい人間がこの世の必要品だということを、なかなかわたしが呑《の》みこもうとしないからである。

ここでは、わたしは、よその農家へはいった雄鶏《おんどり》に似ている。この雄鶏も雌鶏《めんどり》に咬みつかれるのだ。しかし、だからといって、わたしはこれらの雌鶏にじゃけんになるわけではない。

わたしは彼女たちにたいして、すべての小さい不快事にたいするのと同じように、慇懃《いんぎん》である。ささいなことに刺《とげ》を逆立てるのは、はりねずみ用の知恵だと思われる。

日が暮れて火を囲んですわると、人々はみなわたしについて話す。――かれらはわたしについて話すが、だれも――わたしそのものに思いをひそめる者はない。

これはわたしが知った新しい静かさである。わたしをめぐる喧噪《けんそう》は、わたしの思いをおおうマントである。(1)

かれらは声高に言いあう。「この黒雲はわれわれに何をしようというのか。われわれに疫病をはこんでくるかもしれないから、気をつけよう」

さきごろ、一人の女は、自分の子がわたしのほうに寄ろうとすると、それを抱きとめた、「子どもたちをかくせ」と彼女は叫んだ。「こういう目は子どもたちの魂を焼きこがす」

わたしが語りはじめると、かれらは咳《せき》をする。咳をすることが強風への防衛だと思っているのだ。――かれらにはわたしの幸福の力強く吹きわたる風がわからない。

「われわれはまだツァラトゥストラのためにつぶす時間をもたぬ」――そうかれらは抗議する。しかし、ツァラトゥストラのためにつぶせぬような時間が、およそ時間の名に値するか。

そしてかれらがわたしを賞讃することがあっても、どうしてわたしは、かれらの賞讃を褥《しとね》にして安眠することができよう。かれらの賞讃は、わたしには刺つきの帯である。(2)はずそうとしても、それはわたしに掻《か》き傷を与える。

また次のこともわたしはかれらのあいだで学んだ。ひとに讃辞を述べたてる者は、それが何かの返礼であるようなふりをする。しかし実はかれのほうがもっともっと贈り物をちょうだいしたがっているのだ。

わたしの足に、かれらの賞讃の歌、誘いの歌が気に入ったかどうかをたずねてみるがよい。まことにこんな拍子、こんなチクタクに合わせるのでは、わたしの足は踊ることも、静止することもいやがるのだ。

かれらはわたしを褒《ほ》めて、小さい徳へ誘いこもうとする。わたしの足を説き伏せ、小さい幸福のチクタクに合わせて踊らせようとする。

わたしはこの民衆のあいだを歩んで、目を見開いている。かれらは小さくなった。ますます小さくなるだろう。——しかし、そうなったのは幸福と徳についてのかれらの教えのせいなのだ。

すなわち、かれらは徳においても控えめである。それはかれらが安逸を欲するからだ。安逸とよく結びつくのは、ただ控えめな徳だけである。

なるほどかれらもかれらの流儀で歩行し、前進することを学ぶ。だがわたしはそれをかれらの跛行《はこう》と呼ぶ——。それは急ぎ足で歩むすべての者の障害となる。

また、かれらのうちには、前へ歩みながら、首を硬直させて、うしろをふりかえる者が少なくない[3]。そういう者にわたしは遠慮なくからだを突き当てる。

足と目とは、嘘《うそ》をつき合ったり、嘘を罰し合ったりする間柄であるべきでない[4]。しかし小さい人間たちのもとでは、多くの嘘が言われ、いつわりが行なわれる。

かれらのうち若干の者は意志をもっている。しかし大多数の者は、ただ他人の意志によって動かされるだけである。かれらのうち、まがいものでない者も若干はいる。しかし大多数はへたな俳優だ。

かれらのうちには自分で知らずに俳優である者と、自分の意に反して俳優である者とがいる。——まがいものでない者は、いつもまれだ。ことにまがいものでない俳優は。

ここには、真の男が少ない。それゆえここの女たちは男性化する。つまり十分に男である者だけが、女の内部にある女を——救い出すことができるのである。

かれらのもとでわたしが最悪の瞞着《まんちゃく》と見なしたことはこれだ。それは命令する者も、仕える者の徳の面《めん》をかぶることである。(5)

「わたしは仕える。おまえは仕える。われわれは共に仕える」——ここでは支配者たちも偽ってこう祈る。——もし第一の主《あるじ》が第一の僕《しもべ》であるにすぎないなら、なさけないことである。

ああ、かれらの瞞着のなかへも、わたしの好奇の目は飛び入った。そして日のさす窓ガラスのあたりでの、かれらの蠅《はえ》の幸福とそのささやかな羽音の意味を、わたしはよく理会した。

そこには、善意はあるが、それと等量の弱さがある。正義と同情はあるが、それと等量の弱さがある。

かれらは、たがいに他にたいして円《まろ》やかで、正しくて、親切である。ちょうど砂粒が他の砂粒に――円やかで、正しくて、親切であるように。

つつましく一つの小さい幸福を抱きしめる、――それをかれらは「帰依《きえ》」と呼ぶ。そしてそれをしながら、かれらは早くも別の新しい幸福にながし目を送る。

かれらがほんとうに、いちばん望んでいることは、ただ一つだ、だれからもいじめられたくないこと。それでかれらは先取りして、だれにも親切にする。

だが、それは臆病ということなのだ。たとえ「徳」と呼ばれていても。

そして、かれらが時には荒々しく語ることがあるにしても、わたしがそこに聞くのは、ただかれらの嗄《しわが》れ声だけだ。――つまり、少しでも大きい声を出そうとすれば、かれらは嗄れ声になるのである。

かれらは怜悧《れいり》である。かれらの徳は怜悧な指をもっている。しかしかれらには拳《こぶし》が欠けている。かれらの指は、かたくおのれを握りしめて拳となる力がない。

かれらにとって、徳とは、謙遜《けんそん》ならしめ、温順ならしめるものである。そういう徳によってかれらは狼《おおかみ》を犬にし、人間そのものを人間の最善の家畜にした。

「われわれは中ほどに椅子《いす》を置いた」――そうかれらのほくそ笑みはわたしに語る。――「それは命をかける剣士らからも、満足している豚《ぶた》どもからも、同じくらいに離れている」

しかし、それがすなわち凡庸というものだ、たとえそれが中庸の名で呼ばれていても。

（1）周囲の無意味な喧噪は、わたしをかえって孤独にし、わたしの思いを他から隔てる。
（2）むかしキリスト教の苦行者がおのれを苦しめるために身につけたもの。
（3）回顧的、保守的な者。時代には流されている。
（4）行動と認識（思想や意識など）は一致すべきだ。
（5）支配の地位にある者が、民衆や国への奉仕者と自称している。

3

わたしはこの民衆のあいだを歩んで、さまざまのことばを撒《ま》いた。しかしかれらはそれを拾うことも、保存することもできないでいる。

かれらは、わたしが悦楽と悪徳をそしるために来たのでないことを、あやしんでいる。まことにわたしは、掏摸《すり》に警戒せよ(1)と言いに来たのではない。

かれらは、わたしがかれらの怜悧さをいっそう鋭利ならしめる意欲のないことを、あやしんでいる、まるで利口者どもがこれでもまだ足りないかのように。そういうやからの声は石筆《せきひつ》のきしみのようにわたしの耳をひっかくのだ。

そしてわたしが「おまえたちの内部にいて、ともすれば哀訴し、手を合わせ、懇願したがるあらゆる臆病な悪魔たちを放逐せよ」と叫ぶと、かれらは叫ぶ。「ツァラトゥストラは神をなみする者である」と。

とくに帰依《きえ》を説くおまえたちの教師らが、そう叫ぶ。——だが、そういう者の耳にこそわたしは叫んでやりたい。そうだ、わたしは神をなみするツァラトゥストラだと。

帰依を教えるこれらの教師たちよ。卑小で、病んでいて、かいせんだらけのところ、そういうところならどこへでも、かれらはしらみのようにもぐりこむ。わたしがかれらをつぶさないのは、ただ嘔気《はきけ》にさまたげられているからだ。

よし。かれらの耳に注《つ》ぎこむわたしの説教はこうだ。わたしは神をなみするツァラトゥストラだ。わたしはあえて言う。「わたし以上に神をなみする者があったら、わたしは喜んでその教えを受けよう」と。

わたしは神をなみするツァラトゥストラだ。わたしのともがらはどこにいる？　わたしのともがらとは、自分自身に自分の意志を吹き込み、他者への帰依をすっかり自分から振り落とす者たちだ。

わたしは神をなみするツァラトゥストラだ。わたしはどんな偶然をもわたしの鍋《なべ》で煮る。そしてそれが完全に煮えたとき、わたしはそれを歓迎する、わたしの食物として[2]。

まことに、幾多の偶然が専横な態度でわたしのところへやってきた。しかしわたしの意志はいっそう専横な態度でその偶然を迎えた。——すると偶然は早くもひざまずいて哀願した。——

——つまり、わたしから情けを受けて、わたしのところに泊まらせてもらいたい、というのだ。(3) そして媚《こ》びながら、偶然はせがんだ。「おお、見よ、ツァラトゥストラよ、ただ友だけが友をたずねるのだ」

しかし、わたしは何を語っているのだ、だれもわたしのような耳をもっている者はないのに。だからわたしは四方八方にむかって叫ぼう。

おまえたちはますます小さくなる。小さい者たちよ。おまえたちは、こまかく砕ける、安逸な者たちよ。おまえたちはいよいよ滅びに向かう。——

——おまえたちの多くの小さい徳によって。おまえたちの多くの小さい懈怠《けたい》によって。おまえたちの多くの小さい帰依によって。

おまえたちの土壌は、あまりにもいたわりが多く、あまやかしすぎる。だが、木は大樹となるためには、堅い岩々のあいだをくぐって堅い根を張ろうとするのだ。

だが、おまえたちの懈怠も、人間のいっさいの未来の織物に織りこまれてゆく。おまえたちの「無」も、未来の時代の血を吸う一匹の蜘蛛《くも》であり、その巣である。(4)

おまえたちは、取るときも、まるで盗むように取る、小さい有徳者たちよ。しかし悪漢たちのあいだでも、名誉心はこういうことばを発している。「掠奪《りゃくだつ》することができないときにしか、われわれは盗んではならぬ(5)」

「物事はおのずから与えられる」[6]——これもまた帰依の教えの一つだ。しかし安逸な者たちよ、わたしはおまえたちに言う。おのずから与えられるのでなくて、おのずから奪い取られるのだ。そしてますますおまえたちからは、多くのものが奪い取られてゆくだろう。

ああ、おまえたちがあらゆる中途半端な意欲を捨てて、行為、もしくは無為[7]へと断固たる決心をすればいいのに。

ああ、おまえたちがわたしのことばを理解すればいいのに。「おまえたちの意欲するままに行なえ。——しかしまず意欲することのできる人間となれ」

「おまえたちの隣人をおまえたち自身のように愛するがいい。——しかしまず自分自身を愛する者となれ。——

——大いなる愛をもって、大いなる蔑《さげす》みをもって、自分自身を愛する者と[8]」ツァラトゥストラ、神をなみする者はこう語る。——

だが、わたしは何を語っているのだ、だれもわたしのような耳をもってはいないのに。まだ一刻《いっとき》だけ早いのだ、ここでわたしが語るのには。

この民衆のあいだでは、わたしはわたし自身の先駆者だ。暗い小路で時をつくるわたし自身の鶏鳴だ。

しかしかれらの時は来る。そしてまたわたしの時は来る。一刻一刻かれらはより小さく、より貧しく、より不毛になってゆくだろう——あわれな雑草よ、あわれな土壌よ。

そしてまもなくかれらは枯れた草、枯れた野のようになることだろう、そしてまことに、自分自身に倦《う》み、水を求めるよりは、むしろ火を求めてあえぐことだろう(9)。おお、祝福された電光の時刻《とき》よ。おお、正午の前の秘儀(10)よ。――わたしはいつかかれらをも、疾駆する火、炎の舌をもつ告知者たらしめよう。――

――かれらもいつか炎の舌で告知することになるのだ。それは来る、それは近い、大いなる正午は。

ツァラトゥストラはこう語った。

(1) あまりにも卑小な善悪観。
(2) 偶然に支配されるのではなく、おのが意志によってそれを肯定し意欲して、意志の所産に化してしまう。
(3) 偶然のほうで、自分を突きのけないで、注(2)のようなふうにしてくれと頼む。
(4) 現代の人間たちにおけるマイナスは、マイナスとして未来の人類のありかたに関与する。
(5) 掠奪は男性的な戦闘と冒険であり、盗みは卑小である。
(6) 神に帰依すれば、どうしても必要なものは自然に天から授けられるという宗教的態度。しかしそういう安易な態度では、おまえの自我は奪われて、なくなってしまう。

（7）自覚的な無為、自覚的なニヒリズムへの決意は、中途半端な態度より、はるかにまさる。
（8）自己を愛してそれを向上させようとすれば、現在の自己を軽蔑《けいべつ》せざるをえない。
（9）枯れきってしまって、水を求める気力もなく、野火や稲妻などで焼かれたいと願う。かれらの無力を言うことばだが、次の文節にあるように、ツァラトゥストラがかれらを自分の火で焼いて、かれらをも告知の烈火たらしめようと、積極的希望に転じているところに、いつも離れきれない人間への関心が見える。
（10）「電光の時刻」と同意。電光で火をひろげ、大いなる正午を来たらしめようというのである。

橄欖《かんらん》の山

イエスの受難に対比してここは幸福を歌う橄欖山。ニーチェのスイス生活を反映した高山の気。孤独、受苦、快活、仮装の交錯。

冬という悪い客がわたしの家にはいりこんで腰をすえた。わたしの手はかれの友誼《ゆうぎ》の握手によって青い。

わたしはこの悪い客に敬意をはらう。しかし、できればかれをひとりきりにしておきたいのだ、わたしはかれから逃げ出したい。うまく走れば、かれを振り切れる。

わたしは、風の凪《な》いでいるわたしの橄欖山の日だまりへ走ってゆく、すると、手足も思想もあたたかになる。

そこでわたしはこの厳しい客を笑い、笑いながらもかれに感謝する、かれがわたしの家で蠅《はえ》どもを追い払い、多くの小さい喧噪《けんそう》をしずめてくれることを。すなわちかれは、一匹の蚊の歌をも容赦せぬ。まして二匹の蚊の歌を見のがそうか。さらに街路をもかれは寂しくする。夜の月光もそこに射《さ》しこむことに恐れをいだくほどに。かれは苛酷《かこく》な客である。──しかしわたしはかれに敬意をはらう。そして柔弱の徒のように、太鼓腹をした火の偶像[1]に祈りはしない。

偶像たちに祈るよりは、もうしばらく歯の根を打ち合わせつづけよう。──それがわたしの流儀だ。ことにわたしは、欲情的で、煙って、うっとうしい火の偶像たちのすべてを不快に思う。

わたしは、わたしの愛する者を、夏よりも冬になると、いっそうよく愛する。冬がわたしの家に客となってから、わたしはわたしの敵を、いっそうよく、いっそう果敢に嘲笑《ちょうしょう》する。

まことに果敢に嘲笑するのだ。臥床《ふしど》にはいこんでも、わたしはそうする。そこでは、しとねの下にもぐりこんだわたしの幸福さえ、放恣《ほうし》になって、高笑いする。そこでは、とりとめもないわたしの夢さえ笑う[2]。

わたしは──這《は》う者だろうか。わたしの生涯においてわたしは一度も権力者の前で這ったことがない。嘘《うそ》を言ったことがあるにしても、それは愛ゆえにしたことだ(3)。それゆえにわたしは、冬の臥床にいても心は楽しむ。

ささやかな臥床は、豪奢《ごうしゃ》な臥床よりもわたしを暖めてくれる。その貧しさをわたしが熱愛しているからだ。そして貧しさは冬になると最も忠実にわたしに仕える。

一種の悪意をもって、わたしは毎日の生活をはじめる。わたしは冷水浴によって冬をあざける。いかめしいわたしの賓客は、そのことをこぼしてぶつぶつ言う。

また、わたしは好んでかれを一本の蠟燭《ろうそく》でくすぐる。そしてかれがとうとう空を隠しきれなくなって、灰色の薄明のなかからしぶしぶわたしにそれを出してよこすようにしてやるのだ(4)。

つまり、わたしはとくに朝は悪意的なのだ、早朝、井戸につるべがきしみ、馬たちが小暗い町にあたたかい鼻息を噴《ふ》いていななくとき、——

わたしは待ちかねている、ついに明るくかがやく空が現われるのを。白い髯《ひげ》、そしてしらが頭の冬空が現われるのを。——

——あの寡黙なもの、しばしば自分の太陽をも静かにつつみ隠しているあの冬空が現われてくるのを。

この辛抱づよい、明るみをたたえた沈黙を、わたしはかれ、冬空から学んだのだろうか。それとも冬空がわたしから学んだのだろうか。それとも、めいめいが自分でそれを発明したのであろうか。

すべてのよい事柄の起原は、千様である。すべてのよい、気ままな事柄は、悦楽のあまり存在へと飛びこんでくるのだ。それらの事柄が、存在へ飛びこんでくるのが、どうしてたった一度だけということがあろうか(5)。

長い沈黙もまた一つのよい、気ままな事柄である。そして冬空のように、明るい面持ちでつぶらな目をしていること、――

――冬空のようにおのれのなかの太陽と、太陽のような不屈のおのが意志(6)とを、静かにつつみ隠していること、この技術とこの冬の気ままとを、わたしはよく習い覚えたのだ。

わたしの大好きな悪意と技術は、わたしが沈黙はしていても、自分の内部をそとにはもらさぬということだ(7)。

ことばと骰子《さい》とをたわむれて打ち鳴らしながら、わたしはいかめしげに見まもる者たちをたばかる。わたしの意志と目的が、すべてこれらの監視者諸氏の目にとらえられず、するりと逃げることができるようにしてやるのだ。

さらに何びともわたしの底と究極の意志とをうかがうことができないように――わたしはこの長い、明るい沈黙を発明したのだ。

あまたの怜悧《れいり》な者をわたしは見た。かれらは自分の顔をつつみ、自分の水を濁らせて、だれにも自分を見透かされまいとする。

しかし、そういう者たちのところへこそ、より怜悧な疑い手と胡桃《くるみ》割りに熟練した者(8)がやってきて、いちばん深いところに隠れた魚を釣り上げるのだ。

それよりは、明るく澄んだ者、無技巧の者、澄明な者こそ、わたしから見れば、最も怜悧な沈黙者である。かれらの底は非常に深いので、このうえなく澄んだ水でも、それをうかがわせることはない。

おまえ、雪白の髯をつけた沈黙する冬空よ、わたしの頭上の、つぶらの目をもつ白髪の頭よ。おお、わたしの魂とその気ままさとの天上の比喩《ひゆ》よ。

わたしは黄金を呑《の》みこんだ者のように、わたしというものを隠さなくてはならぬのではなかろうか――人々にわたしの魂を切り開かれないために。

わたしは高足《たかあし》をはいていなくてはならぬのではなかろうか。わたしの長い足が、わたしの周囲にいるすべてこれらの嫉妬《しっと》の徒、加害の徒の目につかないですむように(9)。

これら煤《すす》けた、なまぬるい、使い古された、枯れしぼんだ、苦労性の魂ども――かれらの嫉妬が、どうしてわたしの幸福に平気でいることができよう。

それゆえ、わたしはかれらに、わたしの山頂の氷と冬景色だけを見せるのだ、そしてわたしの山がさらにあらゆる太陽の帯をまきつけていることは、見せないのだ。

かれらはただわたしの冬の嵐《あらし》の吹きすさぶ音を聞くだけである。そして、わたしが憧《あこが》れにみちた、重い、熱い南風のように、暖かい海をも吹き渡ることは知らないのだ。

かれらはわたしの出会う偶然と不慮の災難とをあわれみさえする。――しかしわたしのことばはこうだ。「偶然がわたしのところへ来るのを妨げるな。偶然は幼子《おさなご》のように無垢《むく》なのだ」

どうしてかれらがわたしの幸福に平気でいることができよう。もしわたしが、不慮の災難と冬の難儀と白熊《しろくま》の帽子、雪空のマントをわたしの幸福にまとわせなかったら。

――もしわたしが、かれらの同情、この嫉妬の徒、加害の徒の同情をいたわってやらなかったら⑽。

――そして、もしわたしが進んでかれの前で嘆息し、寒さにふるえ、かれらの同情がわたしをくるむのを、目をつぶってがまんしていなかったら、どうしてかれらはわたしの幸福に平気でいることができるだろう。

わたしの魂の賢明な気ままと善意とはこれだ、わたしの魂がその魂の受けている冬と寒気の嵐とをかくさないこと。わたしの魂は、おのれの受けた凍傷をもかくさない。

孤独のために病者となって生からのがれる者もいる。しかしそれとは反対に、孤独を選んで、病者たちのところからのがれる者もいる⑾。

わたしの周囲にいるあわれな斜視のやからは聞くがよい。冬の寒さのためにわたしが嘆息し、歯の根を打ち合わせているのを。そういうふうに嘆息しながら歯の根を打ち合わせながら、わたしはやっぱりかれらの暖房つきの部屋から遠ざかっているのだ。

わたしの凍傷を見て、かれらはわたしに同情し、嘆息をもらすがよい。「認識の氷によってかれはわれわれをも凍死させる」(12)――そうかれらは嘆く。
だが、かれらがそう言っているあいだに、わたしは足をほてらしてわたしの橄欖の山の上を縦横に歩きまわる。そしてその日だまりでわたしは歌い、あらゆる同情をあざわらう。

ツァラトゥストラはこう語った。

(1) 火にあたることは自足の気持を起こさせるせいもあって、太鼓腹などと言ったのだろう。つぎつぎに薪《たきぎ》を食う大食漢である。
(2) 夢さえ快活で、力にみちている。
(3) 愛情からの反語などがそれ。第二部「対人的知恵」も、弱者への反語的いたわりである。本章にも、そういう意味の嘘がある。
(4) 寒い夜、蠟燭一本ともして、空が白むまで徹夜すること。
(5) よい事物、よい事柄の発生を、歓喜のあまり混沌《こんとん》から存在へ飛びこんでくると把握した。前の文節で言われた「辛抱づよい、明るみをたたえた沈黙」も、そういうよい事柄の一種。したがって何千何万回も、それが存在へ飛びこんでき、「冬空」と「わたし」において、別々に同じその経験がなされたということもある。どちらが先に発明して、どちらが学んだというようなことではない。

（6）前の太陽は、おのれの最高の理想であろう。それを実現させるべく意志がある。

（7）沈黙が、内部の悲しみや憂いの表現であることは多いが、ここでは沈黙していても、自分の内面をさとられぬ技術。

（8）発見しにくい秘密なことの真相をも見つけだすような人。

（9）足の長い者が、さらに高足をはいて、背の高さをひとに気づかれないようにするという発想はおもしろい。高足はギリシア劇で使用されたもの。ここでは高人《こうじん》であるツァラトゥストラがさらに寒冷の高山に登っていること。

（10）つまりわざとみじめそうにして、かれらの同情心を満足させる。

（11）ツァラトゥストラがそれ。かれの目からは世俗人は病者。

（12）ツァラトゥストラの認識の徹底性だけを見て、かれの生の悦楽の面を知らない言。ただし、このことばには卑小感はない。

通　過

口まねする猿。近代都市像。それにたいして、批判は愛より発すべきで、愛しえなければ素通りせよ、と猿には高貴すぎる知恵を説く。

こういうふうに、多くの民衆のあいだとさまざまの都市をゆっくりと通りすぎ、迂路《うろ》をとりながら、ツァラトゥストラは、おのが山と洞窟《どうくつ》へ向かった。と、見よ、その途中かれははからずも大都市の門に来た。そのとき一人の阿呆《あほう》が口から泡を吹き、大手をひろげて、まっしぐらにかれに向かってき、かれの前に立ちはだかった。それは民衆が「ツァラトゥストラの猿」と呼んでいる阿呆であった。つまりかれはツァラトゥストラの言葉や口調の若干を学び取り、またツァラトゥストラの知恵の貯《たくわ》えを好んで借用していたのである。さてその阿呆はツァラトゥストラにこう言った。

「おお、ツァラトゥストラよ。ここは大都市である。ここではあなたは求めるものは何も見いだすことがなく、一切を失わなければならない。

なぜあなたはこのぬかるみを渡ろうとするのか。あなた自身の足に同情するがよい。むしろ市門に唾《つばき》して、――引き返すがよい。

ここは、隠栖《いんせい》者の思想にとっての地獄だ。ここでは大いなる思想は、生きながら煮られ、こまごまに切り刻まれる。

ここではあらゆる大いなる感情は腐敗する。ここではからからにかわいた小さい感情だけが、からから音を立てているだけだ。

あなたの鼻は早くも精神の屠場と精神の小料理屋のにおいを嗅《か》ぎあてはしないか。この都市には屠《ほふ》られた精神の湯気が立ちこめているではないか。

あなたは見ないか、魂がぼろきれのように、だらりと吊《つ》るされているのを。——しかもかれらはこのぼろきれから新聞をつくる。

あたたは聞かぬか、精神がここではことばの遊戯になってしまったのを。精神は厭《いと》うべきことばの捨て水を吐き出す。——しかもかれらはこのことばの捨て水から新聞をつくる。

かれらは互いにせき立てている。だが、何を目ざしているかを知らない。かれらは互いを興奮させ、激昂《げきこう》させる。だが、なぜそれをするかを知らない。かれらはかれらのブリキをたたき立て、かれらの金貨の音をひびかせる。

冷えこむと、かれらは火酒に暖を求める。からだが熱をもってくると、凍結した精神に涼気を求める。(1)かれらはみな世論病を病んでいる。

ここはあらゆる逸楽と悪徳の本場である。だがここには有能者もいる。雇われた器用な能力が存在する。

書き慣れた指をもち、待ち慣れ、しんぼうし慣れて、すわりだこのできた器用な能力。

それは胸には小さい星形勲章をつけ、しりのない剝製《はくせい》の子女たちにかこまれている。(2)

ここにはまた万軍の主《しゅ》たる神にたいする多くの敬虔《けいけん》さと、よだれさえなめかねぬ多くの信仰深い阿諛追従《あゆついしょう》がある。(3)

まことに『お上《かみ》から』その星形勲章と恵みふかいよだれとがしたたってくるのだ。お上へと、すべての勲章のない胸はあこがれる。

星形勲章の製造元である月(4)は宮廷という月暈《つきがさ》をもっている。そこにはあまたの異形《いぎょう》の者どもが居並んでいる。その宮廷から来るすべてのものに、乞食《こじき》的人民と器用な乞食的能力の一切は祈願をささげる。

『わたしは仕える。あなたは仕える。わたしたちは仕える』――すべての器用な能力は、王侯を仰いで、このような祈りをささげる。自分の手柄が認められて星形勲章がやがて自分の痩《や》せた胸をかざることを望んで。

しかし、祈られる月も、地上的なもののまわりを回っている。(5)貴族にいたっては、最も地上的なものを中心にして回っている。――つまり商人どもの黄金を中心にして。

万軍の主である神も、金の延べ棒だけはままにならない。王侯は思案する、しかし決定するのは――商人だ。(6)

おお、ツァラトゥストラよ。あなたの内部のいっさいの明るいもの、強いもの、よいものにかけて勧告する。この小商人の都市に唾して、引き返すがよい。

ここでは血液のすべてが、腐敗して、なまぬるく、あぶくを立てながら血管をめぐる。すべてのよごれ水が流れ集まってあぶくを立てている大きな廃液場であるこの都市に唾せよ。

圧《お》しつぶされた魂、痩せた胸、つりあがった目、ねばねばした指のむらがるこの都市に唾せよ。

あつかましい者、無恥の者、物書き屋、絶叫屋、逆上した野心家などのむらがるこの都市。

そこでは、いっさいの腐りかけのもの、汚らわしいもの、みだらなもの、陰険なもの、ただれたもの、膿《う》んだもの、禍心を蔵したものが、かたまって膿みつぶれている。

この都市に唾して、引き返すがよい」——

しかしここでツァラトゥストラは泡を吹き立てているこの阿呆をさえぎり、その口をふさいだ。

「いいかげんにやめよ」とツァラトゥストラは叫んだ。「おまえのことばとおまえのやりかたは、以前からわたしに嘔気《はきけ》をもよおさせている。

なぜおまえはいつまでも沼地に住んでいて、自分自身が蛙《かえる》や蟇《がま》になったのか。

おまえ自身の血管のなかに、腐って泡を立てている沼の血が流れているのではないか。

だからおまえは蛙の鳴き声をあげ、誹謗《ひぼう》ばかりしているのだ。

なぜおまえは森にはいらなかったのか。大地を耕さなかったのか。大海は緑にしげる島々にみちているではないか。

わたしはおまえの軽蔑《けいべつ》を軽蔑する。そしておまえがわたしに警告するなら――なぜおまえはおまえ自身に警告しないのか。

わたしはわたしの軽蔑とわたしの警告の鳥とを、ただ愛のなかから飛び立たせることにしている。沼のなかから飛び立たせるのではない。

泡を吹き立てる阿呆よ、世人はおまえをわたしの猿と呼んでいる。しかしわたしはおまえを不平豚と呼ぶ。――不平をうなり散らすことによって、おまえはわたしの物狂い礼讃(7)の意志をも台なしにしてしまう。

いったいおまえを不平の豚にしたそもそもの原因は何か。それはだれもおまえの気に入るようにおまえに媚びてくれないということだ。――それでおまえはこの汚穢所《おわいじょ》にすわりこんだのだ、たえず不平をうなり散らす種に不自由しないために。――

――たえず復讐をする種に不自由しないために。虚栄心にかられている阿呆よ。つまりおまえが吹き立てている泡のすべては、復讐なのだ。わたしはおまえを見抜いている。

だが、おまえの阿呆のことばは、それに理がある場合でも、わたしに損害をあたえる。そしておまえがもっともっと理にかなったツァラトゥストラのことばを口まねする場合でも、おまえは、おまえがそのことばを口にすることによって、――ふとどきな所業をしている[8]のだ」

ツァラトゥストラはこう語った。そして大きい都市を見つめ、嘆息をもらし、いつまでも黙っていた。ついにかれはこう言った。

この大都市もわたしに嘔気をもよおさせる。この阿呆のふるまいばかりではない。どこを見ても、改善しうるものは何もない。改悪しうるものも何もない[9]。

この大いなる都市にわざわいあれ。――この都市を焼きつくす火柱をわたしは早くも見たいと思う。

大いなる正午には、こういう火柱が先行しなければならないのだ。だが大いなる真昼の訪れということには、しかるべき時と固有の運命とがある。

だが阿呆よ、別れに際して、おまえにこの教えを授けよう。人は、愛することができない場合には、そこを――通り過ぎるべきなのだ。

ツァラトゥストラはこう語った。そして阿呆と大都市を通り過ぎた。

（1）ここでは、精神的飲食物のことを言っている。時には熱狂的な思想や文学、時にはきわめて冷酷なものを求める。
（2）おもに官吏や事務家を言ったのだろう。その子女も痩《や》せこけて生気がない。
（3）「万軍の主たる神」は、前後の関係から見て、最高権力者（当時のドイツ皇帝）をさしていると見られる。
（4）ここで「月」と言ったのは、勲章の「星」との対照。そのうえ、「宮廷」と「月暈」の両義で使用できるHofという語から発想された。
（5）月が地球のまわりを回っているように。
（6）ことわざ「人間が考え、神がきめる」のもじり。政治を左右するのは金権。
（7）魂のない市民社会から逸脱した阿呆、物狂いを元来ツァラトゥストラはほめているのだが、この猿まねによって迷惑をこうむる。
（8）亜流的口まねは、かえってほんものの意義を傷つける。
（9）悪の名にあたいしないようなものは「改悪」することもできない（悪は一種の力であり、生命である）。すべてがいいかげんだ。

離反者

ここにも離反者はいて、彼岸《ひがん》を教えるキリスト教に復帰する。それへの激しい攻撃。しかし敵の力の容易でないことがうかがわれる。

1

ああ、ついさきほどまで、この草地は緑に、またはなやかな色に染められていたのだが、早くもそのすべては、枯れしぼんでしまったのか。あれほど多量の希望の蜜《みつ》をわたしはここからわたしの蜂《はち》の巣に運んだのに。

あの若い心の所有者たちは、もうみな老いてしまったのだ――いや、老いたのではない。ただ倦《う》み疲れ、卑俗に、安易になったのだ。それをかれらは、「われわれはふたたび敬虔《けいけん》になった」と言っている。

ついさきほどまでは、わたしはかれらが早朝、勇敢な足取りで走り出てゆくのを見た。しかしかれらの認識の足取りは倦み疲れた。そしていまかれらはかれらの早朝の勇敢さをさえ、そしるのだ。

まことに、かれらのうちの幾多の者は、かつては舞踏者のように足をあげ、わたしの知恵のなかにふくまれた哄笑《こうしょう》の合図にこたえたのだ。――と、にわかにかれらは考えこんだ。まさにわたしは見た、かれらが背をかがめて――十字架へ這《は》い寄るのを。

かれらはかつて、光と自由を求め、その周囲を蚊のように、若い詩人たちのように、はためき飛んだ。それが少しばかり老い、少しばかり寒さを感じてくると、早くも暗い者、密談する者、暖炉を離れぬ者になったのだ。

かれらが意気沮喪《そそう》したのは、わたしが鯨《くじら》のような孤独の腹中に呑《の》みこまれたためなのだろうか。おそらくかれらの耳が、ながらくわたしの声、わたしのラッパ、わたしの戦闘の叫びを待ちこがれていて、その期待を裏切られたためなのだろうか。

――ああ、かれらのうち長期にわたる勇気と昂然《こうぜん》たる意気をもつ者は、つねに少ない。少数の者は、変わることなく忍耐づよい精神をもっている。しかしその他は、みな臆病者だ。

その他の者。かれらはいつも最大多数者である。陳腐であり、余計者であり、あまりにも多数である。これらの者はみな臆病である。

わたしと類を同じくする者は、わたしと同じ体験をすることになろう。すなわちその最初の伴侶《はんりょ》は屍《しかばね》と、道化師(2)であらざるをえないのだ。

だが、かれの第二の伴侶たち――それはみずからかれの信徒と称するだろう。生きたうごめき、多くの愛情、多くの愚かさ、多くの青くさい崇拝。

人間たちのあいだにいて、わたしと類を同じくする者は、こういう信徒におのれの心を結びつけてはならぬ。こういうような春、こういうような多彩な野を信じてはならぬ、移ろいやすい臆病な人間の性質を知っている者は。

かれらは事情が別であったら、別の行き方をしたであろう。中途半端な者は、全的なものを害《そこ》なう。木の葉が枯れて落ちたからといって、なんの嘆くことがあろう。

おお、ツァラトゥストラよ、木の葉をして落ちるにまかせるがいい。そして嘆かぬがいい。むしろその木の葉を吹き散らす手荒な風を吹き送るがいい。——

——これらの葉のあいだに強く吹き込め、おお、ツァラトゥストラよ。そして枯れているものはすべて、いっそう速やかにおまえから飛び去らせよ。——

（1）鯨に呑まれることは、旧約聖書「ヨナ書」でのヨナが鯨に呑まれたことからの連想。
（2）「ツァラトゥストラの序説7」三七ページ参照。力不足の者と自己省察のない者をさす。

2

「われわれはふたたび敬虔《けいけん》になった」——そうこれらの離反者は告白する。またかれらのなかにはそう告白することさえできない臆病者も少なくない。

わたしはこういう者たちの目を見すえる。——まっこうからきめつけ、その頬《ほお》を赤らめさせる。おまえたちはふたたび祈りだしたのだな、と。

祈るということは、汚辱である。万人にとって汚辱だというのではない。しかし、おまえとわたしにとってはそうである。またおよそ頭脳に良心を宿している者[1]にとってはそうである。おまえにとって、祈ることは汚辱なのだ。

おまえにもわかっていよう。おまえの内部にいる臆病な悪魔、ともすれば合掌し、手を膝《ひざ》におき、安易に生きたがる者——この臆病な悪魔がおまえに説きつけるのだ、「神はある」と。

だが、その悪魔に耳をかすことによって、おまえは、光があるとけっして落ち着くことのできない、光をいとう者たちの一人になる。そうなるとおまえは日ましに深くおまえの頭を夜と靄《もや》のなかに突き入れてゆくほかはないのだ。

そしてまことに、おまえは格好の時を選んだというべきだ。いまちょうど夜の鳥の群れがふたたび飛び出して空を占めているからだ。光をいとうすべての者にとって、よい時が来たのだ、夕暮れの安逸の時が。そこには安逸はあるが、——祝いの喜びはないのだ[2]。

わたしには聞こえてくる、におってくる。狩猟をして歩きまわる時がかれらに来たのだ。ただし、荒々しい力にみちた狩猟ではなく、足の萎《な》えた者が忍んで歩き、小声で祈りながら嗅《か》ぎまわる、腑抜《ふぬ》けた狩猟である。——

——殊勝げな陰性な人間たちを獲物にしようとする狩猟である。人間の心をねらうあらゆる鼠《ねずみ》捕り器がいまやふたたび据えつけられた。帷《とばり》が垂れているので、近よって、それをあけてみると、かならず中から一匹の蛾《が》が飛び出してくる。(3)

それはほかの蛾といっしょになって、うずくまっていたのだろうか。つまりいたるところに、忍びかくれている小さい信徒団体のにおいがするのだ。小さい部屋があれば、かならずそこには新しい祈りのつどいと、そのつどいの悪臭がある。

かれらは集まり合って長い夜々をすごし、つぎのように言う。「われわれはふたたび幼《おさな》子《ご》の心にもどって、『神さま』の名をとなえようではないか」と。——そう言う口も胃も、信心深い菓子屋の作った菓子によって害《そこ》なわれている。

あるいは、かれらは長い夜々、狡猾《こうかつ》な目をした十字蜘蛛《ぐも》(4)を見上げている。その蜘蛛は同類の蜘蛛たちにつねに怜悧《れいり》な術を説いて、こう教えているのである。「十字架の下は網を張るのによい」と。

あるいはかれらは日ねもす沼に釣竿《つりざお》を垂れ、自分たちを「深く探る者」だと思っている。しかし、一匹の魚もいないところで釣りをする者を、わたしは浅薄とさえ言うことはできない。

あるいは、かれらは歌謡詩人のもとで、つつましく、たのしく、竪琴《たてごと》をひくことを学ぶ。

その詩人はまた、竪琴の音で若い女たちの心をとらえようとしている。——つまり、年老いた女たちやその賞讃に飽きが来ているのだ[5]。

あるいはかれらは、学識ある半狂人のもとで戦慄《せんりつ》することを学ぼうとする。その学者は暗い部屋にすわって、霊どもの訪れを待っているのだが、実は霊はかれから逃げ出してしまうのだ[6]。

あるいはかれらは、年老いた、さすらいの笛吹き人の吹く笛の音に耳をかたむける。その笛吹き人は、陰気な風から陰気な調子を学び取った者で、いまや風の音にならって笛を吹き、陰気な調べで悲哀を説教しているのである[7]。

またかれらのうちのある者は、夜警にさえなった[8]。かれらはいま角笛を吹き覚え、夜々巡回して、とうに寝入っている古い問題を呼びさますのである。

わたしは昨夜、園の石塀《いしべい》のほとりで、古い問題についての五つのことばを聞いた。それはこういう年老いた陰気な、ひからびた夜警たちの口から出たものである。

「かれは、父親としては子どもたちへの配慮が足りない[9]。人間の父親のほうが、まだましである」

「かれは年をとりすぎたのだ。かれの心にはもう子どもたちへの配慮などはまるでない」

——そう、もう一人の夜警が答えた。

「かれはいったい子どもたちの父なのか。だれにもその証明はできない、かれ自身がそれを証明するのでなければ。かれがそれを徹底的に証明すればいい、というのが、以前からのわたしの意見だ」

「証明？　まるでかれが何かを証明したことがあるとでもいうように。証明することはかれの苦手だ。かれは信じてもらうことを重んずる」

「そうだ、そうだ。信じてもらうこと、自分を信じてもらうことが、かれを至福の存在にするのだ。老人とはそういうものだ。われわれもそうなのだ」——

——こういうふうに二人の老いた夜警、光明の逃避者は語りあった。それから二人は悲しげに角笛を吹いた。これが昨夜の園の石塀のほとりでの出来事だ。

だが、それを聞いたわたしの心臓は、笑いのためによじれて裂けんばかりであった。わたしは、どうしようもなく、ただ腹をおさえた。

まことに、驢馬《ろば》のほろ酔い機嫌を見、夜警人たちがこのように神への疑いを口にしているのを聞くとき、笑いのあまりに息がつまるのが、ことによったらわたしの死因になるかもしれぬ。

およそ、こんな疑いも、とうに季節はずれになっているのではないか。こういう古びた、寝ぼけた、光にそむいた問題を、いまさらだれが呼び起こそうとするのか。

実際、古い神々はもうとうの昔に終末を告げたのである。[10]——そしてまことに、かれらはよい、快活な、神々らしい最期をとげたのだ。

この神々は、「たそがれ」となって死を迎えたのではない、[11]――そう伝える者があるとすれば、それは嘘《うそ》だ。むしろ事実はこうだ。かれらは、大笑いをして、そのために死んだのだ。

その事件が起こったのは、このうえもなく神をなみするようことばが一人の神そのものによって言われたときである。――そのことばというのはこうだ。「神は一人あるだけである。おまえはわたしのほかに、いかなる神をもいただいてはならぬ[12]」――

髯《ひげ》の濃い怒りの神、嫉妬《しっと》の神が、我を忘れてこう言ったのだ。[13]

それを聞いて、神々のすべては哄笑《こうしょう》し、めいめいの椅子《いす》を揺すぶって、叫んだ。「神々はあるが、唯一の神はない。そういうことこそ、神的なことではないか[14]」と。

耳ある者は、聞け。――

ツァラトゥストラは、かれが愛していて、「まだら牛」とあだなされている町で、こう語った。ここからは、もうわずか二日で、かれの洞窟《どうくつ》とかれの動物たちのところへ行きつくことができる。かれの心は、間近な帰郷のために、たえずおどった。――

(1)　誠実に思考する者。ムードに動かされない者。

(2)　休日は「祝いの日」であることが、本来のありかたである。しかし、ここには安逸（休み）はあるが、祝いの要素はない。

（3）夜と物陰を好む微弱な生命の持ち主。

（4）背に十字の印のある蜘蛛。僧侶をさす。術策に富むその風貌《ふうぼう》。

（5）官能性、感傷性と宗教性をミックスしたような詩人の姿。

（6）神秘主義的、ないし交霊術的学者。霊どもの訪れを待っているうちに、自分の霊（精神）を失ってしまう。

（7）悲哀を売り物にしている老いた芸術家や宗教家。

（8）世間からあまり相手にされないような神学者。

（9）神についての議論、現代の悲惨な状況を見ての立論。

（10）ツァラトゥストラの立場からは、「神」より「神々」（ギリシア的な意味）が問題になる。そしてそれらもすでに死んだのだという。その死因について、以下独自な述べ方をしている。

（11）北欧神話では、神々のたそがれ、すなわち神々の滅びという観念があり、ワーグナーは『ニーベルンゲンの指輪』の第四部「神々のたそがれ」で、それを題材にした。

（12）ユダヤ教、キリスト教による唯一神（エホバ）思想。

（13）唯一神エホバは、旧約聖書に見られるように、他神への信仰を絶対に許さない。

（14）ツァラトゥストラの思想は、現実の生への無差別的肯定を基調とし、そういう生を神的なものと見る。したがって「我は神、他はしからず」は成り立たない。

帰郷

ふたたび孤独に帰り、ここをこそ自分の故郷として讃美する。ついで下界の人間の卑小さと、それと調子を合わせていた危険を思う。

おお、孤独よ。孤独というわたしの故郷よ。あまりにも長く、わたしは異郷の荒蕪《こうぶ》のなかに荒蕪の生をすごした。それゆえわたしはいま涙とともにおまえのふところに抱かれるのだ。

今は、母親がするように、ただ指でわたしをおどしてくれ。母親がするように、わたしにほほえみかけてくれ。ただこう言ってくれ。「いつか嵐《あらし》のようにわたしから離れて行ったのは、だれだったろう。——

——別れぎわに次のように叫んだのは、だれだったろう。あまりに長くわたしは孤独のなかに生きた。それゆえわたしは、もうこれ以上沈黙していることができなくなったと。その沈黙を——いまおまえは学んできたのだろう。

おお、ツァラトゥストラよ。わたしには何もかもわかっている。おまえ、ひとりきりの人間よ、おまえは多くの人間のあいだにはいって、そこでいっそう見捨てられた者になった。かつてわたしのもとにいたときより、いっそう見捨てられた者におまえはなったのだ。

見捨てられていることと、孤独とは別のことだ。そのことをおまえはいま——学び知ったろう。そしてまた、人間たちのところではおまえはいつも、なじまぬ異郷の徒であるだろうということをも。

——人間たちがおまえを愛しているときでも、おまえはなじまぬ異郷の徒なのだ。なぜなら、かれらは、何よりもいたわってもらいたがっているからだ。(1)

しかし、ここではおまえは、ほんとうのおまえに返っていいのだ。何を語ってもよく、胸の奥底にあることを吐き出してもいい。ここでは、どんな隠された、おさえられた感情でも、それを恥ずかしがる必要はないのだ。

ここではいっさいのものがおまえのことばに慕い寄ってきて、おまえに媚《こ》びる。ここではいっさいのものが、おまえの背にまたがって走りたがる。(2) また、おまえはあらゆる比喩《ひゆ》の背にまたがって、あらゆる真実へと乗りつける。

ここではおまえはいっさいのものにむかって、まっすぐな態度で語っていいのだ。そして、いっさいのものと率直に語りあうことが、それらのものの耳に賞讃としてひびくのだ。(3)

だが、見捨てられているということは、それとは別だ。ツァラトゥストラよ、おまえは今も覚えているか。おまえは森のなかで屍《しかばね》のそばに立っていた、おまえの鷲《わし》はおまえの頭上で叫び、おまえは、どこへ行くべきかを知らず、またそれを決めかねていた。あのときのことを覚えているか。(4)——

――あのときおまえはこう言った。『わたしの生き物たちがわたしを導いてくれればよいに。人間たちのあいだにいるのは、生き物たちのあいだにいるより危険なことをわたしは知った』と。――それが見捨てられている状態なのだ。

おまえはまだ覚えているか、おお、ツァラトゥストラよ。おまえにおまえの島で、空《から》の桶《おけ》に囲まれた葡萄《ぶどう》酒の泉のように渇いた者たちにあくまでも与え、あくまでも贈っていた。

――そしてついにおまえは、酔い痴《し》れた者たちのなかにただひとり渇いたままでいて、夜にはこう言って嘆いたのだ。『受けることは、与えることより幸福なのではあるまいか。そして盗むことは、受けることよりもっと幸福なのではあるまいか(5)』と。――それが見捨てられている状態なのだ。

またおまえは覚えているか、おまえの最も静寂な時刻が来て、おまえをおまえのありかたから追い立てたときのことを。あのときあのおまえの最も静寂な時刻は意地の悪いささやき声で言った。『語れ、そして砕けよ(6)』と。――

――あのとき、あのおまえの最も静寂な時刻は、おまえが待っていること、沈黙していることをとがめ、おまえの謙遜《けんそん》な勇気からも力を奪ってしまったのだ。あれが見捨てられているという状態なのだ」――

おお、孤独よ。わたしの故郷である孤独よ。おまえの声は、なんというしあわせとやさしさをたたえて、わたしに語りかけることだろう。

わたしたちは、互いに問いもかけない。(7) 互いにぐちも言わない。わたしたちはあいたずさえて、あらゆる場所を自由に出入りする。

おまえのところでは、一切が開かれていて、明るいのだ。時さえもここでは、軽やかな足どりで歩む。暗黒のなかにいるときは、光のなかにいるときより、時という荷物は重いのだ。

ここでは、いっさいの存在のことばとそのことばの櫃《ひつ》とが、わたしにむかって開かれる。いっさいの存在が、ここではことばになろうとする。いっさいの生成がここでは語ることをわたしから学ぼうとする。(8)

それに反してあの下界では——いっさいの言説がむだになるのだ。そこでは、忘れることと通り過ぎることとが、最善の知恵である。そのことを——わたしはしっかりと学び知ったのだ。

人間たちのあいだにいて、いっさいのことがわかりたいと思ったら、いっさいのことに手を触れなければなるまい。しかし、それをするには、わたしはあまりに清らかな手をもっている。

わたしはかれらの息さえ吸いたくない。ああ、わたしがあのように長く、かれらの喧噪《けんそう》とけがれた息のなかに生きていたとは。

おお、わたしをつつむ至福の静かさよ。おお、わたしをつつむ清らかな香りよ。この静かさは、なんという深い胸で清らかに呼吸をしていることか。なんと静かに聞き入っていることか、この静かさは。

それに反してあの下界では――一切が語っていて、一切が聞きのがされる。人が鉦《かね》や太鼓を鳴らして自分の知恵を売りつけても、それは市場の小商人たちの銅貨の音でかき消されるだろう。

そこでは一切が語っている。しかしだれもそれを理解しない。一切が水に落ちて流される。深い泉の底に沈むものは何ひとつない。

そこでは一切が語っている。だが成就するものは何もない、終結するものは何もない。一切が鵞鳥《がちょう》のように鳴き立てる。しかし静かに巣ごもりして卵を孵《かえ》そうとするものはない。

そこでは一切が語っており、一切が語りこわされる。そして、昨日はまだ時代の歯にとってさえ固すぎたものが、今日は嚙《か》みくだかれ嚙みほごされて、当世人の口のはしから垂れさがっている。

そこでは一切が語っている。いっさいの隠れたことが明かされる。そして、かつて深い魂の秘密や秘事といわれたものが、こんにちは街上のラッパ手や太鼓たたきの持ち物になっている。

おお、おまえ、人間という奇妙なものよ、暗い街路にたむろする喧噪よ。いまおまえはふたたび、わたしの背後に遠ざかった。――わたしの最大の危険は、わたしの背後に遠ざかったのだ。

わたしの最大の危険は常に、いたわることと、あわれむことにあった。しかも人間というものは常に、いたわられ、あわれまれることを欲しているのだ。

真実を語ることを抑制し、落書きをぬたくり書きする道化師の手と心をもち、あわれみからの小さな嘘《うそ》をゆたかに吐いて——いつもそのようにして、わたしは人間たちと交わっていた。

仮装してわたしはかれらのあいだにすわっていた。かれらに堪えることができるように、自分自身をわざと誤解し、好んで自分に言いふくめた。「阿呆《あほう》なおまえよ。おまえは人間というものを知らないのだ[9]」と。

人間たちのあいだにまじって生きていると、人間というものを見失う。すべての人間には、あまりに多くの前景[10]がある、——そこでは、遠くを見ることができる目、遠くに求める目が、何の役に立つだろう。

そしてかれらがわたしを見誤ったときは、わたしは見誤られたわたしをいたわるよりは、見誤ったかれらをいたわった。そして自分にたいして苛酷《かこく》であることに慣れているので、しばしばこういういたわりをしたことへの復讐《ふくしゅう》をさらに自分自身に加えた[11]。

毒のある蠅《はえ》どもに刺され、悪意のおびただしい雨だれにうがたれた石さながらの姿で、わたしはかれらのあいだにすわっていた。そして自分に言いふくめた。「小さい者たちが小さいのは、かれらの罪ではない」と。

ことに「善良な人間」と自称する者たちが、最も有毒な蠅だった。かれらは何の責任感もなく刺し、何の責任感もなく嘘《うそ》をつく。どうしてかれらにできよう、わたしにたいして――公正であることが。

善良な人間たちのあいだで暮らす者には、同情心が嘘をつくことを教える。同情心はすべての自由な魂が堪えがたく思う、うっとうしい空気をつくる。つまり善良な人間たちの愚かさは底が知れない。

わたし自身とわたしの富をかくすこと――そのことをわたしは下界で学びおぼえた。それは、下界ではだれを見ても、精神が貧しい者であるからだ。わたしの同情からの嘘は、わたしがかれらの一人一人において、

――どういう精神がこの者にとって満足できるものであるか、どういう精神がこの者にとってもう堪えられないほどの強いものであるかを、見てとり、嗅《か》ぎとったことから来ていた。[12]

かれらのなかの硬直した賢者たちを、わたしは硬直したとは呼ばず、賢いと呼んだ。――こういうふうにわたしは真実のことばをのみこむことを学んだ。かれらのうちの墓掘り人を、わたしは研究者、検討者と呼んだ――こういうふうにわたしは、ことばをすりかえることを学んだ。

墓掘り人たちは、穴を掘ってはこ病気にとりつかれる。古い瓦礫《がれき》の下には、瘴気《しょうき》がひそんでいるから。泥沼をかきまわしてはならない。山上にこそ住むべきだ。

幸福に鼻の穴をふくらませて、わたしはふたたび山上の自由を呼吸する。わたしの鼻はついに人間というもののもつ臭気から救い出された。

泡だつ葡萄酒の香りをかいだときのように、鮮烈な空気にくすぐられて、わたしの魂はくさめする――くさめして、自分にむかって歓呼する、健康なれ、と。


ツァラトゥストラはこう語った。

（1）だから、人間たちと腹を打ち割った真の接触ができない。
（2）いっさいのものが、おまえのことばによって、その真姿を現わして、生動したがる。
（3）率直に語り合える相手として認めてもらったことになるから。
（4）第一部「ツァラトゥストラの序説10」四六ページ参照。
（5）第二部「夜の歌」二三〇ページ参照。
（6）第二部「最も静かな時刻」三二八ページ参照。
（7）「ぐあいはいかが、健康か」などと、あらためて問わない。
（8）存在と生成という二つの概念を出しているが、ここではだいたい、いっさいの事物とその事物の変化発展の姿ととっていい。それらがみな、わたしによってことばとして表現されるようになる（その真実の姿がわたしに明らかに見えるから）。

（9）自分はまだ無知で、人間たちのよいことを知らないのだ、と強いて思って、人間たちをがまんしている。それがすなわち「自分自身をわざと誤解した（無知だと）」ことになる。

（10）日常的利害、地位等々。それらにさまたげられて、遠いところが見えない状態だ。

（11）かれらが自分を誤解したことを寛大に考えてやって、それを自分のせいにするが、時にはまた自分がそういう態度をとったことを自分に責める。

（12）人々がどの程度の精神の力にたいして理解力があるかを見定め、それ以上に強い精神は見せないようにする。たとえば、相手が二流の文学作品に感心しているなら、それにあいづちを打って、一流の作品は話題にしない。

三つの悪

夢に、世界を虚心にありのままに見ることを学んだ。それと同様にいわゆる最大の悪徳をありのままに見て、その積極的意義を説く。

1

わたしは夢を見つづけた。朝に見た最後の夢のなかで、わたしは、ある岬《みさき》の上に立っていた、――それは世界を離れた岬であった。わたしは一つの秤《はかり》を手にしていて、世界を量っていた。

ああ、残念なことには紅《くれない》の曙光《しょこう》があまりにも早くわたしの夢を破った。この妬《ねた》みぶかい女は、その熱気でわたしを目ざめさせたのだ。彼女はいつもわたしの朝の夢の熱気に嫉《しっ》妬《と》するのだ。(1)

時をもつ者にとっては測定することができ、(2)よい秤にとっては量ることができ、強い翼にとっては飛びつくことができ、神のように胡桃《くるみ》を割る者(3)にとっては見抜くことのできるもの、――わたしの夢のなかで世界は、そういうものとしてわたしの前にあった。――

わたしの夢、敢為なヨット、なかば船で、なかば突風、蝶《ちょう》のように無言で、はやぶさのように短気者であるわたしの夢、それがどうして今日は世界を量る忍耐と余暇をもったのだろう。

おそらく、わたしの知恵――あらゆる種類の「無限の世界」を嘲《あざけ》る、わたしの哄笑《こうしょう》する白昼の知恵――が、ひそかにわたしに説きつけたのだろう。つまりその知恵はこう言うのだ。「力が存在するところ、そこではまた数が支配者となる。数は、より多くの力をもつ」と。(4)

わたしの夢は、なんとしっかりと、この有限の世界をながめたことであろう。好奇的でも、懐古的でもなく、恐れもせず、甘えもしない。(5)――

――まるで、ふっくらとした林檎《りんご》、ひんやりとして手ざわりのよい、ビロードの膚をした、熟した黄金《こがね》の林檎がわたしの手に身をゆだねるように――世界はわたしに身をゆだねた。――

――まるで一本の木――道に疲れた旅人が身をもたせかけられるように、さらには足までのせられるように、都合よくたわみ曲がっている木、四方に枝をひろげている、意志の強い木、――それがわたしを招くように、世界はわたしのいる岬の上に立っていた。――

――まるでやさしいきゃしゃな手がわたしに一つの小箱――はじらいながら歓喜して崇《あが》め見る目に惜しみなく開かれている小箱――をさし出すように、世界はきょう、わたしにおのが身をさし出していた。——

——人間の愛情をこわがらせて逃げ出させるほどの困難な謎《なぞ》ではなく、人間の知恵を眠りこませるほどに容易な解答でもなく——人間的によい一つのもの[6]、わたしにとってきょうの世界はそれであった、あんなにも人々から悪《あ》しざまに言われている世界が。

どんなにわたしはわたしの朝の夢に感謝することだろう、わたしがきょう早朝にこのように世界を量ったことについて。人間的によいものとしてその夢はわたしを訪れた、心を慰めるこの夢は。

それで、白昼にもわたしがこの夢にひけをとらないため、そしてその夢の最善のところを模倣し、学び取るために、わたしはいま三つの最大の悪を秤の皿にのせ、それを量って人間的によいものであることを示すことにしようと思う。——

祝福することを教えた者は、また呪《のろ》うことをも教えた[7]。この世界で最もはなはだしく呪われた三つの悪は何か。それをわたしは秤皿にのせようと思う。

肉欲、支配欲、我欲、この三つは今まで最もはなはだしく呪われ、もっとも悪しざまにそしられ、まちがったレッテルを貼《は》られたものである。——この三つを量って、わたしはそれが人間的によいものであることを示してみようと思う。

いざ！　ここにわたしの岬がある。そしてかなたには海が。その海がわたしのほうへまろび寄ってくる。毛むくじゃらで、媚《こ》びをみなぎらしているやつ。わたしの愛するまめやかな、古なじみの、百の頭(8)をもつ怪犬だ。

いざ！　ここでわたしはこのまろび寄ってくる海の上に秤をかざそう。そしてこのことに立ち会う一人の証人をも選ぼう、——隠栖《いんせい》者であるおまえよ、強烈な香りを放つ、枝と葉の大きいドームをいただく、わたしの愛する木よ、おまえをわたしは証人に選ぼう。

どういう橋を通って、現在の「いま」は未来の「いつか」へ渡ってゆくか(9)。どういう強制によって、高いものは低いものへと下るのか(10)。何が至高のものにも、なお——高みへ成長することを命ずるのか(11)。——

いま秤は平衡して静まっている。三つの重い問いをわたしは秤皿に投げこんだ、そして三つの重い答えが、もう一方の秤皿にのっているのだ。

（1）熱気どうしの嫉妬としてつかんだ。

（2）「時をもつ者」は難解だが、現実の世界に足を踏まえていて、向上発展を目ざし、強く生き抜こうとする者は時をもっているといえよう。それと対比的なのは宗教的な静止的天国を思い描く人で、それは時をもたない。そういう人は、世界を神と結びつけるから、「無限の世界」を考える。それに反して前者は、世界を現実的に、量りうる者としてつかむ。

（3）事物の中核をつかむ者。

（4）「無限の世界」を嘲るのは、ツァラトゥストラの自覚的な、勇気ある知恵である。ここで「白昼の知恵」と言ったのは、自覚的、意識的に把握された知恵。その知恵によれば、世界は力の場として考えられる（ニーチェは、世界の根底として「力への意志」を説く）。そうすれば、数値、数量の多いほど、力があることになり、計量ということが問題になる。ここで「数」を言ったのは、秤で量るということの裏づけをしたのである。

（5）ただありのままに見、量った、ということ。

（6）人間の手に負えないものではなく、人間があつかうことのできるようなもの。形而下《けいじか》的に把握できるもの。

（7）呪いは祝福の半面で、道徳、ことにキリスト教は、悪と認めたものを強く呪う。

（8）「百の頭」は波頭。この海は、生の全容と考えられる。

（9）生産的な「肉欲」によって子は生まれ、未来は生まれる。

（10）「支配欲」によって、高いものは低いものに交渉する。

（11）「我欲」。

2

肉欲。贖罪《しょくざい》の肌着をつけた肉体侮蔑《ぶべつ》者のすべてにとっての刺《とげ》であり、こらしめのさらし台である。そして背面世界論者のすべてから「俗世」として呪われている。それは、肉欲が混乱し倒錯した教師らのすべてを嘲笑《ちょうしょう》し、愚弄《ぐろう》しているからである。

肉欲。賤民《せんみん》たちにとっては、かれらをおもむろに焼く火。むしばまれた木材と悪臭をはなつぼろきれとにとっては、たちどころにこれを焼き、とろかすかまどである。

肉欲。自由な心情にとっては、無垢《むく》で自由なもの、地上における花園の幸福、すべての未来が「いま」に寄せるあふれるばかりの感謝。

肉欲。萎《な》えしぼんだ者にだけは甘い毒。だが、獅子《しし》の意力をもつ者にとっては心情の大いなる強壮剤、畏敬《いけい》をもって秘蔵された酒のなかの酒。

肉欲。より高い幸福と最高の希望の比喩《ひゆ》としての大いなる幸福。すなわち、それによって多数の者に結婚生活が約束され、また結婚生活以上のもの[1]が約束されるのだ。――いったい男と女とがどんなに隔たり合っているかを、完全に理解した者があるだろうか。

――男と女としての隔たり以上に隔たり合っている多数の者に、それが約束されるのだ。

肉欲。――だが、わたしはわたしの思想のまわりに、またわたしのことばのまわりに垣根をめぐらそう[2]。わたしの花園に豚と酔いどれが侵入してこないように。――

支配欲。最も強固な心情の所有者の受ける熱火の鞭《むち》である。最も残忍な者に加えられるべく残しておかれた残忍な責苦。生きながらの火刑のための暗い炎である。

支配欲。最も虚栄心の多い民族の鼻面《はなづら》を引きずりまわす意地の悪い鼻の金輪。すべてのあやふやな徳の嘲笑者[3]。どんな馬にでも、どんな誇りにでもまたがって歩くもの。

支配欲。腐ったもの、うつろなものの一切を砕き、暴露する地震。上塗りされたもろもろの墓を破壊する、とどろく怒りと刑罰の車輪。早過ぎた答えに投げつけられる電光の疑問符。(4)

支配欲。その眼光をあびると、人間は蛇や豚よりも匐《は》いつくばって苦役に服する、——ついに人間の内部から大いなる軽蔑《けいべつ》が叫び声をあげるまで。(5)——

支配欲。大いなる軽蔑を教える恐るべき教師。都市や国家の顔にも「なんじ去れ」との説教をあびせかける。——そしてついにそれらの都市や国家そのものの内部から、「われ去らん」の声が発せられるようになる。(6)

支配欲。それはしかし、汚《けが》れのない者、孤独な者たちのところへも、また自足している高い者たちのところへも、誘いながら登ってゆく。地上の空に真紅《しんく》の至福の誘いの大文字を描く愛に似て、燃えかがやきながら。(7)

支配欲。だが、高きにある者がその力をたずさえて下方へさがろうとするとき、(8)どうしてそれを欲と呼ぶことができよう。まことに、こういう欲求と下降には、卑しいところ、うしろめたいところは少しもないのだ。

孤独な高所にある者が、永久の孤独と自己満足には住みつくまいとする気持、山が谷へ、高みの風が低地へ下りようとする憧《あこが》れ、——

おお、こういう憧れを言いあらわす正しい名称、徳の名を、だれが見いだすことができよう。「贈り与える徳」――そうツァラトゥストラは、かつてこの名づけえぬものを呼んだ。

あのときまた次のことが行なわれた、――そしてまことに、それはこの世においてはじめて行なわれたのだ。――すなわち、ツァラトゥストラが、我欲をも至福のものとして讃《たた》えたのである。かれが讃えたのは、力強い魂から湧《わ》き出るすこやかな我欲である。

そしてその力強い魂とは、高貴な肉体、美しい、勝ち誇った、生気のあふれる肉体を兼ね備えた魂なのだ。周囲のすべての事物におのが美しさを反映させる美しい肉体、――しなやかな、説きふせる肉体、舞踏者のような肉体（みずからを楽しみ悦《よろこ》んでいる魂は、こういう肉体の象徴であり、エキスである）を兼ね備えている魂なのだ。こういう肉体と魂がみずから味わう歓喜、それがわたしの讃える我欲であり、そしてそれはおのれ自身を「徳」と呼ぶのだ。(9)

このような至福の我欲は、優良と粗悪についての独自のことばでおのれのありかたを守る、(10)おのれのまわりに聖なる林苑《りんえん》をめぐらすように。おのれの幸福に与えたさまざまの名によって、いっさいの軽蔑すべきものを、おのれから遠ざける。

それは、いっさいの臆病なもの、卑怯《ひきょう》なものを、おのれから遠ざける。この我欲が、粗悪という評語をくだすとき、――それはすなわち卑怯、臆病ということである――いつもくよくよし、ため息をもらし、泣き言をいう者、どんな小さい利益でも拾い集める者は、この我欲にとっては軽蔑すべきものである。

それはまた、いっさいの哀訴的な知恵を軽蔑する。世には、闇《やみ》のなかに咲く知恵もあるのだ。それは、夜闇《よやみ》の知恵として、いつも嘆いている、「すべてはむなしい」と。

この我欲は、用心ぶかい不信の態度をも、くだらぬものと見る。まなざしと握手だけでは足りずに誓言を要求する者、あまりにも疑いぶかい知恵、それらをも、同じようにくだらぬものと見る。それらは、臆病な魂に特有のものだからである。

この我欲がなおいっそうくだらぬものとして蔑《さげす》むのは、たわいもなく人の意を迎える者、すぐに仰向けになる犬によく似た男、卑下する者などである。実際、世には、卑屈で、犬に似て、殊勝で、たわいもなく人の意を迎える知恵も存在するのだ。

いとわしいもの、嘔気《はきけ》をもよおさせるものとしてこの我欲が軽蔑するのは、けっして抵抗しない者、毒気のあるつばきや悪意のまなざしを浴びせかけられても、それを呑《の》み下してしまう者、あまりにも忍従的な者、一切を忍ぶ者、何にでも満足する者などである。すなわち奴隷根性の者らである。

神々と神々の足蹴《あしげ》とに忍従するのであっても、人間たちとその低能な世論に忍従するのであっても、いっさいの奴隷根性に、この至福な我欲は唾《つばき》を吐きかける。

粗悪。——至福な我欲は、折れ釘《くぎ》のように腰をまげている者、せぐくまっていて奴隷的な者、自由をもたない瞬《また》たきをする目、意気沮喪《そそう》した胸、そしてあのいつわりの妥協と譲歩の態度（それは厚ぼったい臆病な唇で接吻《せっぷん》する）などのすべてを、粗悪と呼ぶ。

えせ知恵。――至福な我欲は、奴隷と老人と倦《う》み疲れた者が賢ぶって口にする一切をそう呼ぶ。ことに悪質な、たわけた、りこうさを鼻にかけた僧侶《そうりょ》たちの阿呆《あほう》なことばのすべてを、そう呼ぶ。

それにしても、こういうえせ知恵、そして僧侶たちや世に倦み疲れた者たち、女と下僕の魂をもつ者たち――ああ、これらの者たちのすることが、どんなに昔から我欲をさいなんできたことか。

しかも、我欲をさいなむというそのことが、徳と見られ、徳と呼ばれてきたのだ。だから、すべてこれらの世に倦み疲れた臆病者たちと十字蜘蛛《ぐも》たちが、「無私」であろうとしたのは、まことにもっともなことだった。(11)

しかし、これらすべての者たちに、いまやその日が、転変が、裁きの剣《つるぎ》が、大いなる真昼の時がやってくる。こうして多くのことが明らかになるだろう。

そして「我」をすこやかで聖なるものと宣言し、我欲を至福と宣言する者は、ここに一人の予言者として、その知るところを告げるのだ。「見よ、大いなる真昼は来る、それは近い」と。

ツァラトゥストラはこう語った。

（1）単に男女二人の結合にとどまらず、人類の向上（超人への）を目ざす高いありかた。
（2）このへんで沈黙しておこう。
（3）支配欲にとりつかれると、仁愛とか友情とかの体裁のいい徳は、たちまち捨てられる。支配欲がそれらを嘲笑するのである。
（4）たとえば、ある者が過大評価を受けていたとする。そのとき次の世代の者の支配欲がその評価にはげしい疑問、ないし否定を投げかける。いなずまの形から「電光の疑問符」と言った。
（5）支配欲にとらえられると、人間はそれに使役されて、どんな低劣なこともする。ただし、その度が過ぎると人間の内部からそれへの反抗が起こる。
（6）現実の国家制度の否定もする。するとその内部からも、自己否定の声が起こってくる。
（7）孤独な哲人などが支配欲をいだいた場合を言っている。そのときかれらは空に人類の幸福を約束する大文字を書く。「愛に似て」と消極的に言ったのは、ここでは問題が支配欲だからだろう。
（8）高いよい力を下方へ及ぼそうとする。成り上がろうとすることへの反対。
（9）第一部「贈り与える徳1」一六一ページ参照。
（10）おのれの独自の評価で、優良をとり、粗悪を排してゆく。
（11）十字蜘蛛については、「離反者2」四〇二ページ注（4）参照。我欲をしりぞけた当然の帰結として無私であろうとする。ただしここの「無私」は、自己の主体性や生命力を失ってしまった状態。
〔六〕倶戴天《ふぐたいてん》の敵であるの霊とは、ここではおもに世俗的な他律的価値観念である。真の自己に帰れば、自由と軽さが得られるのだ。

重さの霊

1

わたしの弁舌は——民衆のそれである。わたしは絹毛《きぬげ》の兎《うさぎ》に聞いてもらうには、あまりに乱暴に率直に語る。そしてわたしのことばはすべてのインキ魚（いか）とペン狐《きつね》(1)にとっては、いっそう耳慣れぬものとして響く。
わたしの手は——落書き好きの阿呆《あほう》の手である。すべての机と壁、また阿呆の装飾癖とぬたくり書きの癖をそそる余白をもっているものは、災難である。
わたしの足は——駿馬《しゅんめ》の足である。この足でわたしは広野をまっしぐらに、また縦に横に十文字に走る。そしていつも疾駆の喜びに夢中になる。
わたしの胃は——鷲《わし》の胃であろうか、子羊の肉を最も好むから。いずれにせよ、それは空飛ぶ一羽の鳥の胃である。

とるに足りない物をわずかの量だけ摂《と》ることで身を養い、いつも飛ぼう、飛び去ろうという気短な身構え、これがわたしの性癖だ。それは鳥の性癖をもっているとは言えないだろうか。

そしてとくに、わたしが重さの霊の敵であること、これこそ鳥の性癖である。まことにそれは不倶戴天《ふぐたいてん》の敵、宿敵、根本の敵である。おお、わたしのこの敵意はすでに八方にむかって翼をふるったのだ。

それについてはわたしは一篇の歌曲《うた》をうたうことができるくらいだ――そしていまそれを歌おうと思う。もっともわたしは森閑《しんかん》とした家にただひとりいて、それを自分自身の耳に歌って聞かせるほかはないのだが。

もちろん、ある種の歌い手たちは、会場が満員になってはじめて、その喉《のど》はやわらかになり、その手は能弁になり、その目は表情をまし、その心はいきいきとしてくる。――わたしはそういう歌い手ではない。――

（1）安直な物書き人。

2

将来いつの日か人間に飛ぶことを教える者は、いっさいの境界石を移したことになる。[1]かれにとっては境界石そのものが、いっせいに空に舞い上がったも同然である、大地にかれは新しい名を与えるだろう――「軽きもの」と。

駝鳥《だちょう》は、最も速い馬より速く走る。しかしその駝鳥も、重い大地に頭を重々しく突き入れる。まだ飛ぶことのできない人間もそうである。

かれは、大地と生を重いものと考える。重さの霊がそう望むのだ。だが、重さの霊に抗して軽くなり鳥になろうと望む者は、おのれみずからを愛さなければならない――それがわたしの教えである。

もちろん病患の者たちの愛で愛するのではない。病患の者たちにおいては、自愛も悪臭をはなつ。

人はおのれみずからを愛することを学ばなければならない、すこやかな全き愛をもって。――そうわたしは教える。おのれがおのれ自身であることに堪え、よその場所をさまよい歩くことがないためにである。

こういう、よその場所をさまよい歩くことが、「隣人愛」と自称しているのである。このことばで、今までに最もはなはだしい嘘《うそ》がつかれ、偽善が行なわれてきた、ことに世界を重苦しくしてきた者たちによって。

そしてまことに、おのれを愛することを学びおぼえよという命令は、きょうあすに達成できるようなことではない。むしろそれは、あらゆる技術のうちで、最も微妙な、最もこつと忍耐を必要とする、最終的な技術である。

という意味はこうである。真に自己自身の所有に属しているものは、その所有者である自己自身にたいして、深くかくされている。地下に埋まっている宝のあり場所のうち自分自身の宝のあり場所は発掘されることがもっともおそい。――それは重さの霊がそうさせるのである。

ほとんど揺籃《ゆりかご》のなかにいるときから、われわれは数々の重いことばと重い価値とを持ち物として授けられる。「善」と「悪」――これがその持ち物の名である。この持ち物をたずさえているのを見とどけて、人々はわれわれにこの世に生きることを許すのである。

また人々が幼子《おさなご》たちを引き寄せて愛護するのは、幼子たちがおのれみずからを愛するようになることを早い時期から防ぐためなのだ。こういうことも重さの霊のせいである。

そしてわれわれは――人々から持たされたものを、忠実に運んで歩く。こわばった肩にのせ、険しい山々を越えて。われわれが汗をかくと、人々はわれわれに言う、「そうだ、生は担うのに重いものだ」と。

だが、重いのは、人間がみずからを担うのが重いだけの話である。そうなるのは、人間があまりに多くの他者の物をおのれの肩にのせて運ぶからである。そのとき人間は、駱駝《らくだ》のようにひざまずいて、したたかに荷を積まれるままになっている。

ことに、畏敬《いけい》の念のあつい、重荷に堪える、強力な人間がそうである。かれはあまりに多くの他者の重いことばと重い価値の数々を身に負う。――そのとき生はかれには砂漠のように思われるのだ。

だが、まことに、人間が真に自分のものとしてもっているものにも、担うのに重いものが少なくない。人間の内面にあるものの多くは、牡蠣《かき》の身に似ている。つまり嘔気《はきけ》をもよおさせ、ぬらぬらしていて、しっかりとつかむことがむずかしいのだ――。

――だから、高貴な飾りのついた高貴な貝殻がそれをつつんで、埋めあわせをすることになる。しかし、貝殻と美しい外見と賢《さか》しい盲目の状態とをもつという技術も、学ばなければ得られないのだ(2)。

ところが、しばしばこういうことも起こる。貝殻がみすぼらしくて、悲しげで、あまりにも貝殻そのものであるために、人間のもつさまざまの特質が見すごされるのである。こうして多くの隠された善意と力がついに察知されることがなく、このうえもない美味が、その味わい手を見いださない。

女たち、この、最も外見の美しいものたちは、その消息を知っている。もう少し太りたいとか、もう少し痩《や》せたいとかが、彼女たちの苦心である。——おお、どんなに多くの運命の転変が、このようにわずかなことにかかわっていることか。[3]

人間は、その真相を見つけだすことがむずかしい。ことに自分が自分を見つけだすことが、最もむずかしい。しばしば精神が魂について嘘をつく。[4] これも重さの霊のなすわざである。[5]

しかし、次のような言を発する者は、自分自身を見つけだした者である、「これはわたしの善であり、悪である」と。これによって、かれは、もぐらと侏儒《しゅじゅ》の口をつぐませたのだ。もぐらどもはこう言うのである。「万人にとっての善、万人にとっての悪」と。

まことにわたしは、すべてのことをよしと言い、さらにはこの世界を最善のものと言う者たちをも好まない、この種の人間をわたしは、総体満足家と呼ぶ。

あらゆるものの美味がわかる総体満足、それは最善の味覚ではない。わたしは、強情で、気むずかしい舌と胃をたっとぶ。それらの舌と胃は、「わたし」と「然《しか》り」と「否《いな》」ということばを言うことを習得しているのである。

それに反してあらゆるものを噛《か》み、あらゆるものを消化すること——これはまさしく豚《ぶた》の流儀だ。いつも「イ・アー（然り）[6]」としか言わないのは、驢馬《ろば》と、驢馬的精神をもつものだけである。——

深い黄と熱い赤。わたしの趣味はそれを欲する。——わたしの趣味は、すべての色に血を混ぜるのだ。だが、おのれの家を白く上塗りする者たちは、白い上塗りの魂をさらけだしているのである。

ある者たちはミイラに惚《ほ》れこみ、また別のある者たちは幽霊に惚れこむ。[7] 両者ともにいっさいの肉と血に敵意をもっている、――かれらはわたしの趣味に反する。わたしは血を愛する者だ。

みんなして痰《たん》やつばを吐き散らすところに、わたしは滞在しようとは思わない。わたしの趣味から言えば――それよりはむしろ盗賊や偽誓者のあいだで暮らすほうがましだ。そういうところには口に金をふくんでいる者は一人としていないのだから。[8]

だが、それよりもわたしに厭《いと》わしいのは、ひとのよだれをなめるおべっか使いだ。そしてわたしが見いだした最も厭わしい人間獣に、わたしは寄生虫という名をつけた。この生き物はひとを愛しようとはしないが、愛してもらって生きようとしているのである。[9]

悪い動物となるか、悪い動物使い[10]となるか、この二つのうちの一つを選ぶことしか知らない者たちを、わたしはあわれな者と呼ぶ。こういう者たちのいる場所には、わたしは小屋を建てようとしないだろう。

また、いつも待っているほかに能のない者たちをも、わたしはあわれな者と呼ぶ、――これらの者もわたしの趣味に反する。収税吏、小商人、王や国々の番人、店の番人などはこれである。

まことに、わたしも待つことを学びおぼえた。しかも徹底的に学びおぼえた。しかし、わたしが学びおぼえたのは、ただわたし自身を待つことである。しかも、何にもまさってわたしの学びおぼえたことは、立つこと、歩くこと、走ること、よじのぼること、踊ることである。

すなわち、わたしの教えはこうだ。飛ぶことを学んで、それをいつか実現したいと思う者は、まず、立つこと、歩くこと、走ること、よじのぼること、踊ることを学ばなければならない。――最初から飛ぶばかりでは、空高く飛ぶ力は獲得されない。

縄梯子《ばしご》で、わたしはいくつかの窓によじのぼることを学んだ。敏捷《びんしょう》に足をうごかして高いマストによじのぼった。認識の高いマストの上に取りついていることは、わたしには些細《ささい》ではない幸福と思われた。――

――高いマストの上で小さい炎のようにゆらめくことは、わたしには些細でない幸福と思われた。なるほど小さい光ではあるが、座礁《ざしょう》した船の水夫《かこ》たち、難船者たちには一つの大きい慰めとなるのである。――

わたしはさまざまな道を経、さまざまなやりかたをして、わたしの真理に到達したのだ。この高みにいて、わたしの目は、目のとどくかぎりの遠方へと遊ぶが、ここまで至りついたのは、かぎられたただ一本の梯子をよじのぼって来たのではない(11)。

そしてわたしがひとに道を尋ねたときは、いつも心が楽しまなかった。――それを聞くことはわたしの趣味に反した。むしろわたしは道そのものに問いかけ、道そのものを歩いてためしてみたのだ。

わたしの歩き方は、問いかけてためしてみるということに尽きていたのだ。――そしてまことに、人はこのような問いかけに答えることをも学びおぼえなければならぬ。それは、――「わたしの趣味」と答えることである。

――よい趣味でも、悪い趣味でもない。ただわたしの趣味なのだ。この趣味をわたしはもはや恥じもしなければ、かくしもしない。

「さてこれが――わたしの道だ――君らの道はどこにある？」「道はどこだ」とわたしに尋ねた者たちにわたしはそう答えた。つまり万人の道というものは――存在しないのだ。

ツァラトゥストラはこう語った。

（1）固定した価値体系による差別観にとらわれず、自由な、かるやかな活動の場をつくる。

（2）人間の中身がどろどろしているとき、それを美しい貝殻でおおっておく。これは人間が真に自分のものとしてもっているものであっても、担うのが重い例である（重い貝殻がついているから）。しかも、そういう美しい殻などをもつことも、手軽にはいかず、習得してはじめて得られるのであって、事柄はいよいよ重く、困難になる。「賢しい盲目の状態」とは、貝殻をかぶって、自分で自分の本質を見ようとしないでいること。

（3）中身がよくて、貝殻がみすぼらしければ、ひとにわかってもらえない。これも人間がおのれを担うのに困難な一事例。

（4）人の精神（知力や意識や意欲）が、おのれの魂（本来の内的生命）を誤認することがよくある。

（5）同種の表現が何度か出てきたが、人が真の自己を発見せず、世俗のなかの一員として、他から影響されたり、他から持たされたものを持っているからそうなるのであって、真の自己の発見をさまたげるそういう世俗的要素が、ここでいう「重さの霊」である。

（6）驢馬の鳴き声「イ・アー」を、ヤー Ja（然り）にかけた。

（7）ミイラは生命のない過去の文化など、幽霊はふたしかな現実ばなれした理想など。

（8）くだらぬ人間が口から泡をとばして互いにしゃべり散らしているようなところにいたくない。ことばは多く吐かれても、金はない。それより盗賊でも寡黙な者のなかにいるほうがましだ。

（9）人にいたわってもらわなければ、すなわち人との関係を離れては、生きられない。

（10）寄生動物のような主体性のない者たちを、力ずくで支配する政治家など。この者たちも人間を動物と考える立場に立っている。

（11）さまざまの試みをした。

新旧の表

1

永劫《えいごう》回帰の思想を人々に宣《の》べ伝えるべき「わが時」の熟するのを待ちながら、これまでの教説をまとめて自身に語る。もう時は近い。

ここにわたしはすわって待っている、——わたしの身辺には砕かれた古い表《ひょう》となかば書かれただけの表[1]とが置かれてある。いつわたしの時は来るのだろう。

わたしの下降の時、没落の時は？　わたしがこう尋ねるのは、もう一度、人間たちのところへ行こうと思うからだ。

いまわたしは待つ。待つとわたしが言うのは、わたしの時はこれだということを示す徴《しるし》がまずわたしに来なければならぬからである——すなわち鳩《はと》の群れをともなった笑う獅子《しし》[2]が。

その待っているあいだに、わたしは余暇をもつ者として、わたし自身にむかって語る。わたしに新しいことを語る者がいないので、わたしはわたしに、わたし自身を語るのである。——

（1）新しい価値体系の表はまだ完成にいたらない。
（2）第四部最終章「徴」に、これが現われる。愛と力のみなぎり。

2

わたしがかつて人間たちのもとへ行ったとき、わたしはかれらが古い誤信の上にすわっているのを見いだした。人間にとって何が善であり悪であるかを、すべての者が自分はとうに知っていると思いこんでいた。

徳についての論議をかさねることは、すべて、もう無用で退屈なことだと、かれらは思っていた。そしてよく眠ろうと思う者は、床につく前になお、「善」と「悪」とについて語ったのだ[1]。

この惰眠を破って、わたしは次のことを教えたのだ。何が善であり悪であるか、そのことを知っているのは、ただ創造する者だけだ。

——そして、創造する者とは、人間の目的を打ち建て、大地に意味と未来を与える者である。こういう者がはじめて、あることが善であり、また悪であるということを創造するのであると。

　そしてわたしは人間たちに、かれらの古い講座を、またおよそあの古い誤信が坐している場所をくつがえすことを命じた。わたしはかれらに、かれらの徳の大教師、聖者、詩人、世界救済者に笑いを浴びせることを命じた。

　かれらの暗鬱《あんうつ》な賢者たちに笑いを浴びせることを命じた。またおよそ黒い案山子《かかし》として生の木の上に脅迫的にすわっていたすべての者に笑いを浴びせることを。

　わたしはかれらの作った大きい墓碑の市街に、そして腐肉や禿鷹《はげたか》のいるそばにさえ、身を置いた。――そしてかれらの「かつて」と、その「かつて」が生んだ、腐って倒れつつある壮麗のすべてとに笑いを浴びせた。

　まことに、贖罪《しょくざい》をすすめる説教師のように、また道化師のように、わたしはかれらの大きいものと小さいもののすべてに、怒りの叫びを投げつけた。――かれらの最大の善でもこんなに小さいのか、かれらの最大の悪でもこんなに小さいのか、――そう言ってわたしは笑いを浴びせた。

　山上で生まれたわたしの英知にみちた憧《あこが》れは、そのように叫び、また笑った。まことに猛々《たけだけ》しい知恵である、――羽ばたきの音もすさまじい、わたしの大いなる憧れは。

　そしてわたしの笑いはしばしばわたしを高みへ、かなたへと拉《らっ》し去った、笑いのさなかに。そのときわたしはおののきながら一本の矢のように、陽光に酔いしれた恍惚《こうこつ》の空間をつらぬいて飛んだ。

——まだ何びとも夢見たことのない遠い未来へ、どんな造形家の夢想よりも熱い南国へ、神々が舞踏しながらいっさいの衣装を恥とする国々へ。——

——つまり、こういうふうにわたしは比喩《ひゆ》でしか語れないのだ。ああ、わたしが詩人のようにどもり、足も思うように運ばないとは！　わたしは、自分がまだ詩人でなければならないことを恥とする。——

そこでは、いっさいの生成がわたしには神々の舞踏、神々の気ままであると思われた。そこでは、世界が、縛《いまし》めから解き放され、自分自身へと逃げ帰って、——多数の神々の永久の追いかけごっこの場、多数の神々の至福な争いと和解と抱擁の永久のくりかえしの場(2)となっていると、わたしには思われた。——

そこでは、いっさいの時が瞬間にたいする至福な嘲笑《ちょうしょう》であるとわたしには思われた(3)。そこでは、必然はすなわち自由であり、自由の刺《とげ》をもてあそんで至福の遊戯をしているのだと、わたしには思われた(4)。

そこでは、わたしはまたわたしの昔なじみの悪魔、そして宿敵であるあの重さの霊と、その霊がつくったいっさいのものをも、ふたたび見いだした。つまり強制、規定、必要とその結果、目的と意志、善と悪などを。——

それというのも、舞踏をするためには、舞踏して飛び越えるものがなくてはならぬからではあるまいか。軽い者たち、最も軽い者たちがあるためには——もぐらや重い侏儒《しゅじゅ》どもが存在しなくてはならぬからではあるまいか。

（1）寝る前に、自分が善をなし、悪をしなかったことを確かめる。「語る」に自分に語ることが多かろう。

（2）世界における生の諸力の変転、活動、反発、融和の諸相。

（3）いっさいの時（いわゆる瞬間をも含む）は、永劫にわたって回帰することによって、永遠にまで高められる。単なる瞬間ではなくなる。それが瞬間への嘲笑である。

（4）必然（の事象）を意志によって肯定するから、それは自由と一致する。そしてさまざまの苦しい体験に会うが、これも自由意志の圏内にある（ただ、苦しいから「刺」と言う）。つまり必然ということはなくなり、すべては自由そのものがする遊戯である。

3

わたしが「超人」ということばを道から拾いあげたのも、そこだった。また、人間は乗り超えられねばならぬものだということ、

——人間は橋であって、目的ではなく、おのれをおのれの正午と夕べのゆえに、そして

また新しい黎明《れいめい》への道として、至福なものとして讃《たた》えるべきであるということ、——大いなる正午についてのツァラトゥストラのことば、その他わたしが人間たちの頭上に第二の真紅《しんく》の夕焼け(1)としてかかげたもの。これらすべての認識やことばをわたしが道から拾いあげたのも、そこだった。

まことに、わたしは人間たちに新しい夜々と新しい星々をも見せたのだ。そして雲と日と夜との上に、さらに哄笑《こうしょう》を多彩なテントのように張りわたしたのだ(2)。

わたしはかれらにわたしが努力し専念していることのすべてを教えた。すなわち、人間において断片であり謎《なぞ》であり恐ろしい偶然であるところのものを、凝集し総括して一つのものにすること(3)を。——

——凝集者として、謎の解き手として、偶然の救済者として、わたしはかれらに、未来の創造に従事すべきこと、そして、かつてあったすべてのものを、——創造によって救済すべきこと(4)を教えた。

人間における過ぎ去ったことを救済し、いっさいの「かつてそうであった」を創《つく》り変えて、ついに意志をして「しかし、かつてそうであったのは、わたしがそれを欲したのだ。またこれからもそうであることを、わたしは欲するだろう——」と言うにいたらしめること(5)を、教えたのだ。

——このことをわたしはかれらにむかって救済という名で説いた。このことだけを救済と呼ぶように、わたしはかれらに命じた。(6)——

いま、わたしはわたしの救済を待っている——。つまりわたしがこれを最後にかれら、人間たちのところへ行く時の来ることを。

つまりもう一度わたしは人間たちのところへ行きたいのだ。人間たちのあいだでわたしは没落したいのだ。死にゆく者として、(7)わたしはかれらにわたしの最もゆたかな贈り物を与えたいのだ。

贈り与えようとすること、これをわたしは太陽から、このあふれる豊かさをもつものが沈んでゆくときに学び取ったのだ。沈みながら太陽は、その汲《く》みつくせない豊かさから黄金を海へまき散らす。——

それによって最も貧しい漁師さえ黄金の櫂《かい》で漕《こ》ぐことになるのだ。わたしはかつてこのことを見、いつまでもながめ入って涙をおさえることができなかった。——

ツァラトゥストラも太陽のように没落したい。それゆえかれはいまここに坐して待っている。砕かれた古い表と書きかけの新しい表とをわたしの身辺に置きながら。

(1)「第二」とは、現実の夕焼けに対して、精神的のそれを言ったのであろう。夕焼けには没落の悲哀と未来への待望の喜びが含まれる。

(2) 第二部「ある予言者」三〇二ページ参照。

（3）第二部「救済」三一一ページ参照。
（4）同上三一一ページ参照。
（5）同上三一四ページ参照。
（6）宗教的な救済はナンセンスだという意がこめられている。
（7）ツァラトゥストラは、今までにもおのが死の予感を述べている（ことに第一部「自由な死」）。

4

見よ、ここに新しい表がある。しかし、その表をわたしとともに谷へ、血肉をもった心臓へと運んでゆくわたしの兄弟たちは、どこにいるのか。——

最も遠方にいる者たちへのわたしの大いなる愛は、こう命ずる。おまえの隣人をいたわるなと。人間は乗り超えられねばならぬあるものなのだ。

こういう乗り超え、超克の道と方法はあまたある。それは、おまえが見つけなければならないのだ。だが、「人間は飛び越えられることもできる」(1)と考えるのは、道化師だけである。

おまえの隣人をも、おまえ自身と見なして、それを乗り超えよ。そして、おまえが自分の力で奪取できる権利は、それを他人の手から受けてはならぬ。(2)

おまえのしたこと、それと同一のことを他の何びともおまえにたいしてすることはできぬ。見よ、報復ということはないのだ。[3]
自分自身に命令することのできぬ者は、服従しなければならぬ。自分自身に命令することはできるが、まだなかなか自分自身に服従することのできない者は、少なくない。

（1）「飛び越え」は、性急で暴力的である。「ツァラトゥストラの序説6」の道化師三四ページ参照。
（2）すべての価値ある行動をなす権利を自力で獲得せよ。
（3）おまえは報復などを恐れず、すべての行為をそのつど自分の責任においてなせ、「われ事において悔いなし」と。各人の各行為は、それぞれ、そのつど各人の主体性において行なわれるのが本来の姿で、その意味では、相互の相殺報復ということはありえない。

5

高貴な魂のありかたはこうである。高貴な魂はどんなものをも無償で得ようとは思わない、ことに生を無償で得ようとは思わない。

賤民《せんみん》に属する者は、無償で生きようとする。しかしわれわれはそれとはちがって、われわれに身をゆだねてきた生に、何をもってそのことに最もよく報いることができるかということを、――たえず思いめぐらすのである。[1]

そしてまことに、次のように語るのは、高貴な言葉である。「生がわれわれに約束するところのもの――それをわれわれが生にたいして果たそう」[2]と。

人は、他者の享受に貢献しなかった場合には、享受しようとしてはならない。そして――およそ人は享受しようとしてはならぬのだ。[3]

すなわち、享受と無邪気とは、もっとも羞恥《しゅうち》心に富んだものである。両者ともに、求めて得られるものではない。人はそれらを自然にもつのでなければならぬ。もし求めるなら、人はむしろ、罪過と苦痛を求めるべきである。[4]――

（1）生きていることに最もよく報いる道を考える。つまり楽をしないで、努力してよく生きることを考える。生きることは、いわば運命として、つまりは恩恵として、われわれに与えられたものである。

（2）生はわれわれに創造や愛の喜びなどを約束してくれる。それを漫然と待つのではなく、われわれの力で実現させよう。

（3）たとえば、昔の政治家が先憂後楽をモットーとしたようなものである。万民の幸福に力をつくし、それを実現してから（すなわち享受に値するよいものを創造してから）、自分も楽しむ。しかし、およそ享受は意欲すべきものではない。それは自然に訪れてくるものである。

（4）これは意識して求められ、創造と向上をうながすことになる。

6

おお、わたしの兄弟たちよ。初子《ういご》として生まれたものは、いつも犠牲としてささげられる。そしてわれわれは初子なのだ。（1）

われわれはみな、秘密に設けられた犠牲祭壇で血を流す。われわれはみな古い偶像たちの栄誉のために焼かれ、あぶられるのだ。

われわれの最善の部分も、まだ若い。それが老いた者たちの食欲を刺激する。われわれの肉はやわらかく、われわれの膚は子羊のそれである。――どうしてわれわれが老いた偶像の司祭たちをそそらずにいようか。

われわれ自身の内部にも、あの老いた偶像の司祭は住んでいて（2）、われわれの最善の部分をあぶって、おのが食卓にのせるのだ。ああ、わたしの兄弟たちよ、どうして初子たちが犠牲にならずにいることができよう。

しかし、わたしたちの天性はそうなることを欲するのだ。そしてわたしは自分自身を保存しようとしない者たちを愛する。没落してゆく者たちを、わたしはわたしの愛の力のすべてをあげて愛する。かれらは、かなたへ渡って行く者たちなのだ。――

（1）旧約聖書「創世記」第二二章に見られるように、神は初生児を犠牲として要求する。ところでわれわれは、新しい価値をかかげる新時代の初子、先駆者である。
（2）自分のなかにも古い価値観や古い立場につながっている要素がある。古いものはそれほどに根強いのだから、新しい価値観の先駆者は犠牲となって滅びざるをえない。

7

真実であること、——それのできる者は少ない。それのできる者も、そうであることを欲しない。だが、善人たちこそ、最もはなはだしく真実でありえない者である。

おお、これらの善人たち。善人はけっして真実を語らない。(1) 精神にとっては、このように善良であることは一種の病気である。

かれら、善人たちは譲歩する。忍従する。かれらの心情はあいづちを打ち、かれらの論拠はひとに聴従する。しかし、他に聴従する者は、自分自身に聞くことがない。

善人たちから悪と呼ばれているいっさいの特質が集まって、一つの真実を生まなければならぬ。おお、わたしの兄弟たちよ、君たちはこういう真実を生むことのできるほどに悪人であるか。

不敵な敢為、持続する懐疑、残酷な「否」、飽満からの嫌悪、生きているものに切りこむ勇気、——これらが集まることは、じつにまれである。しかし、こういう種子から——真実は生み出されるのだ。

これまでにいっさいの知が育ったのは、やましい良心のあるところからだった。(2) 打ち破れ、君たち認識の徒よ、古い表を。

(1) 周囲に順応して自分をかくすから。

(2) 自分が一般の慣習や思考法にそむくから、「やましい良心」が生ずる。しかしそういうずれから、真の知が育つのである。

8

水流のなかに橋桁《はしげた》が立っており、橋梁《きょうりょう》と欄干《らんかん》が川にかかっているときに、「万物は流転する」と語っても、だれもそれを信じない。

それどころか、愚人でさえこう反駁《はんばく》する。「なに？　万物は流転すると？　だが、橋桁と欄干は流れの上にかかっているではないか。

流れの上では、一切が固定している。もろもろの事物の価値、橋、概念、善と悪のすべて、それらはみな固定している」と。——

さらに、この川という生き物の制御者であるきびしい冬が来ると、最も聡明《そうめい》な者たちでも、疑いだすようになる。そのとき「一切は——静止しているのではあるまいか」と言う者は、愚人だけではないのだ。

「根本において、一切は静止している」——これはまさしく冬季の教えであり、実りのない季節にとっての都合のいい口実、冬眠する者と暖炉にしがみつく者にとってのよい慰めである。

「根本において、一切は静止している」——だが、それに正反対の教えを説くのは、氷雪を融《と》かす暖風である。

この暖風は牡牛《おうし》である。耕作の牛ではなく——狂暴な牛、怒った角をふるって氷を砕く破壊者である。そして、砕かれたその氷は——橋を打ち破るのだ。

おお、わたしの兄弟たちよ。今は一切が流転しているではないか。すべての橋と欄干は水中に落ちてしまったではないか。だれが今なお動かぬ「善」と「悪」にしがみついているだろう。

「さあ、災難だ。さあ、万歳だ。氷を融かす風が来た」——そう説いて聞かせるがいい、兄弟たちよ、あらゆる街々をめぐって。

9

世に一つの古い妄想がある。その名を善と悪という。この妄想の車輪に、これまで、予言者と占星者をめぐって回転した。

かつては、人々は予言者と占星者を信じた。それゆえ人々は次のことを信じた。「一切は運命である。おまえはなすべきである、なさねばならぬのだから」

やがて、人々はすべての予言者と占星者を信用しなくなった。それゆえ、人々は次のことを信ずるようになった。「一切は自由である。おまえはしていい、することを欲しているのだから」

おお、わたしの兄弟たちよ。これまで星と未来について言われたことは、ただ妄想されていたのであって、知によって把握されたものではない。だからこれまで善と悪について言われたことも、ただ妄想されていたのであって、知によって把握されていたのではない。

10

「おまえは奪ってはならない。殺してはならない」――こういうことばをかつて人々は神聖と呼んだ。このことばの前に人々は膝《ひざ》を折り、頭《こうべ》を垂れ、靴を脱いだ。

しかし、わたしは君たちに問う。今までにこういう神聖なことば以上にはなはだしい強奪者と殺害者があったろうか。

いっさいの生そのもののなかに――奪うと殺すとの要素があるのではないか。(1) そしてこのようなことばが神聖とされたことによって、真実そのものが――殺害されたのではないか。

それとも、いっさいの生とあい容《い》れないものを神聖と称したのは、死の説教であったのか。――おお、わたしの兄弟たちよ、打ち砕け、打ち砕け、古い表を。

(1) 生が力への意志である以上、それは戦いであり、奪いもし、殺しもする。

11

過去の一切にたいしてわたしが憐《あわ》れみの心をもつのは、それらの過去の一切が後代の気まぐれにまかせられているのを見るからである。――

――あとから来て、過去に起こった一切を、おのれに至るための橋と解釈し直す、各世代の偏愛や精神や狂気などの気まぐれにまかせられているのを見るからである。(1)

一人の大いなる暴力的支配者、狡猾《こうかつ》な怪物が出現することがあるかもしれない。その者は、過ぎ去ったいっさいのものに、あるいは偏愛を注ぎ、あるいは不興を浴びせて、それを自分の意に従うように強制し、ついにはそれ、過ぎ去ったいっさいのものが、かれのための橋となり、予兆となり、先触れとなり、朝を告げる鶏鳴となるまで、強制をつづけるだろう。

しかし、次のようなもう一つの危険があり、それがわたしのもう一つの憐れみである。賤民《せんみん》に属する者が過去を追想するときは、祖父まではさかのぼるが、それ以上には進まない、――祖父で過去が消えるのである。(2)

こういうふうに過ぎ去った一切が、放棄され、後代の気まぐれにまかせられているのである。こうして、賤民が主人となり、浅い流れですべての過去を溺死《できし》させてしまう時が、いつか来るかもしれないのだ。(3)

それゆえに、おお、わたしの兄弟たちよ、一つの新しい貴族が必要なのだ。全賤民と全暴力的支配者の敵対者であり、新しい表に新たに「高貴」ということばを書きつける新しい貴族が。

それを具体的に言えばこうである。貴族が存在するためには、多数の、また多様な高貴な者が存在することが必要なのだ。あるいは、かつてわたしの用いた比喩《ひゆ》で言えば、「神々はあるが、唯一の神はない。そういうことこそ、神的なことなのだ」(4)

（1）後代は、過去をその時々の立場から、勝手に評価し直す。
（2）つまり過去を顧みることが少なく、安易な現実万能主義になる。人類の発展向上などにはまったく無関心である。唯物論的功利主義の立場を念頭において言っている。
（3）注（2）のことの帰結。目先の功利観という浅い流れが氾濫《はんらん》して、過去のすべてを埋没させてしまう。
（4）多種多様なすぐれたものが並存するのがいいことだ。「離反者2」四〇五ページ参照。

12

おお、わたしの兄弟たちよ、わたしは君たちを選んで、新しい貴族であれと命令する。君たちは未来を生む者、未来を導き育てる者、未来の種をまく者にならねばならぬ。――まことに、この貴族の身分は、小商人がするように、金で買えるものであってはならない。価格のあるものは、すべて価値の乏しいものである。

これからは、君たちに名誉をあたえるものは、君たちがどこから来たかということではなくて、君たちがどこへ行くか、ということでなければならぬ。君たち自身を超えてかなたを目ざす君たちの意志と足とが――君たちの新しい名誉であれ！

　まことに、君たちがある王侯に仕えたということが、君たちの名誉になるのではない。——いまさら王侯が何の値打ちがあろう。——また、いま立っているものの防壁となって、その存続のために貢献したということが(1)、君たちの名誉になるのでもない。

　君たちの一族が宮廷において追従《ついしょう》たらたらの廷臣になったということ、また君たちが紅鶴《べにづる》のように色美しい姿で何時間も浅い池に立ちつづけることを習得したということが(2)、君たちの名誉になるのでもない。

　立ちつづけることができる能力をもつことは、廷臣たちにとっては一つの功績である。そしてすべての廷臣たちは信じている、死後の浄福の一つは——すわっていてもよろしいという許しの出ることだと(3)。

　聖なるものと呼ばれている一つの霊が君たちの祖先たちを、賞《ほ》め讃《たた》えられている約束の地へ導いたということが、君たちの名誉になるのでもない。その地をわたしは、賞めも讃えもしない。木のうちの最悪のもの、十字架の生《お》い立つような地に、讃えるべきことは何もない(4)。——

　——そしてまことに、この「聖霊」がその騎士たちをどこへ導いて行ったにせよ、いつもその遠征軍の先頭に立ったのは——牝山羊《めやぎ》たち、鵞鳥《がちょう》たち、十字架型に、また渦巻き型に頭の狂った者たちだったのだ(5)。

　おお、わたしの兄弟たちよ。貴族である君たちは、うしろをふりかえってはならぬ、前、方を見るべきである。君たちは祖《おや》の国、曽祖父《そうそふ》の国と名づけることのできるいっさいのものから追放されていなければならぬ。

君たちは君たちの子どもの国を愛さなければならぬ。この愛が君たちの新しい貴族気質《かたぎ》であるように！——遠い海中にある未発見の国を愛するのだ。わたしは君たちの帆に、その国をあくまでさがせと命令する。

君たちは、君たちの父親の子として生まれたことを、君たちの子らで取り返さなければならぬ。[6] 君たちは過去の一切をそういうふうに救済しなければならぬ。この新しい表をわたしは君たちの頭上にかかげる。

（1）王朝などのために忠勤をはげんだこと。
（2）廷臣たちの姿態。
（3）いつも侍立しつづけているから、こんな望みを起こす。
（4）ユダヤ民族は聖霊に導かれて約束の地カナンへ行った。そのユダヤ民族がイエスを十字架にかけて殺した。その「聖地」へ、騎士たちから成る十字軍が何回にもわたって進攻した。
（5）十字軍などの先頭に立ったのは、狂信者や、えたいの知れぬ人間たちだったと言う。
（6）第二部「教養の国」二六九ページ参照。

13

「何のために生きるのか。一切はむなしい。生きること——それは麦藁《むぎわら》をたたくことである、自分自身を焚《た》いて、しかも暖まらぬことである」——

こういう古めかしいおしゃべりが、あいかわらず「知恵」と言われている。それは、古くてかびのにおいを発するので、いっそう尊敬される。かびも、ものごとにありがたみをつけるのだ。——

子どもたちならそう語るのもよかろう。かれらはやけどをしたので、火をこわがるのだ。古い知恵の書物には多量の子どもらしさがある。

しかも、いつも麦藁だけをたたいている者に、どうして穀物を打つことをそしる資格があるか。そういう愚か者があったらば、その口を縛るがいい。

そういう者たちは食卓には連なるが、食卓に加えるものは何ひとつ持参しない——よい食欲をさえ持参しない、——そのあげくがこの悪口だ。「一切はむなしい」と。

しかしよく食い、よく飲むことは、わたしの兄弟たちよ、けっしてむなしい技術ではないのだ。打ち砕くがよい、けっして楽しむことのない者たちの表を。

14

「きよらかな者の目には一切がきよらかだ」――そう民衆は語る。しかしわたしは君たちに言う。「豚の目で見れば一切が豚になる」と。

そういうわけで、頭ばかりか心臓までだらりとさがっている狂熱的信者[1]どもはこう説教する。「世界そのものが一つの巨大な汚物である」と。

こういう説教をするのは、かれら自身が不潔な精神をもっているからである。ことに不潔なのは世界を背面から[2]見ないかぎり安心のできない者――背面世界論者たちである。

そういう者たちにわたしははっきりと言ってやる。(あまり上品なことばづかいではないが)世界は背面にしりをもっている、その点では人間にひとしい。――そこまではほんとうだ。

世界は多くの汚物を生産する。そこまではほんとうだ。しかし、だからといって世界そのものは、けっして巨大な汚物ではないと。

世界における多くのものが悪臭を放っている。この事実のうちに、知恵がひそんでいる。嘔気《はきけ》が、翼をつくり出し、泉を求める力を生み出すのだ[3]。

最善のものにも、嘔気をもよおさせるあるものがある。

最善のものも、乗り超えられねばならぬあるものである。——

おお、わたしの兄弟たちよ、世界には多くの汚物があるという事実には、多くの知恵がひそんでいるのだ。

（1）頭は神に下げつづけ、心臓には真の勇気が宿っていない。
（2）第一部「背面世界論者」五八ページ参照。ここの「背面から」は「しりから」の意味で使っている。
（3）嫌悪感が向上の機縁になる（第二部「賤民」二〇八ページ参照）。

15

わたしは敬虔《けいけん》な背面世界論者がおのれの良心にむかって、次のように言い聞かせているのを聞いた。邪気もいつわりもなしにそれを言っているのである。——実は世界にそれ以上に邪気といつわりを含んだことばはないのだが。

「世界は世界にあずけておくがいい。それにたいしては指一本をもあげないのがいい[1]」

「人々をくびり殺し、刺し殺し、その皮を剝《は》ぎ、肉をけずろうとする者があっても、そのままにしておくがいい。それにたいして指一本をもあげないのがいい。そういう者たちがいるから人々は世を捨てることを学びおぼえるようになるのだ」

「そしておまえ自身の理性は――おまえの手でくびり殺すべきだ。なぜならそれはこの世の理性だからだ、[2]――これをすることによっておまえはおのずからこの世を捨てることができるようになるのだ」――

――打ち破れ、おお、わたしの兄弟たちよ、敬虔な者たちのこの古い表を。世界誹謗《ひぼう》者たちのことばを打ち砕け。

（1）現世を穢土《えど》とし、それにかかわりをもたず、ひたすら離れようとする態度。
（2）理性も、現世、俗世の用に仕えるものとして、捨てようとする。

16

「多くを学ぶ者は、いっさいのはげしい欲念を忘れる[1]」――こんにち、あらゆる暗い小路で人がそうささやきあう声がする。

「知恵も人を倦怠《けんたい》させる。それは――何にもならない。おまえはおよそ欲念をもってはならない」――この新しい表が公《おおやけ》の市場にもかかげられているのをわたしは見た。

おお、わたしの兄弟たちよ、この新しい表をも打ち砕け。それをかかげたのは世界に倦《う》み疲れた者、死の説教者、そしてまた牢獄《ろうごく》の番人だ。つまりそれは牢獄入りを勧める説教(2)でもあるのだ。

かれらの学び方が粗末であり、かれらが最善のものを学ばなかったということ、そしてかれらが一切をあまりにも早期に、あまりにも急いで学んだということ、かれらの食べ方が悪かったということ、それが、かれらの胃をこわしたのである。——

——こわれた胃というのは、つまりかれらの精神である。それが、死を思えと勧めるのだ。まことに、わたしの兄弟たちよ、精神は胃の一種なのだ。(3)

生は悦楽の泉である。しかし憂悶《ゆうもん》の父であるこわれた胃の腑《ふ》から声を出して語る者、そういう者たちには、すべての泉は有害である。

認識すること。それは獅子《しし》の意志をもった者には悦楽である。しかし、倦み疲れた者は、ただ他者から「意欲される」だけであり、(4)すべての波にもてあそばれるのだ。

弱い人間たちの特性は、かれらが道中で自分を見失うことである。そして最後にはかれらは疲労してこう尋ねるようになる。「いったい何のためにわれわれはおよそ道を歩き出したのか。一切は同じことではないか」と。

こういう者たちの耳には、「人間のすることは何にもならない。おまえたちは意欲してはならない」という説教が、こころよくひびく。しかし、これは奴隷になれと勧める説教である。

おお、わたしの兄弟たちよ、ツァラトゥストラはすべての道に疲れた者たちへ新しい力にみちた疾風としてやってくるのだ。かれはさらに、多数の者の鼻を刺激して、くさめをさせるであろう。(5)

またわたしの自由ないぶきは、厚壁にもさえぎられず、牢獄と、とらえられている精神の内部へも吹きこむ。

意欲は解放する、なぜなら意欲することは創造することであるから。そうわたしは教える。そして君たちはただ創造するためにのみ学ぶべきだ。

そして学ぶこと、よく学ぶことをも、君たちはまずわたしから学ばなければならない。(6)

——耳ある者は聞くがよい。

(1) 注(6)の箇所と比較すれば、その意味は、よりはっきりする。ここでは「欲念を忘れる」ことをよしとして、学ぶこと、つまり悟ることを勧めているのである。
(2) ここはとくにショーペンハウアーの厭世《えんせい》的教説をさしている。
(3) 精神は肉体の一器官である、という考えは、第一部「肉体の軽侮者」でも言われている(六六ページ参照)。
(4) 他者や外界の意欲の対象となるばかり。したがって他者や外界への積極的認識欲をもたない。
(5) くさめは健康と元気のしるしとして、好んで用いられる(「帰郷」四一四ページ参照)。

（6）「よく学ぶ」とは、全存在をもって学ぶこと、そのことをわたしから学べ。

17

ここに小舟がある——それに乗れば、おそらく大きい無のなかへ渡ってゆくのであろう。——しかし、だれがこの「おそらく」のなかへ乗りこもうとするだろう？

君たちのだれも、この死の小舟に乗りこもうとしないのだ。それならどうして君たちは世界に疲れた者と自称するのか。

世界に疲れた者。しかも君たちは地から離脱した者にさえなっていない。あいかわらず君たちは地に恋々としている。地に倦怠《けんたい》している自分自身にあいかわらず惚《ほ》れこんでいる。

君たちの唇が垂れさがっているのも、無理のないことだ。——地上の小さい願いがまだその上に乗っているのだ。(1) そして目のうちには——忘れかねている地上の快楽のなごりが、一片の雲のようにただよっているではないか。

地上にはうまい発明がいくつもある。そのあるものは有益、あるものは快適である。そういうものがあるから地は愛すべきものなのだ。

またそこには非常にうまく発明されていて、女の乳房《ちぶさ》を思わせるものもさまざまある。つまり有益で、同時に快適なのである。

君ら、地に倦み疲れた者よ、地上ののらくら者よ、君らをわれわれは鞭《むち》で打ちのめさなくてはならぬ。鞭で打ちのめして君らをまた活発に歩かせなければならぬ。

わたしがそう言うのも、君たちが大地から愛想をつかされた病人、または衰え果てた生き残りでないかぎり、君たちは狡猾《こうかつ》なろくでなしか、こっそりとつまみ食いをするために忍びこんできた快楽猫であるにちがいないからだ。つまり、君たちは、また元気に走る気がないなら、――去るべきなのだ。

不治の者にたいして、われわれが医者になろうとしてもむだである。だからツァラトゥストラは教える、君たちは去るべきであると。

しかし、結末をつけるのは、新しい詩句を一行書き足すことより、勇気がいる。――そのことはすべての医者と詩人がよく知っている。(2)――

(1) 世界に疲れた者は、元気がなく唇が垂れさがっているが、それはむしろ現世欲のせいである。

(2) 詩人にとって、詩をだらだらと長く書くことはやさしいが、切り捨ててしめくくりをつけるのはむずかしい。医者は思いきって患者を見捨てることがむずかしい。そのおかげでおまえたちもどうにか余命をつないでいる（しかし詩人の一人として、自分はここでいつまでもおまえたちにかかわり合ってはいられない。これで打ち切る、というニュアンスもあろう）。

18

おお、わたしの兄弟たちよ、世には極度の疲労が創《つく》り出した表[1]と、くさりきった怠惰が創り出した表とがある。この二つは、語ることは同じでも、別のものとして考えなければならない。

見よ、このやつれ果ててあえいでいる者を。かれはかれの目ざす目的までもう一歩である。しかし疲労のために埃《ほこり》のなかに身を横たえた。それでもかたくなにその場を離れようとしない、この勇敢な者は。

疲労のためにかれは、道、大地、目標、そして自分自身を、あえぎながらながめている。もはや足は一歩も前へ出ない、――この勇敢な者の足は。

さて太陽がかれに照りつける。犬どもがかれの汗をなめる。しかし、かれはかたくなにその場を退《ひ》かず、むしろそこで力つきて死を待とうとする。――

――目的の一歩手前で力がつきはてる。まことに、君たちはかれの髪の毛をつかんで、かれをかれの天国[2]へ引き上げてやろうとせずにはいられまい、この英雄を。

だが、それよりはかれを、その倒れた場所に、そのままにしておくがいい。そうすれば慰め手である眠りがかれを訪れ、雨を降りそそいでかれをさわやかにするだろう。

横たわっているかれをそのままにしておくがいい、かれがひとりでに目ざめて――あらゆる疲労と、疲労がかれに教えこんだことを振り払うまで。

ただ、わたしの兄弟たちよ、君たちはかれのまわりからあの犬、忍び歩きをするのらくらものどもを追い払ってやるがいい。それからあのむらがりたかるうじ虫を。――

――「教養人」という名をもつ、むらがりたかるうじ虫を追い払ってやるがいい。このうじ虫は、英雄たちの汗をなめて――喜ぶ虫だ。――

（1）無気力のためでなく、努力の果てに疲労しきった者の生活態度。
（2）かれの理想の目ざすところ。

19

わたしはわたしのまわりに輪をかいて、神聖な境界線にしよう。いよいよ高くわたしが山を登るにつれて、わたしと行を共にする者はいよいよ少なくなる。わたしはわたしの登るいよいよ神聖な山々で、一つの山脈をつくる。[1]――

しかし、君たちがわたしとともにどこまで登るにせよ、わたしの兄弟たちよ、寄生虫が君たちといっしょに登らぬように気をつけよ。

寄生虫。それは君たちの病みただれた傷の隅々に取りついて太ろうとする匐《は》い虫である。(2)そして、登りつつある魂のどこが疲れているかを見てとるのが、このうじ虫の特殊な技能である。そして君たちの傷心と不満、感じやすい羞恥《しゅうち》などのなかへかれはその厭《いと》わしい巣をつくる。

強者のもつ弱い箇所、高貴な者におけるあまりにも柔軟な箇所、――そこにうじ虫はその厭わしい巣をつくる。寄生虫は、偉大な者のもつ小さい傷に住みつく。

あらゆる存在する者のうち、最も高い種類のものは何か。最も低い種類のものは何か。寄生虫は最低の種類である。だが、最高の種類に属する者は、最も多くの寄生虫を養う。

つまり、最も長い梯子《はしご》をもっていて、最も深く下ることのできる魂に、最も多くの寄生虫の寄生しないはずがあろうか。――

――自分自身のうちに最も広い領域をもっていて、そのなかで最も長い距離を走り、迷い、さまようことのできる魂。(3)最も必然的な魂でありながら、興じ楽しむ気持から偶然のなかへ飛びこむ魂。(4)――

――存在を確保した魂でありながら、生成の河流のなかへくぐり入る魂。(5)所有する魂でありながら、意欲と願望のなかへ飛び入ろうとする魂。(6)――

――自分自身から逃げ出しながら、しかも最も大きい弧を描いて自分自身に追いつく魂。(7)最も賢い魂でありながら、物狂いのあまい誘惑に耳をかす魂。(8)――

——自分自身を最も愛する魂でありながら、そのなかで万物が、流れ行き、流れ帰り、干潮と満潮をくりかえすような魂。(9)——おお、こういう最高の魂がどうして最悪の寄生虫を宿さないでいよう。

(1)高く登る者は、それだけ独自の世界をつくる。
(2)偉大な精神や高貴な精神の所有者たちを食いものにするような人間。人間的弱点を見つけると、すぐにそれを好餌《こうじ》とする。
(3)広い魂。それだけに内部の運動量が多く、迷いをかさねる。
(4)「新旧の表 2」四四〇ページでも、必然と自由の一致を言った。ただ、「必然」という語の使い方が、ここでは違うようだ。この魂は世界の一切をおのれの意志によって肯定する、おのれの内的必然性のなかに住んでいる。しかも、自分の力だめしをするように、また新たに、あえて、世界の合理的必然性を超えた偶然のなかに飛びこんで偶然とたわむれる。
(5)できあがった魂でありながら、成長発展を忘れない魂。
(6)所有に満足せず、つぎつぎに意欲してゆく。
(7)自分の世界に安住せず、すべてを取り入れて、その上で自己の本質へもどってくる魂。
(8)賢者はかえって常軌を逸した愚をこのむ。
(9)自分自身を愛する魂でありながら、小さくかたまらず、万物の転変に関心が開き、それを包容している。

20

おお、わたしの兄弟たちよ、わたしは残酷なのだろうか。しかし、わたしはあえて言う、倒れるものは、さらにこれを突き飛ばすべきだ、と。

今日の一切――それは倒れる、腐る。だれがそれをささえることができよう。しかしわたしは――それをさらに突き飛ばそうとするのだ。

君たちは、石を絶壁から谷底へころげ落とす快楽を知っているか。これら、今日の人間がわたしの深淵《しんえん》へころげ落ちるさまを見るがよい。

わたしの兄弟たちよ、わたしはよりよい演奏者たちにさきだつ一つの前奏だ。一つの実例だ。わたしの実例にならうがよい。

そして君たちから教えられても飛ぶことのできない者には、教えるがいい――もっと早く落ちることを。――

21

わたしは勇気ある者を愛する。だが、剣となって切りつけるだけでは、十分ではない。——人はまた、自分がだれを相手として切るのかを、知っていなければならない。自分を抑制して、通り過ぎるほうが、より多くの勇気の例証であることが、しばしばある。それはいっそうおのれに値する敵と戦うために、おのれを貯《たくわ》えておくのである。君たちは、憎むべき敵だけをもつべきで、軽蔑《けいべつ》すべき敵をもつべきではない。君たちは君たちの敵を誇ることができなければならない。わたしはすでに一度そう教えた。(1)

わたしの兄弟たちよ、君たちは、いっそうおのれに値する敵と戦うために、おのれを貯えておかねばならぬ。それゆえに君たちは多くの者を無視して通り過ぎねばならぬ。(2)——

——ことに、君たちの耳に、民衆について諸民族についてやかましく言い立てる多数の賤民《せんみん》どもを無視して通り過ぎねばならぬ。

かれらの甲論乙駁《こうろんおつばく》によって君たちの耳を汚《けが》されぬようにするがよい。かれらは互いにおのれを是とし、ひとを非とし、しかもおのれの非には目をおおう。それを見ている者は、怒りをおぼえる。

かれらのありかたを見抜けば、それはかれらを切ったのと同じことだ。だから、そのまま去って森にはいり、君たちの剣を寝かしつけるがいい。

君たちの道を行け。民衆と諸民族には、勝手にかれらの道を行かせるがいい。――まことに、それは暗い道で、(3)そこにはもはや、一筋の希望の稲妻《いなづま》もひらめくことがない。

輝くものがあっても、それはすべて――小商人の黄金にすぎないようなところでは、小商人が支配するがいい。今はもう王者の時代ではない。こんにち民衆と自称するものは、王者であるに値しないものである。

これらの諸民族が、今は自分も小商人と同じようなことをしているのを見るがよい。かれらはどんな塵芥《じんかい》をもいとわず、そのなかからどんな小さな利益をでも拾い集めるのである。

かれらは互いに相手をうかがい、互いに相手から何ものかをかすめ取る。――それをかれらは「隣人のよしみ」と呼んでいる。おお、一つの民族が「われは諸民族に君臨する――支配者であることを欲する」とおのれに明言したあの遠い幸福な時代(4)よ。

なぜ、それを幸福と言うか。最善のものは支配すべきであり、また支配することを欲するからである。別の教えが説かれているところには、――最善のものが欠けているのだ。

(1) 第一部「戦争と戦士」九九ページ参照。
(2) 民衆について大声で訴えるのは社会的・階級的闘士、諸民族について高い声を出すのは帝国主義的政治家であろう。

（3）ただ功利的精神が支配するところだから。

（4）ギリシアの諸国家など。権力意志、名誉心などをおのれにかくすことをしなかった。

22

かれらが（1）――パンにただでありつくようになったら、気の毒である。そのときかれらは何を求めて叫べばよいか。かれらの生計問題――それはまさにかれらの気晴らしである。だからかれらは生計に苦労すべきである（2）。かれらは、掠奪《りやくだつ》を事とする猛獣である。かれらの「労働」――そのなかにもやはり掠奪がある。かれらの「所得」――そのなかにもやはり策謀による掠奪がある（3）。だからかれらは、それに苦労すべきである。

そのようにして、かれらはよりよい猛獣になるべきだ。より洗練された、より怜悧《れいり》な、より人間に似た猛獣に。人間こそ最善の猛獣なのだ。

人間はすでにあらゆる動物からそれぞれの徳を奪い取った。それは、あらゆる動物のうちで人間が最も生きるのに苦労した動物だからである。

ただ鳥だけが人間の上にいる。そしてもし人間がこのうえ飛ぶことを学びおぼえたならば、ああ、いったいどんな高みにまで人間の掠奪欲は飛びかけって行くことだろう。

（1）労働者、第四階級。
（2）あまり楽にはこぶと、気晴らしにならない。
（3）利害闘争に専念して、おのが労働をできるだけ高い利得に換えようとするから。

23

わたしが男と女に望むことは、男は戦闘に長《た》け、女は産むことに長けていることである。そして両性ともに、頭も足も舞踏に長けていることである。

一度も舞踏しなかった日は、失われた日と思うがよい。そして一つの哄笑《こうしょう》をもひき起こさなかったような真理（1）は、すべて贋《にせ》ものと呼ばれるがいい。

（1）鈍重に語られるようなことは、贋ものである。

24

おまえたちの結婚の取り結び。それが悪い結びとならないように気をつけるがいい。おまえたちはあまりにすみやかに結んだ。その結果生じたことは――破婚だ。だが、ゆがんだ結婚、いつわりの結婚よりは、破婚のほうがましである。――ある女がわたしに語ったことがある。「なるほどわたしは結婚生活を破りはした。(1)しかしその前に結婚生活が――わたしを破ったのだ」と。

悪いひと組である夫婦は、最もはなはだしい復讐《ふくしゅう》心をもった者どうしであることを、わたしは常に見いだした。(2)かれらは、もはやひとりでは歩けなくなった仕返しを全世界にむかってするのである。

それゆえ、わたしは正直な夫婦はこう語りあうことを望む。「わたしたちは愛しあっている。それゆえ、この愛がつづくように意を用いることにしよう。それとも、わたしたちの約束は過失だということになるだろうか。

――わたしたちはしばらくの猶予期間と小さい結婚生活をもつことにしようではないか、わたしたちが大きい結婚生活をすることができるかどうかを見さだめるために。常に二人でいるということは、重大なことなのだから」

わたしはすべての正直な男女にこう勧める。もしわたしが別の勧めかたをするなら、超人へのわたしの愛、また来たるべきいっさいのものにたいするわたしの愛は、いったい何であろうか。

単に君たちをふやしつづけてゆくのではなく、ふやし高めてゆくこと。――おお、わたしの兄弟たちよ、そのために結婚生活の園が君たちに役立つように！

（1）「結婚生活を破る」「破婚」。原語 Ehebrechen は姦通《かんつう》のこと。
（2）まず不満、陰鬱《いんうつ》の人となって、周囲に迷惑をおよぼす。

25

古い源泉について知り抜いた者[1]は、見よ、ついに未来の泉と新しい源泉をさがし求めるようになるだろう。――

おお、わたしの兄弟たちよ、遠からずして新しい民族が生まれ、新しい泉が新しい谷へ流れ下るであろう。

すなわち地震が起こって――多くの湧《わ》き井を埋め、多くの涸渇《こかつ》を生むが、それはまたさまざまの内部の力と秘められたものとを明るみに出すであろう。

地震が新しい泉をあらわすのだ。古い諸民族をくつがえす地震によって新しい泉が噴《ふ》きこぼれるのだ。

そしてそのとき、「見よ、ここに多くの渇いた者たちのための一つの泉がある。多くのあこがれる者たちのための一つの心、多くの道具を動かすための一つの意志がある」と叫ぶ者があれば、そのまわりに多数の者が集まって一つの民をなすのだ、すなわち試みることをいとわぬ者たちが集まるのだ。

命令しうるのはだれか、服従せねばならぬのはだれか、――それがそこで試みためされるのだ。ああ、なんという長期にわたる探求と推測と失敗と習得と新しい試みとをもって、それが行なわれることだろう。

人間の社会。それは一つの試みである。そうわたしは教える。――長期にわたる一つの求め。そして人間の社会は命令する者[2]を求めているのだ。――

おお、わたしの兄弟たちよ。それは一つの試みなのだ。「契約」ではない。[3] 打ち破れ、柔弱な者たちや中途半端な者たちの言ったそのことばを。

（1）古い価値観の源泉が何であったかを見抜いた者。当然かれは古い源泉が今はもう用をなさないことをも知っている（第一部「千の目標と一つの目標」一二四ページ以下参照）。

（2）超人を目ざして人々を導く者。

26

（3）ルソーの説く「社会契約説」のようなものではない。

おお、わたしの兄弟たちよ、人間の未来全体にわたっての最大の危険は、どういう者たちのもとにあるか。それは善い者、正しい者たちのもとにあるのではないか。つまりかれらは次のように語り、次のように感じている。「われわれはすでに、何が善であり、正義であるかを知っている。われわれはまたそれを身につけている。まだそれをさがしている者にわざわいあれ」と。

よし悪人がどんな害をおよぼそうと、善人のおよぼす害は、最も害のある害である。

たとえ世界誹謗《ひぼう》者がどんな害をおよぼそうと、善人のおよぼす害は、最も害のある害である。

おお、わたしの兄弟たちよ、かつて「これはパリサイ人《びと》である」と言ったある人は、善い者、正しい者たちの心を見抜いていたのだ(1)。だが、かれのことばの意味を理解した者はなかった。

善い者、正しい者たち自身も、かれを理解することができなかった。かれらの精神は、かれら自身の「やましくない良心」という牢獄《ろうごく》のなかに囚《とら》われていた。測りがたく怜悧《れいり》な

のが、善い者たちの愚鈍さだ。(2)

しかし、真実のところはこうである。善い者たちはパリサイ人たらざるをえないのだ、——かれらにとってそれは必然のことである。

善い者たちは、独自の徳を見いだした者を、十字架にかけざるをえない。これが真実のすがたである。

そして、善い者、正しい者たちの国土、心、土壌がどんなものであるかを発見した第二の者は、「かれらはだれを最も憎むか」と問うた者だった。(3)

かれらが最も憎むのは創造する者である。既成の表と古い価値を破る破壊者である。——それをかれらは犯罪者と呼ぶ。

つまり、善い者たちは、創造の力をもたないのだ。かれらはいつも終末の発端(4)である。

——

——かれらは、新しい価値を新しい表に書きつける者を十字架につける。かれらは、おのれのために未来を犠牲にする。——かれらは、人間の未来全体を十字架にかける。

善い者たち——それはつねに終末の発端であったのだ。

(1) イエスは、自らを正しいとする者たちの内面をよく知っていた。

(2) 周囲から指をさされるようなことをしないから「怜悧」である。

（3）ツァラトゥストラ自身（「ツァラトゥストラの序説9」四二ページ参照）。

（4）かれらから終末期がはじまる。

27

おお、わたしの兄弟たちよ、君たちは、わたしがいま言ったことを理解したか。またわたしがかつて「末人《まつじん》（1）」について言ったことを理解したか。——

人間の未来全体にわたっての最大の危険は、どういう者たちのもとにあるか。それは善い者、正しい者たちのもとにあるのではないか。

打ち砕け、善い者、正しい者たちを打ち砕け。——おお、わたしの兄弟たちよ、君たちはこのことばの意味をも理解したか。

（1）「ツァラトゥストラの序説5」二九ページ参照。

28

君たちはわたしから逃げるのか。君たちは驚愕《きょうがく》したのか。君たちはこのことばを聞いておののくのか。

おお、わたしの兄弟たちよ、わたしが君たちに善い者とかれらの表《ひょう》とを打ち砕けと命令したとき、はじめてわたしは人間を人間の大海へと船出させたのだ。

いまやはじめて大きい驚愕が人間にやってくる。周囲一帯への大きい展望、大きい病気、大きい嘔気《はきけ》、大きい船酔いが。

いつわりの岸べといつわりの安全とを、善い者たちは君たちに教えていたのだ。君たちは、善い者たちの嘘《うそ》のなかで生まれ、それにかくまわれていたのだ。一切は善い者たちによって、徹底的にいつわられ、曲げられていた。

だが、「人間」という国土[1]を発見した者は、「人間の未来」という国土をも発見した。さあ、君たちは海員になってくれねばならぬ、しっかりした、忍耐づよい海員に。

おお、わたしの兄弟たちよ、もうためらうことなく、まっすぐに身を起こして歩め、まっすぐに身を起こして歩むことを学べ。海は荒れている、多くの者が君たちを見て、ふたたび立ち上がろうとしている。

海は荒れている。一切は海洋のなかにある。[2]さあ、今だ。君たち、水夫魂よ。

父祖の国はわれわれの問題ではない。われわれの子らの国のあるところ、そこをわれわれの舵《かじ》は目ざしているのだ。はるかなその国を目ざして、われわれの大いなる憧《あこが》れは、海よりも激しく荒れて突進する。――

（1）超越的な神に頼らず、人間の自力を基として生きる生き方。
（2）一切は流転のうちにあって生成している。それをここでは、航海にかけて「海洋」と言った。

29

「なぜそう硬いのか」――あるときダイヤモンドに木炭がたずねた。「われわれは近親ではないか」――

なぜそんなに軟らかいのか。おお、わたしの兄弟たちよ。そうわたしは君たちにたずねる。君たちは――わたしの兄弟ではないか。

なぜ、そんなに軟らかいのか、なぜそんなに回避的、譲歩的なのか。なぜ君たちの心にはそんなに多くの取消しと中止とがあるのか。なぜ君たちのまなざしには、そんなにわずかしか運命(1)がないのか。

もし君たちが運命であること、仮借なき者であることを欲しないならば、どうして君たちはわたしとともに――勝利を得ることができようか。

そしてもし君たちの硬さが、光を放ち、分かち、切断することを欲しないならば、どうして君たちはいつの日かわたしとともに――創造することができようか。

創造する者はすなわち硬いのだ。だから君たちは次のことを、君たちの享受しうる至福として、その達成に力をつくさなければならない。それは君たちの手形を、数千年にわたる未来の上に、蠟《ろう》の上に印《いん》するように、はっきりと印することだ。——数千年にわたる未来の意志の上に、青銅の上に書きつけるように、君たちの意志を書きつけることだ。——いや、青銅に書きつけるより、より硬く、より高貴な力で書きつけるのでなければならぬ、最も高貴なものは、最も硬いものであるから。

おお、わたしの兄弟たちよ。この新しい表をわたしは君たちの頭上にかかげる。「硬くなれ！」——

（1）おのれの運命を担う決意。

30

おお、おまえ、わたしの意志よ、あらゆる困苦の転回よ。わたしの必然よ。[1] すべての些《さ》細《さい》な勝利からわたしを守ってくれ。[2]

わたしの魂を統《す》べる摂理、しかもわたしが運命と呼んでいるところのものよ。おまえ、「わたしの内」よ。おまえ、「わたしの上」よ。[3] わたしを一つの大きい運命のために保留し、貯えておいてくれ。

　そして、おまえの最後の偉大さを、わたしの意志よ、おまえの最後の事業[4]のために貯えておいてくれ。――そうしてこそ、おまえはおまえの勝利のさなかにおいて仮借なき者となることができるのだ。ああ、今までにおのれの勝利に打ち負かされなかった者があろうか。[5]

　ああ、勝利というこの薄明の酔いごこちのなかで目のくらまなかった者があろうか。勝利によって足をよろめかせ、――立つことを忘れなかった者があろうか。――

　――ああ、いつの日か大いなる正午を迎えるとき、わたしが熟していて、万全の準備を完了しているように！　灼熱《しゃくねつ》する青銅、稲妻《いなづま》を孕《はら》んだ雲、みなぎりふくらむ牝牛《めうし》の乳房《ちぶさ》のように熟していて、万全の準備を完了しているように！――

　――わたし自身へ向かうべく、わたしの内奥の意志へ向かうべく、わたしが万全の準備を完了しているように！　矢を恋う弓、星を恋う矢のようであるように！――

　――わたしが一つの星として、おのれの正午にあたって万全の準備を完了しており、熟しており、万物を焼きつくす太陽の無数の矢に射貫かれて、灼熱しつつ至福にふるえているように！――

　さらには、わたしが太陽そのものとして、仮借なき太陽の意志として、勝利のさなかに殲滅《せんめつ》の戦いへと万全の準備を完了しているように！

おお、意志よ、あらゆる困苦の転回よ。おまえ、わたしの必然よ。わたしを一つの大きい勝利のために保留し、貯えておいてくれ！――

ツァラトゥストラはこう語った。

（1）第一部「贈り与える徳1」一六一ページ参照。意志は、受動的に困苦に苦しむのではなく、積極的にそれを肯定して担うから、困苦を転回するし、またそういう偶然的な困苦を、進んで意欲することによって、必然に化する。この場合、意志をはたらかせての自由と、意志に支配されての必然とは同一のものとなる。

（2）ちっぽけな勝利でわたしを眠らせないでくれ。

（3）この文節で種々に呼びかけられているものは、けっきょく「わたしの意志」である。それはわたしの「内」にあり、わたしの担う「運命」であるが、同時にわたしを「上」から統べる「摂理」とも見られる。両面は矛盾しているようだが、ここでは一致している。

（4）前の文節の「二つの大きい運命」とともに、永劫《えいごう》回帰をおのが意志によって承認すること。

（5）小さい勝利の喜びに負けず、苛烈に最後の勝利を目ざしたい。

快癒しつつある者

卑小な人間も回帰することに嘔吐《おうと》、失神するが、やがて快癒に向かい、歌おうと意欲する。その歌の序として永劫《えいごう》回帰説の概念的紹介。

1

ある朝、おのが洞窟《どうくつ》に帰ってまもないときのこと、ツァラトゥストラは、臥床《ふしど》から狂者のように飛び起き、恐ろしい声で叫び、だれかもう一人臥床に寝ていて起きようとしないのを呼びさまそうとするような挙動をした。そのツァラトゥストラの声があまりに強くひびきわたったので、かれの生き物、鷲《わし》と蛇は驚いて寄ってきた。一方、ツァラトゥストラの洞窟に近いすべての洞穴《ほらあな》や隠れ場からはあらゆる動物が飛び出して逃げ去った、――あるいは飛び、あるいははためき、あるいは匐《は》い、あるいは跳ね、それぞれの足や翼のままに逃げた。やがて、ツァラトゥストラは次のことばを語った。

深淵《しんえん》の思想よ、わたしの深みから立ちのぼれ。眠りすごした竜よ、わたしはおまえの到来を告げる鶏鳴、そして黎明《れいめい》なのだ。起きよ、起きよ。わたしの声はおまえを目ざめさせずにはおかぬ。

おまえの耳を閉ざしている鎖をはずして聞け。わたしもおまえの声を聞こうとしているのだから。起きよ、起きよ。いまここには雷鳴がとどろく。もろもろの墓も耳を傾けずにはいられぬほどに。

おまえの目から眠りといっさいの弱視的、盲目的なものをぬぐい去れ。おまえの目によっても、わたしの声を聞け。わたしの声は生まれつきの盲目をさえ癒やす霊薬だ。

そして、一度目ざめたら、おまえは永遠に目ざめていなければならぬ。(1)曽祖母《そうそぼ》たちを眠りから呼びさましておきながら、——また眠れ、と命令するようなことは、わたしの流儀ではない。(2)

おまえは身動きしているな？ 伸びを打つのだな？ 喉《のど》を鳴らしているな？ 起きよ、起きよ。おまえは喉を鳴らすのではなく、わたしに語るのでなければならぬ。ツァラトゥストラ、この神をなみする者が、おまえを呼ぶのだ。

このツァラトゥストラ、生の代弁者、苦悩の代弁者、円環の代弁者(3)が——おまえを呼ぶのだ、わたしの最も深淵な思想を。

おお、このよろこび！ おまえは来る、——おまえの声が聞こえる。わたしの深淵が語る。わたしは、わたしの究極の深みを呼び出して、白日のもとにさらしたのだ。

おお、このよろこび！　間近に寄れ！　手を！——あっ、放せ！　あっ！——嘔気《はきけ》、嘔気、嘔気！——おお、この苦しみ！

（1）一度心をきめて呼び起こした真理を、不退転の勇気でおのれのうちにいきいきと持ちつづけようとする決意を表わす。
（2）ワーグナーの『ジークフリート』第三幕にその種の場面があるのを想起して、自分はそんなことはしないと言う。
（3）「円環の代弁」は、永劫回帰説によってきわまる。かねてからツァラトゥストラにはその予感、その種の思考形式があった。

2

しかし、ここまで言ったかと思うと、ツァラトゥストラはどっと屍《しかばね》のように倒れ、屍のようにそのまま動かなかった。やがてわれにかえったが、顔はあおざめ、身はおののいて、時がたっても飲み食いしようとしなかった。こういう状態が七日つづいた。そのあいだ、鷲《わし》と蛇とはかれのそばを離れなかった。ただ、鷲がときどき食物をさがしに飛び立つだけであった。そして鷲は、取ってきたもの、奪い集めてきたものを、ツァラトゥストラの身のまわりに置いた。やがてツァラトゥストラは黄や赤のいちご、ぶどう、りんご、かんばしい野菜や松の実に埋まるばかりとなった。そのうえかれの足もとには二匹の子羊が敷き延べられた。これは鷲が苦労して羊飼いのもとから奪い取ってきたものだった。

ついに七日ののち、ツァラトゥストラは床の上に身を起こした。一個のりんごを手に取って、それをかぎ、その香りをよろこんだ。それで鷲と蛇とは、かれと語るべき時が来たと信じた。

「おお、ツァラトゥストラよ」と、かれらは言った。「あなたはこれで七日間、重く目を閉ざして横たわっていた。さあ、いよいよまた起き上がってもよいのではないか。

あなたの洞窟《どうくつ》から出るがよい。世界は花園のようにあなたを待っている。風は、あなたに慕い寄るさまざまの芳香をもてあそんでいる。小川という小川はあなたのあとを追おうとする。

あなたが七日のあいだ、ただひとりこもっていたため、万物はあなたにあこがれている。――あなたの洞窟から踏み出すがいい。万物があなたの医者になろうとしているのだ。

おそらく、一つの新しい認識があなたを訪れたのであろうか、酸《す》い、重い認識が。酸味をおびてきた練粉《ねりこ》のように、あなたは横たわっていた。あなたの魂はふくらみ、器《うつわ》の縁《へり》を乗り越えてあふれ出たのだ。――」

「おお、わたしの生き物たちよ」と、ツァラトゥストラは答えた。「そういうふうにしゃべりつづけて、わたしの耳をたのしませてくれ。おまえたちがそうしてしゃべっているのを聞くことは、わたしに大きい生気を与えてくれる。そういう饒舌《じょうぜつ》を聞くだけで、世界はもうわたしにとって花園のように思われる。

言葉と音調があるということは、なんとよいことだろう。言葉と音調とは、永遠に隔てられている者どうしのあいだにかけわたされた虹《にじ》、そして幻の橋ではなかろうか(1)。

それぞれの魂は、それぞれ別の世界をもっている。それぞれの魂にとって、他の魂はみな一つの背面世界である(2)。

最も似かよっている者どうしのあいだにかかっているとき、仮象は、たとえいつわりにせよ、最も美しい。わたしがそう言うのは、最も小さい溝は、最も橋をかけにくいものであるからだ(3)。

わたしにとっては——どうして『わたしの外』というものがありえよう。『外』というものは存在しないのだ。しかし、音調を聞くたびに、わたしはそのことを忘れる。忘れるということは、なんとよいことだろう(4)。

事物に名と音調が贈られるのは、人間がそれらの事物から喜びを汲《く》み取ろうとするためではないか。音声を発してことばを語るということは、美しい狂宴である。それをしながら人間はいっさいの事物の上を舞って行くのだ。

すべての語ること、すべての音調の嘘《うそ》は、なんと好ましいことだろう。音調に合わせてわれわれの愛[5]は、七色の虹の上で踊るのだ」——

「おお、ツァラトゥストラよ」と、それを聞いて生き物たちは言った。「われわれのように思考するものたちから見れば、いっさいの事物そのものが踊っているのだ。それらは来、手をとりあい、笑い、逃げる。——逃げては、また帰ってくる。

一切は行き、一切は帰る。存在の車輪は永遠にまわっている。一切は死んでゆく、一切はふたたび花咲く。存在の年は永遠にめぐっている。

一切はこわれ、一切は新たにつぎ合わされる。存在という同一の家は永遠に再建される。一切は別れあい、一切はふたたび会う。存在の円環は、永遠に忠実におのれのありかたをまもっている。

一瞬一瞬に存在は始まる。それぞれの『ここ』を中心として『かなた』の球《きゅう》はまわっている[6]。中心は至るところにある。永遠の歩む道は曲線である[7]」——

——おお、おまえたち道化師よ、手回し風琴《ふうきん》[8]よと、ツァラトゥストラは答えて、ふたたび微笑した。なんとよくおまえたちは知っていることか、七日のあいだに成就されたことを[9]。——

——また、あの恐ろしい蛇がわたしの喉《のど》の奥に匐《は》いこんで、わたしの呼吸をふさいだことを[10]。だが、わたしはかれの頭を嚙《か》み切って、それを口から吐き出したのだ。

だがおまえたちは――そのことを早くも手回し風琴の歌にしてしまったのか。それにしても、わたしはまだここに、噛み切って吐き捨てることをしたこの事業に疲れて横たわっている。自分自身を救済したことで、まだ病み衰えている。

だが、おまえたちはそれらすべてを傍観していたのだな？　おお、わたしの生き物たちよ、おまえたちも残酷なのか。おまえたちはわたしの大きい苦痛を、人間たちがいつもそうするように傍観しようとしたのか。わたしがそう言うのも、人間こそ最も残酷な生き物であるからだ。

悲劇や闘牛や磔《はりつけ》の刑などを見ることが、これまで人間にとっては地上でいちばん楽しいことだった。そして人間が地獄を発明したとき、見よ、それこそは地上におけるかれの天国であった(11)。

偉大な人間が苦痛の叫びをあげると――みるみるうちに小さい人間が走り寄ってくる。その口からは淫《みだ》らな喜びのために舌が垂れさがっている。だが人間はそれをおのれの同情と呼ぶのだ。

小さい人間、ことに詩人は――なんと熱心に言葉をつらねて生を告発することだろう。だが、すべてこれらの告発のなかに含まれている欲念を聞きもらさぬがいい(12)。

生にたいするこういう告発者たちを、生はわずか一度かれらに瞬《またた》きをして見せるだけで、まろめこんでしまう。「おまえはわたしを愛するのか？」と、この生という厚かましい女性は言う。「ではもうしばらく待て。今はまだおまえの相手をする暇がないから[13]」

人間は、自分自身にたいして最も残酷なことをする生き物である。おまえたちは、「罪びと」、「十字架を担う者」、「贖罪《しょくざい》者」などと自称する者たちすべての訴えや告発のなかに含まれている快感を、聞きもらさぬがいい[14]。

そしてわたし自身——これらのことを言って、人間の告発者になろうとするのか[15]。ああ、わたしの生き物たちよ。わたしが今までに学び知ったのは、つまり次のことだ。すなわち、人間にとっては、かれの最悪のものがかれの最善のもののために必要だ、ということ、——

——そして、最悪のものはすべてかれの最善の力であり、最高の創造力をもつ者にとっての最も硬い石[16]であるから、人間はよりよく、そしてより悪くならねばならぬ、ということだ。——

しかし、人間は悪である、と知っていることが、わたしにたいする拷問《ごうもん》の締め木なのではない。——そうではなくて、わたしは今までだれも絶叫したことがないほどに絶叫したのだ。

「ああ、人間における最悪といっても、なんと小さいことよ。ああ、人間における最善といっても、なんと小さいことよ」と。

人間にたいする大きい倦怠《けんたい》——これがわたしの首を絞め、わたしの喉の奥深くへ匐いこんだのだ。そしてあの予言者が予言した「一切は同じことだ。何をしてもむだだ。知はわれわれの首を絞める」ということばがわたしの首を絞めたのだ。

長期にわたる一つのたそがれの感情がわたしの行く前を不自由な足を引きながら歩きつづけていた。疲れて死なんばかりの、死に酔いしれた悲哀である。それがあくびをしながら語ったのだ。

「おまえが飽き飽きしている人間、あの小さな人間は、永久に立ち帰ってくるのだ」――そうわたしの悲哀はあくびをしながら言った。そしてわたしの歩む先を離れず、いつまでたっても休息しようとしなかった。

人間たちの住む大地は、わたしには洞穴《ほらあな》に変わってしまった。その地の胸はくぼみ、すべて生あるものはわたしには、かび、骨くず、そして過去の腐った残骸《ざんがい》となった。

わたしの嘆息は、人間たちのすべての墓の上に腰をおろして、もはや立ち上がることができなかった。わたしの嘆息と問いかけは、昼も夜も、かこち、訴え、わたしの首を絞め、わたしの骨を嚙んだ。

――「ああ、人間が永久に立ち帰ってくる。小さい人間が永久に立ち帰ってくる」

わたしはかつて、最大の人間と最小の人間の裸身を見た。その二つはあまりにも似かよっていた――最大の人間さえ、あまりにも人間的だった。

最大の人間もあまりに小さい。――これが人間にたいするわたしの倦怠だった。そして最小のものも永遠に回帰すること——これが生存にたいするわたしの倦怠だった。

ああ、嘔気《はきけ》、嘔気、嘔気。——そうツァラトゥストラは言って、嘆息し、戦慄《せんりつ》した。おのれの病気のことを思い出したのである。だが、そのときかれの生き物たちは、かれのことばをさえぎった。

「語ることをもうやめよ、快癒しつつあるあなたよ」——そう鷲《わし》と蛇は言った。「そして外へ出よ。そこでは、世界が一つの花園のようにあなたを待っている。

外へ出て、ばらと蜜蜂《みつばち》と鳩《はと》の群れのもとへ行くがよい。とりわけ、歌う鳥たちのもとへ行くがよい、あなたがかれらから歌うことを学びおぼえるために。

そう言うのは、歌うことは快癒しつつある者にとってふさわしいことであるからだ。語ることは健康な者がするがよい。たとえ健康な者が歌を欲することがあっても、それは快癒しつつある者の歌とは別種のものなのだ(17)」

——「おお、おまえたち道化師よ、手回し風琴《ふうきん》よ。もう黙るがいい」——と、ツァラトゥストラは答えて、かれの生き物たちに微笑を投げた。「なんとよくおまえたちは知っていることか、わたしがこの七日のあいだにわたし自身のために、どんな慰めを考えついたかを。

わたしはふたたび歌いださねばならない。――この慰めを、この快癒を、わたしはわたし自身のために考えついたのだ。[18] おまえたちはこのことをも早くも手回し風琴の歌にしてしまうつもりか」

――「語ることをもうやめよ」とかれの生き物たちは重ねてことばを返した。「それよりも、おお、快癒しつつある者よ、まず竪琴《たてごと》を用意せよ、一つの新しい竪琴を。なぜなら、おお、ツァラトゥストラよ、あなたの新しい歌には、新しい竪琴が必要だからだ。

歌え！　とどろきわたれ！　おお、ツァラトゥストラよ。新しい歌であなたの魂を癒やせ。そして、まだ何びとの運命でもなかったあなたの大いなる運命を担え。

すなわちあなたの生き物たちはよく知っているのだ、おお、ツァラトゥストラよ。あなたが何びとであり、何びとにならざるをえないかを。見よ、あなたは永劫回帰の教師なのだ――、それがあなたの運命になったのだ。

あなたが最初の者としてこの教えを教えねばならぬということ、――この大きい運命が、どうしてまたあなたの最大の危険と病気にならずにいよう。

見よ、われわれはあなたの教えることを知っている。それは、万物は永久に回帰し、われわれ自身もそれとともに回帰するということだ。また、われわれはすでに無限の度数現存していたのであり、万物もわれわれとともに無限の度数現存していたということだ。

あなたは教える。生成の循環が行なわれる巨大な年というものが存在することを。その年は、砂時計のようにいつもくりかえして新たにさかしまにされ、このようにして、すべてはくりかえして新たに行なわれ、過ぎてゆくのだ。——

——だから、めぐり来るこれらの年々はつねに最大のことにおいても最小のことにおいても、あいひとしい。だからわれわれ自身も、この大いなる年を幾度かさねても、われわれ自身にひとしい存在なのだ、最大のことにおいても最小のことにおいても。

そして、かりにいま、あなたがまもなく死を迎えることになっても、おお、ツァラトゥストラよ、われわれは、あなたが死に際してあなた自身にどういうことばを言うであろうかということをも知っているのだ。——もちろん、あなたの生き物たちはあなたがまだ死ぬことのないよう、あなたに懇願するのだが。

あなたはそのとき、おののくことなく、むしろ至福のあまり胸いっぱいに呼吸して言うであろう。なぜなら、そのとき最も忍耐づよく堪えてきたあなたから大きい重さと暑苦しさが取り除かれるのだから。——

『いまわたしは死んでゆく、そして消滅する』と、あなたはそのとき言うだろう。『そしてたちまちにしてわたしは無になる。魂も肉体も、滅びることにおいて変わりはない。[19]

だが、わたしがからみ込まれていたもろもろの原因の網目は——ふたたびわたしを創《つく》り出すだろう。わたし自身が永劫《えいごう》の回帰のなかのもろもろの原因の一つなのだ。

わたしはふたたび来る、この太陽、この大地、この鷲、この蛇とともに——新しい生、よりよい生、もしくは類似した生へ返ってくるのではない。

——わたしは、永遠にくりかえして、同一のこの生に帰ってくるのだ。それは最大のことにおいても最小のことにおいても同一である。だからわたしはふたたびいっさいの事物の永劫の回帰を教えるのだ。——

——だからわたしはふたたび地と人間との大いなる正午について語り、ふたたび人間たちに超人を告知するのだ。

——わたしはわたしのことばを語った。わたしはわたしのことばによって砕ける。[20]それがわたしの永劫の運命だ——。すなわち告知者としてわたしは滅びるのだ。没落してゆく者が自分自身を祝福する時が、来たのだ。こうして——ツァラトゥストラの没落は完了するのだ[21]』——

生き物たちは、以上のことを言い終わると、沈黙して、ツァラトゥストラが何ごとかを言うであろうと待った。しかしツァラトゥストラは、かれらの沈黙に気づかずにいた。目をとじたまま静かに伏しているだけだった。眠ったのではないが、眠っている者に似ていた。かれはおのれの魂と語りあっているのだ。かれがこのように無言でいるのを見た蛇と鷲は、かれをつつむ大いなる静寂を敬って、静かにそこを去った。

（1）それぞれの人の魂と魂とは、永遠に隔たっている孤独なものである。しかしそれをつなぐ仮象の橋として、「ことばによる語らい」がある。それを聞くことは楽しい。この仮象の最高の形式は、言葉と音調が芸術（詩と音楽）にまで高まったときである。それを仮象と知りながら愛するのが、ニーチェその人の芸術観である。

（2）ここでは、とうてい把握ができない世界というほどの意味。

（3）最も似かよっている魂どうしのあいだに、言葉と音調による仮象の橋がかけられた（語りかけが行なわれた）とき、それはいつわり（仮象）とわかっていても、最も美しい。「いつわり」とわざわざ言うのは、最も小さい溝こそ、最も橋をかけにくいからだ。似かよっている魂どうしにおいてこそ、それぞれがどうにもならない孤独のものだということがわからずにはいないからだ、という大意。

（4）意力によって、世界の一切を肯定して身に担っているから、世界はすなわち自分自身である。しかし、慰めのことばは、そういう緊張を忘れさせる。

（5）孤独でありながら、愛は常にある。ツァラトゥストラの「没落」への愛のように。

（6）一瞬一瞬が、永遠の時間の中心点ともいえるし、また世界開闢《かいびゃく》の時点ともいえる。空間的に言えば、わたしのいる「ここ」が常に中心であって、海外の大事件（かなた）も、世界の歴史も、このわたしの「ここ」を中心として運行しているのだ。

（7）空間的、時間的に無限大の球体を考えると、どの時点も地点も中心であり、壮麗な回転をしている。「曲線」に歩むとは、循環すること。永遠は大きい循環である。

（8）鷲や蛇の言っていることは、師の思想そのものだが、体験的な感動がないのを指摘してこう言う。しかし耳を喜ばす音楽の役目はする。構成的には、ニーチェは、永劫回帰を鷲と蛇の口を借りて、まず概念的に説明し、生体験としてのそれの表現は、後の「歌う」部分にゆずったのであろう。

（9）神が七日間に天地を創造したことにかけて言う。宇宙の機微、最深の秘密など、何でもおまえたちはよく知っているな。

（10）「幻影と謎 2」三五二〜三五四ページ参照。

（11）それによってひとを苦しめて、天国にいるように大喜びしている。

（12）厭世《えんせい》的詩人の人生弾劾も、人生への未練がましい欲念から来ている。残酷であって、卑小な人間の一例。

（13）ある種の女性の、男のあしらいかたをまねて書いた。いま忙しいからちょっと待つように、と言うのは、逃げことばだが、男のほうでは、ことばをかけてもらっただけで、おさまる。

（14）宗教的苦行にひそむ自虐の快感。

（15）自分をちょっと振りかえって、自分も残酷な人間の一人なのか、という感想をはさむ。そのうえで、本題の人間論にもどる。

（16）よい彫刻家の素材とするに足りる硬い石。

(17) 健康な者の歌は一種のすさび。ここの歌は、生の必然から歌わずにおられぬもの。
(18)「語る」ことでは言いつくせないほど内部がみなぎってきたとき、歌(詩としての表現)わざるをえないのが、ニーチェのありかたで、本書でもすでに「夜の歌」、「舞踏の歌」などを歌った。いまふたたび歌おうとする。それはかれの快癒そのものでもある。
(19) 魂が別に永生するわけではない。彼岸《ひがん》を認めない死の見方。
(20) 最高の認識「永劫回帰」を告知するとき、その重みで告知者は砕ける。こういう死によって、真理は生命を得て生きてゆく。
(21)「没落の完了」、これがツァラトゥストラの生の頂点である。噴水の頂点に似ている。むろん噴水は回帰を重ねるのであるが。

大いなる憧《あこが》れ

思想や意志の総体を、より本源的な魂の充溢《じゅういつ》として歌う。充溢にはやがて実践という救いが来よう。その予感もただ歌うほかはない。

おお、わたしの魂よ。わたしはおまえに、「今日」を、「未来のいつか」と「過去のかつて」を言うのと同じように言うことを教えた。(1) そして「ここ」と「そこ」と「かなた」の一切を踊りながら越えて行くことを教えた。

おお、わたしの魂よ。わたしは、おまえが閉じこもろうとするあらゆる隠れ場からおまえを引き離して、そとへ連れ出した。わたしはおまえから埃《ほこり》と蜘蛛《くも》とたそがれの光を掃き落とした。

おお、わたしの魂よ。わたしは小さい羞恥《しゅうち》と片隅《かたすみ》の徳をおまえから洗い落とし、おまえを説得して、太陽の目の前に赤裸の姿をさらさせた。

「精神」という名の嵐《あらし》となって、わたしはおまえの海を吹きわたり、そこに大波をわき立たせた。(2)あらゆる雲を吹きはらい、「罪」と呼ばれる絞殺者をさえ絞殺した。(3)

おお、わたしの魂よ。わたしはおまえに、嵐のように「否《いな》」を言う権利、一点の雲もない空が「然《しか》り」を言うように「然り」を言う権利を与えた。(4)おまえは光のように静かである。そしておまえを阻むもろもろの嵐を貫いて進んで行く。

おお、わたしの魂よ。わたしはおまえに、創造物・非創造物の一切にたいする自由を取りもどしてやった。(5)こうして未来に来たる者の味わうべき歓喜をすでにおまえほど知っているものがほかにあろうか。

おお、わたしの魂よ。わたしは軽蔑《けいべつ》するということをおまえに教えた。それは虫けらのようにやってくる軽蔑ではなくて、愛情をもつ大いなる軽蔑である。つまり最も軽蔑することによって最も愛をそそぐ軽蔑である。

おお、わたしの魂よ。わたしはおまえに、あたかも太陽が海を説得してこれを自分の高みにまで引き上げるように、おまえがもろもろの論拠をさえ説得しておまえのところへ引き上げるようにすることを教えた(6)。

おお、わたしの魂よ。わたしはおまえからあらゆる服従と跪拝《きはい》と臣従とを取り去ってやった。わたしはすすんでおまえに「困苦の転回」と「運命」という名を与えた(7)。

おお、わたしの魂よ。わたしはおまえにさまざまの新しい名と多彩な玩具《がんぐ》を与えた。わたしはおまえを「運命」、「広袤《こうぼう》の包括」、「時の臍《へそ》の緒《お》」(8)、「碧《あお》い玻璃笠《はりがさ》」(9)などと呼んだ。

おお、わたしの魂よ。わたしはおまえの土壌にあらゆる知恵を飲ませてやった。つまり知恵の新しい酒と最も古い強力な酒のことごとくを飲ませてやった。

おお、わたしの魂よ。わたしはおまえに注いだ。あらゆる太陽、あらゆる夜、あらゆる沈黙、あらゆる憧《あこが》れを。――それでおまえはぶどうの木のように生《お》い育った。

おお、わたしの魂よ。おまえはいま豊かさに満ちあふれて重く立っている。ふくらんだ乳房《ちぶさ》、ぎっしりと実っている黄金《こがね》色の房を垂らしたぶどうの木のように。

――そしておまえの幸福に、はちきれんばかりにふくらみ、過剰のあまりに待ち受け、しかも自分が待ち受けていることを恥じている。

おお、わたしの魂よ。今はおまえ以上に愛に満ち、包容力をもつ広い魂は、どこにもあるまい。おまえのもとでこそ、未来と過去は最も密接に結び合うのだ。

おお、わたしの魂よ。わたしはおまえにすべてを与えた。わたしの両手はおまえのために空《から》になった。――ところでいま、おまえはわたしにほほえみながら、憂鬱《ゆううつ》の色をたたえて言う。「わたしたち二人のうちのどちらが感謝すべきなのか。――与える者が感謝すべきではないのか、受ける者が受け取ったことに対して。贈り与えることは、抑えようのない要求ではないのか。そして受けることは――憐《あわ》れみではないのか」――

おお、わたしの魂よ。わたしはおまえの憂鬱をおびた微笑を理解する。今は、おまえの充溢《じゅういつ》した富そのものが、受ける者を求めてあこがれる手をさしのべるのだ。

おまえの充実が、怒号する海に目を放っている。(10) そしてたずね、待っている。過剰なほどの充実からの憧れが、おまえのほほえむ目の空から洩《も》れかがやいている。

まことに、わたしの魂よ。おまえのそのほほえみを見て、だれが涙へと融《と》けずにいられよう。天使さえ、おまえの微笑のなかのあふれる善意を見て涙するであろう。

おまえの善意、あふれる善意は、嘆こうとしない、泣こうとしない。しかもおお、わたしの魂よ、おまえの微笑は涙にあこがれており、おまえのふるえる口はむせび泣きにあこがれているのだ。(11)

「泣くということはおよそ、嘆き訴えることではないか。そして嘆き訴えるということはおよそ、咎《とが》めるということではないか(12)」そうおまえはおまえ自身に言う。それゆえにおまえは、おまえの悩みをあらわに撒《ま》き散らすよりは、むしろほほえむことを選ぶのだ。

――おまえの充実から来る悩み、摘み手とその鋏《はさみ》とにあこがれる葡萄樹《ぶどうじゅ》の待ちきれない気持のすべてを、ほとばしる涙として、あらわに注ごうとはしないのだ。

しかし、おまえが泣こうとせず、おまえの真紅《しんく》の憂鬱《ゆううつ》を泣きつくそうとしないなら、おまえは歌わずにはいられないだろう、おお、わたしの魂よ。――見よ、おまえにこのことを予言するわたし自身にほほえみが浮かんでくる。

――怒濤《どとう》のような歌でうたうのだ、ついに海も静まって、おまえの憧れに耳を傾けるようになるまで。――

――静かな、憧れにみちた海に金色の奇跡として小舟がただよい出て、その金色をめぐって、いっさいの不思議な善い物、悪い物が踊り跳ねるようになるまで[13]。――

――また多くの大小の生き物、軽い不思議な足をもっていて、すみれ色の道を走ることのできるいっさいの物が、――

――この金色の奇跡、自由意志からやってくるこの小舟とその小舟の主《あるじ》に向かって、踊り跳ねてくる。その主が、すなわちダイヤモンドの鋏《はさみ》をもつ、ぶどうの摘み手なのだ[14]。

――

――おお、わたしの魂よ。まだ名をもたぬこの者は、おまえの大いなる解放者なのだ[15]。

――

――その名は、未来に生まれる歌によってはじめて歌い出されることだろう。そしてまことに、おまえのいぶきには早くも未来の歌の匂《にお》いがする。――

――早くもおまえは熱して、夢みている。早くもおまえは、音たてて湧《わ》き出るすべての深い慰めの泉から、むさぼるように飲んでいる。早くもおまえの憂愁は、未来の歌々を予感する至福のなかにやすらっている。――

おお、わたしの魂よ。わたしはいまおまえにいっさいのもの、わたしの最後の持ちものまで与えてしまった。わたしの両手はおまえのために空《から》になった。――わたしがおまえに歌えと命じたこと、見よ、これがわたしの最後の持ちものだったのだ。(16)

わたしはおまえに歌えと命じた。さあ、言うがよい、わたしたち二人のうちどちらが――感謝すべきか。――だが、それを詮索《せんさく》するより、もっとよいことはこうだ。歌え、歌ってわたしに聞かせてくれ、おお、わたしの魂よ。そしてわたしの感謝の言葉を受けてくれ。――

ツァラトゥストラはこう語った。

(1) 時称の交錯に注意。永劫《えいごう》回帰の立場から言えば、今日は過去の回帰であり、また未来へも回帰し、その三者のあいだに区別はない。

(2) 魂は生得の生命、生得の心であり、精神は自覚的な内面の力、ここではことに意力である。しかし、両者はツァラトゥストラの両面で、けっきょくは同一である。同一でありながら、とくに本章では、対立させて歌う。孤独者の内的風景。
(3) 古い宗教的立場は、「罪」という概念で生命を絞殺する。
(4) 自主的に「否」と「然り」を言う権利。
(5) 「一切」に意味の重点がある。万物を意のままにする自由。非創造物とは、創造をまたないで最初からあるもの。たとえば神や聖霊や新約聖書「ヨハネ伝」にいう「ことば」など。要するに創造物と語呂を合わせたので、深い意味はない。
(6) 太陽は海水を蒸発させて自分のほうへ引き上げる。それと同様に「おまえの魂（精神に教えられて、今は意力的である）」が主宰して、論理的ないし因果律的な論拠を無視して、それを隷属させ、自由なはたらきをする。
(7) 「新旧の表30」四八二～四八三ページ参照。
(8) 「広袤の包括」は、最も広い魂。「時の臍の緒」は、時間的経過の中心点。すなわち魂が、つねに過現未を総括していること。
(9) 「日の出前」三六七ページ参照。世界をありのままに肯定して、青空のようにそれをおおう。
(10) 与えようとし、はたらきかけようとして、受ける者をさがしている。海は人類とか時代とか。
(11) 魂が充実していながら、与えることができず、孤独である。それでも嘆こうとせず、ほほえんでいる。実は泣きたいのだが。
(12) 泣けば、どうしても訴え、他を責めることになる（受けないのは人間たちが悪いのだ、と言って)。それは満ちあふれていて肯定的な自分にふさわしくないことである。

(13)「小舟」は注(14)に。こういう大きい世界肯定の目で見れば、善いとされ、悪いとされているすべてのものの存在は「不思議」というほかはない。

(14)待つ者は、かならず来る。すすんで(目曰意志なら)やってくる。そこに乗っている主は、「魂」の満ちあふれたぶどうを収穫してくれる人。すなわち、魂の過剰を「はたらき」へ転化してくれる人。いわば超人(むろん永劫回帰の思想の上に立っている)である。小舟は、海のけしきから呼び出された詩的形象で、それに乗っている「主」と、しいて区別する必要はないが、超人をこの場へ導いてくる活動意欲のようなものだろう。

(15)注(14)で「主」を説明したが、実はその正確な名は、ツァラトゥストラ自身にも言えない、「名をもたぬ者」であって、未来の歌がやがてその名を発見するだろう。ただそれが、「魂」の充溢を救った解放者であることだけは、わかっている。

(16)「語ること」、論理的に言うことは、いまツァラトゥストラの壮大なヴィジョンを伝えるには無力で、けっきょくそれを詩として「歌う」ほかはない。それが、かれの最後の知恵である(詩人を嘘《うそ》つきと言ってけなしもしたが、かれ自身詩人である)。そしてここでもすでに「歌え」ということを、歌によって命じている。

「大いなる憧れ」全章が高調した歌。永劫回帰の認識、その宣言への決意。人間へのはたらきかけの意欲。時は熟して、思想や意志を超えた魂のみなぎりとなっている。みなぎりながら孤独である。その孤独を救い、実践へ転回させるものは、またツァラトゥストラの意欲である。その表現しがたい消息を、ここで歌ったのである。「わたし」と「わたしの魂」が、授受について問答をするが、それも、充実していながら孤独な同一人の心内のことである。

後の舞踏の歌

生を通常の意味で追求すれば逃げて行く。認識の果てに生と認識者との悲しい相愛。そして苦や死を包摂しての生の永遠讃歌がひびく。

1

「さきごろわたしはおまえの目に見入った、おお、生よ。おまえの目の夜のなかに、わたしは黄金がきらめくのを見た、――わたしの胸はそれを見るよろこびに鼓動をとめた。

――一つの黄金の小舟が夜の水の面《おもて》にきらめくのを見たのだ。沈もうとしては水をかぶり、ふたたびさしまねくように浮き揺れる金色の小舟だった(1)。

おまえは舞踏に狂うわたしの足に一瞥《いちべつ》を投げた。笑うような、問うような、とろかすような揺さぶるまなざしだ。

おまえは小さな手でおまえのカスタネットを鳴らした、ただ二度。――するともうわたしの足は舞踏に熱狂して揺らぎはじめた。

わたしの踵《かかと》は高くあがり、わたしの爪先《つまさき》は、おまえの心を悟ろうと耳を立てた。舞踏者は耳を――爪先にもっている。(2)

わたしはおまえを目ざして跳躍した。するとおまえはうしろに跳んで、わたしの跳躍を避けた。避けながら、おまえの流れる髪の毛はわたしにむかってちろちろと舌を吐いた。

わたしはおまえと、おまえの髪の蛇から跳びのいた。するとおまえは早くもなかば身をわたしのほうに向けて立ちどまり、目には求めの色をたたえている。

曲折したまなざしで――おまえはわたしに曲折した道を教えるのだ。曲折した道を取って踊りながら、わたしの足は――奸計《かんけい》を学ぶ。(3)

わたしは近づくおまえを恐れ、遠ざかるおまえを愛する。おまえが逃げればわたしは誘われ、おまえが求めれば、わたしはとまる。――わたしはせつない。けれどわたしはこれまでもおまえのために、ありとあらゆるせつなさを悩んできたのではないか。

おまえの冷酷は燃え立たせ、おまえの憎しみは誘い、おまえの逃走はつなぎとめ、おまえの嘲《あざけ》りは――涙をさそう。

――こういう女をだれが憎まずにいられよう、おまえ、大いなる束縛者、籠絡《ろうらく》者、誘惑者、捜索者、発見者(4)よ。だれがおまえを愛さずにいられよう、おまえ、無邪気な、性急な、疾風《はやて》のような、子どもの目をした罪の女よ。

おまえはわたしをどこへ索《ひ》いて行こうとするのか、おまえ、選《よ》り抜きの不羈《ふき》なものよ。またしてもおまえはわたしから逃げる。おまえ、甘美な荒馬、忘恩者よ。

わたしは踊りながらおまえを追う、おまえに従う、たとえ足跡がどんなにかすかになっても。どこにいるのだ、おまえは？ わたしに手を与えてくれ。指一本でもいい。

ここにはあちこちに洞穴《ほらあな》があり、藪《やぶ》がある。わたしたちは道に迷うだろう。――待て。立ちどまれ。見えないか、おまえには？ 梟《ふくろう》と蝙蝠《こうもり》が羽ばたきながら飛びまわるのが。(5)

おまえ自身が梟だ、蝙蝠だ、おまえはわたしをからかうのか。ここはどこだ。おまえはそんなに吠《ほ》えわめくことを犬どもから学んだのか。

おまえはわたしにむかって、白い歯を愛らしくむき出す。おまえの意地悪い目が、長い捲毛《まきげ》の奥からわたしを刺す。

これは、木の根、岩の根、あらゆるものを踏み越えて突進する舞踏だ。――わたしは猟師だ、――おまえはわたしの猟犬になる気か、それとも羚羊《かもしか》にか？(6)

いまわたしのそばにいるかと思うと、たちまち、おまえは意地悪く跳ぶ、上へ。向こうへ。――わたしも跳ぼうとする。そして、ああ、その場に倒れる。

おお、おまえ、驕慢《きょうまん》な者よ。わたしがこのとおり倒れ伏して、恵みを乞《こ》うているのに目を向けてくれ。わたしはおまえといっしょに――もっとよい道を歩きたいのだ。

――静かな、色とりどりの茂みを分けて、愛の道を。でなければ、あちらの湖水に沿うて。そこにはかずかずの金魚が泳ぎ、踊っている。

おまえは疲れてきたのか。あちらには夕映えのなかに羊の群れがいる。羊飼いたちの笛の音を聞きながら眠るのは、すばらしいことではないか。

おまえはそんなにひどく疲れたのか。わたしはおまえを運んで行こう。腕を垂れるがいい。そしておまえが、喉《のど》がかわいているなら——わたしはおまえに飲ませようとする。だが、おまえは口をとざして飲もうとはせぬ。(7)——

——おお、この呪《のろ》わしい、すばしこい、しなやかな蛇よ、逃げ足の速い魔女よ。どこへおまえは行ってしまったのか。だが、わたしはわたしの顔におまえの手によってつけられた二つの斑点《はんてん》、赤いしみを感ずる。(8)

ほんとうにわたしは飽き飽きした、いつもおまえの愚かしい羊飼いであることに。おまえ、魔女よ。今まではわたしがおまえに歌をうたって聞かせたのだが、今度はおまえがわたしに——泣き叫ぶ声を聞かせる番だ。(9)

わたしの鞭《むち》の拍子に合わせて、おまえはわたしに踊ってみせ、泣き叫ぶ声をあげねばならぬ。わたしは鞭を忘れては来なかったぞ。——忘れていいものか(10)」

（1）生を一貫して女性にたとえて言う。深い、黒い目のなかにきらめく魅惑。生における誘うもの。

（2）爪先が音楽のままに動こうとすること。「おまえの心を悟ろうと」は、さしあたりは、わたしにどういう踊りをさせようとする音楽かを聞き分けようとして。また好意の有無を知ろうとして。

（3）一筋縄ではいかない、たくらみの多い目を向けるから、こちらもまっすぐに進まず、あちこちしながら踊る。そのあいだにも相手をつかまえようとたくらみ（奸計）をめぐらす。

（4）この女（生）は、人間をいろいろと悩ましながら、適当な相手をさがしたり、見つけたりする。

（5）生との求愛でのこの場面が、一変して陰惨になる。現実の生の転変のさまを反映する。

（6）どんな困難をも踏み越えて行なう猟においては、おまえはわたしの助手なのか、獲物なのか。

（7）すなおにこちらの好意を受けない。

（8）道化師のように両の頰《ほお》に赤いしみ。

（9）うんといじめて泣かせて、こちらの思うままに踊らせてやる。

（10）第一部「老いた女と若い女」一四四ページ参照。女に鞭。図にのったときは、鞭であつかう。

2

すると生はわたしに答えた。答えながら彼女はおのが愛らしい耳をふさいでいた。

「おお、ツァラトゥストラよ。そんなに恐ろしくあなたの鞭《むち》を鳴らさぬがいい。あなたはよく知っている。騒がしさは思いを殺すということを。――そしてちょうどいま、わたしにやさしい思想が来かかっている。

わたしたちは二人ともまぎれもなく、善にも仲間はずれ、悪にも仲間はずれ。[1] 善と悪の彼岸《ひがん》に、わたしたちはわたしたちの島を見つけた、またわたしたちの緑の草地を。——わたしたち二人だけなのだ。だから、それだけでもわたしたちは親しみあわねばならぬのだ。

そして、わたしたちが心底《しんそこ》から愛しあっていないにしても、——だからといって、憎みあわねばならぬものだろうか、心底から愛しあっていないにしても。[2]

そして、わたしがあなたに好意を寄せていること、時にはあまりに好意を寄せすぎること、それはあなたも知っている。そして、なぜそうかということは、つまりはわたしがあなたの知恵に嫉妬《しっと》しているからだ。ああ、この知恵という阿呆《あほう》な女。

もしあなたからあなたの知恵が逃げ去るなら、ああ、そのときはわたしの愛もすぐにあなたから逃げ去ってしまうだろう[3]」——

そう言ってから、生は思いに沈んだ様子で、自分のうしろやまわりを見、それから声を低めて言った。「おお、ツァラトゥストラよ、あなたはわたしに十分に忠実ではない。

あなたは、まだまだ、あなたが口で言うほどには、わたしを愛していない。わたしは知っている、やがてわたしから離れようとあなたが思っていることを。[4]

一つの古い、重い、音の低い鐘がある。その低いうなりは、夜ごと、あなたの洞窟《どうくつ》まで上ってくる。——

——この鐘が真夜中に時を打つのをあなたが聞くと、あなたは一から十二までのあいだにあのことを思うのだ。——

——おお、ツァラトゥストラよ、わたしは知っている、あなたが、やがてわたしから離れようと思っていることを」

「そうだ」と、わたしはためらいながら答えた。「けれどおまえはこのことも知っている——」そう言ってわたしは彼女の耳にあることをささやいた。[5] 彼女の、もつれた、黄の色の、愚かしい髪の房《ふさ》のなかに。

「あなたはそれを知っているのか。おお、ツァラトゥストラよ、それはだれも知らないことなのに。——」

そしてわたしたちはじっと顔を見あった。それから、いましも冷ややかな夕べの気のただよっている緑の草地に目をやり、共に泣いた。——そのときわたしにはこの生がいとしいものだった。わたしの知恵のすべてが今までにわたしにいとしい思いをさせたよりも。[6]

——

ツァラトゥストラはこう語った。

（1）善悪の規準で事をなさず、天真のありかたをしている。生の真姿は元来それ。ツァラトゥストラも、通常の道徳を超えた人。

（2）第二部「舞踏の歌」で言われたように、ツァラトゥストラは、生と知恵（認識）の両者を愛している。かれの認識は生そのものの把握であって、両者は区別しがたいが、かれとしてはそこに一種の三角関係のあることを感じないわけにはいかない。生もそれを敏感に感じとって、このように言うのである（ニーチェは生をあれほど強く愛し、その愛を説くが、認識によらなければ生を把握できないのが、かれのありかたで、かれ自身それを自覚している）。

（3）ここの二つの文節は、注（2）で言った三角関係を、生の立場から言ったのである。「生の認識者」に生が無関心であるはずはない。その場合、認識という介在物がなければ、「生」と「かれ」とは密着しすぎて、かえって生は女の本性を現わして、かれから遠ざかるだろう。ニーチェが認識の道を捨てて生そのものになりきろうとしても、かれはけっしてそれに成功しないだろう。

（4）「生から離れる」は、死ぬこと。しかも永劫《えいごう》回帰という認識を公に告げて死ぬこと。生はそれを責めるというより、ツァラトゥストラの必然の歩みとして、憂鬱《ゆううつ》の思いでそれを指摘する。

（5）「あること」とは、永劫回帰。生も死も回帰する、大きい包括的な生を生きるほかに、「かれ」

の道はない。

（6）ツァラトゥストラにとって、永劫回帰的に生きることは、かれの意志であり、みずから担った運命である。それに苦や死が伴っても、それをのがれず、積極的に堪えようとする。そしてニーチェの世界では、「生」そのものの真姿も、もちろんそういう回帰であるに相違なく、生は永久に苦や死を包含しながら、運命的にありつづけるのである。このことを二人は思って、自分たちの運命を泣く。善悪の彼岸である楽しい緑の草地も、そのときは悲しみの色につつまれる。このときほど二人の気持が近づいたことはない。いま生きていて結ばれたい、認識を捨ててでも、と思うほどに。

3

　一つ！
おお、人間よ。心して聞け。
　二つ！
深い真夜中は何を語る？
　三つ！
「わたしは眠った、わたしは眠った——、

四つ！
深い夢からわたしはめざめた。――
五つ！
世界は深い。
六つ！
昼が考えたより深い。
七つ！
世界の痛みは深い――、
八つ！
悦《よろこ》び――それは心の悩みよりいっそう深い。
九つ！
痛みは言う、去れ、と。
十！
しかし、すべての悦びは永遠を欲する――。
十一！
――深い、深い永遠を欲する！」
十二[1]！

（1）時計の鐘の音に合わせたこの歌は、第四部「酔歌」で詳説され、それによって理解を深めることができる。一言でいえば、生の苦悩をも含めて積極的に生を生き抜き、無限の回帰に堪え、それを悦びとしようということで、高次の「生の舞踏歌」なのである。

七つの封印（1）（あるいは、「然《しか》り、しかあれかし」の歌）

今まで体験した偉大なことを順次思い出して、生を絶対に肯定是認し、永遠化し、それに愛を誓う。かくて現世に至福が実現しよう。

1

わたしが一人の予言者であって、二つの海のあいだを走る高い山の背にただようあの予見の精神にみちているなら、——

（すなわち、その精神は過去と未来とのあいだに重い雲としてただよっているのだ、——暑くるしい低地の敵として、また、倦《う》み疲れていて生きることも死ぬこともできぬすべてのものの敵として。

そしてその精神の暗い内部には、雷火を発する用意、救いの光を発する用意ができている。「然《しか》り」と言い、「然り」と笑う電光を孕《はら》み、予見の稲妻《いなずま》を発する用意ができている。
――

――このように孕んでいる者は幸いだ。まことに、いつの日か、未来の光を点火すべき者は、重い雲として長いあいだ山に垂れこめていなくてはならぬのだ！――）

もしわたしがそのような精神にみちているなら、おお、どうしてわたしは永遠を求める激しい欲情に燃えずにいられよう。指輪のなかの指輪である婚姻の指輪――あの回帰の円環を求める激しい欲情に燃えずにいられよう。

わたしはまだわたしの子を生ませたいと思う女を見いだしたことがない。しかしただ一人ここに、わたしの愛する女がいる、おお、おまえにわたしの子を生ませたい、わたしはおまえを愛しているから、おお、永遠よ[2]。

わたしはおまえを愛しているのだ、おお、永遠よ。

（1）自分が味わった七つの至福を封印として、永遠（永劫《えいごう》回帰の生）にたいして愛の誓いを立て、絶対に肯定された生を最高度に生きようとの決意を述べる章。新約聖書の「黙示録」の「七つの封印のある書（世界の最奥の神秘を蔵している書）」に対応させた。

（2）永劫回帰の思想は、各瞬間を永遠に回帰するものとして受け取るから、各瞬間をそのまま永遠化し、あらゆる瞬間に全責任をかけて、それを生き抜くということになる。逆に言えば、永遠を愛し、永遠を求めるからこそ、永劫回帰の思想が生まれたので、その根本動機は、神なき世界における永遠への愛なのである。その愛から「充実した生」という子が生まれるであろう。

2

わたしの怒りがかつてもろもろの墓をあばき、[1]境界の石を動かし、[2]古い表《ひょう》を砕いて千仞の谷底になげうったとするなら、

わたしの嘲《あざけ》りがかつて、かびの生えたことばを吹き散らし、わたしが十字蜘蛛《ぐも》[3]には箒《ほうき》として、古いじめじめした墓穴には爽涼《そうりょう》の風として襲いかかったとするなら、

わたしが、古い神々の葬られているほとりに心楽しくすわり、古い世界誹謗《ひぼう》者たちの記念碑のかたわらで、世界を祝福し、世界を愛してしばしの時をすごしたとするなら、

――(つまり、教会や神の墓をもわたしは愛するのだ、くずれ落ちたその天井から天空がきよらかな目をしてのぞきこんでくるようになれば。――わたしは草や赤いけしと同じように、教会の廃墟《はいきょ》にすわることを好むのだ。[4]――)

――おお、それならどうしてわたしは永遠を求める激しい欲情に燃えずにいられよう。指輪のなかの指輪である婚姻の指輪――あの回帰の円環を求める激しい欲情に燃えずにい

られよう。

わたしはまだわたしの子を生ませたいと思う女を見いだしたことがない。しかしただ一人ここに、わたしの愛する女がいる。おお、おまえにわたしの子を生ませたい、わたしはおまえを愛しているから、おお、永遠よ。

わたしはおまえを愛しているのだ、おお、永遠よ。

（1）過去の諸遺産を無価値として踏みにじる。
（2）「重さの霊 2」四二九ページ参照。
（3）十字の印ある蜘蛛。僧侶のこと。「離反者 2」四〇二ページ注（4）参照。
（4）「僧侶たち」一九六ページ参照。

3

かつて創造のいぶきがわたしを訪れたとするなら、――偶然をも強制して星の輪舞を踊らせるあの至福の必然のいぶき[1]がわたしを訪れたとするなら、――

わたしがかつて創造的な電光の笑いで笑ったとするなら（その笑いには、行為という長い雷鳴が、不平の声をとどろかせながら、しかも従順についてくるのだ[2]）、――

わたしがかつて、大地という神々の卓で神々と骰子《さい》の遊びを競い、そのために地が震い、破れ、火の河流を噴《ふ》き出すにいたったとするなら、(3)――(つまり、大地は神々の卓であって、創造的な新しいことばと神々の投げかわす骰子とで震えているのだ。――)

おお、それならどうしてわたしは永遠を求める激しい欲情に燃えずにいられよう。指輪のなかの指輪である婚姻の指輪――あの回帰の円環を求める激しい欲情に燃えずにいられよう。

わたしはまだわたしの子を生ませたいと思う女を見いだしたことがない。しかしただ一人ここに、わたしの愛する女がいる。おお、おまえにわたしの子を生ませたい、わたしはおまえを愛しているから、おお、永遠よ。

わたしはおまえを愛しているのだ、おお、永遠よ。

(1) 意力によって、偶然をわたしにとっての必然に転回する。偶然をも積極的に肯定して、わが意志の必然の産物と見なす。

(2) まず創造の意志があり、それにしぶしぶではあるが行為がついてくる。

(3) 「日の出前」三六八ページ参照。意志の必然が世界の偶然と壮烈な骰子遊びをし、世界がどんなにひどい偶然をもち出してきてもびくともしない。

4

いっさいの事物がよく混ぜ合わされているあの泡だつ香料の壺《つぼ》から、わたしがかつてたっぷりと飲んだとするなら、(1)

わたしの手がかつて最も近いものに最も遠いものを注ぎかけたとするなら、――精神に火を、苦悩に悦楽を、最善のものに最悪のものを注ぎかけたとするなら、(2)

わたし自身が、いっさいの事物を混ぜ壺のなかでよく混ぜ合わすあの救済的な塩の一粒であるとするなら、(3)――

――（つまり、善と悪とを結びつけるある種の塩というものがあり、薬味をつけるため、また最後の泡だちを起こさせるためには、最大の悪も価値をもつのだ）(4)――

おお、それならどうしてわたしは永遠を求める激しい欲情に燃えずにいられよう。指輪のなかの指輪である婚姻の指輪――あの回帰の円環を求める激しい欲情に燃えずにいられよう。

わたしはまだわたしの子を生ませたいと思う女を見いだしたことがない。しかしただ一人ここに、わたしの愛する女がいる。おお、おまえにわたしの子を生ませたい、わたしはおまえを愛しているから、おお、永遠よ。

わたしはおまえを愛しているのだ、おお、永遠よ。

（1）善と悪、苦悩と悦楽等々の区別を破り、ありのままのかおり高い世界を味わう。
（2）注（1）と同じく、いっさいの区別を超越して、混ぜ合わす。
（3）自分がそういう混合のために不可欠の媒体である。
（4）善悪の彼岸《ひがん》の立場からすれば、悪も生の本来の力の一つで、生をいよいよ生気あらしめることができるということは、くりかえして言われた。

5

わたしが、海と、海の性《さが》をもついっさいのもの(1)に好意を寄せ、それらがわたしに怒って逆らうときにこそ、かえって最大の好意を寄せるとするなら、
未発見のものに向かって帆を走らせるあの探求の悦楽がわたしの内部にあるとするなら、
その航海者の悦楽がわたしの悦楽のなかにあるとするなら、
わたしがかつて歓喜して、「岸は消えた、――今こそわたしの最後の鎖が断たれた。
――
――無辺際のものがわたしをめぐって怒号し、しぶきをあげている。時間と空間がはる

かのかなたまで輝いている。よし。立て。わが心よ」[2]と叫んだとするなら、——

おお、それならどうしてわたしは永遠を求める激しい欲情に燃えずにいられよう。指輪のなかの指輪である婚姻の指輪——あの回帰の円環を求める激しい欲情に燃えずにいられよう。

わたしはまだわたしの子を生ませたいと思う女を見いだしたことがない。しかしただ一人ここに、わたしの愛する女がいる。おお、おまえにわたしの子を生ませたい、わたしはおまえを愛しているから、おお、永遠よ。

わたしはおまえを愛しているのだ、おお、永遠よ。

（1）無限のひろがり、無限の可能性。

（2）「新旧の表28」四七九ページ参照。

6

わたしの徳が舞踏者の徳であり、そしてしばしばわたしが両足で金と緑玉の色に輝く歓喜[1]のなかへとびこんだとするなら、

わたしの悪意が哄笑《こうしょう》する悪意であって、ばらの丘とゆりの垣根のもとにくつろいで住

んでいるとするなら、[2]

——（つまり哄笑のなかには、あらゆる悪意が並存しているが、それらはみなそれら自身の至福によって、聖化され、免罪されているのだ）[3]——

そして、いっさいの重いものが軽くなり、いっさいの肉体が舞踏者に、いっさいの精神が鳥になることが、わたしのアルファでありオメガであるなら[4]（そしてまことに、それこそわたしのアルファであり、オメガなのだ）——

おお、それならどうしてわたしは永遠を求める激しい欲情に燃えずにいられよう。指輪のなかの指輪である婚姻の指輪——あの回帰の円環を求める激しい欲情に燃えずにいられよう。

わたしはまだわたしの子を生ませたいと思う女を見いだしたことがない。しかしただ一人ここに、わたしの愛する女がいる。おお、おまえにわたしの子を生ませたい、わたしはおまえを愛しているから、おお、永遠よ。

わたしはおまえを愛しているのだ、おお、永遠よ。

（1）日の輝く青空のこと。

（2）真実を端的に語って人を嘲笑《ちょうしょう》するのは、一種の悪意ではあるが、快活な笑いがある。その本質は、ばらやゆりの明朗、快活、平和に通ずる。笑いの讃美は今までたびたびあった。

(3) くだいて言えば、邪気のない悪意だから、罪がない。そして創造に役立つ。
(4) 初めにして終わり。一切。

7

わたしがかつてわたしの頭上に静かな天空を張りめぐらし、自分自身の翼をふるって自分自身の天空に飛び入ったとするなら、[1]

わたしが、たわむれながら深い光の遠方《おちかた》のなかを泳ぎ、こうしてわたしの自由に鳥の知恵が訪れてきたとするなら、――

――(つまり鳥の知恵はこう語るのだ。「見よ、上もなく、下もない。おまえを投げよ、まわりへ、かなたへ、うしろへ。おまえ、軽快なものよ。歌え、もはや語るな。[2]

――ことばはすべて重い者たちのために作られたものではないか。軽やかな者にとっては、ことばはすべて虚言者なのではないか。歌え、もはや語るな」と)――

おお、それならどうしてわたしは永遠を求める激しい欲情に燃えずにいられよう。指輪のなかの指輪である婚姻の指輪――あの回帰の円環を求める激しい欲情に燃えずにいられよう。

わたしはまだわたしの子を生ませたいと思う女を見いだしたことがない。しかしただ一人ここに、わたしの愛する女がいる。おお、おまえにわたしの子を生ませたい、わたしはおまえを愛しているから、おお、永遠よ。

わたしはおまえを愛しているのだ、おお、永遠よ。

（1）自分を世界とし、世界を自分とし、そのなかで軽快に自在に羽ばたく。
（2）「快癒しつつある者2」四八七ページ参照。これは実はニーチェの本音である（しかし、生涯にわたって語ることを捨て去ることができなかった）。ことばは説明であるから重い。歌、詩のみが、生そのものの声となる。

第四・最終部

ああ、同情者たち以上に、愚行を行なった者が、この世にいるだろうか。そして同情者たちの愚行以上に苦しみをひき起こしたものが、この世に存在するだろうか。

おのれの同情を超えた高い場所にまだ至りついていない愛の所有者は、わざわいである。

悪魔がかつてわたしにこう語ったことがある。「神にも地獄がある。それは人間にたいするかれの愛である」と。

そして最近、わたしは悪魔がこう言うのを聞いた。「神は死んだ。人間への同情のゆえに死んだのだ」と。

『ツァラトゥストラ』第二部「同情者たち」

蜜《みつ》の供え物

第四部は戯曲的構成をもち、主人公は同情という最後の試練に勝って再び出発する。その序。おのが魂の幸福を餌《えさ》として人釣りを志す。

——こうしてまたあまたの月、あまたの年がツァラトゥストラの魂を過ぎて行ったが、かれはそれを意にとめなかった。しかし、かれの髪は白くなった。ある日、洞窟《どうくつ》の前にある石に坐《ざ》して、無言で遠方をながめていると——（その場所からは、曲がりくねった深い谷のかなたに、広い海を見わたすことができた）——かれに仕える鷲《わし》と蛇は物思わしげにかれのあたりを行き来し、ついにかれの前に来て言った。

「おお、ツァラトゥストラよ。あなたはおそらくあなたの幸福の来るのを見張っているのだろうか」——「幸福に何のかかわりがあろう。わたしはもうとうから幸福を求めてはいない。わたしが求めているのは、わたしの事業だ」——「おお、ツァラトゥストラよ」と、生き物たちは、ふたたび言った。「そう言うあなたは、十二分に充足している人なのだ。あなたは、空のように青い幸福の湖にひたっているのではないか」——「おまえたち道化者よ」とツァラトゥストラは答えて、微笑した。「巧みな比喩《ひゆ》をおまえたちは選んだな。だが、おまえたちも知っているとおり、わたしの幸福は重いのだ。流れる泉の水には似ていない。それはわたしにまつわって離れる様子もない。まるでとろけた瀝青《ピッチ》を身につけているようなのだ」

　そのことばを聞いて、生き物たちはふたたび物思わしげにかれのほとりを歩き、それからもう一度近づいて、かれの前に立った。「おお、ツァラトゥストラよ」と、かれらは言った。「ではそのせいなのか、あなたの髪は白く、亜麻《あま》のようになってゆくのに、あなた自身はいよいよ黄に、いよいよ暗くなってゆくのは。見よ、あなたはあなたの瀝青《ピッチ》のなかにすわっているのだ」――「何を言うのだ、わたしの生き物たちよ」と、ツァラトゥストラは言って、声高に笑った。「まことに、瀝青《ピッチ》うんぬんとわたしが言ったのは不当だった。すべて熟してゆく果実には、わたしと同じことが起こるのだ。わたしの血管には蜜が流れていて、それがわたしの血を濃くし、またわたしの魂を寡黙にさせるのだ」――「そうだと思われる、おお、ツァラトゥストラよ」と、生き物たちは答えて、かれに身を寄せた。「それにしてもあなたはきょう高い山に登ってみてはどうか。大気は澄んでいる。きょうはいつもよりいっそうよく世界を見わたすことができる」――「そうだ、わたしの生き物たちよ」と、かれは答えた。「おまえたちはよいことを言った。それはわたしの心にかなう勧めだ。わたしはきょう高い山に登ってみよう。しかし、山上でわたしが蜜にこと欠くことがないように、おまえたちは配慮しなければならぬ。黄白色の、氷のように新鮮な、蜂窩《ほうか》から取りたてのよい蜜がなくてはならないのだ。というのは、わたしはそこで、蜜の供え物をしようと思うのだ」――

しかし、山頂につくと、ツァラトゥストラは、かれに従ってきた鷲と蛇を帰した。いまやかれは独りであった。――と、かれは心の底から声を発して笑った。四方を見、そして言った。

わたしが供え物をしたいということ、しかも蜜を供えたいと言ったのは、単にわたしのことばのたくらみであったのだ。まことに、愚かしいたくらみではあったが、必要なことであったのだ。この山上では、わたしは、独り住む者の洞窟と、独り住む者に仕える生き物たちとの前で語るより、自由に語ることができるのだ。

どうしてこれが供えることか。わたしは、わたしに贈られたものを浪費するのだ。わたしは千の手をもった浪費者だ。どうしてそのことを――供え物をするなどと呼ぶことができよう。

さきほどわたしが蜜を所望したのは、つまりはただ、甘い餌《えさ》のことを言ったのだ。いつも不満のうなり声を発している熊《くま》や奇妙な苦情屋の悪鳥どもも、よだれをたらして寄ってくるような甘い餌のことを言ったのだ。

――猟師や漁夫になくてはならぬ最上の餌のことを言ったのだ。つまり、世界は一方では、獣の住む暗い森であり、たけだけしい猟師たちの遊苑《ゆうえん》であるが、他方においては、世界はむしろ底知れぬ豊かな海であるようにわたしには思われる。またそう思うほうが、わたしには好ましい。

――色さまざまな魚と甲殻類にみちた海だ。それを見ては神々さえ欲情を起こし、漁《すなど》り、網を投げ入れようとするだろう。世界はそれほどにも、大小の奇異な物にみちているのだ。ことに、人間の世界、人間の海がそうなのだ。――その海に、わたしはいまわたしの金の釣《つ》り針を投げこむ。そして言う。開け、おまえ、人間の深淵《しんえん》よ、と。

開け、そしておまえの魚類と甲殻類をわたしに投げ出せ。わたしの最上の餌でわたしはきょう最も珍しい人間魚をおびき寄せるのだ。

――わたしの幸福そのものをわたしは、どこまでも遠く投げるのだ。東へ、南へ、西へ。そして多くの人間魚が寄ってきて、わたしの幸福をせせり、おどりはねるのを見ようとするのだ。

そして待つのだ、その人間魚たちが、かくれた鋭いわたしの針に食いついて、わたしの高み[1]にまでのぼってこなければならなくなるのを。このうえもなく多彩な深淵魚たちが、あらゆる人間釣り師のなかで最も意地悪い者の手にはいってくるのを、待とうとするのだ。

すなわち、わたしは、根底から、最初から、そういう人間釣り師なのだ。引き、寄せ、引き上げ、育て上げる。引く者であり、育てる者であり、懲らし教える者[2]である。わたしがかつてわたし自身にむかって、「おまえがあるところのものになれ、本来のおまえになれ」と言ったのは、そらごとではないのだ。

だから、わたしはいま、人間たちがわたしのところへのぼってくるように仕向けるのだ。わたしがそうするのも、まだわたしは、わたしの下降の時を知らせる徴《しるし》を待っている身であるからだ。すなわち、まだわたし自身は、わたしが当然なすべき人間たちへの没落をしていないのだ。

その没落をするために、わたしはここで待つ、高山の上で、たくらみと嘲笑《ちょうしょう》の心をもって。性急に待つのではない、忍耐しながら待つのでもない、むしろ忍耐さえ忘れてしまった者として待つのだ。――わたしにはもはや「忍び耐える」ということはないのだから。(3)つまり、運命がわたしに、時を貸しているのだ。運命はわたしを忘れてしまったのだろうか。それとも、大きい岩のうしろに隠れて、日陰で蠅《はえ》を取っているのだろうか。

そしてまことに、わたしはわたしの永遠の運命に感謝している。(4)それがわたしをせきたてもせず、うながしもせず、意地悪い戯れを行なう時間をわたしに与えているのだから。――わたしがきょう魚を釣るためにこの高山に登ってきたのも、その運命の好意によるのだ。

かつて人間が、高山で魚を釣ったためしがあるだろうか。だが、たとえ、わたしがこの頂上で行なおうとし、行なっていることが愚かしい所業であるにしても、まだしもそれはまさるのだ、あの低地で、待ちきれなくなって沈痛になり、顔を青ざめさせるよりは――。

——待ちくたびれて、いたけだかに怒る者となり、山から吹きおろす聖なる怒号の嵐《あらし》となり、性急に谷々にむかって、「聞け、さもなければ、わたしはおまえたちを神の鞭《むち》で打つぞ」と叫ぶ者になるよりは。(5)

しかし、だからといってそういうふうに怒る者たちを、わたしは憎むわけではない。かれらはわたしに笑いの種を与えてくれる。これらのそうぞうしい大太鼓たちは、今日発言しなければもはや発言すべき時が来ないので、性急にならざるをえないのだ。

しかし、わたしとわたしの運命とは、——今日にむかって語るのではない。またついに来ることのない時にむかって語るのでもない。(6) わたしとわたしの運命、この両者は、語るために忍耐と時間と超時間(7)をもっている。というのは、いつかは「それ」は来たらざるをえないからだ。そしてそのまま「それ」が通り過ぎることはありえないからだ。

いつか来たらざるをえないもの、通り過ぎることのありえないものとは何か。わたしたちの大いなるハツァール(8)だ。すなわち、われわれの大いなる、はるかなる人間国、千年にわたるツァラトゥストラの国だ。——

その「はるかさ」とは、どのくらいはるかなのか。そんなことがわたしに何のかかわりがあろう。といって、その国のありかたが、不確かだというのではない。わたしは両足をしっかりと踏まえてその礎石の上に立っているのだ。

——永遠なる礎石、堅い原生岩、この最も高く最も堅い原始岩層の上に立っているのだ。

そして、気象の境界をなしているここには、あらゆる風が吹きこんでくる。「ここはどこ？」と「自分はどこから？」と「自分はどこへ？」を問いながら。(9)

この頂で笑え。笑え！　わたしの明るい、健やかな悪意よ。高山からおまえのきらめく嘲弄《ちようろう》の哄笑《こうしよう》を投げおろせ。おまえのきらめきで、最も美しい人間魚を釣り上げよ。

そして、わたしの悪意よ、すべての海のなかにあってわたしに属しているもの、すべての事物のなかにあるわたしの「おのれ自体」(10)――それを釣り上げてくれ。それをわたしのところまで引き上げてくれ。それをわたしは待っているのだ、あらゆる漁師のうちの最も意地悪いこの漁師は。

深みへ、深みへ！　わたしの釣り針よ。下《くだ》れ、沈め、わたしの幸福という餌よ。おまえの最も甘美な露をしたたらせよ、わたしの心の蜜よ。深く食い込め、わたしの釣り針よ、あらゆる黒い悲愁の腹中に。

かなたへ、かなたへ！　わたしの目よ。おお、わたしをめぐって、なんというあまたの海！　明けゆく人間の未来！　そして頭上には――なんというばら色の静寂！　なんという晴れわたった沈黙！

（1）ツァラトゥストラのいるこの山。同時にかれの精神的高み。かれが人間界に降りて行く時がまだ熟しないので、人間を釣って、人間のほうがここまでのぼってくるようにしようと言うのである。

（2）ここに列挙されたことばは、すべて、人間を本来の人間たらしめる教育者を意味する。

（3）どんな困難をも逆境をも積極的に身に担って、自分の体験としてゆく態度だから、受動的な「忍び耐える」ということは、わたしの辞書にはないのだ。

（4）その理由はすぐ述べられているが、要するに、運命がわたしに時を貸して、わたしの熟成を待っているからである。この感謝の態度は、言い換えれば、ツァラトゥストラ自身の、運命の活用のしかたでもある。

（5）「聖なる」とは、他人の立場になって皮肉味をまじえて言ったのであろう。宗教的な激烈な説教者などを連想させる。

（6）現代を相手にしているのではない。といって、観念的に空《くう》にむかって説いているのでもない。

（7）「超時間」は「時間」に誘われて言ったことばで、深い意味はない。「いくらでも待つ」という気持。

（8）ペルシア語で「千」を意味する「ハザラ」から来たことばで、千年間を言う。すべての予言者は、それぞれかれが支配する「千年間」をもつという。ツァラトゥストラにも、当然かれが支配する千年間という時間国家がやがて来るはずである。

（9）「気象の境界」とは、高山などで、気象に大きい影響をあたえ、気象の分岐点になるようなところ。そこへあらゆる風が吹きこんで、おのれの位置、由来、今後の方向などを問い、高山にそれを示してもらったり、さだめてもらったりする。同様に歴史のあらゆる要素が、ツァラトゥストラという高山によって、それぞれ方向づけを受ける。

(10) 要するに、「本来のおのれ」と同じこと。哲学者の口まねをして、むずかしく言ってみた。ただし、それを、「すべての事物のなかにある」と言ったのは、大きい。世界と人間一般にたいしてかれの課する要請は、すべての現象のなかに、かれの「おのれ自体」がひそんでいると、かれに言わせるのであろう。

危急の叫び

厭世《えんせい》主義の予言者は主人公を同情の罪に誘惑するのだと公言する。救いを求める高人《こうじん》の悲鳴に、主人公はつい同情へと一歩踏み出す。

次の日、ツァラトゥストラはふたたび洞窟《どうくつ》の前のおのが石に坐《ざ》していた。鷲《わし》と蛇は、外の世界をあちこちと回って、新しい食物を——そしてまた新しい蜜《みつ》をさがし求めていた。古い蜜はツァラトゥストラが最後の一滴まで用いつくしてしまったからである。そのようにそこに坐して、かれは手にしていた杖《つえ》で地面におのが影絵を描きながら、思いにふけっていた(だが、自分と自分の影について思いにふけっていたのではない)[1]。——そのとき、にわかにかれは驚愕《きょうがく》し、身をふるわせた。それはおのが影のかたわらに、もう一つ別の影を認めたからである。立ちあがって、おのが身のまわりに目を馳《は》せると、見よ、かれのかたわらに、かれがかつて食卓に招じて飲食を供したことのあるあの予言者が立っていた。(2) それは大いなる疲労の告知者で、「一切は同じことだ。何事をしてもかいがない。世界は意義をもたぬ。知は人間の息をとめる」と教えていた者である。しかしその相貌《そうぼう》は、一別以来変わっていた。ツァラトゥストラがその目に目をそそいだとき、かれの心にまたしても驚愕した。多くの悪い告知と灰色の閃光《せんこう》が、相手の面《おもて》を走るのであった。

ツァラトゥストラの心のうちに起こったことを見てとった予言者は、手でおのが顔をぬぐった、まるで顔そのものをぬぐい取ろうとするかのように。ツァラトゥストラもおのが顔を手でひとぬぐいした。そういうふうに沈黙のうちに落着きを取りもどすと、二人は互いに手をさしのべて、旧知の仲のしるしとした。

「ようこそ」とツァラトゥストラは言った。「大いなる疲労の告知者よ。かつておんみがわたしの食卓に客としてすわったことを、わたしは忘れたくない。きょうもわたしの食卓で飲食してもらいたい。だが、おんみとともに食卓につく者が、不平をもたずに楽しんでいる一人の老人であることを許してもらいたい(3)」――「不平をもたずに楽しんでいる老人?」と、予言者はおうむ返しに言って、頭を振った。「おお、ツァラトゥストラよ、おんみが何びとであるにせよ、また何びとになろうとしているにせよ、おんみはこの高所で不平のない者であることが、あまりに長すぎた。――おんみの小舟はほどなくもうこの乾いた場所にとどまることはできなくなるであろう」――「わたしが乾いた場所にいるというのか？[4]」――ツァラトゥストラは笑ってたずねた。――「波がおんみの山をめぐって」と、予言者は答えた。「しだいに高まってくる。大いなる困苦と悲愁の波だ。その波はほどなくおんみの小舟をも浮き上がらせて、おんみをここから連れ出すであろう」――ツァラトゥストラは、それを聞き、いぶかりながら[5]沈黙していた。――「まだおんみには聞こえないのか」と、予言者はつづけた。「深い底から、ざわめきと怒号がのぼってくるではないか」――ツァラトゥストラは、沈黙したまま、耳をかたむけた。と、そのとき一つの長い長い悲鳴が下方から聞こえてきた。あまたの谷はその声を投げかえして、先へ先へと送った。どの谷もその声をおのれの胸一つにおさめておこうとはしなかった。それほどにそれはいまわしい響きだったのだ。

「おんみ、悪《あ》しき告知者よ」と、ついにツァラトゥストラは言った。「あれは危急の叫びだ。しかも人間の声だ。おそらくいずこかの黒い海[6]からの声であろう。しかし、人間の危急がわたしに何のかかわりがあろう。わたしが犯さずにいることができたわたしの最後の罪、――それが何という名のものであるか、おんみは知っているだろう」

――「すなわち同情だ」と、予言者はみなぎってくる心とともに答えて、双の手を高くあげた。――「おお、ツァラトゥストラよ。わたしはおんみを、おんみのこの最後の罪へ誘惑しようとして来たのだ」――

そのことばが終わるか終わらぬうちに、またしてもあの悲鳴がひびいた。さきほどより長く、さきほどより不安にみちていた。またそれはずっと近くなっていた。「聞こえたか。聞こえたか、おお、ツァラトゥストラよ」と予言者は叫んだ。「あの悲鳴はおんみを求めているのだ。おんみを呼んでいるのだ。来たれ、来たれ、来たれ。時が来た、今こそその時だ[7]」――

それを聞いたツァラトゥストラは、思い惑い、深い衝撃を感じて、沈黙していた。やがてかれは決しかねる者のようにたずねた。「で、あそこからわたしを呼ぶのはだれなのか」

「おんみはそれを知っているではないか」と予言者は語気激しく答えた。「どうしておんみを隠すのか。おんみを求めて叫んでいるのは高人だ[8]」

「高人《こうじん》？」ツァラトゥストラは身ぶるいにおそわれて叫んだ[9]。「何を欲するのか、何を欲するのか、その高人は。かれはこの山中で何を求めるのか」――そう言って、かれの全身は汗にぬれた。

予言者はツァラトゥストラの不安には答えず、谷にむかって、いよいよ耳を澄ました。だが、いつまでたってももう声は聞こえてこなかった。それでツァラトゥストラに目をもどした。ツァラトゥストラは立ちすくんで、おののいていた。

「おお、ツァラトゥストラよ」と、予言者は悲しみの声で言いはじめた。「おんみがそこに立っているさまは、幸福に躍動する者の姿ではない[10]。おんみはこまのように踊らなくてはなるまい、そこで倒れないためには。

だが、たとえおんみがわたしの前で踊り、あらゆる旋回をして見せたところで、わたしは何びとにも次のように言うことは許さないだろう。『見よ、ここに最後の楽しい人間が踊っている』とは。

そういう人間を求めてこの高所に来る者があっても、むだ骨折りになるだろう。その者がここに見いだすのは、洞窟、そしてさらにその奥の洞窟、潜伏者をかくまうための潜伏所であろう。だが幸福の竪穴《たてあな》、宝の倉庫、新しい幸福の金鉱脈を見いだすことはあるまい。幸福――どうして幸福がこのような埋《うず》もれた者、隠者のもとに見いだされようか。わたしは、最後の幸福を、やはり、はるかかなたの忘れられた海と海とのあいだの至福の島々に求めなくてはならないのだろうか。

しかし、すべては同じことだ。何事をしてもかいはない。求めても何の益もない。それに至福の島々ももはや存在しないのだ」――

予言者はそう嘆息した。だが、その最後の嘆息を聞いたとき、ツァラトゥストラはふたたび明るさと確固さを取りもどした。深い奈落《ならく》から光のなかに出てきた者のようであった。「否、否、三たび否!」と、かれは声を強めて叫び、髯《ひげ》をなでた。――「そのことはわたしのほうがよく知っている。至福の島々は今もある。そのことについてはおまえは口を閉ざせ。ため息をつく悲哀の風袋よ。

そのことについて雨音を立てることはやめよ、正午前の雨雲よ。[11] わたしはおまえの悲愁によって、もう犬のようにびしょぬれになったではないか。

いまわたしは雨粒をふるい落とし、おまえから離れ、身を乾かすのだ。それは当然のことではないか。わたしが礼を欠くというのか。しかしここはわたしの宮廷だ。

しかし、おまえの言う高人に関しては、よろしい、わたしはかれをすぐあの森つづきのなかにさがそう。そこからかれの悲鳴は聞こえてきた。かれはおそらくそこで悪い獣に苦しめられているのであろう。

かれはわたしの領土のなかにいるのだ。そこでかれが害を受けるようなことがあってはならない。そしてまことに、わたしのところには多くの悪い獣がいる」[12]

そう言ってツァラトゥストラは、かなたへ去ろうとした。それを見て予言者は言った。

「おお、ツァラトゥストラよ。口達者なものよ。

わたしにはわかっている。あなたはわたしから離れたいのだ。わたしといっしょにいるよりは、森のなかに駆けこんで、悪い獣たちを追いかけるほうがましだと思っているのだ。

しかし、それがあなたに何の役に立つか。夕方になれば、あなたはやはりまたわたしを見るのだ。[13] あなた自身の洞窟のなかにわたしはすわっているだろう。辛抱づよく、丸太のように重くすわりこんで――あなたを待っているだろう」

「そうするというなら、それもよかろう」とツァラトゥストラは、去りながら答えた。

「そのときは、わたしの洞窟のなかにあるわたしのものは、すべておまえのものでもある。おまえはわたしの客人だから。

もし蜜も見つかったら、遠慮なく全部なめるがいい。そして夕方には、二人いっしょに上機嫌でいることにしようではないか、(14)

——この一日も終わったと、二人いっしょに、楽しくすごそうではないか。そしてわたしの歌に合わせておまえに熊踊りを踊ってもらおう。不平たらたらの熊《くま》よ、そしておまえの魂を甘くやわらげるがいい。

おまえはそれを信じないのか。首を振っているな、よろしい。健在なれ、老いた熊よ。だが、わたしも——一個の予言者だ」

ツァラトゥストラはこう語った。

(1) 自分の影絵を描いているが、思いは自己本位ではなく、ひろく人類の運命を考えている。ただし、軽い調子で言った。
(2) 第二部「ある予言者」三〇四ページ参照。
(3) お相手をする自分が、おんみに同調する悲観主義者でないのが、お気のどくだ。
(4) 自分の内面生活のすさまじさを暗示する。

（5）ツァラトゥストラは、もちろん人生の苦難は知っているが、現実に悲愁の波（つまりは悲愁の人間たち）が、このかれの隠栖《いんせい》の場所までやってくるという相手の予言は腑《ふ》に落ちなかったのである。

（6）苦悩の世界。「黒い」は「暗い」ではないから、夜をさすのではない。この場面の時間は、午前である。

（7）ツァラトゥストラの口調をまねて、今こそ、救ってやるべき時だと、かれの同情心に訴える。

（8）普通の人間よりは高い人間の意で用いている。

（9）もともと人間にはたらきかけようという意欲をもつ主人公は、「高人」という名に大いにひかれるが、人間界で味わった過去の苦い幻滅を思い出して、ためらう。その両極の心の緊張にふるえる。

（10）注（3）の箇所の主人公のことばへのしっぺ返し。

（11）この場面そのものが、午前でもあるが、相手がツァラトゥストラの言う「大いなる正午」には、まだとうてい手のとどかない者であることを諷《ふう》する。

（12）ツァラトゥストラの世界は、平穏無事の、いわゆる善の世界ではないから。

（13）いくら強いことばを言っても、人生の夕べには悲観的心情におそわれるだろう。

（14）このあたり、注（13）の箇所の、予言者の「夕方……」の言にたいするしっぺ返し。「蜜」と言っているのは、比喩《ひゆ》的な気持が多い。両者の問答は、人生肯定と厭世との活発な応酬である。

王たちとの会話

しだいにツァラトゥストラの餌《えさ》にかかって、人間、しかも高人が山にやってくる。王者自身のことばとして権力階級が批評される。

1

ツァラトゥストラがかれの山と森のなかを一時間と行かないうちに、ふとかれは異様な一隊を見た。かれが下《くだ》っていこうとした道を、二人の王が登ってくるのだ。王冠と緋《ひ》の帯に飾られ、紅鶴《べにづる》のように華麗な服装をしていた。その二人は荷を積んだ一匹の驢馬《ろば》を先に立てていた。「この王たちは、わたしの領土に何の用があるのだ」と、ツァラトゥストラは、驚きあやしんでおのれの心に語り、すばやく、茂みのうしろに身を隠した。しかし、王たちがかれの近くまで来たとき、かれはひとりごとを言うように小声で言った、「これは奇妙だ。つじつまの合わないことだ。王は二人いる、――だが驢馬はただ一匹だ(1)」

そのことばを聞いて王たちは立ちどまった。微笑して、声のするほうに目を向け、それから互いに顔を見合わせた。「あれと同じようなことを考える者は、われわれの国内にもいるだろう」と、右手の王が言った。「ただ、だれも口に出して言わないだけだ」

左手の王は肩をすくめて答えた。

「あんなことをつぶやいたのは、山羊飼《やぎか》いのたぐいであろう。それとも、あまりに長く岩と木のあいだで暮らした隠者かもしれぬ。社交からまったく離れている者は、良風を破るものだ②」

「良風？」と、他の王は苦々しげに言った。「いったいわれわれは何から逃げ出してきたのだ。その『良風』からではないか、『上流の社交界』からではないか。

まことに、隠者や山羊飼いたちのあいだで暮らすほうが望ましい、あのいつわりにみちた、鍍金《めっき》した、厚化粧の賤民《せんみん》どもといっしょに暮らすよりは。――しかもその賤民どもは、みずからを『上流社会』と称し、

――『貴族』と称している。だが、そこでは、一切が虚偽であり、腐っている。ことに腐っているのが血だ③。それは、古くからの悪質の病気と、それ以上に悪質な治療師どものせいなのだ。

こんにちわたしに最善、最愛のものと思われるのは、やはり健康な農夫だ。粗野で、抜け目なく、強情で、長持ちのする農夫だ。これはこんにちにおける最も高貴な種族だ。

こんにち農夫は最善の者である。農夫の種族こそ、こんにち支配者であるべきだろうに！　だが、いまわれわれの前にあるのは賤民の国だ、――わたしは、けっしてもうだま

されない。賤民、それはすなわち『ごったまぜ』ということだ。

ごったまぜの賤民。そのなかには、聖者と詐欺師、門閥とユダヤ人、ノアの箱舟から出てきた家畜類のすべてがもみあっている。

良風！　われわれのところでは一切が虚偽であり、腐っている。『尊敬する』ということを知っている者は、もはや一人もない。そういう場所から、われわれは逃げ出してきたのだ。そこにいるのは、甘ったるく尾を振る、あつかましい犬どもだ。かれらは棕櫚《しゅろ》の葉にまで鍍金する。[4]

それに、わたしを窒息させる嘔気《はきけ》は、われわれ王者自身が贋《にせ》ものになったということだ。色あせた、古い父祖の華麗さを身にまとい、あらゆるメダルを胸いっぱいにつけて、仮装しているわれわれだ。最も愚鈍な者、最も狡猾《こうかつ》な者、またこんにち権力によって暴利をむさぼっている者のすべてのために作られたメダルを、胸いっぱいにつけている。

われわれは第一人者ではない、――しかも第一人者という符号になっていなければならない。この欺瞞《ぎまん》にわれわれはついに飽き飽きし、嘔気をもよおしてきたのだ。

この無頼の徒たちからわれわれは逃げ出したのだ、あの絶叫漢、文筆の青蠅《あおばえ》、小商人の悪臭、野心の悪あがき、くさい息、それらのすべてからだ。たまらない厭《いと》わしさだ、賤民のあいだに生きるということは。

――賤民のあいだにあって第一人者の符号になっているということは。ああ、嘔気、嘔気、嘔気。およそ、われわれ王たちに何の意味があるというのだ」——

「きみの持病が起こったな」と、そのとき左手の王が言った。「あわれな兄弟よ、また嘔気に襲われたな。だが、きみにもわかっているはずだ、何びとかが、われわれのことばを聞いていることは——

ただちにツァラトゥストラは身を起こして、隠れ場を離れた。かれは王たちの言うことに、耳と目の力のすべてをあげて聞き入っていたのだ。王たちに歩みよって、ツァラトゥストラは言いはじめた。

「あなたたちのことばを聞いていた者、喜んで聞いていた者は、王たちよ、その名をツァラトゥストラという。

かつて『いまさら王侯が何の値打ちがあろう』と言ったのは、このツァラトゥストラだ。[5]それゆえわたしは、あなたがたが『われわれ王たちに何の意味があるだろう』と語りあっているのを聞いて、喜んだ。そのことをわたしにとがめないでもらいたい。

さて、ここはわたしの王国であり、わたしの支配地だ。あなたがたはわたしの国に何を求めるのだろうか。おそらく、あなたがたはここへ来る途中、わたしがさがし求めている者を見いだしたことだろう、すなわちあの高人を」

このことばを聞いたとき、王たちはおのが胸をたたき、口をそろえて言った。「われわれの意図は看破された。[6]

あなたのそのことばの利剣によって、あなたはわれわれの胸の濃い闇《やみ》を断ち切った。あなたはわれわれの困苦を発見した。つまり、見よ、われわれは高人を発見しようとして、その途上にあるのだ、――

――われわれがたずね求めているのは、われわれ王者よりも高い人間だ。かれのもとにわれわれはこの驢馬《ろば》を引いてゆく。(7) すなわち最高の人間は、地上で最高の支配者にならねばならぬのだ。

およそあらゆる人間の運命のうち最も苛酷《かこく》な不幸は、地上の権力者が同時に第一級の人物ではないことだ。そのとき一切は虚偽となり、ゆがんだもの、奇怪なものとなる。

さらに、権力をもつ者が最下級の者であり、人間であるよりは畜類である場合には、しだいに賤民の値が騰貴してくる。そしてついには賤民の徳がこう言うようになる。『見よ、われのみが徳だ』(8) と」――

「なんというられしい言葉を聞くものだ」とツァラトゥストラは答えた。「王者たちになんという知恵！　わたしは酔わんばかりだ。そしてまことに、その考えに合わせて歌をひとつ作ってみたい気が湧《わ》いてきた。――

――万人の耳にかなう歌ではないだろう。わたしはとうに長い耳たち(9) にたいする顧慮を忘れてしまっているから。さあ、やってみよう。

（そのとき、思いがけず驢馬もことばを発した。驢馬ははっきりと、そして悪意をもって、

「イ・アー（然り）」といななないたのだ(10)。

その昔——たしか紀元第一年——
酒も飲まぬに酔いしれて、巫女《みこ》が言った。
「悲しや、ものみながゆがんでゆく。
堕落！　堕落！　世界がこんなに深く沈んだことはない。
ローマは娼婦《しょうふ》になった、娼家《しょうか》になった。
ローマ皇帝は獣《けもの》になった(11)。神さえも——なった——ユダヤ人に(12)」

（1）主権が二つで、支配されるものは一つ、という姿を諷《ふう》したのだろうが、全体の連関からは、強いアクセントをもたない。
（2）これは常識的発言で、それ以上の意味はかくれていない。
（3）血統の腐敗。ついでに、貴族社会に取り入る医師も槍玉にあげられた。
（4）何でも自然のままにしておかず、こけおどしの装飾をする。
（5）第三部「新旧の表12」四五四ページ参照。
（6）ツァラトゥストラは、悲鳴をあげた高人をさして言い、王たちは、ツァラトゥストラのことばを、「高人をさがす」自分たちの意図をさしたものと解する。

(7) ここの「驢馬」は、支配される民衆というような響きが多い。
(8) ここの「徳」を「思想」とか「イデオロギー」ということばと置き換えてみると、より理解しやすくなる。
(9) 驢馬、つまり愚民たち。
(10) ツァラトゥストラが自作の歌を謙遜《けんそん》して言ったことに、「そのとおり」と鳴いたわけ。
(11) ローマ帝国の末期の堕落の姿。風俗は乱れ、ネロのような暴君が出現する。
(12) 神の子としてのイエスを諷する。あまりよい趣味ではないが、言いたいのは宗教が政権、金権と結びつきやすいことである。

2

この歌を二人の王は楽しんだ。やがて右手の王が言った。「おお、ツァラトゥストラよ、あなたに会おうとわれわれが旅に出たのは、なんといいことだったろう。

というわけはこうだ。あなたの敵たちがあなたの姿をかれら自身の鏡に映して見せた。そのあなたは悪魔の顔をしていて、あざ笑っていた。それでわれわれはあなたを恐れたのだ。

しかし、それが何になったろう。あなたはあなたの箴言《しんげん》によって、再三再四わたしたちの耳と心を刺した。それで、ついにわれわれはこう言った。かれの外貌《がいぼう》がおそろしくとも、それが何だろう。

われわれはかれに会って、直接その声を聞かねばならない、次のように教えているかれの声を。『平和を愛するにしても、君たちはそれを新しい戦い(1)への手段として愛さねばならぬ。そして長期の平和より短期の平和を愛さねばならぬ』と。

いまだかつてこのように戦闘的なことばを語った者はなかったのだ。『よいとは何か。勇敢であることがよいことである。よい戦争は、あらゆる理由を神聖ならしめる(2)』

おお、ツァラトゥストラよ。こういうことばを聞いたとき、われわれの体内では、父祖の血が躍ったのだ。それは、古い葡萄酒樽《ぶどうしゅだる》(3)に語りかける春のことばのようだった。

剣と剣が、赤い斑点をもつ蛇に似て打ちあい、からみあうとき、われわれの父祖は生を愛した。平和の太陽はすべてかれらには生気がなく、なまぬるいものと思われた。そして長い平和は屈辱と感じられた。

壁にかかっていてむなしく光る乾いた剣を見るとき、われわれの父祖はなんと嘆息したことだろう。それらの剣と同じように、かれらは戦争に渇したのだ。すなわち、剣はつねに血を欲し、欲念に燃えきらめいているものだ」――

――王たちがこのように熱心にかれらの父祖の幸福についてことばを費やしているとき、ツァラトゥストラは、その熱心さをからかってみたいという少なからぬ誘惑を感じた。なぜなら、いまかれにむかって語っているのは、見るからに温和な王二人で、老いて優雅な相貌《そうぼう》の持ち主だったからである。(4)しかしツァラトゥストラは、自分を抑えた。「さあ」とかれは言った。「この道はあちらに通じている、そこにはツァラトゥストラの洞窟《どうくつ》がある。そしてわれわれは、きょうはゆっくりと夕べを楽しむことにしよう。しかし、今は、ある火急の叫びがわたしを呼んでいるので、さしあたり、わたしはあなたがたと別れなければならない。

もしあなたがた王者が、わたしの洞窟のなかにはいってわたしを待っていてくれるなら、それは洞窟の名誉である。しかし、いうまでもないが、あなたがたは長く待たねばならぬだろう。

それもやむをえまい。何ほどのことがあろう。こんにち宮廷人以上に待つことをよく学んでいる者があるだろうか。そして王たちのものとして残された徳の総体は——待つことができるということではなかろうか(5)」

ツァラトゥストラはこう語った。

(1) 第一部「戦争と戦士」九七ページ参照。
(2) 同上、九六〜九八ページ参照。

（3）剣が血塗られたさま。
（4）べつに悪意で言っているのではない。ただ現代文明の状況の一スケッチになっている。
（5）何も能動的な働きをしていないことへの軽い皮肉。

蛭《ひる》

あまりに部分的な関心にとらわれ、厳格精密（その点で高人《こうじん》）だが不毛な一部の学者、この精神的不具者も時代の苦難の一現象である。

そして、ツァラトゥストラは思いに沈みながら、森のなかをさらに深く進み、沼の多い場所にかかった。困難な事柄に思いふけっている者にありがちなことであるが、かれは自分では気づかずに一人の人間を踏んだ。と、見よ、ツァラトゥストラの顔を目がけて、たちまち一つの悲鳴と二つの呪詛《じゅそ》と二十の悪罵《あくば》が飛びかかってきた。ツァラトゥストラは驚いて杖《つえ》を振り上げ、自分が踏みつけた男をさらに打ちこらした。しかしすぐに思慮がもどってきた。かれは自分がいましたばかりの愚かなふるまいを笑った。

「許せ」と、自分のあやまちの犠牲者にむかって言った。その者は激怒のあまり、すでに上半身を起こして、その場にすわっていた。「許せ。そしてなによりもまず一つの比喩《ひゆ》を聞け。

一人のさすらいびとが、遠い事柄について夢みながら歩いていて、われ知らず、さびしい街道で、そこに日向《ひなた》ぼっこをして眠っている犬につまずくことがあるように、——そして、両者が死なんばかりに驚愕《きょうがく》してとびあがり、不倶戴天《ふぐたいてん》の敵同士にも似て、互いにとびかかって戦うように、それと同じことが、いまわれわれに起こったのだ。

しかも、しかも、——この両者は、ほんのわずかばかり事情がちがっていたならば、あい寄って愛撫《あいぶ》を交わしたかもしれないのだ、その犬とその孤独者とは。なぜなら、両者ともに——孤独だからだ」

——「たとえおまえが何びとでも」と、踏まれた男はなおも怒りをあらわして言った。「おまえはわたしを足で踏みつけたばかりでなく、おまえの比喩で踏みつけたな。

見よ。わたしは犬なのか」——そう言って、地にすわっていた男は、むきだしの腕を沼から抜いて、立ちあがった。つまり、かれは今まで、からだをのばして地面にぴったりと伏していたのだ、沼地の獣《けもの》を待ち伏せする者のように身を隠して。

「しかし、おまえはいったい何をしているのか」と、ツァラトゥストラは驚いて叫んだ。というのは、その男のむきだしの腕を多量の血が流れつたわっているのを見たからである。——「どうしたのだ。不幸な者よ、悪い獣に嚙《か》まれたのか」

血を流している男は笑った、なおも怒りはおさめなかったが。「それがおまえに何のかかわりがある?」そう言って、かなたへ去ろうとした。「わたしはここを家としている、ここはわたしの領分だ。たとえ何びとが問うているにせよ、無礼者にはわたしは容易に答えを与えまい」

「おまえは思い違いしている」と、ツァラトゥストラは、同情の念をこめて言い、相手をひきとめた。「おまえは思い違いしている。ここはおまえの領分ではない、わたしの国だ。そのなかでは何びとも害をこうむってはならぬのだ。

わたしを何とでも呼ぶがいい、――しかし、わたしはわたし以外の何ものでもない。わたし自身はわたしをツァラトゥストラと呼んでいる。

さあ。あそこを登って行けばツァラトゥストラの洞窟《どうくつ》がある。それは遠くない。――わたしのもとで傷の手当てをしてはどうか。

不幸な者よ、この生でおまえは悪いめぐりあわせに会ったのだ。はじめは獣がおまえを嚙み、次には――人間がおまえを踏んだのだ」――

しかし、ツァラトゥストラの名を聞いたとき、踏まれた者の様子は変わった。「これはなんということだ」とかれは叫んだ。「この生でわたしが関心をよせるものがほかにあろうか。この一人の人間、すなわちツァラトゥストラとあの一つの生き物、すなわち血を吸って生きる蛭《ひる》のほかには？

わたしは蛭のために、この沼のへりに、漁師のように身を横たえていたのだ。そしてわたしの垂らした腕は、すでに十度咬《か》まれた。そこへより美しい蛭が来て、わたしを咬んで血を吸ったのだ、ツァラトゥストラその人が。

おお、幸運よ、奇跡よ。わたしをこの沼に誘ったきょうという日を讃《たた》えたい。こんにち生きているもののうち、最もよい、最も生き生きしている放血器[1]をわたしは讃えたい。大いなる良心の蛭[2]ツァラトゥストラを」――

踏まれた者はそう語った。ツァラトゥストラは、かれの言うことと、畏敬《いけい》をこめた品位のあるその調子を喜んだ。「おまえは何びとか」そうたずねて手を与えた。「わたしたち二人のあいだには、なお明らかにしなければならぬこと、晴れやかにしなければならぬことが多くある。しかし、早くも空は明るくなってゆくらしい」

「わたしは知的良心をもつ者だ」と、相手は答えた。「そして精神上のことに関しては、わたし以上に厳格、精密、苛烈《かれつ》の態度をとる者は、ほかにはめったにいないと思う。わたしがその態度を学び取ったツァラトゥストラその人を除いては。

多くのことを中途半端に知るよりは、むしろ何事をも知らぬことを選ぶ。他人の見解に従って賢者であるよりは、むしろ自力だけを当てにする阿呆《あほう》でいよう。わたしは――知識の根底にまで下りてゆくのだ。

――問題にはならぬことだ、その根底が大きいか、小さいかは？　その名が沼であるか、天であるかは？　わたしには、てのひら大の根底で十分だ、それが真に根底であり、基底であるならば。

——てのひら大の根底。その上に人は立つことができる。真の、良心的な知識の世界には、大と小の区別はない」
「それではおまえは蛭の認識者なのか」とツァラトゥストラはたずねた。「そして蛭をその究極の根底に至るまで究めようとするのか、知的良心をもつ者よ」
「おお、ツァラトゥストラよ」と相手は答えた。「それはあまりにも巨大な問題だ。どうしてわたしがそんな大問題に取り組むことができよう。

わたしが巨匠であり熟知者である領域、それは蛭の脳なのだ。——それがわたしの世界だ。

そして、これも一つの世界であるのだ。しかし、ついにわたしの誇りがことばとなって現われたことを許してもらいたい。それは、この問題ではわたしに並ぶ者がいないからだ。だから、わたしは言ったのだ、『わたしはここを家としている』と。

すでにどんなに長くわたしはこの一つの世界、蛭の脳を追究してきたことだろう。逃げ去りやすい真理がこの領域ではもはやわたしの手から逃げ去ることがないようにと。これがわたしの国土だ。

——このことのために、わたしは他の一切を投げ捨てた。このことのために、わたしには他の一切が無関心事となった。わたしの知の隣にはわたしの暗黒の無知が住んでいる。

わたしの知的良心は、わたしが一事を知り、他はいっさい知らないことを、わたしに要求する。中途半端な精神の所有者、おぼろげな、浮動的な、夢みがちな者は、すべてわたしに嘔気《はきけ》をもよおさせる。

わたしの誠実が停止したら、わたしは盲目だ、また盲目であることを選ぶ。しかし、わたしが知ろうとするとき、わたしはまた誠実を自分に要求する。すなわち苛烈で、厳格で、精密で、残酷で、仮借なき者であろうとする。

おお、ツァラトゥストラよ、あなたがかつて言ったことば、『精神とは、みずから生のなかに切り入る生である』(3)ということが、わたしをあなたの教えに導き、誘惑したのだ。まことに、わたしはわたし自身の血でわたし自身の知を増したのだ」

――「わたしがまのあたり見ることが」と、ツァラトゥストラはことばをはさんだ。というのは、いまなおこのきびしい良心の所有者のむきだしの腕からは、血がしたたっていたからである。その腕は十四の蛭の深い咬み傷を負っていたのだ。

「おお、奇妙な人物よ。わたしがまのあたり見ることが、つまりあなた自身が、なんと多くをわたしに教えてくれることか。同時に、わたしはおそらく、いっさいのことをあなたのきびしい耳に注ぎこんではならぬだろう(4)。

さあ。ではこれで別れよう。だがわたしはあなたに再会したいと思う。あそこを登ればわたしの洞窟《どうくつ》がある。今宵《こよい》はあなたをわたしの客としてそこに迎えたい。

またわたしは、あなたのからだに償いをしたいのだ、ツァラトゥストラはあなたを足で踏んだのだから。わたしはそのことも考えたい。しかし今はある危急の叫びがわたしを呼んでいる。急いでわたしは去らねばならぬのだ」

ツァラトゥストラはこう語った。

（1）蛭は生きている放血器。そしてツァラトゥストラを偉大な蛭という。
（2）良心の悪血を吸うのであろう。
（3）第二部「名声高い賢者たち」二二五ページ参照。
（4）物事を一つ一つあまりに厳密に取って大局観がないから、多くのことは言えない。相手の狭い態度を憐《あわ》れむ気持がある。

魔術師

性悪《しょうわる》の高人（ワーグナー）が出現した。常に演技する者。ただし知性によって自己嫌悪を感じているところは、時代の苦難者である。

1

さて、ツァラトゥストラがある岩角を曲がると、その道の下手にあたる遠くない地点に、一人の人間を見かけた。それはたけり狂った者のように手足を振り、ついには地面に腹ばいに伏した。「とまれ」とツァラトゥストラはおのれの心に言った。「あの男がおそらくあの危急の叫びをあげた高人にちがいない。——助ける余地があるかどうか、見てみよう」そして、その男の倒れているところに走りよった。それは一人の年老いた男で、目を見すえて、ふるえていた。ツァラトゥストラは、その男を引き起こして立たせようとしたが、いくら骨を折ってもむだだった。それにこの不幸な男は、自分のそばに人がいることにも気がつかぬらしかった。かれのしていることは、たえず憐《あわ》れをさそう身ぶりであたりを見まわすことである。そのありさまは全世界から見捨てられた者のようだった。しかし、いつまでも戦慄《せんりつ》と痙攣《けいれん》ともがきをかさねた末、ついにかれはつぎのような哀訴の歌(1)をうたいはじめた。

だれももう私を暖めてくれないのか？　わたしを愛してくれないのか？
熱い手を与えよ。
心の火桶《ひおけ》を与えよ。
打ちのめされ、身ぶるいしながら
ひとに足を暖めてもらう半死の者のように――
ああ、名も知らぬ熱病の餌食《えじき》となり、
飛び来る鋭い氷の矢におののき、
思い(2)よ、おまえに駆り立てられて、
名づけえぬ者よ、身を隠している者よ、恐るべき者よ、
雲の背後にひそむ猟人《かりうど》よ、
暗黒のなかからわたしを見すえる侮蔑《ぶべつ》の目よ、
おまえの稲妻《いなづま》にうち倒されて、
――わたしはこのように伏し、
身をまげ、よじり、あらゆる

永遠の呵責《かしゃく》に苦しめられ、
残忍な猟人よ、おまえに
射当てられた傷の痛みに燃えている。
おまえ、何者とも知られぬ——神よ。

もっと深く射よ。
もう一度射よ。
この心を突き刺し、突き破れ。
鈍い矢じりの矢で射かけてくる
この責め苦は何のためか。
なぜおまえはまたしてもじっと見入るのか、
人間の苦悩を見飽きることなく、
わたしの痛みを喜ぶ神々の電光のまなざしで。
おまえは殺そうとしないのか、
ただ虐《さいな》む気なのか、虐む気なのか。
何のために——わたしを虐むのか、
おまえ、何者とも知られぬ神よ。

ああ、忍んで来るのか、おまえは？
この真夜中に
どうしようというのか。語れ。
おまえは寄ってくる、迫ってくる――
ああ、もう近い。
去れ、去れ。
おまえはわたしの息づかいを聞く、
わたしの心臓に耳をあてる、
嫉妬《しっと》ぶかい者よ――
だが何に嫉妬するのか。
去れ、去れ。その梯子《はしご》は何のために？
い、い、入り込もうとするのか、おまえは、
心のなかへ。
下りようとするのか、わたしの最も秘密な
思いのなかへ。
恥知らず！　何者とも知られぬ――盗人《ぬすびと》！
何を盗み取ろうとするのか、

何を盗み聞こうとするのか、
何を責め取ろうとするのか、
おまえ、拷問《ごうもん》者よ、
刑吏である神よ。
それとも、わたしに犬のように
おまえの前でまろびころがれというのか。
身をまかせきり、悦《よろこ》びに我を忘れ、
おまえに――愛を示して尾を振れというのか。

そうはしない。もっと刺せ。
残忍な刺《とげ》よ、いや、
犬ではない――おまえにねらわれる猛獣だ、わたしは。
残忍な猟人よ。
わたしはおまえの最も誇り高い捕虜だ、
おまえ、雲の背後にいる盗人よ、
今は語れ。
何をわたしに求めるのか、おまえ、追剝《おいはぎ》ぎよ、電光に身を隠している者よ。何者とも知られぬ者よ、語れ。
何をおまえは求めるのか、何者とも知られぬ――神よ。――

なに？　身代金《みのしろきん》か、
どれほどの金がほしいのか。
多くを望め、――わたしの誇りはそう勧める。
そして手短に言え、――わたしのもう一つの誇りはそう勧める。

ああ。
このわたしを――求めるのか、わたしを？
わたしの――すべてを？

ああ。
しかもわたしを虐むのか。愚かなおまえよ、
わたしの誇りを責め砕こうとするのか。
わたしに愛を与えよ、――だれももうわたしを暖めてくれないのか、
わたしを愛してくれないのか。――熱い火を与えよ、

心の火桶を与えよ、
孤独の果てにあるわたしに。
そのわたしに氷は、ああ、七重《ななえ》の氷は、
敵にさえ
敵にさえこがれよと教えるのだ、
与えよ、いや、ゆだねよ。
残忍な敵よ、
わたしに——おまえを。——

逃げてゆく、
かれのほうが逃げてゆく、
わたしの最後の唯一の伴侶《はんりょ》、
わたしの最大の敵、
何者とも知られぬ神、
刑吏であるわたしの神が！

——逃げるな、帰れ、

おまえのすべての呵責《かしゃく》もろともに。
すべての孤独者のうちの最後の者、このわたしに
おお、帰れ。
わたしの涙の小川のすべては
おまえを追って流れる。
わたしの心の最後の炎は、――
いい、おまえへと燃えあがる。
おお、帰れ、
何者とも知られぬわたしの神よ、わたしの苦痛よ、
わたしの最後の――幸福よ。

（1）ここで老魔術師に、かれの孤独の訴えとして歌わせている詩は、元来ニーチェによって別に作られたもので『ディオニュソス頌歌《しょうか》』の一つ「アリアドネの嘆き」である。女性アリアドネが、彼女をさいなむ恋人、ディオニュソスの残酷さに苦しみながら、自分を絶対の孤独におとしいれるよりは、なおいっそう自分をさいなんでくれと熱願する。ここでは、孤独者が孤独の苦しみにむかって言っている詩として、採用されている。
（2）「思い」にはじまり、「何者とも知られぬ神」などまで、種々の表現で呼びかけられているのは、

「アリアドネの嘆き」においては、彼女をひそかにたずねて来て、彼女の「思い」に宿るディオニュソス神。ニーチェ、ないし老魔術師の歌としては、絶対的な寒冷をもって襲いかかってきて「わたし」を人間界から隔離してしまうような異常な思想。平明にとれば、絶対的な孤独感。

2

——ここまで聞いたとき、ツァラトゥストラは、もはや自分を抑えることができなかった。杖《つえ》を取って、力のかぎり、哀訴者を打ちすえた。「やめよ」と、ツァラトゥストラは、怒りとともに高笑いをあびせて言った。「やめよ、おまえ、俳優よ、贋金《にせがね》造りよ、根底からの嘘《うそ》つきよ。おまえの正体はわかっている。(1) おまえの足を暖めてやろう。(2) 望みどおり、おまえのような者を——熱さで飛び上がらせてやる術を」

——「やめてくれ」と、老いた男は、飛び上がって言った。「やめてくれ、もう打つことは。わたしはただ戯れに声を出していたのだ。

こういうことは、わたしの芸の一つなのだ。わたしはこの試演をあなたに見せて、あなた自身を試そうとしたのだ。そしてまことに、あなたはわたしをよく見抜いた。

しかし、あなたも——あなたというものを少なからず試演して見せてくれた。あなたは苛酷である、賢明なツァラトゥストラよ。苛酷《かこく》に、あなたはわたしをぶった、あなたの見抜いた『真実』で。(3) あなたの棍棒《こんぼう》がわたしに——この真実を白状させるのだ」

——「へつらうな」とツァラトゥストラは答えた。怒りは消えず、目は暗鬱《あんうつ》だった。

「おまえは根底からの俳優だ。いつわり者だ。そのおまえがどうして語ることができるか——真実を。

おまえ、孔雀《くじゃく》のなかの孔雀よ、虚栄心の海(4)よ。何をおまえはわたしに演じて見せたのだ。よこしまな魔術師よ、あのように哀訴しつづけた姿は、何者を演じたつもりなのだ」

「精神の贖罪者だ」(5)と老いた男は言った。「それをわたしは演じたのだ。このことばをかつて発明したのは、ほかならぬあなただ。——

——つまりそれは、自分の精神の矛先《ほこさき》をついに自分自身に向けるにいたった詩人、魔法使い。そして一転しておのれの悪い知識とやましい良心とのために凍死せんばかりの者だ。(6)

だが、隠さずに言ってくれ。さきほどあなたがわたしの技術と嘘《うそ》を見抜くまでには、おお、ツァラトゥストラよ、かなりの時間がかかった。あなたはわたしの困苦を信じたのだ。そしてわたしの頭を両手でかかえてくれた。——

——わたしはあなたが憐《あわ》れみに駆られてこう言うのを聞いた。『この男は、ひとに愛されることがあまりに少なかったのだ。あまりに少なかったのだ』と。あなたをそれほどまでにだますことができたのを、わたしの悪意はひそかにこおどりして喜んだのだ」

「おまえはわたしより聡明《そうめい》な者たちをも欺いたろう」ツァラトゥストラはきびしい表情で言った。「わたしは欺瞞《ぎまん》者を警戒しないのだ。わたしは用心せずにいなければならぬ。(7)それが、わたしの運命の意志だ。

しかしおまえは――おまえの運命として欺かざるをえないのだ。それほどまでにわたしはおまえを知っている。おまえはいつも二重、三重、四重、五重の意味をもつ者(8)とならざるをえないのだ。おまえがいまわたしに告白したことも、わたしから見れば、まだ十分に真実ではない、また十分に虚偽でもない(9)。

よこしまな贋金造りよ、おまえにはほかにしようがないのだ。おまえは医者に裸を見せるときでも、おまえの病気に化粧するだろう。

それと同様に、さきほどおまえが『わたしはただ戯れにこれをしていたのだ』と言ったとき、おまえはおまえの嘘に化粧したのだ(10)。そのなかには本心もあった。おまえはいくぶんかは精神の贖罪《しょくざい》者だ。

わたしにはおまえがわかっている。おまえは万人に術をかける魔法使いになった。しかしおまえ自身にたいしては、嘘やたくらみの持ち合わせが尽きたのだ。――おまえ自身はおまえの魔法の圏外に出たのだ(11)。

おまえはおまえのただ一つの真実として嘔気《はきけ》を収穫した。おまえにおいては、どんなことばも真実ではない。だが、おまえの口、すなわちおまえの口にこびりついている嘔気だけは、真実だ」――

――「いったいおまえは何者なのだ」老いた魔術師は、ここで声をとがらせて言った。「だれがわたしにたいしてそんな言い方をすることが許されるのか。こんにち生きている最大の者にたいして」(12)――そして、かれの目からは緑の電光がひらめいてツァラトゥストラを射た。しかし次の瞬間、その態度は変わって、かれは悲しげに言った。

「おお、ツァラトゥストラよ。わたしは疲れてしまった。わたしの技芸に嘔気をもよおすのだ。わたしは偉大ではない。偉大に見せかけたところで、何になろう。しかし、あなたも知っているとおり――わたしは偉大さを求めたのだ。

偉大な人間をわたしは演じようとした。そして多くの人間にそう信じこませた。しかしこの嘘はわたしの力にあまった。この嘘でわたしは砕けるのだ。

おお、ツァラトゥストラよ。わたしにおける一切は嘘である。しかしわたしが砕けるということ――砕けるというこのわたしの事実は真実である」――

「それはおまえの名誉になる」と、ツァラトゥストラは、陰鬱《いんうつ》に目をわきにやりながら言った。「それはおまえの名誉になる、おまえが偉大さを求めたということは。しかし、それはおまえの正体を示すことでもある。つまりおまえは偉大でないのだ。

よこしまな魔法使いよ。このことが、わたしが認めるおまえの最善のもの、最も正直な点だ、おまえがおまえに倦《う》み疲れて、『わたしは偉大でない』と言ったことが。

その点で、わたしはおまえを精神の贖罪者の一人と認める。たとえそれがただ一呼吸のあいだであったにしても、その一瞬は、おまえは――真実であったのだ。

しかし言うがよい。おまえはわたしのこの森と岩地で、何をさがし求めるのか。そしておまえがわたしの行く手に身を横たえていたのは、わたしにどういう試みをしようとしたのか。――

――どうしておまえはわたしを誘惑したのか」――

ツァラトゥストラはこう語った。その目は火花を発した。老いた魔術師はしばらくのあいだ黙っていた。やがて言った。「わたしはあなたを誘惑したのだろうか。わたしはただ――求めているだけなのだ。

おお、ツァラトゥストラよ。わたしは求めているのだ。一人の真実な人物、正しい人物、単純な人物、明快な人物、あらゆる誠実さの具有者、知恵の容器、認識の聖者、一人の偉大な人物を。

おお、ツァラトゥストラよ、あなたは知らないのか。わたしはツァラトゥストラを求めているのだ」

――こうして両者のあいだに長い沈黙が生まれた。ツァラトゥストラは、目を閉じて、自分自身の内部に深く沈んだ。しかしやがて、相手に目をもどして、その手を取り、そして言った。慇懃《いんぎん》に、狡知《こうち》に充《み》ちて。

「さあ。あそこを登れば、ツァラトゥストラの洞窟《どうくつ》がある。その洞窟のなかで、おまえは、おまえの見つけたい者をさがすがよい。

そしてわたしの生き物、鷲《わし》と蛇に、助言を乞《こ》うがよい。かれらは、おまえがさがすのを手伝うだろう。しかし、わたしの洞窟は広いのだ。

むろん、わたし自身は、――わたしは、偉大な人間をまだ見たことがない。偉大なものを見分けるには、今は最も鋭敏な者たちの目でも、粗悪すぎる。今日は賤民《せんみん》の時代なのだ。

わたしはすでに、背伸びをし、自分をふくらませている者を、幾人も見た。そして民衆は叫んだ。『見よ、偉大な人物を』⑬と。しかし、ふいごがいくらあったところで、何になろう。けっきょく、風は洩《も》れるのだ。

けっきょく、蛙《かえる》は、自分をふくらませすぎると、破裂するのだ。すると風が洩れる。ふくらんだ者の腹を針で刺すこと、――これをわたしは、おもしろい気晴らしと言っている。聞くがよい、おまえら、子どもたちよ⑭。

今日は、賤民のものである。今日、だれが知ろう、何が偉大で、何が卑小であるかを。偉大さを求めて成功した者が、いまどこにいよう。痴者だけだ。痴者だけがそれに成功する。

奇妙な痴者よ、おまえは偉大な人間をさがし求めているのか。おまえにだれがそれを教えたのだ。今日は、それをなすべき時か[15]。おお、よこしまな求め手よ。どうして——おまえはわたしを誘惑しようとするのか[16]」——

ツァラトゥストラはこう語って、心が晴れた。そして哄笑《こうしょう》して、おのが道を先へ進んだ。

（1）ニーチェ、ないしツァラトゥストラの一面である独自な抒情《じょじょう》性に共通するところが多いだけに、その作為性がよけい感じられるということにしたのであろう。

（2）杖でさんざん打てば、逃げ走って、足が暖かくなるだろう。

（3）真実を突きつけて責めた。

（4）第二部「詩人」二八七ページに、同種の表現がある。要するに海のように多量の虚栄心をもつ者の意にとってよい。

（5）第二部「崇高な者たち」二五八ページ参照。

（6）この老魔術師のモデルが、若いニーチェの痛切な体験であったリヒァルト・ワーグナーであることは、本章の表現や文調からいって疑いがない。この文節も、ワーグナーが真に「精神の贖罪者（精神に仕えて苦行する者）」であったら言ったであろう、かれの自己批判である。

（7）第二部「対人的知恵」三二〇ページ参照。

（8）一つのことばに表裏二様の意味をもたせるようなあやふやな人間、そしてその程度がさらにいっそう高い者。

（9）すっかり嘘だとわかってしまえば、しまつがいいが、どこかほんとうらしいところがあるのが、くせものである。

（10）注（9）と同じ。本音の告白らしいところが化粧。しかし、こういう告白そのものが演技であるところが嘘。

（11）演技をして他者に魔法をかけるが、自己催眠にはおちいらず、それが演技であることを知っており、次の文節に言われているように、そこに嘔気、自己嫌悪を感じている。それがあるために、かれは演技者でありながら、「高人」に加えられた。

（12）一世を風靡《ふうび》したワーグナーの自負的態度が躍動している。しかし、それが次のように自己批判的に逆転することができるのが、演技性はあるが、かれの高人的知性である。

（13）民衆の無数のふいごが、ある人物を「偉大だ、偉大だ」と持ちあげて、大いにふくらませる。しかし、やがて、ふくらまされた人物から空気は抜けてゆく。

（14）「おまえら、子どもたちよ」と複数に言っているのが目立つ。ワーグナーなど、俳優というものは、真の厳粛ということを知らない子どものようなものだ。それならいっそ、わたしのするようないたずらをしてみたらどうだ。

（15）おまえは「偉大さ」ということを問題としているが、現代にはもっと痛切な問題があるではないか（人類の運命、その向上の可能性の探究など）。

（16）「偉大さ」を発想点として、わたしを持ちあげようとしても、わたしには、そんなおだてと誘惑に乗るひまはない。つまり、ツァラトゥストラは、一種の「偉大」論を展開し、現代における偉大感覚の空虚さを突き、同時に偉大の観念につきまとわれている老魔術師の虚栄性をも諷《ふう》したのである。

退職

古い神に仕えていた最後の法王とツァラトゥストラとの問答は、古い神への批評でもあり、また主人公の高次の敬虔《けいけん》性をも暗示する。

しかし、魔術師からのがれてまもなく、ツァラトゥストラはまたしても、何びとかが道ばたに腰かけているのを見た。黒衣の人物で、背は高く、やつれて、蒼白《そうはく》の顔をしていた。それを見たツァラトゥストラの心は、はなはだしく不快になった。「ああ」と、かれはおのれの心に言った。「あそこに、人間の仮面をかぶった悲哀がすわっている。あれは僧侶《そうりょ》のたぐいだろう。僧侶がわたしの国に何の用があるのか。

なんとしたことだ。ようやくあの魔法使いからぬけ出したと思ったら、またしても別の妖術《ようじゅつ》師に会わなければならないとは。——

——按手《あんしゅ》の礼をほどこす呪術《じゅじゅつ》使い、神の恩寵《おんちょう》を口実にするあいまいな奇跡師、塗油された世界誹謗《ひぼう》者(1)。そんなものは悪魔にでもさらわれてしまうがいい。

だが、悪魔は現われるべきときに現われたためしがない。いつも悪魔は遅刻する、あのいまいましい足の曲がった侏儒《しゅじゅ》は」

ツァラトゥストラは、いらいらして心でそう呪《のろ》った。そして目をそらして、その男のわきをそっと通り抜けようとした。しかし見よ。かれのもくろみははずれた。すなわち、その瞬間、すわっている男もツァラトゥストラに気がついた。そして、まるで思いがけない幸福に出会ったというふうに、跳《と》び上がり、まっしぐらにツァラトゥストラに駆けよった。

「さすらいの人よ、あなたが何びとであろうと」と、その男は言った。「道に迷った老人を助けてほしい。わたしはたずね求めて来たものだ。しかし、ここではいつ難に会うかわからない。

ここはわたしには未知のかけ離れた世界だ。それに野獣のほえるのも聞こえた。[2] わたしに保護を与えてくれたはずの人も、今はもう亡《な》い。

わたしが求めていたのは、最後の敬虔《けいけん》な人、聖者、そして隠栖《いんせい》者、おのれの森にただ独り住んで、こんにち全世界が知っていることを、まだ少しも聞いていなかった人なのだ[3]」

「こんにち全世界が知っていることとは、何か」と、ツァラトゥストラはたずねた。「それは、かつて全世界が信じていた古い神が、もはや生きていないということだろうか」

「あなたは言い当てた」と老人は悲しげに答えた。「そしてわたしは、その古い神に、その臨終の時まで仕えていた者だ。

しかし、今はわたしは、仕えるべき主《あるじ》をもたず、退職の身だ。といって、自由になったのではない。それにまた、一時《ひととき》ももう心の楽しむことがない、追想のときのほかは。

わたしがこの山に登ってきたのは、老いた法王、教会の長《おさ》にふさわしい祭典を、ふたたび挙げようとするためだった。つまり、わたしは、最後の法王なのだ、——そのわたしが、敬虔な追憶と礼拝(4)の祭典を挙げようとするためだった。

しかし今はもう、あの最も敬虔な人、あの森の聖者は死んでしまった。歌うにつけ、つぶやくにつけ、たえずおのれの神を讃《たた》えていたあの老人は。

わたしは、かれの小屋は見つけたが、かれその人は見つけることができなかった。——ただ、そこに二匹の狼《おおかみ》がいて、かれの死を悲しんでほえているだけだった、——かれはすべての動物に愛されていたのだ。わたしは早々に逃げて来た。

では、わたしがこの森、この山中にはいってきたのは、むだ骨折りだったろうか。そう考えたとき、わたしの心はきまった、わたしは別の一人をさがし求めようと。つまり、神を信じないすべての者のうちで最も敬虔な者——ツァラトゥストラをさがし求めようと」

老人はそう語った。そして自分の前に立つ人を、鋭いまなざしで見た。ツァラトゥストラは、老法王の手を取り、それをしばらくながめていて、感嘆の声をあげた。

「貴《とうと》い人よ、見よ」やがてツァラトゥストラは言った。「なんという美しい、やさしい手だろう。これは、常に祝福をわかち与えていた人の手だ。だがいまその手は、あなたがさがし求めている者をしっかりととらえている。わたしこそツァラトゥストラだ。

神をなみするあのツァラトゥストラ、『わたし以上に神をなみする者があるか。あるならばわたしは喜んでその教えを受けたい』と言ったツァラトゥストラだ」

ツァラトゥストラはこう語った。そして射るような目で、老法王の考えと、さらにその奥にひそむ考えを見抜こうとした。しばらくして老法王は口を開いた。

「神を最も多く愛し、最も多く所有していた者が、今は神を最も多く失ってしまったのだ。

——

——見よ、おそらく今はわたしのほうが、二人のうち、いっそう神を離れた者だろう。しかし、どうしてそれを喜ぶことができよう？」——

「あなたは神にその臨終の時まで仕えていた」深い沈黙ののちツァラトゥストラは、思いにしずんで、言った。「ではあなたは知っていよう、神がどのような死に方をしたかを。人の噂《うわさ》はほんとうなのか、同情が神を窒息させたということは。

——神は、人間が十字架にかかったのを見て、それに堪えることができなかった。こうして人間にたいする愛が神の地獄となり、ついにはかれの死となったという噂は？」——

だが、老法王は答えなかった。[5] 苦しげな暗い表情で、はばかるように目をそらした。

「去る神は去るにまかせるがいい」と、長い沈思ののちツァラトゥストラは言った、ひたと老人の目を見つめて。

「去る神は去るにまかせるがいい。神は去ったのだ。そしてあなたがこの死者を悪《あ》しざまに言わないのは、あなたの品位を高めることだが、それでもあなたはわたしと同様によく知っているのだ、かれが何者であったかを、またかれが奇妙な道を歩んだということを」

「三つの目を証人にして、あなたとわたしだけの内々の話だが[6]」と、老法王は言った。その声は活気をおびてきた（法王がこんな特別な言い方をしたのは、かれが隻眼の人だったからである）。「神のことに関しては、わたしはツァラトゥストラよりも明るい、――またそれは当然のことだろう。

　わたしの愛は、多年にわたってかれに仕えた。わたしの意志はかれのすべての意志に従った。だが、よい僕《しもべ》というものは、一切を知っているものだ。そして時には、主人が自分自身にかくしていることをも知っているものだ。

　かれは、秘密の多い、隠れた神だった。まことに、一人の息子《むすこ》を生ませるときさえ、間道を通った神である[7]。かれへの信仰の入口にあるものは姦通《かんつう》である。

　かれを愛の神としてたたえる者は、愛そのものを十分に高いものとして考えていない者である。この神は審判者にもなろうとしたではないか[8]。愛することの深い者は、褒賞《ほうしょう》と報復を超えて愛するはずである。

　かれ、東方から来たこの神は、若いときには苛酷《かこく》で、復讐《ふくしゅう》心がつよかった[9]。そしてかれに仕える者たちを楽しませようと、地獄を作り上げたのだ[10]。

しかし、最後にはかれも老いてきた。柔和になり、もろくなり、同情心をもつようになった。父らしくなったというよりは祖父らしく、いやむしろ老いさらばえた祖母らしくなったと言うほうがいい。

そしてかれは、萎《な》えしぼんで、暖炉のほとりにすわりつづけ、自分の足の弱いことをかこち、世界に疲れ、意志に疲れていた。そしてある日、かれはかれのあまりに大きい同情のために窒息したのだ(11)」――

「老いた法王よ」と、そこでツァラトゥストラは口をはさんだ。「あなたはそれをまのあたりに見たのか。おそらくそれが死因だったのだろう。しかしまた、ほかの死因もあったかもしれない。神々が死ぬときは、いつもさまざまな死に方をするものだ(12)。

しかし、もういい。どういう死因であったにせよ、いくつ死因をもっていたにせよ――かれは去ったのだ。かれはわたしの耳にも目にも趣味に反する者だった(13)。これ以上の悪口を言うことはさしひかえよう。

わたしは、明るいまなざしをもつ者、正直に語る者のすべてを愛する。だが、かれには――老僧よ、あなたはよく知っていよう、――かれには、多少あなたに似たところが――僧侶ふうのところがあった。――かれは多義であった(14)。

かれはまた物言いが不明瞭《めいりょう》だった。かれ、この短気者は、わたしらがかれをよく理解しないといって、幾度わたしらに怒ったことだろう。しかし、なぜかれはそれをもっと小気味よく語らなかったのか。

もしそのことがわれわれの耳のせいなら、なぜかれは、かれの言うことをよく聞き取れぬ耳を、われわれに与えたのか。われわれの耳に泥がつまっていたのなら、よろしい、それに泥をつめたのはだれなのか。

この壺《つぼ》作りは、腕をあまりみがかなかったので、あまりに多くの壺を作りそこねた。しかし、壺を作りそこねたことの復讐を、自分の作った壺、被造物にたいして加えたということ——これはよい趣味にたいしての罪悪である。

敬虔ということに関しても、趣味のよさというものがある。そういう「よい趣味」がついにこう発言したのだ。『このような神は去るがよい。むしろ神をもたぬほうがましだ。むしろ独力で運命をつくってゆくほうがましだ。むしろ阿呆《あほう》であるほうがましだ。むしろわれら自身が神となるほうがましだ』と」

——「なんということを聞くものだ」と、耳をそばだてていた老法王は、そのとき言った。「おお、ツァラトゥストラよ。あなたは、そのように不信仰だが、あなた自身が思っているよりは敬虔なのだ。あなたの内部の何らかの神が、あなたをこの不信仰に改宗させたのだ[15]。

あなたをして、もはやいかなる神をも信じさせないものは、あなたの敬虔さそのものではないか。また、あなたのあまりに大きい正直さは、あなたを善と悪との彼岸《ひがん》にまで連れ去るだろう。

よく見るがいい、あなたの所有としてまだ残っているものを。あなたの目、手、口。それらは、永遠の昔から、祝福を人々に授けるべく定められてあるのだ。祝福は手だけで授けるものではない。

あなたは、自分を最も神をなみする者だと言っているが、あなたの身辺にわたしは、長期の祝福を約束するひそやかな薫香《くんこう》をかぐ。それがわたしには快い、また悲しい。(16)

わたしをあなたの客にしてほしい、おお、ツァラトゥストラよ、ただの一夜でいい。いまこの地上では、わたしにとって、あなたのおるところほど快い場所はないだろう」――

「アーメン（しかあれかし）。お望みにまかせよう」と、ツァラトゥストラは、大いにいぶかりながら言った。「あそこの道を登ってゆけば、ツァラトゥストラの洞窟《どうくつ》がある。

わたしは、あなたをみずからそこへ案内したい。高貴な人よ。わたしはすべての敬虔な人を愛する者だから。しかし今は、ある危急の叫びがわたしを呼んでいるので、わたしは急いでそのほうへ行かねばならぬ。

わたしの領域のなかで、だれも害をこうむってはならない。わたしの洞窟はよい港だ。そして、わたしはすべての悲しんでいる人を、ふたたび上陸させ、そこでその人をしっかりと立ちあがらせたいのだ。

だが、あなたの肩からあなたの憂愁を取りのぞくことが、だれにできよう。それをするにはわたしはあまりに弱い。まことに、だれかがあなたの神をふたたび呼びさますまでには、われわれは長く長く待たねばなるまい。

この老いた神はもはや生きてはいないのだから。かれはまったく息を引き取ったのだから」——

ツァラトゥストラはこう語った。

(1) ツァラトゥストラから言えば、僧侶は、世界の生気や喜びを神に背くものとしてそしる者である。「塗油された」は、聖油で清められること。
(2) ツァラトゥストラの世界は、野獣の存在を許す世界。
(3) 第一部「ツァラトゥストラの序説2」一四ページに現われた老人。
(4) 死んだ神を郷愁から追悼する礼拝式。
(5) ツァラトゥストラの問いへの答えは、次章「最も醜い人間」に出てくる。
(6) 「二人だけの内々の話だが」という意味をもつ「四つの目のもとで」というドイツ語の成句のヴァリエーション。なお、法王が隻眼ということは、僧侶たちの認識の欠陥を諷《ふう》したのだろう。ただし、ここで法王は、信仰をもたぬ主人公に、かなり自由に、古い、ドグマ的な神の矛盾を衝《つ》いている。法王も神の死の必然を知っているのであり、苦悩して、単純な敬虔さに生きる森の老人をたずねようとした。

（7）イエスは、神からの受胎告知によって、大工ヨセフの妻マリアから生まれたとされている。

（8）エホバは、旧約においても新約においても、審判者の要素が多い。

（9）ユダヤの神エホバは、旧約では、ことに復讐心が強い。

（10）信仰ある者が天国に迎えられ、その反対に信仰なき者が地獄に落ちるということは、信仰ある者にとっての喜びとなる。

（11）神の死は、次章「最も醜い人間」の中心問題となる。

（12）神の死の原因は単一でない。神の死は、けっきょく、懐疑や否定や不信仰、信者の側のさまざまの態度によって起こる。そしてその信者たちの態度は、常に多様である。だから神の死因もさまざまだし、またさまざまに取り沙汰《ざた》される。（人間にたいする神の愛や同情が、信者のどういう態度をひき起こすかは、次章「最も醜い人間」において述べられる。）

（13）趣味に反することの内容は、すぐつづいて述べられるが、趣味による否定はツァラトゥストラとして、論理による否定にまさって本質的否定である（「崇高な者たち」二五九ページ参照）。

（14）その態度がいろいろの意味にとれる。たとえば、憐《あわ》れみぶかいようであって、うちに復讐心をひそめている（第二部「僧侶たち」一九四ページ参照）。

（15）ニーチェは、生の究極の意義の探究者だから、一種の絶対の探求者であって、宗教性とも親近性がある。心理的にも、客観的にも、この評言は、ニーチェの自己批評として的を射ている。

（16）ツァラトゥストラの言説も、人類への愛から出ており、人類への祝福である。それを察して、法王はうれしく思うが、同時に、なんといってもツァラトゥストラが、法王の神を許さぬ人であること、もしくは法王の神がツァラトゥストラに許されぬものになったことは、悲しい。この矛盾した二様の感情の底にあるものは、むしろ心の触れあいである。

最も醜い人間

人間を最醜の姿で捉《とら》えて、それを神をいただかぬ人間自立の根拠として説いた力強い章。ただ、主人公の創造的意欲はそこにはない。

——そして、ふたたびツァラトゥストラは、山と森を走った。かれの目は、さがしにさがした。しかし、どこにも、求めるあの人、大いなる危難に悩み、大いなる叫びをあげた者は、見いだすことができなかった。それにもかかわらず、そうして進んでいるあいだ、かれの心は、喜びにおどり、感謝の思いを深くした。かれは言った。「きょうという日は、悪くはじまったにもかかわらず、その代償に、なんというよいことの数々をわたしに贈ってくれたことだ。なんという珍しい話し相手たちをわたしは見いだしたことだ。

これらの者たちのことばを、わたしはこれからよい穀物の粒を嚙《か》むように、ゆっくりと嚙もうと思う。わたしの歯はそれをこまかに挽《ひ》きくだき、やわらかにしなければならない、それが乳のようになって、わたしの魂に流れこむまで」――

しかし、道がふたたび一つの岩角に沿うて曲がったとき、風景は一変した。そして、ツァラトゥストラは、死の国に足を踏み入れた。そこには黒と赤の絶壁がそそり立っているばかりで、草もなく、木もなく、鳥の声もなかった。それはすべての動物が避ける谷だった。猛獣さえ、ここには寄りつかなかった。ただ醜くて太い緑色の蛇が、老齢になると、ここへ来て死ぬのである。それゆえ牧人たちは、この谷を「蛇の死」と呼んでいた。

ツァラトゥストラは、一つの黒い追憶に沈んだ。というのは、自分がすでに一度この谷に立ったことがあるような気がしたからだ。さまざまの重苦しい思いが、かれの心にのしかかってきた。歩みはおそくなり、ますますおそくなって、やがてまったくかれは立ちどまった。ふと目をひらいて見ると、道のほとりに何かうずくまっているものがあった。人間らしい形をしているが、ほとんど人間ではなく、言いあらわしがたい、ある物だった。突然、ツァラトゥストラは大きい羞恥《しゅうち》(1)に襲われた、自分がそういうものに目を向けたことを恥じたのである。白髪も染まるほど顔を赤くして、目をそらし、この悪い場所を去ろうとした。そのとき、この死の領国に音が聞こえた。地が咳《せき》をし、痰《たん》を吐くのかと思われた。ふさがった水管から、夜、水が間歇《かんけつ》的に噴《ふ》き出すような音だった。それがやがて人間の声、人間のことばになってきた、――それはこう言った。

「ツァラトゥストラ、ツァラトゥストラ。わたしの謎《なぞ》を解け。語れ、語れ。目撃者への復讐とは何か。

わたしはおまえを呼び返す。この谷にはよくすべる氷があるのだ。気をつけよ、気をつけよ、おまえの誇りがここで足をくじかないように(2)。

おまえは自分を賢明だと思っている、誇り高いツァラトゥストラよ。では謎を解いてみよ、おまえ、胡桃《くるみ》を割る堅い道具よ――謎を解いてみよ。その謎とはわたしなのだ。では語れ。わたしはいったい何者なのか」

――これらのことばを聞いたとき、――ツァラトゥストラの魂にどういうことが起こったろうか。同情がかれを襲ったのだ。そしてかれは地にどうと倒れた。槲《かしわ》の木が伐木者たちに長い抵抗をしたあげく倒れるのに似ていた、――重々しく、そして、その木を倒そうとしていた人たちをも驚愕《きょうがく》させるほどだしぬけに倒れたのだ。しかし、早くもツァラトゥストラは立ちあがった。その顔は苛酷《かこく》になっていた。

「おまえが何者か、わたしにはわかっている」とツァラトゥストラは、鉄の声で言った。「おまえは神の殺害者だ。わたしをとめるな。

おまえは、おまえを見た者を許すことができなかった。――その者はおまえをいつも見た、しかも徹底的に見たのだ(3)。最も醜い人間よ。おまえはこの目撃者に復讐《ふくしゅう》したのだ」

こうツァラトゥストラは言って、立ち去ろうとした。しかし、あの言いあらわしがたい者は、かれの衣服の裾《すそ》をつかみ、ふたたび喉《のど》を鳴らして、ことばをさがしはじめた。「とまってくれ」と、ついに言った。

「とまってくれ。通り過ぎないでくれ。わたしは見抜いた、どんな斧《おの》(4)があなたを倒したかを。あっぱれだ、おお、ツァラトゥストラよ、おまえがふたたび立ちあがったことは。

かれを殺した者――すなわち、神の殺害者の気持がどういうものであるかを、おまえは見抜いたのだ。わたしにはそれがわかる。とどまってくれ。わたしのそばに腰をおろしてくれ。それはむだにはならない。

だれのところへわたしは行こうとしたのだろう。おまえのところへだ。とどまってくれ、すわってくれ。しかし、わたしを凝視するな(5)、そのようにして敬え――わたしの醜さを。

かれらはわたしを迫害している。今はおまえがわたしの最後の避難所だ。かれらの迫害は、憎悪によってではなく、かれらがさしむける捕り手らによってでもない、――おお、こういう迫害なら、わたしはそれを嘲笑《ちょうしょう》したろうに。そして、それを誇りとし、喜びとしたろうに。

今まで人間のあげたいっさいの成果は、強い迫害を受けた者たちのあげた成果ではなかったか(6)。一方、強い迫害を加えた者は、また追随することをも容易に学びおぼえるものだ。なんといっても、迫害するということは、うしろから随《つ》いてゆくことなのだから(7)。だが、わたしの場合は、わたしに堪えがたい苦しみを与えたのは、かれらの同情なのだ、――かれらの同情なのだ、そこからわたしは逃げ出し、そこからわたしはおまえのところへ逃げこんできたのだ。おお、ツァラトゥストラよ、わたしを守ってくれ。わたしの最後の避難所よ。わたしを見抜いた唯一の人よ。

——おまえは見抜いた、かれを殺した者の気持がどういうものであるかを。とどまってくれ。それでも、もしおまえが性急に去ろうとするなら、わたしが来た道を行くな。それは悪い道だ[8]。

おまえはわたしに怒るのか、わたしがこんなにいつまでもおしゃべりをつづけていることを。わたしがおまえに忠告さえしたことを。しかし知ってほしい、このわたしは、最も醜い人間なのだ。

——この最も醜い人間はまた、最も大きい、最も重い足をもっている。わたしが歩くと、その道は悪くなる。わたしはあらゆる道を踏みこわし、踏み殺す[9]。

しかし、おまえが黙ったままわたしのおるところを通り過ぎようとしたこと、おまえが赤面したこと、それをわたしは確かに見た。それによって、わたしはおまえがツァラトゥストラだと知ったのだ。

ほかの者ならすべて、わたしに施し物を投げたことだろう。目で、あるいはことばで、同情したことだろう。しかし、それを受けるほどには——わたしは乞食《こじき》になっていない。そのことをおまえは見抜いたのだ。——

——それを受けるには、わたしはあまりに富んでいる、偉大さ、醜さ、このうえもない醜さ、このうえもなく言いあらわしがたい者だということにおいて富んでいる。おお、ツァラトゥストラよ、おまえの羞恥は、わたしに栄誉をあたえた。

わたしは同情者たちの群れから、やっとのことで抜け出したのだ。——それは、こんにち次のことを教えている唯一の人を見つけだすためだった。すなわち『同情は厚顔である』と教えている——あなたを。おお、ツァラトゥストラよ。

——神の同情にせよ、人間の同情にせよ、同情は恥知らずである。助けようとしないことは、助けようとすぐに駆けよってくる徳よりも、高貴でありうるのだ。

しかるに、そのような同情が、卑小な人間たちのあいだでは、今日、徳そのものと呼ばれている。——かれらは大いなる不幸、大いなる醜さ、大いなる奇形にたいして、なんの畏敬《いけい》をもたないのだ。

それらすべての者たちのうごめきを越えて、わたしは遠くへ目を向けている。犬が、むらがりうごめく羊らの背を越えて遠くに目を向けているように。つまり、かれらは、毛もよく、気もよいが、小さい灰いろの者たちなのだ。

青鷺《あおさぎ》が首をあげ、浅い池を侮蔑《ぶべつ》的に無視してかなたをながめるように、わたしは灰いろの小さい波と意志と魂の群れのうごめきを無視して、かなたをながめるのだ。

かれら、この小さい人間たちの言うこと、なすことは、あまりに長いあいだ、是認されてきた。ついにかれらは権力をも手に入れた。——それでいまやかれらは教えるのである。

『小さい者たちが善と呼ぶことだけが、善なのだ』と。

そして、今日『真理』と称されているものは、その小さい者たちの出である説教師[10]の語ったことなのだ。つまり、あの奇妙な聖者、小さい者たちの代言人である。かれは自分自身について『わたしは――真理である』と証言したのだ。

この謙遜《けんそん》をわきまえぬ者の教えが、すでに長きにわたって、小さい人間たちをうぬぼれさせてきたのだ。――かれが『わたしは――真理である』と教えたのは、小さくない誤《ご》謬《びゅう》だった。

謙遜をわきまえぬ者にたいして、およそこれ以上に鄭重《ていちょう》な答え方がなされたためしがあるだろうか[11]。――だが、おまえは、おお、ツァラトゥストラよ、かれのかたわらを通り過ぎて言ったのだ。『否《いな》、否、三たび否』と。

おまえはかれの誤りを警告した。おまえは、同情におちいるなと警告した最初の人だった。――万人にたいして発したのではない、しかし沈黙していたのではなく、おまえ自身とおまえのともがらにたいして発したのだ。

おまえは、大いなる苦悩の人々の羞恥に、羞恥を感ずる。そしてまことに、おまえが『同情ということから、大きい雲がわいてくる。心せよ、人間たちよ[12]』と語るとき、

――またおまえが『創造する者はすべてきびしい、すべての大いなる愛は、同情を超えたものである』と教えるとき、おお、ツァラトゥストラよ、わたしは、おまえをどんなに

かよく天候の変化の兆《きざし》を見抜く力をもった人⑬と見るだろう。

しかしおまえ自身は、――同情心のとりことならないよう、おまえ自身に警告せよ。そう言うのも、多くの者がおまえのところへ来ようとしているからだ。悩む者、疑う者、絶望しつつある者、溺《おぼ》れつつある者、凍え死のうとしている者の多数が。――

わたしはまた、わたしにたいして警戒せよ、とおまえに警告する。おまえは、わたしの最善、最悪の謎⑭、わたし自身とわたしのしたことを解きあかした。わたしは、おまえを倒した斧が何であるかを知っている。

しかし、かれは⑮――死ぬほかはなかったのだ。かれは、一切を見た目で見たのだ――人間の底と奥を見たのだ、人間の隠された汚辱と醜悪のすべてを見たのだ。

かれの同情は羞恥を知らなかった。かれはわたしの最もきたない心のすみずみまでもぐりこんだ。この最も好奇心の強い者、この過度に厚顔な、過度に同情的な者を、わたしは生かしておくことはできなかったのだ。

かれはいつもわたしを見ている。このような目撃者にわたしは復讐しようとしたのだ、
――復讐できなければ、自分が生きまいとしたのだ。

一切を見た神、したがって人間をも見た神、その神は死ぬほかはなかったのだ。人間は、そういう目撃者が生きていることに堪えることはできないのだ」

最も醜い人間はこう語った。ツァラトゥストラは立ちあがって、そこを去ろうとした。かれは腸《はらわた》までも寒けをおぼえた。

「言いあらわしがたい者よ」と、ツァラトゥストラは言った。「おまえは、おまえの道を通るなと、わたしに警告してくれた。その返礼に、わたしはわたしの道をおまえに勧めよう。見よ、あそこを登れば、ツァラトゥストラの洞窟《どうくつ》がある。

わたしの洞窟は広く、深く、多くの隅《すみ》をもっている。そこでは最も深くひそみ隠れようとする者も、よい隠れ場所を見いだすことができる。

また、そのすぐ近くには、匐《は》う生き物たち、はためく生き物たち、跳躍する生き物たちの住むことのできる百の穴と抜け道がある。

おまえ、追放された者よ、自分自身を追放した者よ。おまえは人間と人間の同情とに交わって住むことを望まないのだな。よし、それならわたしがしているようにせよ。(16) そうしたら、わたしからも学ぶところがあるだろう。行動者だけが学ぶことができるのだ。

そしてまず、わたしの生き物たちと語れ。それは最も誇り高い生き物と最も怜悧《れいり》な生き物だ――かれらはわれら両人によい忠告者となるだろう」――

ツァラトゥストラはこう語った。そしておのれの道を進んだ。前よりいっそう思いにしずみ、いっそうその歩みはおそくなった。かれは自分に多くの問いをかけ、そして容易にはそれに答えることができなかった。

「人間とはなんとあわれなものだろう」と、かれは心ひそかに考えた。「なんと醜く、なんとあえいでおり、なんと隠された羞恥にみちていることだろう。

ひとはわたしに言う、人間は自己を愛するものだと。ああ、その自己愛は、どんなにか大きいことだろう。その愛はこんなに多くの自己軽蔑《けいべつ》をもっているのだから(17)。

いま会ったあの者も、自己を愛し、それゆえに自己を軽蔑しているのだ。わたしから見れば、かれは愛することの大きい者であり、したがって軽蔑することの大きい者である。かれ以上におのれを軽蔑した者を、わたしはこれまで見たことがない。これも高さの一つだ。いたましいことだ。あの悲鳴を発した高人は、おそらくかれだったのだろうか。

わたしは大いなる軽蔑者を愛する、人間は、なんといっても、乗り超えられねばならぬものなのだ(18)」――

（1）この羞恥感情については、すでに第二部「同情者たち」一八六ページに詳しい。

（2）そんなにいばって歩いていると、すべって足をくじくぞ。

（3）神を立てる以上、その神は全知全能でなければならぬ。それゆえ、神は人間の醜さをも徹底的に見て知っているはずである。それを見て、本章で後述されているように、厚顔に同情するような神の存在を、人間の誇りが許すことができぬ、というのである。要請的無神論というべきもの。前章「退職」での、同情による神の死の意味は、ほぼこれで明らかである。ただし、これを神の立場に即して表現すれば、神は人間に同情する愛の神だが、その人間は神が創《つく》ったものだから、神はこの矛盾につまずかざるをえぬ。すなわち、神は死なざるをえない。前章「退職」の文調は、この気持が多いようである。なお、第二部「同情者たち」一八七ページ参照。

(4) 最も醜いものに対したときの羞恥感。

(5) 凝視するのは羞恥感がないからである。したがって、羞恥をもって、わたしの醜さを敬え、ということになる。

(6) 人類のために偉大な成果をあげた人は、ほとんど常に迫害された人である。

(7) 迫害するのは、ひとの大きい仕事を見て、それがねたましくて、迫害する、つまり、ひとの仕事が先にあり、そのあとについて、いじめるのである。だから、事情が変われば、崇拝的にあとにつくこともすぐできる。あとにつくことの得意な連中だから。

(8) 醜い者として、世人の無恥な同情をあび、それと対決して悪戦苦闘したということにおいて。

(9) 醜い人の行路の困難なことを言う。「重い足」と言うのは、「道を踏みこわす」を言うために用いたことば。

(10) イエスをさす。「ヨハネ伝」一四の六「われは道なり、真理なり」。

(11) 前文節の「小さくない誤謬」などという評言(答え方)は、われながら微温的である。

(12) 第二部「同情者たち」一九一ページ参照。倦怠《けんたい》や無力感を生む不吉な雲。同情で甘やかしあうと、人類の向上の意欲や希望にむかって進むということがなくなる。つまり、文明がひよわくなってくる。

(13) 注 (12) に示した箇所を参照。「雲」と「天候の変化」との修辞的連関。
(14) 「わたし」の本質。そこに最善の誇りや望み、また最悪の苦悩がひそんでいる。
(15) 「神」であることは、後述の文ですぐわかる。
(16) 観念の世界で神と取り組むのでなく、実践的に (山にはいって)、本源的な生命に触れよ。
(17) 自分を愛すればこそ、現在の自分を軽蔑して、よりよい自分を目ざすことになる。人間の自己軽蔑は自己愛と表裏一体である。
(18) 注 (17) と同じ思想。

進んでなった乞食《こじき》

時代の腐敗をいとい (その点で時代に苦しむ人)、牝牛《めうし》に学ぶ高人との出会い。その心は純粋だが創造のために戦う勇者ではない。

ツァラトゥストラは、最も醜い人間をあとにしたのちも、身は凍え、孤独を感じていた。あまたの冷たい思い、孤独な思いが、胸を貫き、手足まで冷たくなった。しかし、かれがさらに道を進んで、あるいは登り、あるいは下《くだ》り、時には緑の牧場《まきば》のほとりを過ぎ、時には、おそらくかつて性急な小川が河床にしたと思われる、石の多い荒地を越えてゆくと、かれの胸は突然暖かさを取りもどし、やさしい思いにみちてきた。

「いったいどうしたことだろう」と、かれはみずからにたずねた。「何か暖かい、生き生きしたものが、わたしの心を引き立たせる。それはわたしの近くにあるにちがいない。早くも、わたしはひとりぼっちではなくなった。気づかれぬ道連れと兄弟たちが、このあたりにいるようだ。その暖かい息が、わたしの魂をあたためるのだ」

さて、ツァラトゥストラが周囲を見まわして、かれの孤独を慰めたものをさがし求めると、見よ、小高い丘の一つに牝牛《めうし》たちが群れていた。このように間近にいたかれらの温《ぬく》みと匂《にお》いとが、かれの心をなごやかにしたのだ。しかし、この牝牛たちは、何かしきりに話をしている一人の者にむかって余念なく耳を傾けているらしく、近づいてくるツァラトゥストラには気をとめなかった。そのすぐそばまで行くと、あきらかに一人の人間の声が聞きとれた。その声は、牝牛たちの群れの中心からひびいて来、牝牛たちはすべて頭をその話し手のほうに向けていた。

それを見たツァラトゥストラは急いで駆け登り、牝牛たちを押しわけた。だれかがそこで難儀にあっていて、牝牛たちの同情では救いえない状態にあるのではないかと、おそれたのだ。しかしその想像ははずれた。見よ、そこには一人の人が地上にすわっていて、自分をおそれる必要がないことを牝牛たちに説いているようだった。柔和な人、山上の説教者[1]で、その目そのものが慈愛の教えを説いていた。「あなたはここで何を求めているのか」と、ツァラトゥストラは、あやしんでたずねた。

「わたしがここで何を求めているというのか」と、その人は答えた。「それは、あなたの求めているものだ。妨げをする人よ。つまり地上の幸福を求めているのだ。

しかし、それをどう見つけたらいいかを、わたしはこの牝牛たちから学ぼうとしているのだ。それで、わたしは、すでにこの朝のなかばを費やして、牝牛たちに話しかけた。そしてちょうど牝牛たちは、わたしに答えをしようとしているところだった。これを、なぜあなたはじゃましたのか。

われわれは、心を入れかえて、牝牛のようにならなければ、天国にはいることはできない。つまり、われわれは牝牛から一つのことを学び取らねばならないと思う。それは反芻《はんすう》することだ。(2)

まことに、たとえ人間が全世界を得ても、この一事、反芻することを学ばなければ、何になろう。人間はおのが悲愁を離れることはないだろう。

――あの大きい悲愁を離れることはないだろう。その悲愁とは、今日、嘔気と呼ばれるものだ。今日、胸と口と目とを嘔気で満たされていない者がどこにあろう。あなたもそうだ、あなたもそうだ。しかし、これらの牝牛たちを見るがいい」――

山上の説教者はそう語って、それから目をツァラトゥストラに向けた。――今までは愛情をこめて牝牛たちのほうばかりを見ていたのだ――。と、かれの態度は一変した。「わたしとことばをかわしている人はだれだ」かれは驚愕《きょうがく》して叫び、地面からとび起きた。

「これは嘔気をもたぬ人だ。ツァラトゥストラその人、大いなる嘔気の克服者だ。これはツァラトゥストラその人の目だ、口だ、心だ」

それを言いながら、かれはツァラトゥストラの両手をとって、あふれる涙とともにそれに接吻《せっぷん》し、その喜びようはさながら思いがけず貴重な贈り物を、貴重な宝を、天から授けられた者のようだった。牝牛たちはその様子をいぶかしげに見ていた。

「わたしについて語るな。奇妙な者よ、柔和な者よ」ツァラトゥストラはそう答えて、相手の情愛をこばんだ。「まずおまえについて語れ。おまえは、かつて大きな富を投げ捨てて進んで乞食になった人ではないか。(3)――おのれの富と富んでいる者たちを恥じて、最も貧しい者たちのところへのがれ、かれらにおのれの充実とおのれの心を贈った人ではないか。しかし、かれらはその人を受け容《い》れなかったのだ」

「そうだ、かれらはわたしを受け容れなかった」と、進んで乞食になった人は言った。「あなたも知っているとおりだ。それでわたしはやがて、動物たちとこの牝牛たちのところへ来たのだ」

「そこでおまえは学んだのだ」と、ツァラトゥストラは、相手のことばをさえぎった。「正しく与えることは、正しく受けるよりも、むずかしいということを。また、よく贈るということは、一つの技術であり、善意の究極の離れ業《わざ》、狡知《こうち》をきわめる巨匠の芸である

「ことに今日ではそうだ」と、進んで乞食になった人は答えた。「すなわち、今日は、いっさいの低劣なものが蜂起《ほうき》し、逸脱し、かれらの流儀で、つまり賤民《せんみん》の流儀で、高慢になった時代だ。

つまり、あなたもよく知っているとおり、賤民と奴隷の大きい、悪い、長い、緩慢な反乱の時期が来たのである。この反乱は日ましにつのるばかりだ。

今日においては、低劣な者たちは、あらゆる慈善と小さい施しに憤激するのだ。富んであふれこぼれる者は、用心するがいい。

胴のふくらんだ壜《びん》があまりに細い頸《くび》から滴《しずく》をしたたらすようなやりかたをする者、――そういう壜は、今日では、むぞうさに頸を折られてしまう。

みだらな欲念、怒りをふくんだ嫉妬《しっと》、執念ぶかい復讐《ふくしゅう》心、賤民の傲慢《ごうまん》、それらのすべてがわたしの顔を目がけて飛んできた。貧しき者は幸いだというのは、もはや真実ではない。天国はむしろ牝牛のもとにあるのだ」

「で、なぜ天国は富んでいる者たちのもとにないのか」[5]と、ツァラトゥストラは、験《ため》してみるようにたずねた。このなごやかな人に親しみ深く鼻息をかける牝牛たちを押しもどしながら。

「なぜわたしを試みるのか」と、なごやかな者は答えた。「そういうことは、あなたのほことを」[4]

うが、わたしよりよく知っているではないか。(6)それにしても、わたしを最も貧しい者たちのところへ駆り立てたものは何か、おお、ツァラトゥストラよ。それは、われわれの富者たちにたいする嘔気ではなかったか。

——これらの富の囚徒たちは、冷ややかな目つきと、欲情にみちた思いで、芥《あくた》という芥のなかからおのれの利益を拾い集めている。天にまで悪臭をはなつこれらの無頼漢にたいする嘔気が、わたしを最も貧しい者たちのところへ駆り立てたのではないか。

——それは、これらの鍍金《めっき》した、外飾でごまかした賤民たちにたいする嘔気ではなかったか。かれらの先祖は、掏摸《すり》か、腐肉食いの鳥か、ぼろ拾いだった。その妻たちは、だれの意のままにもなる、淫乱《いんらん》な、健忘症の、——娼婦《しょうふ》とあまり違わない女たちだった。

——

上の賤民、下の賤民。今日では、『貧しい』ということ、『富んでいる』ということは、いったい何だろう。その区別もわたしにはわからなくなった。——それでわたしはそこから逃げ出した。遠くへ、ますます遠くへ。そしてとうとうこの牝牛たちのところへ来たのだ」

なごやかな人はこう語った。語りながら、この人も鼻息を立て、汗をかいた。牝牛たちはまたそれをいぶかしげにながめていた。ツァラトゥストラは、相手がそんなに激しい物言いをしているあいだ、たえず微笑をふくんでその顔を見、沈黙したまま、ときどき頭を振った。

「山上の説教者よ、おまえがそんな激しいことばを使うのは、おまえ自身に暴力を加えることだ。おまえの口は、そういう苛酷《かこく》さにはふさわしくない。おまえの目もそうだ。おまえの口も目も、そういうふうに育ったのではない。

わたしが思うに、おまえの胃もそうだ。そのような怒り、憎しみ、激昂《げきこう》におまえの胃にあわない。おまえの胃は、もっと温和なものを求める。おまえは肉食者ではない。

わたしが思うに、むしろおまえは草食の人、木の根をさがす人だ。むしろおまえは穀物の粒を嚙《か》みくだく人だろう。確かなのは、おまえが肉の喜び(7)を厭《いと》わしく思い、蜜《みつ》を好むということだ」

「あなたはわたしをよく見抜いた」と、進んで乞食になった人は、晴れ晴れとした様子で答えた。「わたしは蜜を愛する。わたしは穀物の粒をも嚙みくだく。つまり、わたしは口に好ましく、息を清らかにするものを求めたのだ。

——また、食べるのに時間のかかるものを求めたのだ。柔和な無為の者と懶惰《らんだ》な者にふさわしい日々の仕事、口をうごかす仕事を求めたのだ。

いうまでもなく、そのことを徹底的にしているのは、この牝牛たちだ。牝牛たちは反芻することを発明した、また日向《ひなた》に寝そべることを。それに牝牛たちは心臓を尊大にするあらゆる重い思想を遠ざけている」

くてはならぬ。わたしの生き物をも見ない。

――「よろしい」と、ツァラトゥストラは言った。「おまえはわたしの生き物をも見なくてはならぬ。(8)わたしの鷲《わし》と蛇だ、――かれらのようなものは、今日では地上に存在しない。

見よ。あの道はわたしの洞窟《どうくつ》に通じている。今宵《こよい》はそこの客となれ。そしてわたしの生き物たちと動物の幸福について語れ。――

――やがて、わたしも帰宅するだろう。というのは、いまある危急の叫びがわたしを呼んでいて、わたしはさしあたりおまえから別れなければならないのだ。おまえは、わたしのところで新しい蜜も見いだすだろう。氷のように新鮮な、蜂窩《ほうか》から取りたての金いろの蜜だ。それを食うがいい。

しかし、さあ、急いでおまえの牝牛たちから別れるがよかろう、奇妙な人よ、やさしい人よ、よし、かれらから別れるのがつらかろうと。なんといっても、それはおまえの最もあたたかな友であり、師であるのだから」――

「――一人の人を除いては、その人をわたしはいっそう愛するのだ」と、進んで乞食になった人は答えた。「そう言うあなたはやさしいのだ、牝牛よりやさしいのだ。おお、ツァラトゥストラよ」

「去れ、急いで去れ。悪質のへつらい者」ツァラトゥストラは、悪意をもって叫んだ。「どうしておまえはそういう賞讃《しょうさん》とへつらいの蜜でわたしを害《そこ》なうのか」

「去れ、わたしから去れ」ツァラトゥストラはもう一度叫んで、その甘えている乞食に杖《つえ》を振りあげた。乞食は急いで逃げ走った。

（1）丘の上で牝牛に説教しているので、山上の垂訓者イエスになぞらえた。
（2）多くを求めず、少量の体験や知恵を嚙みしめて、それを至福とすること。純粋だが消極的な態度。ここでは「受売り」の意味ではない。
（3）この乞食は、聖フランチェスコのタイプで書かれている。
（4）ツァラトゥストラの心理学からは、当然この言が出てくる。賤民は恩恵を受けると、恩人を恨むようになる、と前にも言われた。
（5）わかりきったことを、わざわざきいて、談話のリズムをつくった。物質的にだけでなく、精神的に富んでいる者たちを言っている趣がある。
（6）乞食のほうでは、世の賤民（富者、権力者など）にあいそをつかしたツァラトゥストラの体験をさして言っている。
（7）肉欲を肉食にかけた。
（8）同じ生き物でも、牝牛とちがった力と知の使徒もあるぞ。

影

根無し草の現代教養人が活写される。そのつど有力な思想に追随し、主人公の亜流でもある。ただし、自由精神によって高人に加わる。

しかし、進んで乞食《こじき》になった人が走り去り、ツァラトゥストラがふたたび独りになったと思うまもなく、かれはまた自分の背後に一つの新しい声を聞いた。それは叫んだ。「とまれ、ツァラトゥストラよ。待ってくれ。わたしだ、おお、ツァラトゥストラよ。わたしだ、おまえの影だ」しかし、ツァラトゥストラは待たなかった、かれは急に嫌悪におそわれた、こんなに多くの者が押し寄せて、自分の山が雑踏していることに。「わたしの孤独は、どこへ行ってしまったのか」と、かれは言った。

「これはあまりのことだ。いま、この山には、人がむらがり、ひしめいている。こゝ、こんな世界は、もはやわたしの領国ではない。わたしは新しい山を必要とする。

わたしの影がわたしを呼ぶのか。わたしの影がわたしに何のかかわりがあるというのだ。かれがわたしを追いかけるなら、わたしは——逃げて走ろう」

ツァラトゥストラはこうおのれの心に言って、走りはじめた。しかし、かれの背後の者は、かれについて走った。それゆえ、やがて三人の者が一列に連なって走ることになった。

先頭には、あの進んで乞食になった者。次にはツァラトゥストラ。三番目、そして最後には、かれの影が走った。しばらくこの状態がつづいたが、やがてツァラトゥストラは自分の愚かさを悟った。それで一挙にすべての不快と嫌悪を振り払った。

「なんということだ」かれは言った。「昔から、われわれ、老いた隠者や聖者らは、さんざんこっけいなことをしてきたのだ。

まことに、わたしの愚かさは、山中で背丈《せたけ》が伸びた。いま六本の阿呆《あほう》の足が追いかけごっこをして走っている音がする。

だが、ツァラトゥストラともあろうものが、影を恐れてよいのか。それに、つまりは、かれはわたしより長い足をもっているようだ」

ツァラトゥストラはこう語った、かれの目と臓腑《ぞうふ》が大笑いした。立ちどまって、だしぬけにふりむいた。――すると見よ、危うくかれは、かれの追跡者である影を地に倒しそうにした。影はもうかれのきびすに接していたのだ。それにまた影はそんなに弱虫だった。さて、影に吟味の目を向けると、まるでふいに出会った幽霊を見るように驚かされた。この追跡者はまるで痩《や》せていて、くろずみ、うつろで、およそ生気というものがなかった。

「おまえは何者だ」と、ツァラトゥストラははげしい口調でたずねた。「この山中で何をする気か。そして、なぜ、おまえはわたしの影と名のるのか。おまえはわたしの気に入らぬ」

「わたしに許してくれ」と、影は答えた。「わたしがおまえの影であることを。そして、わたしがあなたの気に入らぬというなら、よろしい、ツァラトゥストラよ、さすがはあなただ、さすがはあなたの趣味はよい、わたしは讃《たた》える。

わたしはさすらいびとで、すでに長らくおまえのあとを追って歩いた。常に旅の途中にある身で、目的地もなく、故郷もない。だから、わたしは自分をほとんど永遠のユダヤ人だと言ってもいいくらいだ。[1] もっとも、わたしは永遠でもなく、ユダヤ人でもないが。

どうだろうか？ わたしは、いつになっても旅の途中にいる身なのだろうか。あらゆる風に巻きこまれ、たえず動揺していて、追い立てられてばかりいるのだろうか。おお、地よ、おまえはわたしにはあまりに円《まる》くなった。[2]

あらゆる表面にわたしはすわった。疲れた埃《ほこり》のように、わたしは鏡や窓ガラスに取りついて眠った。すべてのものは、わたしから奪うが、何ひとつ与えはしない。[3] わたしは痩せほそり――ほとんど影にひとしい姿[4]である。

しかし、おお、ツァラトゥストラよ、わたしは、もちろん、あなたを追って飛び、また歩いたことが、いちばん長かったのだ。そしてわたしがあなたに見えぬところへ姿を隠したときでも、わたしはあなたの最良の影だった。あなたがすわれば、どんな場所にでも、わたしもすわった。

あなたといっしょに、わたしは最も遠い世界、最も寒い世界[5]をも、歩きまわった。好んで雪の積もった冬の屋根屋根の上をわたりあるく幽霊のようだった。

あなたといっしょに、わたしはあらゆる禁じられたもの、邪悪きわまるもの、遠隔のもののなかにも、はいりこもうとした。もしわたしが何かの徳をもっているとすれば、それはわたしだどんな禁令をも恐れぬということだ。

あなたといっしょに、わたしは、わたしの心がかつて敬ったことのあるものを破壊した。あらゆる境界石と偶像をくつがえし、このうえもなく危険な願望の実現もはかった。――まことに、すべての犯罪の峰をわたしは一度は越えた。

あなたといっしょに、わたしは言葉と価値と大いなる名への信仰を忘れ捨てた。悪魔が脱皮すれば、悪魔というかれの名もまた脱落する。すなわち、その名は皮なのだ。悪魔自身もおそらく――皮だろう。(6)

『真理はどこにもない。いっさいのことは許される』そうわたしは自分に説いた。このうえなく冷たい水のなかにも、飛びこんだ、頭も心ももろともに。ああ、そのために幾度わたしは、赤蟹《あかがに》のような裸身をさらしたことだろう。

ああ、いっさいの善といっさいの羞恥《しゅうち》、そして善い人間にたいするいっさいの信仰は、どこへ行ってしまったのだ。ああ、わたしがかつてもっていたあのいつわりの無邪気さは、どこへ行ってしまったのだ。善良な人間たちのもつ無邪気さ、その高貴な嘘《うそ》の無邪気さは、どこへ行ってしまったのだろう。(7)

まことに、幾度となくわたしは真実を追って、そのきびすに迫った。すると真実はわたしの頭を蹴《け》った。しばしばわたしは嘘をついているつもりだった。すると見よ、そのときはじめてわたしは言い当てた(8)――真実を。

わたしには、多くのこと、あまりに多くのことが、明らかになった。だが、いまやわたしの関心をひくものは何もなくなった。わたしの愛するものは、もはやない。――どうしてわたしが今も、わたしを愛することができよう。

『意欲のおもむくままに生きること、さもなければ生きないこと』それをわたしは欲する。最高の聖者もそれを欲する。しかし、ああ、どうしてこのわたしに、今も――意欲というものがあろう。

わたしに――いまなお何かの目標があるだろうか。わたしの帆が目ざす港があるだろうか。

良い風に会うことはあるだろう、と言うのか？　ああ、どの風がよいか、どれが順風なのかがわかるのは、自分がどこを目ざして航海しているかを知っている者ばかりだ。

わたしに残されたものは何か。疲れたあつかましい心。いつも揺れ動いている意志。不安定な翼、砕けた背骨だ。

わたしの故郷をさがすこの探求。おお、ツァラトゥストラよ、あなたは知っているか、この探求がわたしに取りついた禍《わざわ》いなのだ。それはわたしを食いつくす。

どこにあるのか——わたしの故郷は？　それをわたしは問う、さがす、さがしたのだ。しかしそれを見いだすことはできなかった。おお、おお、永遠の『至るところ』よ。永遠の『無所住』[9]よ。——永遠の『徒労』よ」

影はこう語った。ツァラトゥストラの顔はそれを聞きながら曇った。「おまえはわたしの影だ」ついにかれは悲しんで言った。

「おまえの危険は、かりそめのものではない、おまえ、自由な精神よ、自由なさすらいびとよ。おまえは悪い昼をすごした。おまえにもっと悪い夕べが来ないように、気をつけよ。おまえのように定めなく揺れ動いている者には、ついには牢獄《ろうごく》も至福の場所と思われてくるのだ。おまえは見たことがあるか、獄に投ぜられた犯罪者たちが熟睡するのを。かれらは安らかに眠る。おのれの新しい安定を享受して。

警戒せよ、とどのつまりおまえがなんらかの偏狭な信仰に捕えられ、閉じこめられるということがないように。苛酷《かこく》な、峻烈《しゅんれつ》な迷妄こそ、おまえをとりこにする危険がある。[10]すなわちこれからおまえは、偏狭であって確固としているすべてのものに引き寄せられ、誘惑されるのだ。

おまえは目標を失った。ああ、おまえはこの損失をどう取りかえそうとするのか、どうその苦痛を忘れようとするのか。その損失とともに——おまえは道をも失ったのだ。

あわれな彷徨者《ほうこう》よ、夢想家よ、疲れた蝶《ちょう》よ。おまえは今宵《こよい》一つの憩いと宿泊の場所とをもとうと願うか。それならあそこを登ってわたしの洞窟《どうくつ》に行け。

あの道はわたしの洞窟に通じている。だが、今はわたしはおまえと別れて、足を早めて去りたいと思う。すでに影に似たものが、わたしをつかみかけている。(11)

わたしは独りで走りたい、わたしのまわりがふたたび明るくなるように。そのためには、わたしはなおしばらく、快活に両足を動かさなければならぬ。だが、夕べにはわたしのもとで――踊りが行なわれるだろう(12)」――

ツァラトゥストラはこう語った。

(1) このあたりで、影の正体がしだいに明らかになる。つまり、弱いインテリである。知力はあるが、志操と意志がない。

(2) 足がかりがなく、すべるばかり。

(3) どんな思潮や現象をも追いかけるから、それにエネルギーを奪われる。しかし、血肉の足しになるものはない。

(4) 影と自称する者が、自分を影にたとえた。

(5) 思考世界の極地、懐疑や否定や冷酷などの世界。

(6) 価値観(世の評価)が変われば、悪魔も神となる。悪魔とか神とかの名を、最初は本気で考えていたが、つまりそれは皮のような表皮的なものだ。またそこから考えれば、世間が「悪」と恐れているようなものも、実体というより、皮や衣装のようなものだろう。
(7) ここに列挙されたことは、日常的な善良な社会の信仰や伝統や慣習。そこに住む人々は、嘘を嘘と思わず、かえって高尚な思想として、無邪気にこれを口にしている。
(8) 自主性がなく、世の風向きのなかで、真理や真実を追う人の状況は、常にこうだろう。
(9) 原語は Nirgendwo. どこにも定住点がないこと。訳語は「一所不住」を踏まえた造語。むろん、一所不住と違って、意味はマイナスである。
(10) よるべない知識人の危険を、的確に言い当てている。
(11) 気分が暗くなった。少し「影」に影響されたのだろう。
(12) ツァラトゥストラの重んずる軽さや笑いの形象化は、「踊り」。

正午

何度か予感された大いなる正午ではないが、その情緒的、夢幻的な側面。永劫《えいごう》回帰思想の意力性の半面に魂のこの安息感を歌う詩人性。

――そしてツァラトゥストラは走りに走った。もはや何びとにも会わず、かれ独りだった。くりかえしくりかえしおのれひとりに会い、おのれの孤独を味わい、すすった。そして、もろもろのよいことを思い浮かべながら——数刻がたった。さて正午の時刻となり、太陽がツァラトゥストラの真上にかかったとき、かれは一本の、曲がりくねって節くれだった老樹のほとりを通りかかった。その老樹は一株の葡萄《ぶどう》のゆたかな愛に抱擁されて、自分自身にたいしてつつみかくされていた。その葡萄の蔓《つる》からは、黄の房《ふさ》がいちめんに垂れさがって、この通りすがりの人をまねいていた。それを見たとき、かれは、その一房をもいで、多少の渇きをいやそうとする気になった。しかし、そのために腕を伸ばしかかったとき、かれの心はすでに、別の願いに、よりつよく誘われた。すなわち、この完璧《かんぺき》な正午の時刻にその木のかたわらに臥《ふ》して、眠りたいという願いだった。

ツァラトゥストラは、自分の願いに従った。そして地に伏し、色とりどりの草の静寂と親密さのなかに埋まるやいなや、すでにわずかの渇きをも忘れて、眠りに落ちた。それは、ツァラトゥストラの格言の言うように、一事は他事よりも緊要(1)だからである。ただかれの目は開いていた——つまりかれは、その老樹とそれにからむ葡萄の愛を見て、いくら讃《たた》えても飽きることを知らなかったのだ。こうして眠りにはいりながら、ツァラトゥストラはおのれの心に語った。

「静かに！　静かに！　世界はいままさに完全になったのではないか。いったいわたしに何事が起こるのだろう。

柔和な風が平坦《へいたん》な海の面《おもて》で、目に見えずかろやかに、鳥の羽毛《はね》に似てかろやかに舞うように、眠りはわたしを訪れて舞う。

この眠りはわたしの目をふさがない。わたしの魂を目ざめたままにしておく。この眠りは軽い。まことに鳥の羽毛のように軽い。

この眠りは、しきりにわたしを説き伏せにかかる。この眠りは、媚《こ》びる手でわたしを内側からかるくたたいて、わたしをおとなしくさせる。そうだ、わたしをおとなしくさせ、わたしの魂に、思いきりくつろげ、と言う。——

——わたしの奇妙な魂よ。なんとそれは長々とものうげに身を横たえていることか。この正午の時刻に七日めの夕べ(2)が、わたしの魂を訪れたのか。わたしの魂は、よい、熟した物たちのあいだを、もうさんざんしあわせに歩いて歩きつかれたのだろうか。

魂は身を伸ばす、長く、——より長く。そして静かに横たわっている、この奇妙な魂は。それはあまりに多くの美味をすでに味わった。そのことから来る黄金の悲哀が、魂を押しつける(3)。魂は口をゆがめる。

——このうえもなく静かな港にはいった船に似て、——それはいま地にもたれている。そして長い旅と不確かな海に飽きている。地のほうが海よりも誠実なのではないか。

このような船が陸に寄りかかり、寄りそうているときには——陸から一匹の蜘蛛《くも》が糸をつむいでよこすだけで、それを繋《つな》ぐに十分である。それより強い綱はいらない。

静かな湾に憩うこういう疲れた船のように、わたしもいま地に触れてやすらっている。誠実な心をもち、信頼をよせて、待ちながら、そしてかぼそい糸で繋がれて。(4)

おお、幸福よ、幸福よ。おお、わたしの魂よ。おまえは歌おうとするのか。おまえは草のなかに横たわっている。しかし今は、ひそやかな、おごそかな時刻なのだ、笛を吹く一人の牧人もいない。

つつしむがいい。熱い正午が野いちめんを覆って眠っている。歌うな。静かに。世界は完全なのだ。(5)

歌うな。草のあいだを飛ぶ虫よ。(6)おお、わたしの魂よ。囁《ささや》きさえもらすな。見るがいい――静かに。老いた正午が眠っている。いまかれは口を動かす。幸福の一滴を飲んだところではないか。――

――金色《こんじき》の幸福、金色の葡萄酒の、古い褐色の一滴を飲んだところではないか。ちらとかれの顔を過ぎるものがある。かれの幸福だ。かれの幸福の笑いだ。神――に似た笑いだ。静かに。――

『幸福になるには、どんなにわずかなことで事足りることだろう』わたしはかつてそう語って、自分を賢いと思った。しかしそれは、たいへんな冒瀆《ぼうとく》だった。そのこ、と、をわたしはいま学んだ。阿呆《あほう》でも、りこうな阿呆なら、もっとましなことを言うだろう。

まさに、ごくわずかなこと、ごくかすかなこと、ごく軽やかなこと、ちょろりと走るとかげ、一つの息、一つの疾過、一つのまばたき――まさに、わずかこそが、最善のたぐいの幸福をつくるのだ。静かに。

――わたしに何事が起こったのだろう。聞け！　時間は飛び去ってしまったのだろうか。わたしは落ちてゆくのではなかろうか。落ちたのではなかろうか、――耳をこらせ！　永遠という泉のなかに。

――わたしに何事が起こるのだろう。静かに。わたしを刺すものがある――あっ！――心臓を刺すのか。心臓を刺すのだ[7]！　おお、裂けよ、裂けよ、心臓よ、このような幸福ののちには、このように刺されたのちには。

――どうだ！　世界はいままさに完全になったのではないか。まろやかに熟れて、おお、金の円環よ、――どこへ飛んでゆくのだ。わたしはそのあとを追う、身もかるく。

静かに――」（ここでツァラトゥストラは身を伸ばした、そして自分が眠っていることを感じた）

「起きよ」かれは自分自身に言った。「眠る者よ、正午を眠る者よ。さあ、起きよ。老いた両足よ。今が時だ、時でありすぎる。まだまだこれから長い道を、両足よ、おまえたちは歩かなければならぬのだ――

もうおまえたちはたっぷりと眠ったろう、長く長く眠ったろう、永遠の半分ほども。さあ、起きよ、わたしの老いた心よ、このような眠りを眠ったからには、おまえは、どんなにか長く——目をさましつづけていられることだろう」

（しかし、そのとき、ツァラトゥストラは、またしても、もう眠りに落ちてしまった。かれの魂はかれに言葉をかえし、抵抗していた。そして、また身を横たえた）——「わたしをそっとしておいてくれ。静かに！　世界はいままさに完全になったのではないか。おお、黄金の大いなる球体よ(8)」

「起きあがれ」と、ツァラトゥストラは言った。「おまえ、小さな盗人《ぬすびと》よ、昼を盗むもの(9)よ。なんということだ。あい変わらず寝そべっていて、あくびをし、ためいきをし、深い泉へ落ちてゆくのか。

おまえはいったい何者だ。おお、わたしの魂よ」（このときツァラトゥストラは愕然《がくぜん》とした。ひとすじの日光が、空からさして、かれの顔にそそがれたからである）

「おお、わたしの頭上の空よ」と、ツァラトゥストラは嘆息しながら言い、身を起こしてすわった。「おまえはわたしをながめているのか。わたしの奇妙な魂に聞き入っているのか。

おお、空よ、おまえは、地上のすべての事物に降りかかったこの一滴の露をいつ飲むのか(10)。——この奇妙な魂をいつ飲むのか。——

——おお、永遠の泉よ、晴れやかな、すさまじい、正午の深淵《しんえん》よ。いつおまえはわたしの魂を飲んで、おまえのなかへ取りもどすのか」

ツァラトゥストラはこう語った。そして木のほとりの床《とこ》から身を起こした。不思議な酔いからさめた者のようだった。すると見よ。太陽は依然としてかれの真上にかかっていた。このことから、ツァラトゥストラはそのときあまり長く眠ったのではなかろう[11]と思う人がいても、あまりまちがいとは言えないであろう。

(1) いっそう大事なこと（ここでは眠ること）のためには、ほかのことをさしおかねばならない。
(2) 旧約聖書「創世記」にあるように、天地創造ののちの神の休息の日。
(3) 完全な充足の幸福感にともなう哀愁。
(4) ここに種々のことばで述べられた心の状況は、たとえば、男性に寄り添う女性の心理を類推させる。「かぼそい糸……」は、かぼそい糸でも十分に繋がれていることとともに、過ぎやすい「瞬時」という予感も感じられる。
(5) 「歌うな」は、四囲があまりに静かだから。いま静かな大きい充足の実現が感じられる時間である。しかし、この章全体がそうであるように、ツァラトゥストラの心は、ともすれば歌にかたむく。
(6) 小さい羽虫にことよせて、自分の魂へ呼びかける。

（7）幸福の痛み。内容的には永劫回帰の思想と取っていい。
（8）これは魂のことば。「起きよ」という自覚的な精神のことばにたいして、無意識の魂にとっては、この完全な永遠的時間のなかにいることが望ましいのである。
（9）ふたたびツァラトゥストラの「精神」のことば。魂は「活動の昼」の時間に食いこむ、小さい盗人ということになる。
（10）「この一滴の露」は、ツァラトゥストラ自身をさす。一滴ではあるが、「地上のすべての事物に降りかかった」と言うのは、かれが地上の一切とかかわりあって、それを大きく肯定する立場にあることを自覚しているからである。そしてその一滴の露の空への帰入（死がその最も顕著な場合）を思う。次の文節も同じ思想。
（11）ツァラトゥストラの眠りと、そのあいだのかれの思いとは、物理的時間を超えている。

挨《あい》拶《さつ》

山中で会った人々が洞窟に集まる。主人公が尋ね歩いた高人はこれだったのだ。挨拶は、笑いで始まり、厳しい超人待望の言で終わる。

ツァラトゥストラは、長時間にわたってさがし求め、歩きまわったが、かいはなかった。そしておのが洞窟《どうくつ》をさして帰ったのは、午後もおそくなってからのことだった。ところで、おのれの洞窟までもう二十歩もないところまで来て、洞窟に向かいあったとき、まったく思いもよらないことが起こった。つまり、かれはまたしてもあの大いなる危急の叫びを聞いたのである。そして、驚くべきことには、今度はその悲鳴は、かれ自身の洞窟から聞こえてきたのだ。だが、それは、多様なひびきを含んでいる、長い、異様な叫びだった。ツァラトゥストラは、それが多くの声のいっしょになったものであることを、はっきりと聞きさだめた。もっとも、遠方から聞けば、それはただ一つの口から出た悲鳴のように聞こえたことだろう。

飛ぶように走って、ツァラトゥストラは、洞窟に行きついた。すると見よ。あの耳の驚きののちに、なんという目の驚きがかれを待っていたことだろう。そこには、きょうの昼、かれが出会ったすべての人が居並んで座を占めていた。右手の王と左手の王、老いた魔術師、法王、進んでなった乞食《こじき》、影、知的良心の所有者、悲しんでいる予言者とその驢馬《ろば》。あの最も醜い人間は、冠をかぶり、真紅《しんく》の帯を二本腰に巻きつけていた。――すべての醜い者がそうであるように、かれも、仮装して美しく見せかけることを好んでいた。これらのもの悲しい人々の集まりの中央には、ツァラトゥストラの鷲《わし》が、羽毛を逆立てて、落ち着かぬ様子を見せていた。それは、かれの誇りが答えることを許さぬような、数多くの問いをかけられていたからである。怜悧《れいり》な蛇は、鷲の頸《くび》に巻きついていた。

これらすべてを、ツァラトゥストラは、大きな驚きをもって見た。それから、客の一人一人を愛想のいい好奇心をよせてつくづくとながめ、その魂を読み取り、驚きの心を新たにした。そのあいだに、参集した者たちは、そろって起立して、畏敬《いけい》の念をもって、ツァラトゥストラの言葉を待った。さて、ツァラトゥストラはこう語った。

「あなたたち、絶望している人々よ、奇妙な人々よ。では、わたしの聞いたのは、あなたがたの悲鳴であったのか。そしていまわたしは次のことをも知った。わたしがきょうさがし求めて見つけることのできなかった者を、どこにさがし求めたらいいかを。わたしの言うのは高人のことなのだ。

——わたし自身の洞窟のなかに、その高人《こうじん》はすわっている。だが、何の不思議があろう。わたし自身がそれをわたしのところへ誘ったのではないか、蜜《みつ》の供え物と、わたしの幸福を囮《おとり》とした狡猾《こうかつ》な呼び声によって。

しかし、見受けたところ、あなたがたは、会合して楽しみを共にすることには、不似合いのようだ。危急の叫びをあげた人々よ、あなたがたはここにいっしょにすわっていて、互いの機嫌をそこねあっているのではないか。まず一人の者が来なくてはならぬ。

——つまり、あなたがたに笑いを回復させる一人の者、善良な、快活な道化師、舞踏者であり、風であり、野育ちである者、どこかの老いた痴人が、来なくてはならぬ。——あなたがたは、どう思うか。

絶望している人々よ、わたしがあなたがたに、このようなたわいのない言葉で話しかけることを、許していただきたい。まことに、こういう賓客を迎えるにはふさわしくない言葉だ。しかし、あなたがたは知るまい、何がわたしの心をこんなに陽気にさせているかを。
——

——それはつまり、あなたがた自身なのだ、あなたがたのその顔つきなのだ。この直言をわたしに許していただきたい。つまり、絶望している者の顔を見れば、だれしも陽気になるものだ。だれしも、自分は絶望している者に話しかけるくらいの元気はある、と思うものなのだ。

わたしにも、あなたがたはその元気を与えてくれたのだ、——わたしの高貴な客たちよ、結構な贈り物である。さあ、それでは、わたしもあなたがたにわたしの贈り物を贈ることを、とがめないでいただきたい。

ここはわたしの国であり、わたしの領土である。それでわたしの所有するものは、この宵《よい》とこの夜は、残らずあなたがたのものだ。わたしの二匹の生き物をもあなたがたに仕えさせよう、わたしの洞窟をあなたがたの宿としよう。

わたしのところを宿とし、家としているあいだは、何びとも絶望するようなことがあってはならない。わたしの領分のなかでは、わたしは何びとをも、かれを襲う野獣から守る。これが、わたしがあなたがたに贈る第一のものである、すなわち安全ということだ。(1)

さて第二の贈り物は、この小指である、あなたがたがこの小指を得た以上は、遠慮なく手ぜんたいを取っていただきたい。[2] さあ。そしてさらにこの心をも！ ようこそ来られた、ようこそ。わたしの賓客たちよ」

ツァラトゥストラはこう語った。そして愛と悪意の笑い声をあげた。この挨拶《あいさつ》を受けて、客たちは重ねて頭をさげ、畏敬の面持ちで沈黙をつづけていた。ついに右手の王は、一同の名において答えた。

「おお、ツァラトゥストラよ。あなたがわれわれに手と挨拶とを贈られたその歓迎のしかたは、まことに、まぎれもないツァラトゥストラその人のものである。あなたはわれわれにたいして身を低くされた。あなたはわれわれの畏敬の心にほとんど痛みをさえ感じさせた――。

――しかしながら、だれがあなたのように、これほどの誇りを保ちながら、身を低くすることができようか。そのことが、わたしたちの心を奮い立たせる。それはわたしたちの目と心にとっての気つけ薬である。

ただこのことだけを見るためにも、わたしたちは、この山よりもっと高い山に登ることをいとわなかったであろう。つまり、わたしたちは、見ることを好む者として来たのだ。曇った目を明らかならしめるものを、わたしたちは見たいと願ったのだ。

そして見よ、早くもわれわれの危急の叫びは、終わったのだ。早くもわれわれの思いと心は開かれ、喜びに酔っている。もう一歩で、われわれの元気は陽気さに転ずることだろう。

おお、ツァラトゥストラよ。地上に育つもので、高い強い意志以上に、喜びを与えてくれるものはない。それは地の最も美しい植物だ。風景全体がこういう一本の木によって生動するのだ。

おお、ツァラトゥストラよ、あなたのように生《お》い育ってゆく者を、わたしは松にたとえたい。丈《たけ》高く、黙々としており、峻烈《しゅんれつ》であり、最良のしなやかな材質をもっていて、そして荘厳である。――

――しかもついには、たくましい緑の大枝を伸ばして、おのれの支配圏につかみかかる。風と荒天、そしてこの高みに住んでいるあらゆるものに強い問いを発するのだ(3)。

――そして、それは、問いよりもさらに強い答えをする。命令者として、勝利者として。

おお、こういう樹木を見るために、だれが高山によじ登ることをためらおう。

おお、ツァラトゥストラよ。このあなたの樹木を見れば、暗鬱《あんうつ》な者、不具の者も、活気を得る。あなたを見れば、つねに動揺している者も確固となり、その心をいやされるのだ。

そしてまことに、あなたの山々、あなたの木々に、多くの目がこんにち向けられている。大いなる憧《あこが》れが起こった。あまたの者が問うようになった、ツァラトゥストラとは何者かと。

そして、あなたがかつてあなたの歌とあなたの蜜《みつ》を耳にたらしてやった者たち、身をひそめている者、独り隠れ住んでいる者、ふたりして隠れ住んでいる者[4]は、みな、にわかにおのれの心にむかって語りはじめたのだ。

『ツァラトゥストラはまだ生きているのだろうか。もはや生きることはかいがないのだ、すべては同じことだ、すべてはむなしい。でなければ――われわれはツァラトゥストラとともに生きなければならぬ』

『みずからをあれほど久しく予告していたかれが、なぜ来ないのか』そう多くの者がたずねる。

『孤独がかれをのみこんだのだろうか。それとも、われわれがかれのもとへ行くべきだろうか』

そしていまや、孤独そのものが成熟しきって熟《う》み割れている。それは破れ裂けて、中の死者たちをもはや納めていることのできない墓に似ている。いたるところに蘇生した者たちが見られるのだ[5]。

いまや、このあなたの山をめぐって、波は刻一刻と高まってくる、おお、ツァラトゥストラよ。たとえあなたの高みがどんなに高くとも、多くの波があなたを目がけて上ってこずにはいないだろう。あなたの小舟はもはや長くは、乾いたままで陸地にとどまっていることはできなくなろう。

そして、われわれ絶望している者たちがいまあなたの洞窟に至りついていて、すでにもはや絶望していないということ、それは、いっそうすぐれた者たちがあなたをたずねる途上にあることを示す兆《きざし》にほかならない。――

――わたしがそう言うのも、人間のあいだに残る神の最後の余燼《よじん》が、あなたをたずねる途上にあるからだ。すなわち、大いなる憧れと大いなる嘔気《はきけ》と大いなる嫌悪をもつすべての者たち、

――ふたたび希望することを習得しないかぎりは――もしくは、おお、ツァラトゥストラよ、あなたから大いなる希望を習得しないかぎりは、生きることを欲しないすべての者たちが、あなたを訪れる途上にあるからだ」

右手の王はこう語って、ツァラトゥストラの手を取り、それに接吻《せっぷん》しようとした。しかしツァラトゥストラは、驚いてあとにさがり、その敬意の表示を受けることを拒んだ。無言のまま、そして遠方へのがれようとするような急激な運動だった。しかし、しばらくすると、また客たちのもとにもどり、鋭い、吟味する目で、かれらを見つめ、そして言った。

「わたしの客人たちよ、高人たちよ、わたしはあなたがたと、ドイツ的に明瞭《めいりょう》に語ろうと思う。わたしがこの山中で待っていたのは、あなたがたではないのだ」

(「ドイツ的に明瞭に？　そんなドイツ的が、どこにあろう」[6]と、それを聞いて、左手の王は、わきを向いて言った。「なにしろ東方から来た賢者のことだ[7]、ドイツ人のことはよく知らないと見える。

だが、あの人は『ドイツ的に露骨に』というつもりなのだろう。——よろしい。それなら現代において、まだ最悪の趣味ではない」[8]

「まことに、あなたがたは、一人のこらず高人であるだろう」ツァラトゥストラはことばをつづけた。「しかし、わたしにとっては——あなたがたは高さにおいても強さにおいても不十分である。

わたしにとっては、という意味は、わたしの内部にひそんで沈黙してはいるが、かならずしも常には沈黙してはいない『仮借なきもの』にとっては、の意味である。そして、あなたがたはわたしに属する者であっても、右腕としてわたしに属する者と言うことはできない。

つまり、あなたがたのように、自分が病み衰えた、弱い足で立っている者は、自分で気のついている場合もあり、自分に隠している場合もあるが、とにかくなによりも他者からいたわられることを望んでいるのだ。

しかしわたしはわたしの腕、わたしの足をいたわりはしない。わたしはわたしの戦士をいたわらない。どうしてそのようなあなたがたがわたしの戦いに役立ちえようか？

あなたがたといっしょでは、わたしはどんな小さい勝利も得ることはできないだろう。あなたがたの幾人かは、わたしの太鼓の大いなる音を聞いただけで、転倒してしまうだろう。

それにあなたがたは、美しさと出生のよさにおいても十分でない[9]。わたしはわたしの教えのために、曇らぬ、みがきのかかった鏡を必要とする。だが、あなたがたの表面には、わたし自身の肖像さえゆがんで映るだろう。

あなたがたの肩はあまたの重荷、あまたの記憶を背負ってあえいでいる。あまたの悪い侏儒《しゅじゅ》が、あなたがたの内部の隅々《すみずみ》にうずくまっている。あなたがたの内部にも、隠された賤民《せんみん》がいる。

よしまた、あなたがたが高い種属、もしくは、より高い種属であるにしても、あなたがたの心身の多くの箇所は、曲がっており、奇形なのだ。あなたがたを鍛え直して、まっすぐにすることのできるような鍛冶《かじ》屋は、どこにもいない。

あなたがたは橋にすぎない。より高い者たちが、あなたがたを渡ってかなたへ進んで行かんことを！　あなたがたのもつ意味は階段だ。だからあなたがたは、あなたがたを踏み越えておのれの高みへ登って行く者に怒りの思いをもってはいけない。

あなたがたの種から、いつの日かわたしの正統の息子《むすこ》、完全な相続者が育ってくるかもしれぬ。しかし、その日は遠い。あなたがた自身は、わたしの遺産と名とを伝えるべき人ではない。

わたしがこの山中で待つのは、あなたがたではない。あなたがたを伴侶《はんりょ》にしたのでは、これを最後として山を降りることはできない。あなたがたはただ前兆として来たのだ、より高い者たちがすでにわたしのところへ来つつある前兆として。

——だがそれは、大いなる憧れ、大いなる嘔気、大いなる嫌悪をもっている人間たち、またあなたがたが神の余燼《よじん》と名づけた者たちなどではない。

——否《いな》、否、三たび否。わたしがこの山中で待っているのはほかの者たちだ。わたしは、その者たちが来なくては、わたしの足をここからあげようとはすまい。

——より高い者、より強い者、より勝ち誇った者、より上機嫌な者、肉体も魂も正しい寸法でつくられている者。すなわち哄笑する獅子たちが[10]来なければならぬ。

おお、わたしの賓客よ、奇妙な人たちよ——あなたがたはわたしの子どもたちについてまだ何も聞いてはいないか？　わたしの子どもたちがわたしのところへ来つつあるということを？

わたしに語ってくれ、わたしの園のことを、わたしの至福の島々のことを、わたしの新しい美しい種属のことを。——なぜ、あなたがたはそれについてわたしに語らないのか[11]。

わたしはあなたがたの愛に訴え、客人としてのこの贈り物を所望する、すなわちあなたがたがわたしの子どもたちのことを話すことだ。かれらを待ってわたしは富んでいる。かれらを待ってわたしは貧しくなった。わたしが惜しみなしに与えなかったものがあるだろうか[12]。

——ただ一人の子でも得るためにわたしが与えないものがあるだろうか。ましてやこれらの子どもたちを、これらの植樹の苗を、わたしの意志とわたしの最高の希望の宿るこれらの生命の木を得るためには！」

ツァラトゥストラはこう語り、突然ことばをとめた。つよい憧れにおそわれたからである。心のみなぎりのために、目と口を閉じた。客たちも、すべて黙していた。呆然《ぼうぜん》と無言のままだった。ただ、老いた予言者だけが、手と身ぶりとで合図した。

（1）わたしの世界にはいった以上、虚無、絶望などにはおかさせない。

（2）「かれに小指を与えると、かれは手全体を取る」（あまい顔を見せると、かれはつけあがる）という成句がある。それで、手をも心をも与えることを、その第一段階として、「小指」という語ではじめたのである。この文節は、心から喜び迎える意を示す。

（3）生きるための決意を問う。

（4）「ツァラトゥストラの序説9」四四ページの注（4）の箇所参照。

（5）人々の孤独が成熟して、その結果強くなった人々は立ちあがって、あなたをさして来る。そのことを大きく、孤独が成熟して割れて、そのなかにいた人々をはじき出した、というのである。墓のことは、死者の復活を念頭において言っている。

（6）ツァラトゥストラの言ったのは、「はっきりと、率直に」の意味（慣用句として）。ところが、一般に「ドイツ的」といわれるものは、瞑想《めいそう》的、惑溺《わくでき》的で、不明瞭《めいりよう》とされている。そこから「左手の王」のこの感想が生まれた。

（7）ツァラトゥストラはペルシア出身。

（8）「ドイツ的に露骨に」なら、ドイツ人のよくやることで、これなら、今日のこの柔弱な時代に、なかなか悪くない、結構だ。

（9）「最も醜い人間」もそこにいる。精神の問題として言われた。

（10）理想の子どもたちを、この表現でつくした。「笑う」ことは、再三強調された。本章のツァラトゥストラの挨拶の冒頭でも。

（11）「園」や「島々」は、ツァラトゥストラの子孫育成の立場で言われたことば。「あなたがた」は、自分たちの絶望とそれからの脱却だけを問題にしていて、人類全体の向上のことは念頭にない。

（12）「だれに」与える、と言わないところが、意味がひろく、ゆたかである。直接つづく次の文節をも参照。

晩餐《ばんさん》

イエスの聖晩餐に対応する場面の開始。巻中最もユーモラスな箇所。笑いはこれの主性格の一つ。主人公の反禁欲の発言が目立つ。

すなわち、予言者は、ここで、ツァラトゥストラと客たちの挨拶《あいさつ》をさえぎったのである。かれは、一刻の猶予もできないといういきおいで、前へせせり出た。ツァラトゥストラの手を取るや、大声で言った。「だが、ツァラトゥストラよ。『一事は他事よりも緊要だ(1)』それはあなた自身のことばである。よろしい。いまわたしにとっては、一事が他の何事よりも緊要だ。

時機を逸せず、一言で言おう。あなたはわたしを食事に招いたのではないか。そしてここには、長い道のりを歩いてきた者がおおぜいいる。あなたはまさかわれわれをことばの饗宴《きょうえん》だけで引き取らせようというのではあるまいな。

それにまたあなたがたはそろって、凍える、溺《おぼ》れる、窒息する、などの肉体の窮状について、大いにことばを費やした。ところでわたしの窮状についてことばを費やした者は一人もいない。わたしの窮状というのは、つまり空腹だ」

(予言者はこう語った。このことばを聞くやいなや、ツァラトゥストラの二匹の生き物は、仰天して飛びだして行った。かれらはこう判断した、かれらが昼に営々としてここへ運んできたものはあるにしても、それは予言者一人の口をふさぐにも足りまい)

「もちろん、渇きをも忘れてもらうまい」と、予言者はつづけた。「なるほど泉の湧《わ》く音はここにもしている、それはあの知恵のことばと同様に、ゆたかに倦《う》むことなく湧いている。だが、わたしの欲するのは――葡萄酒《ぶどう》だ。

万人がツァラトゥストラのように、生まれながらの愛水家ではない。それに、水は疲労困憊《こんぱい》した者には役に立たない。われわれにきくのは葡萄酒だ、――葡萄酒こそ急激な快癒と即席の健康をもたらすものである」

予言者が葡萄酒を所望したこの機会に、あの無口な左手の王も発言することになった。「葡萄酒は」とかれは言った。「わたしたちに用意がある、わたしとわたしの兄弟のこの右手の王に。わたしたちは十分の酒をもっている。――驢馬《ろば》一荷分もっている。だから、足りないのはパンだけだ」

「パン？」とツァラトゥストラはおうむ返しに言って大笑した。「パンこそは隠栖《いんせい》者のところにはない(2)。しかし、人間はパンのみで生きるものではない。よい子羊の肉によっても生きる。よい子羊なら、わたしは二頭もっている。

――これを急いで屠《ほふ》り、サルビアを薬味に、かんばしく調理することにしよう。それはわたしの好物だ。また根菜と果実もそろっている。これは美食家をも満足させよう。噛《か》んで割るためには胡桃《くるみ》もある、その他の謎《なぞ》もある。

こうして時をおかずに、よい晩餐《ばんさん》をひらこうではないか。しかし、食事を共にしたい者は、手も提供しなければならぬ。王たちも例外ではない。すなわち、ツァラトゥストラのもとでは、王者も料理人になれるのだ」

この提案は大いに一同の気に入った。ただあの進んで乞食《こじき》になった人物は、肉と酒と香料に抵抗した。

「この美食家ツァラトゥストラの言いようを聞くがいい」と、柔和な乞食は戯れて言った。「一同が高山の洞窟《どうくつ》にやってきたのは、こういう宴会をひらくためであったか。

これで、わたしは、ツァラトゥストラがかつてわれわれに『少ない所有に安んじている貧しさを讃《たた》えよう(3)』と教えたその意味がよくわかった。またなぜかれが乞食たちを寄せつけようとしないのか(4)も、よくわかった」

「さあ、上機嫌でやろう」と、ツァラトゥストラがそれに答えた。「このわたしのように。あなたの習慣をまもるがいい、すぐれた人物よ、あなたの穀物の粒を噛《か》み、あなたの水を飲み、あなたの料理を褒《ほ》めるがいい、それがあなたに楽しいなら。

わたしは、単にわたしと同じたぐいの者にとっての掟《おきて》なのだ。わたしは万人にたいしての掟ではない。しかし、わたしと行を共にする者は、強い骨格、そしてまた軽やかな足をもたねばならない。

――戦いと祝祭を喜ぶ者でなければならない。陰鬱《いんうつ》な者、夢におぼれる者であってはならない。祝祭を待つように至難の事を待ち、全き健康をもっている者でなければならない。

最善のものは、わたしとわたしのともがらに属する。もしひとがそれをわれわれに与えなければ、われわれはそれを奪うであろう、最もよい食物、最も清らかな空、最もつよい思想、最も美しい女を(5)」――

ツァラトゥストラはこう語った。右手の王はそれに答えて言った。「不思議なことだ。今までにこのように抜け目のないことばが、賢者の口から語られたことがあるだろうか。そしてまことに、こんなにも抜け目がなくて、しかも驢馬でない賢者がいるとは、最大の不思議と言わなければならない(6)」

右手の王はこう語って、感じ入っていた。驢馬はそのことばにたいして悪意をこめて、「イ・アー」と言った。以上が多くの史書が「晩餐」と呼んでいるあの長い饗宴の開始のありさまである。そして、その饗宴においては、もっぱら高人のことが語られた。

(1) 第四部「正午」六二一ページ注(1)参照。
(2) 隠栖者《いんせい》は、世俗を離れてこの生活にはいったのだから、隠栖者に世俗のパンを求めるのは、大きな筋違い。
(3) 第一部「新しい偶像」一〇五ページ参照。この箇所は、これがあなたの言う貧しさだったのか、という反語的意味で言った。
(4) 第二部「同情者たち」一八九ページ参照。
(5) 反禁欲の強者の態度を乞食の禁欲主義と対立させてこう表現した。
(6) 賢者であると同時に、強い生の意欲を言い、現世人としても通る言葉を堂々と言ったことを、王者の立場から感心する。しかも、驢馬的な御用思想家ではない。

高《こう》　人《じん》

高人に対して説かれる教説は今まで述べられたことの集約だが、調子が緊密で高い。創造の勧め。晩餐《ばんさん》にふさわしく時に笑いの強調。

1

わたしがはじめて人間たちのもとに行ったとき、わたしは隠栖《いんせい》者として大きい痴愚を演じた。すなわち、わたしは市場に立ったのだ。

わたしが万人に語りかけたとき、わたしは何びとにも語りかけていなかった。その夕べ、わたしの伴侶《はんりょ》となったのは、綱渡り人と屍《しかばね》だった。わたし自身がほとんど屍だったのだ。

しかし、新しい朝とともに、新しい真理がわたしを訪れた。わたしはこう語ることを学び知ったのである。「わたしに何のかかわりがあろう、市場と賤民《せんみん》と賤民の喧噪《けんそう》と賤民の長い耳とが」

あなたがた高人《こうじん》よ、このことをわたしから学べ。市場ではだれも高人の存在を信じない。それでもあなたがたがそこで語ろうとするなら、それもよかろう。だが、賤民はまばたきして言うのだ。「われわれはみな平等だ」と。

「君たち、高人よ」——そう賤民はまばたきして言う。——「高人などというものは存在しない。われわれはみな平等だ。人間は人間だ。神を前にしては——われわれはみな平等だ」

神を前にしては！——しかし、その神はいまや死んだのだ。そして賤民を前にしては、われわれは平等であることを欲しない。あなたがた高人よ、市場を去れ。

2

神を前にしては！——しかし、いまやその神は死んだ。あなたがた高人よ、この神はあなたがたの最大の危険だった。

神が墓にはいってから、あなたがたははじめて復活したのだ。いまはじめて大いなる正午は来る。いまはじめて高人は——主《あるじ》となる。

このことばを理解したか、わたしの兄弟たちよ。驚愕《きょうがく》したのか。心がめまいをはじめたのか。あなたがたの前に深淵《しんえん》が口を開いたのか。地獄の犬があなたがたにほえかかるのか。

いざ！　いざ！　あなたがた高人よ。今こそ人間の未来の山岳が陣痛にうめきはじめる。

神は死んだ。いまやわれわれは欲する——超人が生まれることを。

3

こんにち、苦労性の者は問う。「人間はどのようにして保存されるか」と。しかし、ツァラトゥストラは、唯一の者、最初の者として、こう問う。「人間はどのようにして乗り超えられるか」と。

超人がわたしの思いを占めるものである。わたしの第一の、そして唯一の関心はこれであって、——人間ではない。隣人でも、貧者でも、苦しむ者でも、善い者でもない。——

おお、わたしの兄弟たちよ。人間においてわたしの愛しうることは、かれが一つの過渡であり、一つの没落であるということだ。そしてわたしに愛と希望をいだかせることは、あなたがたも多量にもっている。

高人たちよ、あなたがたが軽蔑《けいべつ》の心を起こしたということ、それはわたしに希望をいだかせる。すなわち、大いなる軽蔑者は、大いなる崇拝者(1)なのだ。

あなたがたが絶望したということ、それは尊敬すべきことである。なぜなら、あなたがたは、身をゆだね、屈従することを学ばなかったからである。数々の小さい賢《さか》しらを学ばなかったからである。

すなわち、こんにち主になったのは小さい者たちなのだ。かれらはこぞって忍従、謙遜《けんそん》、用心、勤勉、斟酌《しんしゃく》、等々と無限につづく小さい徳を説教する。

女の性《さが》をもつもの、奴隷の種属から出たもの、ことに賤民というごたまぜもの、このやからがいまや人類の運命の主になろうとしている。——おお、嘔気《はきけ》！　嘔気！　嘔気！

このやからがくりかえし問いを発して、倦《う》むことを知らないのだ。「人間はどのようにして保存されるか、最もよく、最も長く、最も快適な状態に？」こう言うことによって——かれらは今日の主になったのだ。

今日のこの主たちを征服せよ、わたしの兄弟たちよ、——この小さい者たちを。かれらは超人の最大の危険である。

征服せよ、高人たちよ、小さい徳を、小さい賢しらを、砂粒のような斟酌を、蟻《あり》どものうごめきを、あわれむべき安穏を、「最大多数の幸福(2)」を。——

屈従するよりは、絶望せよ。そしてまことに、高人たちよ、わたしがあなたがたを愛するのは、あなたがたが今日に生きるすべを知っていないからだ。そうであればこそ、あなたがたは——最もよく生きているのだ。

(1)　高い価値への崇拝者。「ツァラトゥストラの序説4」二五ページ参照。

(2)　ベンサムなどのイギリス功利学説の標語。

4

あなたがたは勇気をもっているか、おお、わたしの兄弟たちよ。あなたがたは豪胆であるか。目撃者のあるところでの勇気ではなく、もはや見ている神もない孤独者の勇気、鷲《わし》の勇気をもっているか。

冷たい心、驢馬《ろば》、盲者、酔いどれを、わたしは豪胆と呼ぶことはできぬ。豪胆なのは、恐怖を知りながら、恐怖を圧服する者だ。深淵《しんえん》を見てはいるが、たじろぐことなく、誇りをもってそれを見ている者だ。

深淵を見てはいるが、鷲の目をもってそれを見ている者、――鷲の爪《つめ》で深淵をつかむ者、それが勇気をもつ者だ。――

5

「人間は悪人である」――わたしを慰めるために、最高の賢者たちはそう言った。ああ、このことばが今日もなお真実であればいいのだが。なぜなら、悪は人間の最善の力だからだ。[1]

「人間は、より善く、またより悪《あ》しくならねばならぬ」――そうわたしは教える。最大の悪は、最善の超人を生むために必要である。

人間の罪を悩みとし、人間の罪を身に負うのは、小さい者たちを相手にしたあの説教師[2]にとってはいいことであったかもしれぬ。しかし、わたしは大きい[3]罪をわたしの大きい慰めとして、楽しむ。――

このようなことは、驢馬の耳をもった者に聞かせるために言っているのではない。すべてのことばが、すべての口に語られてよいのではない。これは微妙で、深遠なことだ。羊の爪でつかむことは許されない。

（1）第三部「三つの悪」四一六ページ以下に詳述される。
（2）イエス。
（3）イエスの教えとの関係で「罪」と言う。内容はツァラトゥストラの常に言う「悪」である。

6

あなたがた高人よ、わたしが来たのは、あなたがたが拙《つたな》く仕上げたものを、よくするためだと、あなたがたは思うか。

もしくは、悩んでいるあなたがたにこれから楽な寝床を与えるためだと思うか。もしくは常に動揺しており、道に迷い、山道を取りちがえたあなたがたに、新しい、歩きやすい道を示すためだと思うか。

否、否、三たび否。あなたがたの種属のいよいよ多くの者、いよいよ善い者が破滅することをわたしは望む。――つまり、あなたがたの行路がいよいよ険悪になることを、わたしは望む。そうであってこそ――

――そうであってこそ、人間は高みへ育ってゆくのだ、稲妻《いなづま》がかれを直撃し、かれを砕くほどの高みにまで。

わたしの思いと憧《あこが》れは、僅少《きんしよう》のもの、久しいもの、遥《はる》かなものにかかわっている。あなたがたの小さい、数多くの、短時間の困窮が、わたしに何のかかわりがあろうか。

あなたがたは、わたしから見れば、まだ悩むことが足りない。それはあなたがたが、あなたがた自身を悩んでいて、人間を悩んだことがないからだ。(1)もし、そうでないとあなたがたが言うなら、それは嘘《うそ》だ。あなたがたはみな、わたしが悩みとしたことを悩んでいない。――

（1）高人とツァラトゥストラの違いは、この一句につきる。これはツァラトゥストラの精神のエキスともいえる。

7

雷電が害をしなくなったというだけでは、わたしには十分ではない。わたしは雷電を避雷針によってそらそうとは思わない。わたしは雷電に教えようと思う。わたしのために——働くことを。——

わたしの知恵は、すでに久しい以前から、雲のように密集しつつある。それは、いよいよ静かに、いよいよ暗くなってゆく。他日雷電を生むべき知恵は、すべてそうなのだ。

——

これら、今日の人間にたいして、わたしは光であろうとはしない、光と呼ばれようとはしない。これらの人間の目に——わたしは巨大な一撃を与えようと思う。わたしの知恵の雷電よ、かれらの目をえぐり出せ。

8

あなたがたの能力以上のことを望むな。能力以上のことを望む者たちには、邪悪な欺瞞《ぎまん》が宿る。

とくに、かれらが巨大なことを望むときに、そうだ。なぜというに、かれらは巨大なことに対するひとの不信を助長するからだ、(1) かれらは巧みな贋金《にせがね》造り、俳優であるにすぎないからだ。

――そしてついにかれらは自分自身に対してもいつわり者、正視の目を向けることのできない者となり、強力な言葉、看板用の徳、輝かしい贋の事業などのマントを着て、上塗りばかりがぎょうぎょうしい虫食いの品となる。

高人たちよ、その点について十分におのれを戒めよ。わたしにとっては、今日、正直ということほど、貴重であり稀少《きしょう》価値をもつものはない。

この「今日」という時代は、賤民《せんみん》のものではないか。だが賤民は、何が大か、何が小か、何がまっすぐで正直なのかを、知らない。賤民は無邪気のままで曲がっている。かれらの言うことは、常に嘘だ。

（1）つまらぬ人間が手を出すと、巨大な事柄自体の価値や可能性を世人が疑うようになる。

9

今日、あなたがたは疑いぶかくあれ、高人たちよ、果敢な人々よ、率直な人々よ。そしてあなたがたの論拠を公開するな。(1) 今日は賤民の時代だから。

賤民が一度、論拠なしに信じたことを、だれが論拠によって——覆すことができよう。

市場において説得するのは、身ぶり手ぶりによってだ。それに反して、論拠は賤民に不信の念を起こさせる。

もし市場で真理が勝ちをおさめることがあったら、疑いぶかく自問するがいい。「どんな強力な誤謬《ごびゅう》がその勝利を助けてくれたのか(2)」と。

また学者たちを警戒せよ。学者たちはあなたがたを憎む。自分には生む力がないからである。学者たちは、冷たい乾ききった目をもっている。その目が見れば、どんな鳥も羽毛をむしられた裸鳥になる。(3)

かれらは、嘘を言わないといって胸を張る。しかし、嘘を言う能力がないことと真理への愛があることとには、千里の差がある。警戒するがいい。

熱病にかかっていないということが、認識の能力にはならない。冷えきった精神をわたしは信用することができない。嘘を言う能力のない者が、真理が何であるかを知っているはずがない。

(1) 賤民を納得によって動かそうとしても、だめだ。
(2) 賤民における真理の勝利に心を許すな。その真理に伴う何かの誤謬のおかげで、賤民はそれに誘われたのかもしれぬ。ここまでの主眼点は賤民を相手にしていい気になるなということ。
（3）学者の目は、分析によって、すべての対象の生命や美を奪う。

10

高所に登ろうとするなら、自分の足を用いよ。他者の力で運ばれてはならない。ひとの背に乗るな、頭に乗るな。

しかし、あなたは馬に乗ったのだな。そして急いであなたの目標に向かって登って行くのだな。よろしい、わたしの友よ。だが、あなたの弱い足も、あなたと同道して馬に乗っているのだ。

目標に到着して、あなたは馬からとび下りる。高人であるあなたよ、すると、ほかならぬそのあなたの高所で——あなたの足は、つまずくだろう。

11

あなたがた、創造する人々よ、高人たちよ。孕《はら》むというのは自分の子を孕むことだ。

言いくるめられてはならない、説き伏せられてはならない。あなたがたの隣人とは、いったいだれなのか。なるほどあなたがたが「隣人のために」行動することはあるにしても――「隣人のために」生むことはあるまい[1]。

あなたがた、創造する人々よ、この「……のために」を忘れよ。あなたがたの徳が欲することは、まさしく、あなたがたがどんなことをも「……のために」や「……のゆえに」や「……の理由で」などでしないことだ。こういういつわりの多い、小さい言葉にたいしては、あなたがたの耳をのりづけしてふさぐべきである。

この「隣人のために」は、小人たちだけの徳だ。かれらのあいだでは、「相身互い」や「類は友」などの言いぐさが幅をきかす。――かれら小人たちは、あなたがたがもっているような利己への権利をも力をももたないものだ。

あなたがた、創造する人々よ。あなたがたの利己のなかには、孕んでいる者だけがもつ細心と配慮がある。まだだれの目にも触れないもの――果実を、あなたがたはあなたがたの愛の総体で、かばい、いつくしみ、養う。

あなたがたの愛の総体がはたらくところに、すなわち、あなたがたの子どものもとに、あなたがたの徳の総体もあるのだ。あなたがたの事業、あなたがたの意志が、あなたがたに最も近い「隣人」なのだ。まやかしの価値を説く口車に乗ってはならない。

(1) 創造は、創造それ自体が目的である。

12

創造する者たちよ、高人たちよ。産まざるをえないとき、人は病気である。産みおえたとき、人は汚《けが》れている。

女たちに問うがよい。産むのは、慰みのためではない。苦痛に堪えかねて、雌鶏《めんどり》も詩人も声をしぼって鳴くのだ。

創造する者たちよ、あなたがたには、多くの汚れがある。それは、あなたがたが母にならざるをえなかったからだ。

一人の新しい子どもの誕生。おお、いかに多くの新しい汚物が、それとともにこの世に生まれ出たことか。避《よ》けるがいい。そして産みおわった者は、おのが魂を洗いきよめるがいい。(1)

(1) この節では、創造を出産にたとえ、それに苦しみ、汚れがともなうことをも言う。創造の美化ではない。創造に際しては、精神は疲労困憊《こんぱい》するし、見るに堪えぬ精神的汚物の副産物もあるだろう。それらを洗いきよめ、精神の健康を回復せよ、と言うのであろう。

13

あなたがたの力以上に有徳であろうとするな。可能性を超えたことをおのれに求めるな。

あなたがたの父祖の徳がすでに歩んだ足跡を行け。あなたがたの父祖の意志があなたがたといっしょに登っていなければ、どうしてあなたがたは高く登ろうとする気になれたろう。

そして、嫡子になろうと思ったら、最後の子孫にならないように気をつけよ。(1) そして父祖の悪徳のあるところで、あなたがたは聖者ぶろうとしてはならない。

父祖が、女と強い酒と猪《いのしし》の肉を好んだのに、その子孫が純潔をおのれに求めたとすれば、どうだろう。

それは愚行である。まことに、そういう者が、一人、または二人、または三人の妻の夫のままでいることは、さぞ難儀だろうと思われる。(2)

そして、もしそういう者が修道院を建てて、その門扉の上に「聖者への道」と書きつけたにしても、――わたしはやっぱり言うだろう、「どこへ行く道だ。また新しい愚行へ出かける気か」と。

それは自分で、自分のために牢獄《ろうごく》を建てることだ。繁栄を祈ろう。だが、わたしはそんなものを真に受けることはできぬ。

人が孤独に生きるとき、その孤独のなかへもちこまれたものも生長する。心中の獣も生長する。だから、多数の者には、孤独は思いとどまらせるべきである。

今までに砂漠の聖者たちにもまして不潔な者が地上にあったろうか。その聖者たちのまわりには、悪魔ばかりか、――豚も出没したのだ。[3]

（1）嫡子（よい相続者）になろうと思ったら、頽廃《たいはい》して、種属の最後の者になったりしてはいけない。

（2）禁欲をむねとして、世間なみに一人の妻を守っているのは、さぞ骨が折れよう、という言い方。その「世間なみ」を、東洋的に、二人、三人の妻にまで拡大したのである。

（3）孤独においては、肉欲をはじめ、心中の雑念が獣のように猛威をふるうだろう。聖者伝説にもこの例は多い。代表的なのは、エジプトに隠修士団を創設した聖アントニウス（三～四世紀）の体験で、しばしば絵画などの主題となった。

14

内気な様子で、はじらって、足取りも拙《つたな》く、跳躍をしそこなった虎《とら》のように、高人たちよ、あなたがたが、こっそりとわきへ退くのを、わたしはしばしば見た。骰子《さい》の一擲《いってき》にあなたがたは失敗したのだ。

しかし、賭博《とば》者《く》たちよ、そんな失敗が何だろう。

あなたがたは、賭博者、そして嘲笑《ちょうしょう》者としての心がけを学んでいなかったのだ。われわれはいつも一つの巨大な賭博と嘲笑の卓についているのではないか。(1)

そして、あなたがたが大きなことをやりそこなったにしても、だからといって、あなたがた自身が——できそこないだろうか。また、あなたがた自身ができそこないだったにしても、だからといって、——人間ができそこないであったろうか。よし人間ができそこないであったにしても、だからといって——。それなら、さあ!

(1) 人間として生存していることは、大きい賭博台に向かっていること。「嘲笑」とは、勝敗にむきにならないことだろう。ツァラトゥストラの言う「笑い」に通ずる。

15

高い種《しゅ》に属するものほど、完成することはまれである。ここにいるあなたがた高人たちよ、あなたがたはみな——出来上がりの不十分なものではないか。

勇気を失ってはいけない、そんなことが何だろう。多くのことが、まだまだ可能なのだ。あなたがた自身に笑いを浴びせることを学べ、当然笑ってしかるべきように笑うことを学べ。

あなたがたの出来上がりが不十分、ないし半分であっても、それに何の不思議があろう、あなたがた、なかば砕けた人たちよ。あなたがたの内部で、ひしめきあい、押しあっているではないか、――人間の未来が？

人間の達しうべき最も遠いもの、最も深いもの、星のように高いもの、巨大な力、それらすべては、あなたがたの壺《つぼ》のなかで、ぶつかりあって泡だっているのではないか。ときに壺が砕けることがあっても、何の不思議があろう。あなたがた自身にたいして笑いを浴びせることを学べ、当然笑ってしかるべきように笑うことを学べ。高人たちよ、実に多くのことが、まだまだ可能なのだ。

そしてまことに、なんと多くのことが、すでにりっぱに出来上がっていることか。なんとゆたかにこの大地は、小さくて、よい、完全なもの、出来のよいものを、もっていることか。

小さくて、よい、完全なものの数々を、あなたがたの身のまわりにおくがよい。金色《こんじき》に成熟したその姿は、心をいやしてくれる(1)。完全なものは、希望をもつことをわれわれに教える。

（1）たとえば、花一輪、貝殻一個。ニーチェの詩人的心情をうかがわせる。

16

今までに地上で犯された最大の罪悪は何だろうか。それは、次のように語った者のことばではなかったか、「わざわいなるかな、いま笑う者らは」(1)と。

かれ自身、地上において、何ひとつ笑いの種を見つけなかったのか。それは、ただ、かれのさがし方が下手《へた》だったからだ。子どもでもこの世界で笑いの種を見つけるではないか。

かれは——愛することが不十分だったのだ。そうでなければ、笑う者であるわれわれをも愛したであろうに。しかし、かれはわれわれを憎み、あざけった。われわれが泣き、歯《は》噛《が》みをするであろうという呪《のろ》いのことばを発したのだ。

いったい、愛さないからといって、ただちに呪詛《じゅそ》しなければならないのか。それは——わたしには、悪趣味と思われる。しかし、かれはそうした、この要求過大な者は(2)。かれは賤民《せんみん》の出であった。

そして、かれ自身の愛も不十分であったのだ。さもなければ、かれは、人々がかれを愛さないことに、あれほどに怒りはしなかったろう。大きい愛は、愛されることを求めない

——それは、「愛されること」以上のことを求める。(3)

かれのような過大な要求者たちを避けるがいい。それは、あわれな、病んだ種属だ、賎民の種属だ。かれらはこの地上の生を、まがった見方で見る。この大地に悪意のまなざしを注ぐ。

かれのような過大な要求者たちを避けるがいい。かれらは重い足とあつくるしい心臓とをもっている。——かれらは踊るということを心得ない。こういう者たちに、どうして大地は軽やかになろう。

(1) イエスのことば。「ルカの福音書」六の二五。「いま食べ飽きているあなたがたは、哀れな者です。やがて、飢えるようになるからです。いま笑っているあなたがたは、哀れな者です。やがて悲しみ泣くようになるからです」

(2) 専制君主のように絶対の命令権を主張する者。

(3) たとえば、相手の成長や向上を。

17

よい事柄はすべて、曲線を描いて、おのれの目的に近づく。それは、猫のように背を丸

くし、おのれの近い幸福を前にして喉《のど》を鳴らす、――よい事柄はすべて笑うのだ。(1)

ひとが、かれ本来の道を歩いているかどうかは、その歩き方を見ればわかる。わたしの歩き方を見るがいい。そして目的地に近づいたら、踊るのだ。

まことに、わたしは立像にはならなかった。わたしはまだ、硬直した、鈍重な、石の柱のような立ち方はしていない。わたしは疾駆を愛する。

たとえ地上に沼と厚い悲愁のぬかるみがあるにしても、――軽い足をもつ者は、泥土をも飛び越え、掃き清められた氷上で踊るように踊る。

わたしの兄弟たちよ、あなたがたの胸を高めよ。高く、もっと高く！　しかし、足をも忘れるな。よい踊り手よ、あなたがたの足をもあげよ。もっとよいことは、逆立ちもすることだ。(2)

（1）遊びの精神から観察されたこと。功利的な一直線の目的追求とはちがう。楽しんでするところに、よい仕事は生まれる。

（2）逆立ちは重さの否定だから。

18

哄笑《こうしょう》する者のこの王冠、このばらの花を編んだ王冠、これはわたし自身がわたしの頭上においたのだ。わたし自身が、わたしの哄笑を聖なるものと宣言した。それをたしうるほどの強者を、わたしは今日ほかには見いださなかったのだ。

舞踏者ツァラトゥストラ、翼でさしまねく、軽やかなツァラトゥストラ、すべての鳥に誘いをかける、飛翔《ひしょう》の用意のできた者、完全に用意のできた者、至福に酔った放恣《ほうし》の者。

――

真実を語る者ツァラトゥストラ、真実に笑う者ツァラトゥストラ、いらだちもせず、絶対の暴君でもない。跳躍と旋回を愛する者、そのわたし自身がわたしの頭上にこの王冠をのせたのだ。

19

わたしの兄弟たちよ、あなたがたの胸を高めよ、高く、もっと高く。だが、足をも忘れるな。足をもあげよ、よい踊り手たちよ。もっとよいことは、逆立ちをもすることだ。

幸福に出会っても、身軽に動くことのできない動物がいる。生まれながらに足の鈍い生き物がいる。かれらは逆立ちをしようとして大骨を折る象のように、軽やかになろうとして四苦八苦する。

しかし、不幸に当面して不器用になるよりは、幸福に当面して不器用になるほうがましだ。萎《な》えた足で歩むよりは、ぶざまに踊るほうがましだ。だから、わたしの知恵を学び取るがいい。すなわち最悪のことも、二つのよい側面をもっているということだ、(1)——最悪のこともよい舞踏の足をもっているということだ。いわんや、あなたがた高人たちよ、あなたがたはあなたがたのれっきとした足で踊ることを学びおぼえよ。

悲愁の笛を吹き立てることと賤民流に悲哀にふけることを忘れよ。おお、今日わたしには賤民に飼われている道化役者も、なんと悲しげに見えることだろう。だが、「今日」は賤民の時代だ。

(1) 絶対の不幸ということはありえない。達観すれば、不幸のなかにも踊れる。「二つのよい側面」の「二つ」は、踊りの足にかけて、言われたのだと思う。

20

あなたがたは、山の洞窟《どうくつ》から吹きおろす風のようにふるまえ！　風はおのれが吹く笛の音《ね》に合わせて舞おうとする。その舞う足の下で、海はふるえ、躍る。

驢馬《ろば》に翼をあたえ、(1)牝獅子《めじし》の乳をもしぼる、(2)この奔放不羈《ほんぽうふき》な、よい精神を讃《たた》えよう。今日と賤民とに属する一切に嵐《あらし》のように吹きかかる精神、――

――あざみの頭、(3)卑小な雑念だらけの頭、枯れしぼんだ葉と雑草、これらすべてに敵意をいだく、この猛々《たけだけ》しい、自由な、よい精神を讃えよう。それは沼と悲愁のぬかるみの上でも舞う、緑の草地で舞うように。

痩《や》せ犬のような賤民とできそこないの陰気なやからのすべてを憎むこの精神、あらゆる自由な精神者に宿るこの精神を讃えよう。それはすべての暗く見る目、ただれ目のなかに埃《ほこり》を吹きこむ哄笑《こうしょう》する嵐だ。

あなたがた高人たちよ、あなたがたにおける最悪のことは、あなたがたすべてが踊ることを学びおぼえなかったということだ。当然あなたがたがすべきように――あなたがた自身を超えて踊ることを学びおぼえなかったということだ。あなたがたが出来上がりの不十分な品であることなどが、何だろう。

なんと多くのことが、なお可能であるだろう。だから、あなたがた自身を乗り超えて哄笑することを学べ。あなたがたの胸を高くあげよ、高く、もっと高く！　よい踊り手よ。そしてよい笑いの声をも忘れるな。

哄笑する者のこれらの王冠、ばらの花を編んだこれらの王冠、これらの王冠を、わたしの兄弟たちよ、わたしはあなたがたに投げかける。哄笑をわたしは聖なるものと宣言した。あなたがた、高人たちよ、学べ——哄笑することを。

（1）最も愚鈍なものをも奮い立たす。
（2）最も危険なものからも甘露を汲《く》み取る。
（3）「子どもだましのつまらぬもの」の気持。ゲーテの詩「プロメートイス」の使い方にならった。

憂愁の歌

主人公の肯定の世界に、真理探究はむなしいという憂鬱《ゆううつ》な否定を対置させた。高人らへの誘惑であるが、ニーチェの誠実さでもある。

1

これらのことばを、ツァラトゥストラはかれの洞窟《どうくつ》の入口の近くに立って語ったのだ。それで、最後のことばとともに、かれは客たちのもとを抜け出して、しばらくのあいだ戸外に出た。

「おお、わたしをめぐるすがすがしさよ」と、かれは叫んだ。「おお、わたしをめぐる至福な静かさよ。それにしても、わたしの生き物たちは、どこにいるか？　ここへ来い、わたしの鷲《わし》よ、わたしの蛇よ。

言うがよい、わたしの生き物たちよ。この高人たちは——おそらくみな、よくない匂いを発しているのではないか。おお、わたしをめぐるすがすがしさよ。いまはじめて、わたしは知る、わたしは感ずる、わたしの生き物よ、どんなにわたしがおまえたちを愛するかを」

——そして、ツァラトゥストラは、重ねて「わたしはおまえたちを愛する。わたしの生き物よ」と言った。ツァラトゥストラのこのことばのあいだ、鷲と蛇とは、すり寄って、かれを見上げていた。このようにして三者は静かにあい寄り、ともどもによい空気を嗅《か》ぎ、それをすった。この戸外は、高人たちのもとにいるより、空気は清らかだったのだ。

2

しかし、洞窟のなかでは、ツァラトゥストラの姿が見えなくなるやいなや、あの老いた魔術師が立ちあがった。狡猾《こうかつ》な表情であたりを見まわして、言った、「ツァラトゥストラは去った。

すると、早くも、高人たちよ——(わたしも、ツァラトゥストラにならって、あなたがたをこの賞讃《しょうさん》とお世辞の呼び方でくすぐることにするが)——早くも、わたしの悪い妄念と魔法の雲が、すなわち、わたしの憂愁の悪魔が、わたしに襲いかかってくるのだ。

——この悪魔は、根底からこのツァラトゥストラの敵である。そのことをこの悪魔に責めないでもらいたい。さあ、この悪魔があなたがたの前で魔術を行なおうとしている。かれはいまちょうどかれの時を得たのだ。わたしがこの悪魔にいくら抵抗しても、むだなのだ。

あなたがたは、たとえどんな美名でみずからを呼んでいるにしても、――つまり、『自由な精神』、『誠実な者』、『精神の贖罪《しょくざい》者』、『鎖を断ち切った者』、『大いなる憧憬《どうけい》者』等々とみずからを呼んでいるにしても――

――あなたがたは、みなわたしと同様、大いなる嘔気に悩んでいるのだ。あなたがたにとって、古い神は死んで消えたが、新しい神はおよそまだ、揺籃《ゆりかご》のなかにも、むつきのなかにも見いだせない。――そういうあなたがたのすべてに、わたしの悪霊《あくれい》、魔法の悪魔は好意を寄せている。

わたしはあなたがたを知っている、高人たちよ。わたしはまたかれをも知っている、わたしが意に反して愛しているこの怪物、ツァラトゥストラを。わたしにはしばしば、かれ自身が、一つの美しい、聖者の仮面であるように思われるのだ。

――また、一つの新しい、奇妙な仮装舞踏会であるように思われるのだ。その仮装舞踏会には、わたしの悪霊、わたしの憂愁の悪魔も喜んで加わっている。[1] わたしがツァラトゥストラを愛するのも、わたしの悪霊のせいではないかと思うことがたびたびある。――

そう言っているあいだにも、かれ、この憂愁の霊、この薄暮の悪魔は、わたしに襲いかかり、有無を言わせず、わたしに強要する。この悪魔はじっとしていられないのだ――

――さあ、よく目をあけて見るがいい。――かれはじっとしていられないような欲念に駆られている、つまり裸でこの場に来たいのだ。男なのか、女なのか、それはわたしもまだ知らぬ。とにかくそれはやってくる。そして有無を言わせずわたしに強要する。ああ、もう抵抗はできない。あなたがたの耳目を開け。

昼の響きは消えてゆく。さあ、すべての事物に夕暮れが来る、最善の事物にも夕暮れが来る。さあ、高人たちよ、聞け、そして見よ、この夕暮れの憂愁の霊が、男にもせよ、女にもせよ、どんな悪魔であるかを」

老いた魔術師はこう語った。狡猾な表情であたりを見まわし、それからかれの竪琴《たてごと》を取った。

（1）ツァラトゥストラ自身が聖者の仮面とも思われてくるし、さらに進んでは、仮装舞踏会そのものとも思われてくる。そこではツァラトゥストラも仮装して登場していることはもちろん、あらゆる善玉、悪玉の仮面、主人公の味方や敵の仮面が登場する。そしてこの「憂愁の悪魔」も、その舞踏会劇の敵役《かたき》として、参加している。このあたりは、ツァラトゥストラの雄大な思想世界を茶番劇のようなものだと評しているのである。

3

大気の光は薄れ[1]、
はやくも露の慰めが、
目にも見えず、耳にも聞こえず、
(慰めをふくんだ露は、慰めをはこんでくれるすべての心やさしい者と同じように、
やわらかい靴をはいているのだ)
地におりてくるとき、
おまえは思い出すか、思い出すか、熱い心よ、
かつておまえがどんなに渇き求めたかを?
暑さに倦《う》み、疲れはてて
天の涙と露のしたたりを渇き求めたかを。
そのとき黄ばんだ草の小径《こみち》には、
悪意のある夕日のまなざしが、
黒い木立を透して注がれて、おまえを苦しめたのだ、
あの意地悪い、目を灼《や》くような日のまなざしが。

「真理の求婚者？　おまえが」――そう日のまなざしは嘲《あざけ》った。――
「いや。おまえは詩人にすぎない。
しのびあるきして、獲物をねらう、狡猾《こうかつ》なもの、
嘘《うそ》を、
故意に嘘を、つかざるをえぬ一匹の獣。
獲物ほしさに、
さまざまの仮面をかぶり、
おのれみずからにたいしても仮面であり、
おのれがおのれの獲物となる、――
それが――真理の求婚者なのか。
いや。道化にすぎぬ。詩人にすぎぬ。
きらびやかなことばを語り、
道化師用の仮面のなかからきらびやかな叫びを発し、
虚妄のことばの橋を行き来し、
華麗な虹《にじ》(2)をたよりに、
まやかしの天と

まやかしの地とのあいだを
ただよい歩く者。
道化にすぎぬ。詩人にすぎぬ。

それが——真理の求婚者か。
静寂、堅牢《けんろう》、研磨、冷厳の
像ともならず、
神をかたどる柱像ともならぬ
神の扉《と》の護《まも》りとして、
神殿の前に立つこともない。
いや！　そういう真理の立像に敵意をもって、
神殿の前よりは荒蕪《こうぶ》のかぎりの地に住みつき、[3]
猫の気まぐれにみち、
　窓という窓を見つけて、
あらゆる偶然のなかへとびこむのだ。[4]
あらゆる原始林[5]に嗅《か》ぎ寄り、
無節度の憧《あこが》れに駆られて、鼻を鳴らし、

やがては、もろもろの原始林のなかを、
色とりどりの斑《まだら》をもった猛獣に立ちまじって
罪にかがやく健やかさで、はでやかに、美しく走ろうとする。
欲望の唇を垂らし、
至福のうちに嘲罵《ちょうば》の悪鬼となり、至福のうちに血に飢え、(6)
しのびあるき、窺《うかが》い、掠奪《りゃくだつ》をほしいままにしようとする。

あるいは、深淵《しんえん》に、おのが深淵に、
長く、長く、凝視の目を注ぐ
鷲のたぐいか。
おお、その深淵の、なんと険しく、
下へ、奥へ、
いよいよ深い深みへ向かってうねり下っていることか！——
と、たちまち、その鷲は
まっしぐらに、
翼を一閃《いっせん》して、
子羊らに襲いかかる、

飢えに燃えて、急降下する、
この獲物に欲情して。
すべての子羊の魂にいきどおり、
すべての羊めく、子羊めく目つきのもの、
綿毛を垂らし、羊の、子羊の善意をもつ、
すべての灰色のものに憤激して。

このように
鷲めき、豹《ひょう》めいているのだ、
詩人の憧れは！
千の仮面をかぶったおまえの憧れは！
おまえ、道化よ。おまえ、詩人よ。

人間を、羊として、また
神として見たおまえ。[7]——
人間のなかに住む神を裂き、
人間のなかに住む羊を裂き、

裂きながら哄笑する、——
これこそ、おまえの至福なのだ。
豹の、鷲の至福なのだ。
詩人の、道化の至福なのだ」——

大気に光は薄れ、
はやくも月の利鎌《とがま》が、
紅《くれない》の空を　緑いろして
妬《ねた》ましげに忍び足であゆむとき、
（月は日の敵として、
一足ごとにひそやかに
空のなぞえの薔薇《ばら》を
刈りながら沈んでゆく、(8)
かなたの夜へ蒼《あお》ざめて沈んでゆく）——

そのようにわたしもかつて

わたしの真理の狂熱のそとへ、
わたしの昼の憧れ[9]のそとへ、
昼に倦《う》み、光に病んで、沈んでいったのだ。
——下へ、たそがれへ、影のなかへ、
一つの真理[10]に
焼きこがされ、渇ききって、沈んでいったのだ。
——そのときおまえはまだ思い出すか、思い出すか、熱い心よ、
あのときのおまえのあの渇望を。——
いっさいの真理から
追放されたいというあの願いを。
おまえは道化にすぎぬ！
詩人にすぎぬ！

（1）魔術師に歌わせるこの詩は、ツァラトゥストラの舞踏と笑いの思想、またおよそ、かれの生の大肯定そのものに、憂愁、虚脱感をもって水をさす建前だが、詩の内容から言うと、ニーチェその人の憂鬱《ゆううつ》な感慨が、自嘲《じちょう》的に歌われており、またそう鑑賞するほうが、かれの内面がよくわかる。自分は強い思想を説きつづけ、真理探究を看板にしているが、それはただ道化師、詩

人としてのたわごとにすぎないのではないか、という主題である。ニーチェが空虚な思想家にとどまらないのは、いつも自分にこういう否定面を突きつけることを避けないからである、詩人思想家としての真骨頂はそこにある。

(2) 前行の「ことばの橋」と同じ。いろんなことばをもてあそんで、天地の深奥をきわめたようなことを言っているが、道化的詩人の寝言だ。

(3) 真に真理を求めるなら、冷厳に神殿(真理の殿堂)を護る立像のごとくであらねばならぬのに、それをしないで、思想の冒険ばかりしている。

(4) 自負感から、あらゆる偶然の支配を目ざす、第三部「卑小化する徳3」三七九ページ参照。

(5) 人跡未踏の思想の領域。

(6) ツァラトゥストラが人間たちへの嘲罵《ちょうば》の限りをつくし、血に飢えたように弱者を痛撃してやまない。しかも自分は、その自分の態度に酔って「至福」を感じている。ここでは魔術師に言わせているが、ニーチェの自嘲がよく見える。

(7) 人間を羊として攻撃をかけた半面、「超人」を説いたのは、つまり人間の「神化」であって人間を羊と神に分裂させた。

(8) 月の鎌が、空の斜面における夕焼けの色(ばら)を刈り取って、空を暗くして沈んでゆく。

(9) ここでは、自信にみちた積極的な探求精神というほどの気持。

(10) 一つの真理にとりつかれて、それに身をこがしたが、かえってその熱のために疲れ、渇ききって、露のしたたりを求め(この詩の最初の箇所参照)、その真理を狂熱と疑って(四行前参照)、いっさいの真理から追放されたほうがいいと願った。

精確な知識

憂愁の魔力に、知的良心の所有者は、精確への意志によって対抗する。ツァラトゥストラの再発言によって、一座はまた快活となる。

魔術師はこう歌った。座にいるすべての者は、知らずしらずかれの狡猾《こうかつ》な、憂鬱《ゆううつ》な快感の誘いの網に、鳥のようにかかった。ただ、あの知的良心の所有者だけが、それに捕えられなかった。かれはすばやく魔術師の手から竪琴《たてごと》を奪い、こう叫んだ。「空気を！　よい空気を入れろ！　ツァラトゥストラを呼べ！　おまえはこの洞窟《どうくつ》をうっとうしくし、毒で充《み》たす、老いた悪い魔術師よ。

いつわりにみちた者よ、巧妙な者よ。おまえは、未知の欲念と混乱[1]へ誘惑する。なんというわざわいだ、おまえのようなやからが真理についてしゃべりたてるとは。

このような魔術師どもにたいして警戒しないすべての自由精神は、災難だ。かれらの自由は失われてしまう。おまえは、ひとに説き、ひとを誘って、獄舎[2]へ連れもどすのだ。

——おまえ、老いた憂愁の悪魔よ。おまえの嘆きのことばからは、誘いの笛の音《ね》がひびいてくる。おまえは、貞潔を讃美しながら、ひそかに淫楽《いんらく》へいざなう者に似ている」

良心的な者はこう語った。しかし、老いた魔術師は、一座を見まわし、おのれの勝利を見とどけて喜んだ。それゆえ、良心的な者がかれに与えた不快感をぐっと嚥《の》みこんだ。「静かに！」と、かれは謙遜《けんそん》な調子で言った。「よい歌にはよい余韻がなければならぬ。よい歌ののちには、人はしばらく沈黙していなければならぬ。

ここにいる高人たちは、みなそうしている。しかし、あなたはわたしの歌をあまり理解しなかったのだろうか。あなたには、魔術[3]を味わう精神が、ほとんどないのだ」

「おまえが、わたしをおまえとは違った人種と見るのは」と、良心的な者はことばを返した。「わたしにたいする賞讃だ、よろしい。しかし、あなたがた、ほかの人々よ、わたしはなんという光景を見ることか。あなたがたは、まだ好色な目をして、すわりこんでいる、——

あなたがた、自由な魂よ。あなたがたの自由はどこへ行ったのだ。あなたがたはまるで、全裸の娘たちの淫《みだ》らな踊りを、長時間見ていた者のようだ。あなたがたの魂まで、まだ踊っている。

高人たちよ、あなたがたの内部には、この魔術師がかれの魔術と欺瞞《ぎまん》の悪霊《あくれい》と呼んでいるものが、より多くひそんでいるにちがいない。——あなたがたとわたしとは、違った人種であるに相違ない。

実際、われわれはさきほどツァラトゥストラがここへ帰ってくるまでに、十分談話と思想を交換したのだから、わたしが知っているのも当然だろう、われわれがお互いに違った人種であることを。

あなたがたとわたしとは、この山上でも、別々のものを求めている。わたしは確かさを求めており、それでツァラトゥストラをたずねたのだ。なんといってもかれは、一切がゆらぎ、いたるところ地が震えているこんにち、――

――最も確固とした塔と意志であるのだ。――だが、あなたがたは、あなたがたのその目つきを見ると、むしろ不確かさをさがし求めているらしい。

――むしろ戦慄《せんりつ》を、むしろ危険を、むしろ地震を、さがし求めているらしい。わたしには、ほとんどこう思われる、あなたがたの欲情は、（高人たちよ、わたしの臆測《おくそく》を許せ！）

――

――わたしに最も恐怖の念をいだかせるところの、最も悪い、最も危険な生を求めているようだ。野獣の生、森林、洞窟、険しい山々、峡谷の迷路[4]を求めているようだ。

そして、あなたがたにいちばん気に入るのは、こういう危険のそとへあなたがたを連れ出す者ではなくて、あなたがたを誘ってあらゆる道からそらせる者、つまり誘惑者なのだ。しかし、こういう欲情があなたがたにあることは現実の事実であるにしても、こういう欲情の実在性はありえぬと、わたしには思われる[5]。

なんとなれば、恐怖こそが――人間の遺伝感情であり、基本感情であるからだ。あらゆる原罪も原徳も、この恐怖ということから説明される。恐怖から、わたしの徳も生じたのだ、わたしの徳というのは、精確な知識である。(6)

たとえば、野獣にたいする恐怖、――これは最も遠い昔から人間の身についているものである。むろん、わたしは、人間がおのれの内部に、恐れながらかくまっている獣類をも含めて言っているのだ、――ツァラトゥストラが『内なる獣』と呼んでいるものだ。(7)

このような長期にわたっての古い恐怖が、やがては洗練され、霊化され、精神化されて、――今日では精確な知識、すなわち学と呼ばれている。わたしはそう考える」――

良心的な者はこう語った。そのときちょうどツァラトゥストラが洞窟へ帰ってきた。かれは、そのことばの最後の部分を耳にし、その意味を知った。それで、良心的な者に、ひと握りのばらの花を投げかけ、かれの説く「真理」を大笑いした。「これはどうだ」と、かれは叫んだ。「なんということを聞くものだ！　まことに、わたしの思うところによれば、あなたは阿呆《あほう》だ、さもなければ、わたしが阿呆だ。で、あなたの『真理』を、わたしはたちどころに逆立ちさせてみせよう。

それはこうだ。恐怖は――われわれの例外的感情である。これに反し、勇気と冒険、不確かなこと、試みられていないことに立ち向かう意欲――一言でいえば勇気こそは、わたしには人間の有史以前の生活の全内容をなすものと思われる。

最も荒々しい、勇気に富んだ動物たちから、人間はかれらの徳のすべてを妬《ねた》み取り、奪い取った。こうしてはじめて、人間は――人間になったのだ。

この勇気が、やがて洗練され、霊化され、精神化されてきた。そして現在見るような鷲《わし》の翼と蛇の聡明《そうめい》さとをもつこの人間の勇気が出現した。わたしが思うに、今日それに与えられている名は――」

「ツァラトゥストラ」と、一座の者は異口同音に叫んだ、そして大笑いした。そのとき、重い雲に似たものが、一座の者を離れて昇って行った。[8] 魔術師も笑って、抜け目なく言った。「よろしい。かれは立ち去った、わたしの悪霊は。

わたし自身が、かれは欺瞞《ぎまん》者である、まやかしの霊であると言ったではないか。そして、あなたがたにかれにたいする警戒を勧めたではないか。

とくにかれが裸で出現する場合に警戒せよ、と勧めたのだ。だが、かれの陰険性をわたしがどうすることができよう。わたしがかれを創造したのだろうか、わたしが世界を創造したのだろうか。[9]

さあ、われわれは親しみあい、上機嫌になろうではないか。たとえツァラトゥストラが怒った目をしていたにしても――（見るがいい、かれはわたしにたいして怒っているのだ――）

――夜のとばりの下りる前に、かれはふたたびわたしを愛し、褒《ほ》めるようになるだろう。

そういう愚行(10)をせずには、かれは生きてゆくことができないのだ。かれは——おのれの敵を愛する。この技術をかれは、わたしが見たすべての者のうちで、最もよく心得ている。だが、かれはそのことの復讐《ふくしゅう》を——自分の友人たちに加えるのだ(11)」

魔術師はこう語った。そして高人たちはそれに喝采《かっさい》をおくった。その声々のなかに、ツァラトゥストラも、席をめぐって、悪意と愛とをもって、友のすべてと握手をかわした。——あたかも、一同に何事かの償いをし、詫《わ》びようとする者のようであった(12)。しかし、そうしながら洞窟の入口近くに来たとき、見よ、かれは早くもまた、戸外のよい空気とかれの動物たちへの憧《あこが》れに駆られた、——それで外へそっと抜け出そうとした。

(1) 前章の詩にあったような、「すべての真理から追放されたい」などの望みやそれに伴う心の混乱。
(2) 絶望や否定など。
(3) ほとんど芸術と言うのにひとしい。
(4) 種々のことばが言われたが、総括すれば確実性のない非合理性。
(5) おまえたちがそういう欲情を現にもっているにしても、元来そんなものはあるはずがない、という意を学者らしく言った。
(6) 原罪に対応して言った。人間が原初の時からもっている徳。
(7) 「霊化」geistlich werden は「精神化」geistig werden と対比させて用いており、「宗教化」というほどの意味。恐怖が神格化されることは、民俗学的に多数ある現象である。

（8）煙のように重さの霊が離れる。これでまた心が軽くなった。

（9）わたしは神でないから、その悪霊をつくった責任はない。

（10）いったん憎んだ者を愛するようになること。元来ツァラトゥストラは、自己実現のために敵をも愛する。第二部「鏡をもった小児」一七四ページ以下参照。

（11）「敵を愛する」ことの取りかえしに、友人にこわい顔を向ける。魔術師は、こう言うついでに、自分をツァラトゥストラの友人のなかに入れてしまった。かれの辞令はいつも実に巧みである。

（12）これを書いた著者の意は汲《く》みとりにくい。ツァラトゥストラの心にあるのは、かれが客たちを避けるようにして外へ出たことか。またはさきほどの右手の王の謝辞への答えが笑いを忘れて、おのが感動にはいりすぎたことか、または留守にして、「憂愁の歌」のひびく隙《すき》を与えたことか。いずれにせよ、今の洞窟は、笑いに傾斜したにぎやかな空気である。

砂漠の娘たちのもと

笑いや快活にも意力性のないものがある。「影」という人物がその境地を憧《あこが》れて歌う。マイナスの永劫《えいごう》回帰。これも危険の一つである。

1

「去ってくれるな」と、そのとき、さすらいびとが言った。それはツァラトゥストラの影と名のった者である。「われわれのもとにとどまれ。さもないと、古い陰気な悲愁がふたたびわれわれを襲うであろう。

すでにあの老魔術師はかれの所有物である最悪のものをわれわれに饗応《きょうおう》してくれた。そして見るがいい、そこにいる善良で敬虔《けいけん》な法王は目に涙をたたえ、またもやすっかり憂愁の海へ船出してしまった。

こちらの二人の王は、われわれにまだ機嫌のいい顔を見せようとしている。この二人はそうすることを、今日われわれすべてのうちで、いちばんよく学んだ人だ。だが見ている者がなくなれば、わたしは賭《か》けてもいい、この両人の心中にも、よくない場面がまた繰りひろげられることだろう、——

——移り行く雲、湿りけの多い憂愁、雲の垂れこめた空、盗み去られた太陽、わめき泣く秋風などの装置をもった場面、

——われわれのわめきと悲鳴の聞こえる場面が、また始まるだろう。われわれのもとにとどまれ、おお、ツァラトゥストラよ。ここには、隠されてひそんではいるが、声を出したがっている多くのみじめな思いがある、多くの夕べがある、多くの雲がある、多くの濁った空気がある。

あなたはわれわれに強力な男性的食物と栄養豊富な箴言《しんげん》をご馳走《ちそう》してくれた。だから、デザートとして、柔弱な、女性的な霊どもがふたたびわれわれを襲うようなことを許してはいけない。

あなただけが、おのれの身辺の空気を健やかな、そして清らかなものにする。わたしは地上で、この洞窟《どうくつ》であなたといっしょにいるときほど、よい空気に出会ったことはない。

わたしはこれでも、今まで多くの国を見てきた。わたしの鼻はさまざまの空気を吟味し、鑑定した。しかし、あなたのもとで、わたしの鼻は、最大の喜びを味わうことができたのだ。

ただ一つの、——ただ一つの例外がある——。おお、古い思い出を許してくれ。古い食後の歌を提供することをわたしに許してくれ。これはかつてわたしが、砂漠の娘たちのも

とで作ったものなのだ。——

——つまり、その娘たちのいるところには、ここと同じように澄みわたった、よい、東洋の空気があったのだ。そこにいたとき、わたしは、雲の多い、湿った、憂鬱《ゆううつ》な、古いヨーロッパから、最も遠く隔たっていた。

そのころのわたしはこういう東洋の娘たちを、そしてわたしたちのもとでは見られない青い天界を、愛していたのだ。そこには、それを翳《かげ》らす一片の雲も、思想のひときれ(1)も懸かってはいなかった。

あなたがたは信じないだろう、砂漠の娘たちが踊りをやめたときなど、どんなに愛らしくすわっていたかを。深く、——けれど思想の翳《かげ》もなく、小さい秘密のよう、リボンに書かれた謎々《なぞなぞ》のよう、食後の胡桃《くるみ》のようだった。(2)——

色どりゆたかな、異国の風趣。それを覆う雲はない。解きやすい謎々遊び。この娘たちのために、わたしはそのころ一つの食後の讃歌を作ったのだ」

みずから影と名のるさすらいびとは、こう語った。そして、だれもまだ答えないうちに、早くも老魔術師の竪琴《たてごと》を手にしていた。足を組み、冷然とした、知的な目で、あたりを見まわした。——双の鼻の穴は、ゆっくりと、問いかけるように、空気を吸いこんだ。新しい国に来て、新しい異国の空気を味わおうとする態《てい》であった。それから、一種のわめきに似た声で歌いはじめた。

（1）ヨーロッパ的知性の生む思想や理論も、そのときのかれの感情にとっては、全一的な生のありかたを曇らすものとしか思えないのである。

（2）「小さい秘密」は、少女の部屋にある小箱のような感じ。「リボン……」は、チョコレート菓子などについているのだろう、無邪気で、たわいのない、すぐ解ける謎。「食後の胡桃」も、人々がくつろいで、嚙んで、中から実を出して食べる。それぞれに、一種の神秘な趣はあるが、心やすいもの。

2

砂漠は育つ。かなしいかな、砂漠を内に蔵する者は。[1]

——おお！　荘厳！
まことに荘厳！
威厳のある「歌い出し[2]」！
アフリカ風に荘厳だ。
獅子《しし》にふさわしい威風だ！

それとも道徳を咆《ほ》え立てる猿にふさわしい威風か？(3)——
——でも、これはおんみらにはかかわりのないこと、
可憐《かれん》な、可憐な乙女《おとめ》たちよ！
おんみらの足もとに、
一人のヨーロッパ人、このわたしは、
はじめて、憩うことが
許されたのだ。この椰子《やし》の木陰で。セラ。(4)

ほんとうにすばらしい。
ここにわたしはすわっている、
砂漠のそばに。それなのに
こんなに砂漠から離れている。
それに、ここは少しも砂漠めいたところがない。
それもそのはず。わたしは、この小さい
オアシスに嚥《の》み込まれてしまったのだ。——
——オアシスは、ちょうどあくびをして
その愛らしい口をあけたところだった。

世界じゅうでいちばん香りのいい口を。
そこへ、わたしは落ち込んだ、
落ちて、くぐって、――おんみらの集まっているさなかに来た、
おんみら、可憐な、可憐な乙女たち！　セラ。

うれしや、うれしや、この鯨《くじら》、(5)
こんなに客をこころよく
もてなしてくれるとは。――（おんみらにもわかるだろうね、
わたしの博学なこの譬《たと》えは(6)？）
うれしや、鯨の腹！
それはこんなに好ましい
オアシスという腹だった。
でも、わたしには、なかなかそれが信じられない(7)。
――それも道理。わたしははるばるヨーロッパからやってきたのだ。
このヨーロッパというところは、どこの
中年の奥さんよりも疑いぶかい(8)。
神よ、それをお直しください。

アーメン！

ここにわたしはすわっている、
この小さいオアシスに。
そのわたしは、椰子の実に似て、
鳶《とび》いろで、すっかり甘く、黄金《こがね》のように熟れている、そして
乙女のまるい口を慕っている。(9)
それよりも、氷のように冷たい、
雪のように白い、鋭い
乙女の前歯にこがれている。つまり、そういう乙女の歯に、
すべての熱い椰子の実の胸はこがれるのだ。セラ。

いま名をあげた南方の果実に、
あまりにも似て、
わたしはここに横になっている。
小さい甲虫たちが
わたしを嗅《か》ぎまわる、匐《は》いまわる。

それよりいっそう小さい、いっそう愚かしい
罪めいた願いや思い[10]も
同じことをする、——
そうして、わたしはおんみらにとり囲まれている、
おんみら、物言わぬ、思いをたたえた
乙女猫よ、
ドゥドゥよ、ズライカよ[11]、
——この胸にあふれるたくさんの感情を、たった一語につづめて言えば、
わたしは「スフィンクス包囲陣[12]」のなかにある、
(神よ、こんな言葉づかいの罪を
お許しください)
——こうしてわたしはすわっている、最上の空気を嗅ぎながら。
まことにこれはパラダイスの空気、
明るくて、かるくて、金色《こんじき》の縞《しま》が走っている。
こんなよい空気は、いつのころか、
月から降ってきたのにちがいない。
それは偶然のことだったか。

それとも、むかしの詩人たちが言うように、
酔興から起こったことか。[13]
だが、懐疑家であるわたしは
それを信じない。それも道理。わたしは
ヨーロッパから渡って来たのだから。
このヨーロッパというところは、どこの
中年の奥さんよりも疑いぶかい。
神よ、それをお直しください！
アーメン！

いとも美しいこの空気を飲みながら、
鼻のあなを杯のようにふくらませ、
未来もなく、記憶もなく、
わたしはここにすわっている、おんみら、
可憐な、可憐な乙女たちよ、
そしてあの椰子の木をながめている、
それが、踊り子のように、

身をまげ、かがめ、腰を振っているさまを。
――それをいつまでも見ていると、こっちも腰が動いてくる。
その椰子の姿は、わたしが思うに、
もうあまりに長く、危険なほど長く、
一本脚で立っている踊り娘《こ》のようではないか。
――それでその踊り娘は、わたしが思うに、
もう一本あるほかの脚のことを忘れてしまったらしい。
だから、わたしは、そのなくなった
双子《ふたご》の宝石のかたわれを、
――つまり、もう一方の脚を――
その娘《こ》のかわいい、きれいな、
扇形の、ひるがえる、ぴかぴかきらめくスカートの
神聖な近隣に
さがしたが、むだだった。
そうだ、おんみら、美しい乙女たちよ、おんみらは
わたしの言うことを信じまいが、
あの娘はそれをなくしてしまったのだ、

それはなくなった、
永遠になくなった、
その片いっぽうの脚は。
おお、悲しや、あのかわいい片いっぽうの脚！
どこへ――それは行ったのだ、どこに捨てられて悲しんでいるのだ、
そのひとりぼっちの脚は？
ブロンドの捲毛《まきげ》を垂らした
身の毛もよだつ獅子のうからを・・・
それはいまこわがっているだろうか。それとももう
かじられて、むしゃむしゃやられてしまったのか。
おお、無残！　かなしや、かなしや！　むしゃむしゃやられて！　セラ。

おお、泣くのはおよし、
やさしい心よ、
泣くのはおよし、おんみら、
椰子の実のような心よ、乳をはぐくむ胸よ。
かわいい甘草《かんぞう》の

小さい心《しん》の臓よ⑭、
泣くのはおよし、
蒼《あお》ざめたドゥドゥよ。
さあ、雄々《おお》しくして⑮！　ズライカよ。元気を出して、元気を。
——それとも、ここはひとつ、なにか力をつけるもの、
心をしっかりとさせるものを、
持ち出すのが、柄《がら》に合ったことだろうか。
もったいぶった箴言《しんげん》を、
おごそかな勧告⑯を持ち出すのが？——

そら、出て来い、威厳よ、
徳の威厳よ、ヨーロッパ人の威厳よ。
吹けよ、また吹け、
徳のふいごよ、
そら、
もう一度咆えるのだ、
道徳的に咆えるのだ。

道徳的な獅子として
砂漠乙女たちの前で咆えるのだ。
——と言うわけは、道徳的に咆え立てることは、
おんみら、可憐な、可憐な乙女たちよ、
なににもまさって
ヨーロッパ人の熱情、ヨーロッパ人の飢餓なのだから。[17]
そして、いまここに立っているわたしも
やはり一人のヨーロッパ人。
わたしはほかにしようがないのだ。神よ、助けたまえ、
アーメン！[18]

砂漠は育つ。かなしいかな、砂漠を内に蔵する者は。

（1）次の詩に砂漠に近いオアシスが歌われている。ここで言う「砂漠」の一語は、西欧精神とまるで違ったそういう精神風土の全体をさすだろう。強烈な太陽、明快、乾燥、分裂性のない全一、無為、不生産、そのほとりにあるオアシス等々。そして「かなしいかな」と言うのは、反語的にそういう砂漠にあこがれている感情で、西欧人のくせにそういう砂漠的要素を内部にもって

いる者は、その要素が育ち、拡大してきて、西欧にいても場違いの存在、根なし草にならざるをえないと嘆くのである。詩全篇は、「影」に託した詩人ニーチェの精神風景の一面。

（2）「砂漠は育つ……」の、自分の詩の冒頭の一行のことを自分で評する。

（3）アフリカの砂漠をテーマにしている詩だから、獅子に似つかわしい堂々たる調子と言いたいが、考えてみれば、理屈っぽい猿（後出参照。ヨーロッパ人自身のこと）に似つかわしい威風にすぎないのかもしれない。

（4）旧約聖書「詩篇」の一小節の終わりについている意味不明のヘブライ語。拍子ことばであろう。ドイツ語の俗語としては、「オーケー」とか「終わり」というほどの意味の掛け声。

（5）旧約聖書「ヨナ書」における、鯨に呑《の》まれてその腹にはいったヨナの故事を連想する。

（6）「学があるでしょう」というほどのこと。

（7）ヨーロッパの知性は、つねに懐疑的だから。

（8）できれば神さまに、それを改善して、もっとのんきな気持にさせてもらいたいのだが。

（9）乙女に食べてしまってもらいたい。

（10）エロティックな願い、その他の雑念。

（11）口から出まかせに東方的な女性の名を言った。「ドゥドゥ（ディドー）」は、ウェルギリウスの『アイネーイス』に出るカルタゴの女王。「ズライカ」は、ゲーテの『西東詩集』における中心的女性。

（12）乙女たちを生の謎《なぞ》にみちたスフィンクスと言う。ここで変な造語をしたといって、神にあやまる。

(13) 月の上で豪奢《ごうしゃ》な催しごとでもあって、陽気な、酔興の気持から、ここへこんないい空気を恵んだのかもしれないというほどのことか(「むかしの詩人……」は、もったいをつけた戯言だろう。詩人たちはそう言っているが、わたしは軽々に信じない)。

(14) みな乙女たちへの呼びかけ。

(15) 乙女に「雄々しく(男らしく)」と呼びかける倒錯。

(16) ヨーロッパ風にもったいぶって、人生観、世界観にもとづく励ましのことばを言うべきところかな? (「泣くのはおよし」の発語のきっかけとなった椰子の木の一本脚事件は、まったく砂漠での幻想的遊戯で、意味はない。しかし、広く言えば、東方の全一的な生のなかにも、不幸や悲嘆はある。そしてそれへの手当てを、ヨーロッパ的知性は、すぐヨーロッパ風にしようとする)

(17) この一節、むろん、アイロニーであり、自嘲《じちょう》である。ヨーロッパ精神は、常に意識的、反省的で何を説くにも究極の根底を求めないと気がすまず、その意味で道徳的である。しかも、その説き方が征服的である。その癖が抜けない(ツァラトゥストラの教説も、まさにその一例である)。そして、この「影」と自称する西欧知性人は、東方の精神にひかれ、あこがれはするが、やはり東方的にはなりきれず、西欧的な「影」にとどまる。それゆえに、いよいよ無力な根なし草の感じに責められる。この詩に歌われた東方への憧れは、ツァラトゥストラの永劫《えいごう》回帰思想から、その意力性を抜き去ったその「負」のあり方である(分別、分析、活動、戦いなどのない永遠性)。西欧人から見てのこういう誘惑を正直に歌ったのが、ニーチェの詩人性である。思いきってグロテスクな、エロティックでもある、ふざけた詩。しかし発想は深い。みごとである。

(18)「わたしはほかに……」以下、ウォルムスにおけるルターの有名なことばを借用した。

覚《かく》醒《せい》

ツァラトゥストラは高人たちの歓声を外から聞いて、その覚醒と快癒を喜ぶ。だが、驢《ろ》馬《ば》礼拝がはじまった。宗教的衝動の根づよさ。

1

みずから影と名のるさすらいびとが歌いおわると、洞窟《どうくつ》はどっと喧噪《けんそう》と笑い声にみたされた。客たちはみな同時に声をあげて語り、驢《ろ》馬《ば》までもその陽気さにかぶれて、無言ではいなかったので、ツァラトゥストラは、来客たちへのいささかの嫌悪と嘲笑《ちょうしょう》を感じたほどであった。もっとも、かれは客たちの陽気さを喜んではいた。それは快癒の徴《しるし》であるように思われた。さて、かれは客たちを避けて、戸外へ出、おのが生き物たちにむかって言った。

「かれらの困窮は、どこへ逃げていったことか」そして早くもいささかの不快を忘れて、ツァラトゥストラは、胸を開いた。――「わたしのもとで、かれらは危急の叫びをあげることを忘れたらしい。

――もっとも、残念なことには、まだ、叫ぶことは忘れていないが」そう言って、ツァラトゥストラは耳をふさいだ。ちょうどそのとき、驢馬のイ・アーと鳴く声が、高人たちの歓声と合《がっ》し、奇妙な混声となって聞こえてきたからである。

「かれらは浮かれている」と、かれはまた言いはじめた。「しかし、それは饗宴《きょうえん》の主人に迷惑のかかることかもしれぬ。それに、かれらがわたしから笑うことを学んだにしても、かれらの学んだのは、わたしの笑いではない。

しかし、それが何だろう。かれらはみな老人だ。かれらはかれらの流儀で快癒し、かれらの流儀で笑うのだ。わたしの耳は、もっと悪いことをも聞いたのだが、それに堪えて、客たちに無愛想にはならなかった。

きょうの日は一つの勝利である。わたしの宿敵、重さの霊は、すでにたじろいで、逃げ出した。あのように悪く、重くはじまったこの日が、なんとよく終わろうとしていることだろう。

まことに、この日は終わろうとしているのだ。すでに夕べが近づく。このよい騎乗者は、海を越えて、馬を進めてくる、真紅《しんく》の鞍《くら》にまたがって、悠然《ゆうぜん》としてやってくる、この至福な者、ねぐらに帰る者は。

空は澄んだまなざしでそれをながめ、世界は低く身を横たえている。おお、おまえら、わたしを訪れて来た奇異な人たちよ、わたしのもとで生きるのは、かならず報いられることなのだ」


ツァラトゥストラはこう語った。するとまたしても高人たちの叫びと笑い声が、洞窟から聞こえてきた。ツァラトゥストラはまた語りはじめた。

「かれらは食いついたのだ。わたしの垂らした餌《え》は効を奏した。かれらからも、かれらの敵、重さの霊は退いてゆく。すでにかれらは自分自身を笑うことを会得しつつある。おそらくわたしの聞き違いではあるまい。

わたしの男性的食物、みずみずしい、活力ゆたかなわたしの箴言《しんげん》が効を奏したのだ。まことにわたしはかれらに、いたずらに腹をふくらませる野菜の類を供したのではない。戦士の食物、征服者の食物を与えたのだ。新しい食欲をわたしは目ざめさせたのだ。

新しい希望が、かれらの腕に足に、みなぎっている。かれらの心臓は伸びを打っている。新しいことばをかれらは見つける。やがてかれらの精神は放恣《ほうし》を呼吸するだろう。

もちろん、こういう食物は小児用のものではない。また老若の婦女子の憧《あこが》れをみたすためのものでもない。それらの者の内臓を満足させるには、別のしかたがあろう。だが、わたしはそういう者たちの医者、教師ではない。

　嘔気がこれらの高人から退《ひ》きつつある。よし。それはわたしの勝利だ。わたしの領国において、かれらは安全の身となる。(1) 愚かしい羞恥《しゅうち》はすべて逃げ去り、(2) かれらはおのれを吐露するのだ。

　おのれの心を吐露するのだ。よい時刻《とき》がかれらに帰ってくる。かれらはことほぎ、反芻《はんすう》する(3)――かれらは感謝の念をいだくようになるのだ。

　それをわたしは最善の徴《しるし》と見る、かれらが感謝の念をいだくようになることを。遠からず、かれらは祝典を思い立ち、再び会うことのできた旧知の喜びに、記念碑を立てるだろう。

　かれらは快癒しつつある者だ」ツァラトゥストラは、喜ばしげにおのれの心にむかってこう語り、目をはるかのかたにやった。かれの鷲《わし》と蛇とは身をすり寄せ、かれの幸福とかれの沈黙とを敬った。

（1）虚無感、絶望などにおかされることがない。
（2）ありのままの自分を示すことを恥じない。
（3）ここでは「ことほぐ（祝う）」ことが、喜びを反芻することになるという意。

2

しかし、不意にツァラトゥストラの耳は、驚愕《きょうがく》した。今まで喧噪《けんそう》と笑い声にみちていた洞窟が、ふと、死のように静寂になったのだ。——そしてツァラトゥストラの鼻は、松かさを焼いているような、かんばしい煙と香《こう》の匂《にお》いを嗅《か》ぎ取った。

「どうしたことか。かれらは何をしているのだ」ツァラトゥストラはそうつぶやいて、入口に身を寄せ、客たちには見られることなく、中をながめた。だが、奇跡を超えた奇跡！　かれがそこに見たものは何であったか。

「かれらはすべて、ふたたび敬虔になったのだ。かれらは祈っている。かれらは気が狂ったのだ」——そうツァラトゥストラは言い、限りない驚きを感じた。まことに、あの高人たちのすべて、二人の王、退職した法王、悪い魔術師、進んでなった乞食《こじき》、みずから影と名のるさすらいびと、老いた予言者、知的良心の所有者、そして最も醜い人間、これらのすべてが、子どものように、また信心ぶかい老婆のように、ひざまずいて、驢馬に礼拝と祈りをささげているのだ。そしてちょうど、あの最も醜い人間が、喉《のど》を鳴らし、鼻息をしはじめた。そのさまは、いま、言いあらわしようのないことがかれの口から発せられようとしているように思われた。だが、それが実際にことばとなって発せられると、見よ、それはあの驢馬——祈りと香煙とで礼拝されているあの驢馬——を讃《たた》える、敬虔《けいけん》な、奇妙な連禱《れんとう》であった。その連禱[1]は次のようなものだった。

アーメン。賞讃と栄光と知恵と感謝と讃美と力とが、世々限りなく、われらの神にあらんことを！

——すると、驢馬はこれにたいして、「然り《イ・アー》」と鳴いた。

かれはわれらの重荷を負い、僕《しもべ》の姿を取り、心から忍耐づよく、かつて「否」とのたまうことがない。かくして、おのが神を愛する者は、それに鞭《むち》を加える。[2]

——驢馬はそれにたいして「然り《イ・アー》」と鳴いた。

かれは語らない。語るのは、かれが創造した世界にたいしていつも「然り《ヤー》」と言う、そのときだけである。[3] それによって、かれはかれの世界を讃える。語らないのは、かれの狡《こう》知《ち》である。したがって、かれがあやまちをとがめられることはまれである。[4]

——驢馬はそれにたいして「然り《イ・アー》」と鳴いた。

かれはみすぼらしき姿で世を歩む。その身は灰いろで、そのうちにかれの徳をつつむ。かれは精神をもつが、それを隠す。しかし、万人の信ずるのはかれの長い耳にたいしてである。[5]

——驢馬はそれにたいして「然り《イ・アー》」と鳴いた。

かれが長い耳をもっていて、ただ「然り《ヤー》」のみを言い、けっして「否」とは言わないのは、なんという深く隠された知恵であろう。かれはこの世界をおのれに似せて創《つく》ったのではなかろうか。すなわち、可能なかぎりに魯鈍《ろどん》に？

――驢馬はそれにたいして「然り《イ・アー》」と鳴いた。

おんみは、まっすぐな道をも曲がった道をも行く。われわれ人間が何をまっすぐと見るか、何を曲がったと見るかは、おんみの関するところではない。善悪の彼岸におんみの国はある。(6)無邪気とは何かを知らぬことが、おんみの無邪気である。

――驢馬はそれにたいして「然り《イ・アー》」と鳴いた。

見よ、おんみは何びとをも突きのけることをしない、乞食をも、王をも。おんみは幼子《おさなご》をおのれに近づかせる。(7)そして悪童たちに誘い出されるときも、おんみは天真爛漫《てんしんらんまん》に「然《ヤ》り《ー》」と答える。

――驢馬はそれにたいして「然り《イ・アー》」と鳴いた。

おんみは牝驢馬《めろば》と新鮮な無花果《いちじく》を好む。おんみは食物に選《え》り好みをしない。おんみが飢えているときには、あざみさえおんみの心をくすぐる。そのことにこそ神の知恵がある。

――驢馬はそれにたいして「然り《イ・アー》」と鳴いた。

（1）次の連禱（僧と信徒の掛け合いの祈り）を、いちいちむきになって解釈する必要はない。聖書の句のもじりを濫発《らんぱつ》して、宗教が驢馬崇拝のようなものであることを諷《ふう》したつもりであろう。

（2）旧約聖書「箴言《しんげん》」一三の二四「子を愛する者は、しきりにこれを鞭でこらす」から。ここは、驢馬を鞭でたたくことは多いが、それは神を愛することなのだから悪く思うなよ、というふざけ。

（3）驢馬は「ヤー」としか鳴かない。神はおのれが創った世界を是認する（旧約聖書「創世記」一の三一）。

（4）ものを言わないのだから、あやまちをとがめられるはずもない。

（5）どうせ、あてになるとは思っていない、ばかなのを信じている、ぐらいの意。

（6）まっすぐなことでも、曲がったことでも、得にさえなれば、善悪を無視してやる。僧侶《そうりょ》たちへの諷刺、ツァラトゥストラの「善悪の彼岸」とは別種。

（7）新約聖書「マタイの福音書」一九の一四から。この文章、驢馬はみなを近づけ、みなの引きゆくままになる。神もそんなものだと言う。

驢馬《ろば》祭り

怒るモーゼのようではなく、愚かな驢馬祭りを快活さの開花と見て、それで高人らを導く主人公。この転回はかなり読者を驚かす。

1

しかし、連禱《れんとう》がここまで進んだとき、ツァラトゥストラは、もはや自分を制することができなかった。かれ自身、驢馬の声よりより高く「ヤー」と叫んで、狂愚の限りをつくしているかれの客たちのただなかへととび込んだ。「おまえたちは何をしているのだ、人の子よ（1）」と、かれは叫んだ、祈っている者たちを床《ゆか》から激しく引き起こしながら。「おまえたちの今していることが、ツァラトゥストラ以外の者に見られたら、どうするのだ。

何びともこう判断するだろう、おまえたちは、この新しい信仰におちこんで、極悪の瀆《とく》神者《しん》、もしくはあらゆる老婆のうちの最も愚昧《ぐまい》な者になりはてたと。

そして、おまえ、老法王よ、いったいこれがおまえ自身とどうつじつまが合うのか、おまえがこんなふうにこの驢馬を神としてあがめるのは？」――

「おお、ツァラトゥストラよ」と、法王は答えた。「許してくれ。しかし、神のことに関しては、わたしのほうがあなたより明るいのだ。また、明るいのは当然のことだ。

まったく姿をもたない神を礼拝するよりは、このように、このような姿のものとして礼拝するほうが、好ましいのだ。このわたしのことばをよくよく考えていただきたい、わたしの高貴な友よ。あなたはすぐさとられるだろう、このことばには知恵がひそんでいることを。

『神は霊だ』と語った者は⑵──これまでに地上において、無信仰に向かう最大の跳躍を行なった者だ。こういうことばが発せられてしまうと、この世界では、容易なことでは取り返しがつかないのだ。

わたしの老いた心は、地上になお礼拝すべき何ものかがあると知ると、こおどりして喜ぶのだ。おお、ツァラトゥストラよ、そのことを老いた敬虔《けいけん》な法王魂に許してくれ」──

──「そしておまえは」と、ツァラトゥストラは、みずから影と名のるあのさすらいびとに言った。「おまえは、自分を、自由精神と称し、また自由精神と思っているではないか。それなのにいまこのような偶像礼拝と僧侶《そうりょ》のまねごとをはじめるとは？

まことにおまえは、わたしのもとで、あの悪い鳶《とび》いろの少女たちのもとでした以上に、悪いことをしたのだ、悪い、新しい信徒よ」

「まことに悪いことだ」と、影と名のるさすらいびとは答えた。「あなたの言うとおりだ。しかし、わたしの力でどうなろう。古い神は復活したのだ。⑶おお、ツァラトゥストラよ、あなたがなんと言おうと、そうなのだ。

一切は、あの最も醜い人間のしたことだ。かれが古い神をふたたび覚醒《かくせい》させたのだ。そして、かれがかつて神を殺した、と言っているにしても、死んだ、というのは、神々については、いつも早まった判断にすぎないものだ⑷」

――「そしておまえは」と、ツァラトゥストラは言った。「悪い老いた魔術師よ。おまえはなんということをしたのだ。おまえがこんな驢馬の神さまごっこを信ずるなら、今後、この自由な時代にだれがおまえを信ずるか。

おまえのしたことは愚劣だ。怜悧《れいり》なおまえが、どうしてこんな愚劣事をすることができたのだ」

「おお、ツァラトゥストラよ」と、怜悧な魔術師は答えた。「あなたの言うとおりだ。それは愚劣であった――それをするのは、わたしにも、ずいぶん困難だったのだ[5]」

――「そして、おまえまでが！」と、ツァラトゥストラは、知的良心の所有者にむかって言った。「鼻に指をあてて、よく考えてみるがいい。こういうことをして、おまえの良心に反しないのか。おまえの精神は、このような祈禱《きとう》と、このような祈禱仲間の香《こう》の匂《にお》いに染まるには、潔白すぎるのではないか」

「何かしら」と、良心的な者は答えて、指を鼻にあてた。「何かしら、この演劇には、わたしの良心にも気持よく感じられるものがある。

おそらく、わたしは神を信ずることはできまい。しかし、神がこういう姿をとるならば、まだしもそれはわたしに信じやすく思われてくるのは確かなことだ。

神は、敬虔な者たちの証言によれば、永遠だという。で、それほど多くの時間をもっている者は、急ぐ必要はあるまい。できるかぎり、緩慢な愚鈍なものになっても、永遠者は相当なことがしでかせるはずだ[6]。

また、あまりに多量の精神をもつ者は、かえって愚鈍や狂気にふけりたがる。あなた自身のことを考えてみるがいい、おお、ツァラトゥストラよ。

あなた自身が――まことに、そのあなた自身がやはり、知恵にあふれて、一匹の驢馬になりかねない人なのだ[7]。

完全な賢者は、最も曲がりくねった道を取りたがるものではないか[8]。おお、ツァラトゥストラよ。それは実例を見ればわかることだ――あなたがしてきた実例を」

――「そして最後におまえだ」とツァラトゥストラはあの最も醜い人間にむかって言った。その男は相変わらず地面に寝ていたが、腕は驢馬のほうにあげていた（つまり驢馬に葡萄《ぶどう》酒を飲ませていたのだ）。「言うがよい、言いあらわしがたい者よ、おまえは何をしていたのだ。

おまえは、別人になったようにわたしには思われる。おまえの目は燃えている。崇高な者らしさがおまえの醜さをつつんでいる。何をおまえはしたのだ。

では、あのことは真実なのか、あの者たちが言っていること、おまえが神をまた目ざめさせたということは？ それは、何のためにしたのだ。神が殺され、かたづけられたのは、いわれがあってのことではないのか。

おまえ自身が、わたしには眠りから起き出してきた者のように思える。何をおまえはしたのだ。なぜおまえは改宗したのだ。何がおまえを改宗させたのだ。語れ、言いあらわすことのできぬ者よ」

「おお、ツァラトゥストラよ」と、最も醜い人間は答えた。「あなたは、お人がわるい。かれがまだ生きているか、生き返ったか、まったく死んでしまったか、――それをよく知っているのは、わたしたち二人のうちのどちらなのだ。それをわたしはあなたに尋ねる。ただ、わたしの知っていることが一つある、――あなた自身から、わたしはかつてそれを学んだのだ、おお、ツァラトゥストラよ。すなわち、徹底的に殺そうと思う者は、笑うということを。

『怒りによってではなく、笑いによって、人は殺す』[9]――そうあなたはかつて言った。おお、ツァラトゥストラよ、身を隠している者よ、怒ることなしに滅ぼす者[10]よ、危険な聖者よ、――人が悪いのだ、あなたは」

（1）故意に悪意に宗教的な言い方をしたと思われる。

（2）新約聖書「ヨハネの福音書」四の二四に。礼拝に形式性を避ける新教徒は、このことばを重んじているわけである。

（3）「昔からの宗教性は復活したのだ」、現象をあとから追いかけるこの「影」は、人が礼拝をはじめれば、それに追随して自分の責任問題は回避し、以上のように言うのが、せいいっぱいの発言である。

(4) 影のこの感想は、否定できない面をもっている。多くの場合、「神の死」を言うのは、早まった判断で、神はくりかえし復活するものである。

(5) いかにも老魔術師らしい言い方。「みんながやったから、わたしもやったが、ずいぶん苦労していやいやながらやったのだ」。いつの場合にもある弁解の型。ここは、かれのずるさだけを浮かび上がらせて、筆をとめている。

(6) のろまな驢馬が永遠を象徴しているといえるではないか。強弁だが、ウィットはある。

(7) 知的良心者の第二の論拠。すぐれた者はかえって、ばかなことをしてみたくなるものだ。ある意味では、ツァラトゥストラのしていることは、すべてばかばかしいことである。

(8) 賢者は、きまりきった平坦な道はとらない。回り道も脱線もする。

(9) 第一部「読むことと書くこと」八四ページ参照。

(10) 笑いで殺す者の言い換え。

2

こういう悪戯者《いたずら》らしい答えばかりを聞いて、ツァラトゥストラは驚きを新たにし、洞窟《どうくつ》の戸口のところまで飛びすさって、賓客一同に顔を向け、声をつよめて叫んだ。

「おお、おまえたち、いずれを見ても剽軽《ひょうきん》者よ、道化者よ。なんでおまえたちは、わたしのまえで、仮装ごっこや隠れんぼう遊びをするのだ。

なんといっても、おまえたちの一人一人の心が、うれしさと意地悪とで、おどっているではないか。それは、おまえたちの心が、ついに子どもに返ったせいだ、つまり、敬虔《けいけん》に帰ったせいだ。――

――おまえたちのすることが、また子どものようになってきたのだ。祈禱《きとう》をしたり、手を合わせたり、『神さま』と言ったりして[1]。

だが、今はもうこの子供部屋を出るがいい、きょうあらゆる子供遊びが行なわれたこの洞窟の外に出ることだ。そこでおまえたちの子どもらしい有頂天と心の大騒ぎとを冷やすがいい。

もちろん、おまえたちは、子どものようにならなければ、あの天国へは行けない[2]（そう言ってツァラトゥストラは両手で頭上をさした）。

だが、われわれは天国へ行こうなどとは、まるで思っていないのだ。われわれは大人《おとな》になったのだ。――だからわれわれは地上の国を欲しよう」

（1）心が陽気になって、子どもっぽくなって、それでこんな信仰ごっこをやったのだろうと、大目に見ての解釈。

（2）新約聖書「マタイの福音書」一八の三のイエスのことばを踏まえて、おまえたちが子どもらしくなったのは、あの宗教的天国にはいる要件だが、（次の文節に移って）われわれはお互いに、そんな天国へ行く気はないのだから、子どもっぽさを捨てて、地上の国で大人になろうと言う。子どもっぽさを、ユーモアの点でだけ認めたのである。

3

それからもう一度ツァラトゥストラは語りはじめた。「おお、わたしの新しい友人たちよ」とかれは言った。——「おまえたち、奇妙な人たちよ、高人たちよ。なんとおまえたちはいまわたしの気に入ることか。

——それは、おまえたちがふたたび陽気に、快活になってくれたからだ。まことに、おまえたちはみな花を開いたのだ。このような花には、新しい祭典が必要だと、そうわたしには思われる。

——小さい活発なばか騒ぎ、神事のようなもの、驢馬祭りのようなもの、昔なじみの陽気な道化師のツァラトゥストラといったようなもの、おまえたちの魂を明るくふくらませるような突風、そういうものが必要だと、わたしには思われる。

この夜と、この驢馬祭りとを忘れるな、高人たちよ。この祭りは、おまえたちがツァラトゥストラのもとで発明したものだ。それをわたしは、よい徴《しるし》と見る。――こういうものを発明するのは、快癒しつつある者だけだ。

そしておまえたちがこの驢馬祭りをふたたび行なうことがあるなら、それをおまえたちのためにするがいい、またわたしのためにするがいい、わたしの思い出として(1)」

ツァラトゥストラはこう語った。

(1)　二度とこんなことをすることがあっても、宗教的な意味でするのではなく、おまえたちをたくましくする笑いのため、また笑いを教えたわたしを思い出すものとして、それをせよ。全体について、客たちに即して言えば、それぞれ機知的な答えはしたが、心理的にもかれらのふるまいは宗教性への郷愁の強さを示して余りがある。また、驢馬祭りにたいするツァラトゥストラの態度は、笑いの是認と奨励はあるにしても、なんとなく取りなすような、いたわるような微温的なところがある。それへの答えは最終章に。

酔歌

今は高人たちも「生よ、いま一度」と叫ぶ。夜半の鐘とともに永《えい》劫《ごう》回帰の深奥が述べられる。詩であり思想である。本書の最頂点。

1

やがて客たちは、一人また一人と、外のひろびろとした、冷ややかな瞑想《めいそう》的な夜のなかへ歩み出た。ツァラトゥストラ自身は、最も醜い人の手をとって導き、かれの夜の世界、大きい月、そして洞窟《どうくつ》の近くにかかる銀色の滝をこの友にさし示した。こうしてついに一同は静かにあい寄って立った。いずれも老いた者ばかりである。しかし、心は喜びを得て、勇んでいた。いずれも、地上においてこれほど快いことがあるのを驚きあやしんだ。そのあいだにも夜の不思議は、ひしひしとかれらの胸にせまった。そしてあらたにツァラトゥストラは心に思った、「おお、なんといまこの高人たちはわたしの気に入ることだろう」と。――しかし、それを口にはしなかった。客人たちそれぞれの幸福と沈黙を敬って。――

そのとき、この長い驚くべき日のうちで最も驚くべきことが起こった。最も醜い人間が、もう一度、そしてこれを最後として、喉《のど》を鳴らし、鼻息をしはじめたのだ。そして、ついにかれがそれをことばにして言ったとき、見よ、かれの口からは一つの問いが、まろやかに、清く、おどり出た。一つのよい、深い、明るく澄んだ問いであった。それは、耳を傾けたすべての者の心を感動させた。

「わたしの友なるすべての人よ」と、最も醜い人は言った。「あなたがたはどう思うか。きょうこの一日に出会ったために——わたしははじめて満足した、今までの全生涯にたいして。

だが、それだけを証言したのでは、まだ十分ではない。地上に生きることは、かいのあることだ。ツァラトゥストラと共にした一日、一つの祭りが、わたしに地を愛することを教えたのだ。

『これが——生だったのか』わたしは死にむかって言おう。『よし！　それならもう一度[1]』と。

わたしの友人たちよ。あなたがたはどう思うか。あなたがたはわたしと同じように死にむかって言おうとは思わないか。『これが——生だったのか。よし、それなら、ツァラトゥストラのために、よし、もう一度』と」——

最も醜い人間はこう語った。それはもう真夜中近くのことだった。そして、そのときどういうことが起こったろうか。高人たちは最も醜い人間の問いかけを聞くやいなや、たちまち自分たちの変化と快癒を、またそれを自分たちに与えたのが何びとだったかを、自覚した。かれらはツァラトゥストラに馳《は》せ寄り、それぞれのしかたで、感謝し、敬意を表し、愛撫《あいぶ》し、その手に接吻《せっぷん》した。こうしてある者は笑い、ある者は泣いた。なかでも、老いた予言者は満足のあまり踊り出した。そして、あまたの語り手の伝えるように、そのときのかれに甘美な葡萄《ぶどう》酒がしたたかはいっていたことは確かだが、それ以上に、かれは疑いもなく、甘美な生に満ちており、いっさいの疲労を振り落としていたのである。そのうえ、そのとき驢馬《ろば》さえ踊ったと伝える者がある。そして、最も醜い人間がさきほど驢馬に酒を飲ませたのも、むだではなかった、と付言するのである。事実はそうであったかもしれぬ、そうでなかったかもしれぬ。たとえ実際にはその夜驢馬が踊らなかったにしても、そこには驢馬の踊りなどということよりはるかに重大な、奇異なことの数々が起こったのだ。要するに、驢馬の踊りなどはツァラトゥストラの口吻《こうふん》を借りれば、「何のかかわりがあろう」

（1） 醜い人もあえておのが生涯をもう一度もとうと決意する。すなわち、現在の自分の生を積極的に肯定するのである。永劫回帰思想の最も重大な意志的側面。なお、その宇宙感情的な面は、本章の3以後に。

2

最も醜い人間がこのようにふるまっていたとき、ツァラトゥストラは、酔った者のように立っていた。かれの目から光は消え、舌はもつれ、足はよろめいた。そしてだれが察することができたろう、そのときツァラトゥストラの魂にどんな思想が走ったかを。しかし、明らかにかれの精神は、そのときその場から、遁走《とんそう》し、遠いかなたに去っていたのだ。そして、書《ふみ》にしるされているように、「二つの海にはさまれた高い尾根に、——過去と未来とのあいだに、重い雲として漂って[1]」いたのである。しかし、高人たちがかれを腕でささえているあいだに、かれはいくぶんわれに返った。そして、尊敬と憂慮とをもってかれを取りかこむ人々の手をこばんだ。だが、口は開かなかった。しかし、にわかにかれは頭を起こした。何ごとかを耳にしたらしかった。そして指を口にあてて、言った。「来たれ!」と。

と、たちまち、あたりは静かに、ひそやかになった。そして谷の深みから、ゆっくりと鐘の響きがのぼってきた。ツァラトゥストラはそれに耳を傾けた。高人たちも耳を傾けた。しばらくすると、かれはもう一度指を口にあてて、重ねて言った。「来たれ! 来たれ! 真夜中は近づいた」と。——そう言うかれの声は変わっていた。しかし、依然として、かれはその場を動かなかった。すると、あたりはいっそう静かに、ひそやかになった。すべての者は耳を傾けた。驢馬《ろば》さえも、またツァラトゥストラの栄誉ある生き物たち、鷲《わし》と蛇、さらにツァラトゥストラの洞窟《どうくつ》と大いなる冷ややかな月と夜さえ耳を傾けた。そしてツァラトゥストラは、三たび手を口にあてて言った。

「来たれ！　来たれ！　来たれ！　今こそ出かけよう！　時が来た！　夜のなかへ出かけよう！」

（1）第三部「七つの封印1」五一八ページ参照。

3

おまえたち、高人たちよ、真夜中は近づいた。いまわたしはおまえたちの耳にあることを告げようと思う、あの古い鐘がわたしの耳に告げるとおりに、――

――あの真夜中の鐘がわたしに語りかけるとおりに、ひそやかに、すさまじく、心をこめて。あの鐘は、一人の人間以上に多くのことを体験してきたのだ。

――あの鐘はすでにおまえたちの父祖の心の苦痛の鼓動を数えた鐘だ。――ああ、ああ、なんと吐息をもらすことか、なんと夢を見ながら笑い声を立てることか。この老いた、深い、深い真夜中は。

静かに！　静かに！　いまさまざまのことが聞こえてくる、昼には声となることを許されないさまざまのことが。いま、大気は冷えおまえたちの心の騒ぎもすっかり静まったいま、——

——いま、それは語る、いま、それは聞こえる、いま、それは夜を眠らぬ魂のなかに忍んでくる。ああ、ああ、なんと吐息をもらすことか、なんと夢を見ながら笑い声を立てることか。

——おまえには聞こえぬか、あれがひそやかに、すさまじく、心をこめておまえに語りかけるのが？　あの古い、深い、深い真夜中が語りかけるのが？

おお、人間よ、心して聞け(1)！

(1) この節は、鐘の音を媒介として真夜中の語ることを聞こうとする。

4

ああ、せつなや！　時間はどこへ行ってしまったのか。わたしは深い泉のなかへ沈んでしまったのではなかろうか。世界は眠る——

は。

ああ！　ああ！　犬がほえる、月は照っている。(1)　むしろわたしは死にたいと思う、死にたいと思う。わたしの真夜中の心がいまちょうど考えていることを(2)おまえたちに言うよりは。

もうわたしは死んだ。(3)　事はおわった。蜘蛛《くも》よ、なぜおまえはわたしを糸でからむのか。血が欲しいのか。(4)　ああ！　ああ！　露が降りてくる。時がせまる。――

――わたしをこごえさせ、凍りつかせる時がせまる、その時は、問いに問い、さらに問うのだ。「それに堪えるだけの勇気をもつ者はだれか。

――地の主《あるじ》となるべき者はだれか。『大小の河流よ、おまえたちは、いま流れているそのとおりに流れなければならぬのだ』と言おうとする者はだれか」と。(5)

――時はせまる。おお、人間よ、高人よ、心して聞け！　そのことばはするどい耳に語られるものだ、おまえの耳に語られるものだ、――深い真夜中は何を語る？

(1)　犬のほえ声、月光は、第三部「幻影と謎 2」にもあった。永劫回帰の感覚的、形象的な記号といえる。

(2)　つまり、ものすごい永劫回帰の思想。人間は、時間を、生を、永遠に担うほかはないのだ。そして、それは言い換えれば、前文節で言っているように、生成的な時間が消えたことになる。

(3)　永劫回帰の世界解釈のなかでは、時間が消えるから、「わたしは死んだ」ことにもなる。回帰だから、むろん死んで生きている。時間が永遠へと凝固したのである。
（4）蜘蛛の形象、第三部「幻影と謎 2」三五〇ページに。凝固した時間のなかでも、血を流して、秘密の思想を語る決意をせまられる。これもかれののがれることのできない運命である。
（5）河流は、生に翻訳して考えてみると理解されよう。「このままの生の流れが生なのだ」。こういう恐ろしい回帰の思想を言うだけの勇気のある者、それを言うことによって地の主となる者はだれだ。ツァラトゥストラは、それを自分に期待はするが、おののいている。

5

わたしは運ばれてゆく、わたしの魂は踊る。昼の事業よ、昼の事業よ。地の主となるべき者は何びとか。(1)

だが、いま月は冷たい。風は黙している。ああ、ああ、おまえたちはそれでもうせいいっぱい高く飛んだのか。おまえたちも踊った。しかし、足はやはり、翼ではない。(2)

おまえたちは懸命に踊った。だが、いますべての悦楽は去ったのだ。葡萄《ぶどう》酒はおりかすとなり、杯はすべて朽ちた。そしてすべての墓がつぶやきはじめる。(3)

おまえたちの飛びようは十分高くはなかった。いまやすべての墓はつぶやきはじめる。「死者を救い出してくれ。なぜこんなに夜が長いのか。月はわれわれを酔わせるだけか」(4)

おまえら高人たちよ、墓を救ってやるがいい、屍《しかばね》を目ざめさせよ。ああ、なぜまだ虫が食いつづけるのか。(5) 時が近づくのに。時が近づくのに。——

——鐘がうなりはじめたのに。心臓はまだうめいている。木食い虫(6)はまだ食いつづけている、心臓の虫は食いつづけている。ああ！ ああ！ 世界は深い！

（1）ここで、自覚的な意識にもどって、自分が七二二ページ注（5）のような事業を自覚的にして（昼の事業）、自分が地の主となろうと思う。

（2）この文節は急転である。注（1）は、昼を思っただけ。しかし、今は真夜中。われも高人たちも、力は不足。生を肯定して踊ったが、飛ぶには及ばない。

（3）こうして再び頭をもたげた悲観的な気分の表白。

（4）墓中の死者は、生に倦《う》んだ無力な人たち。それが助けを求める。「月はわれわれを酔わせるだけか」Macht uns nicht der Mond trunken? は、正と負に両様に取れて、難解である。古い幽霊譚《たん》に、死者は月夜には墓のそとへ出たがるということがある。

（5）高人たちに死者を救ってやれとすすめても、かれらにその力はない。かれらそのものが虫に食いつづけられている。

（6）棺を食う虫を考えた。

6

甘美な竪琴《たてごと》よ、(1)甘美な竪琴よ。わたしはおまえの調べを愛する、おまえの酔いしれた、ひきがえるの声に似た調べを愛する。――どんなにはるかな昔から、どんなに遠いところから、おまえの調べはわたしにやってくることか、はるかな道を、愛の池から。(2)

おまえ、古い鐘よ、甘美な竪琴よ。あらゆる苦痛がおまえの心臓に打ち込まれた、父の苦痛、父祖の苦痛、太祖の苦痛が。おまえのことばは熟した。――

――金色《こんじき》の秋と午後のように、わたしの隠栖《いんせい》の心のように、それは熟した。――そしていま、おまえは語る。「世界そのものが熟した、葡萄《ぶどう》が色づくように、――

――いまやそれは死のうと願っている、幸福のあまり死のうと願っている」(3)と。おまえたち高人よ、おまえたちはその匂《にお》いを嗅《か》がないか。ひそかに湧《わ》きのぼってくる匂いを。

――永遠の香り、永遠の匂いを。古い幸福の匂いを。ばらのように至福な、褐色をおびた黄金《こがね》の葡萄酒の匂いに似た幸福のその匂いを。

――酔いしれた、真夜中の臨終の幸福の匂いが、湧きのぼってくるではないか。その幸福が歌うのだ。「世界は深い、昼が考えたより深い」と。

（1）鐘を、芸術的な感情でこう呼んだ。
（2）人生の哀歓、悲喜の世界を、ここではあたたかい感情から、こう呼んだのであろう。
（3）永劫回帰を、時間の熟成と見ると、この文節のような、死への誘惑となってくる。世界さえ死のうとする。永遠と死は同一だから。熟成＝死＝永遠＝幸福という方程式。意志の裏側をなすニーチェの宇宙感情。詩人であるニーチェ。

7

わたしを放っておいてくれ！　放っておいてくれ！　わたしは、おまえと手を結ぶには清らかすぎる。わたしに触れるな。わたしの世界は、ちょうどいま完全になったではないか。[1]

わたしの皮膚は、おまえの手などに触れられるには清らかすぎる。わたしを放っておいてくれ。おまえ、愚かな、鈍重な、うっとうしい昼よ。真夜中のほうが、おまえより明るいのだ。

最も清らかな者が、地の主となるべきなのだ。最も知られていない者、[2]最も強い者、どんな昼よりも明るい、深い真夜中の魂をもつ者が、地の主となるべきなのだ。

おお、昼よ、おまえはわたしをつかもうと手探りしているのか。わたしの幸福がほしいのか。おまえの目には、わたしはひとりぼっちで、富裕で、宝の鉱脈で、黄金の庫《くら》であるように見えるのか。

おお、世界よ、おまえはわたしがほしいのか。おまえから見て、わたしは世俗的なのか、宗教的なのか、神的なのか。③ しかし、昼と世界よ。おまえたちはあまりに不器用だ、——

——おまえたちは、もっと怜悧《れいり》な手をもつがよい。もっと深い幸福に、もっと深い不幸に、手を伸ばせ。④ どこかの神につかみかかれ。だが、わたしにはつかみかかるな。

——おまえ、奇妙な昼よ、わたしの不幸、わたしの幸福は深い。だが、わたしは神ではない、神の地獄でもない。⑤ その苦痛は深いのだ。⑥

（1）前節につながって、意識的・活動的な世界への拒否。

（2）真夜中における魂だからこう言った。それは、同時に最も強い者でもあろう。原文で、この文節の「者」は、すべて複数だが、むろん、その中心は「わたし」である。

（3）昼の意識的世界が「わたし」を求めかけてくるのを、わたしが世俗的なためか、または、わたしに宗教人にでもなって活動してもらいたいのかと反問する。むろん「わたし」の内部の自問自答。

（4）「もっと深い……」は、ナウマンの言うように、世俗人の立場から見たそれ、と取らなければ解釈できない。とにかく、「わたしにはかまうな」と言うのである。

（5）わたしは、世俗的な神の「天国、地獄」とは、別な世界に属していて、深い幸、不幸をもっているのだ。おまえには、わかるまい。
（6）「その苦痛」の「その」が何をさすかは、原文で文法的には難問である。「神の地獄」と取っても、すなわち世界のこと。不出来なこの世界は、神にとっての地獄だから。文脈的にはこの箇所は「わたし」の立場から言っている「世界の痛み」と見るほかはない。

8

神の苦痛のほうが、より深いのだ。(1) おまえ、奇妙な世界よ。神の苦痛につかみかかるがよい。わたしをつかもうとするな。では、わたしは何か、一つの酔いしれた甘美な竪琴《たてごと》だ、——真夜中の竪琴だ、ひきがえるの音を出す鐘だ。その音は、だれも理解しない。しかし、それは語らざるをえないのだ、聾者《ろうしゃ》たちにむかって。高人たちよ。つまりおまえたちは、わたしを理解することができないのだ。

去ってしまった、去ってしまった。おお、青春よ、おお、正午よ、おお、午後よ。そしていま夕べと夜と真夜中が来た、——犬がほえる、風がほえる。

——風は犬ではないか。風は啼《な》き、わめき、ほえる。ああ！　ああ！　なんとそれはため息をすることか、笑うことか。なんと喉《のど》を鳴らし、あえぐことか、この真夜中は。

この酔いしれた女詩人の「真夜中」は、いまなんとまじめな酔わぬ声で語ることか。彼女はおそらくその酩酊《めいてい》をも飲み越えてしまったのだろうか。彼女は眠らずに目がさえてしまったのだろうか。彼女は反芻《はんすう》しているのだろうか。

――この老いた、深い真夜中は、彼女の苦痛を、夢のなかで、反芻しているのだ。さらにそれ以上に彼女の悦楽を反芻しているのだ(2)。つまり、苦痛は深いとはいうものの、悦楽は心の悩みよりいっそう深いのだ。

(1)　前節注(4)と同じ立場で言ったことば。
(2)　苦痛(痛み)と悦楽(悦《よろこ》び)との連鎖的把握の気持は、先に進むにつれ、わかる。ただ平明に言えば、悲をも喜をも反芻しているのである。

9

おまえ、葡萄《ぶどう》の木よ。なぜおまえはわたしを讃《たた》えるのか。わたしはおまえを切ったのに(1)。わたしは残酷だ、おまえは血を噴《ふ》いている――。おまえがわたしの酔いしれた残酷さを褒《ほ》めるのは、どういうつもりだ。

「完全になったもの、熟したものは、みな――死ぬことをねがう」そうおまえは語る。だから葡萄を摘む鋏《はさみ》はしあわせだ。それに反して、成熟に達しないものはみな、生きようとする。いたましいことだ。

苦痛は語る、「過ぎ行け、去れ、おまえ、苦痛よ」と。しかし、苦悩するいっさいのものは、生きようとする。成熟して、悦楽を知り、あこがれるために。

――すなわち、より遠いもの、より高いもの、より明るいものをあこがれるために。「わたしは相続者を欲する」苦悩するすべてのものは、そう語る。「わたしは子どもたちを欲する、わたしが欲するのはわたし自身ではない」と。――

しかし、悦楽は相続者を欲しない、子どもたちを欲しない、――悦楽が欲するのは自分自身だ、永遠だ、回帰だ、万物の永遠にわたる自己同一だ。

苦痛は言う。「心臓よ、裂けよ、血を噴け。足よ、さすらえ。翼よ、飛べ。痛みよ、高みへ、上へ」と。おお、わたしの古いなじみの心臓よ、それもいい、そうするがいい。痛みは言うのだ、「去れよ」と。[2]

（1）「わたし」が切ったのに、切られた葡萄はわたしに感謝する。その意味が後述される。

（2）苦痛が苦痛自身にむかって言うことば。苦痛は、「なおる」こと、「過ぎる」ことを求める。不完全という苦痛は、完全へ「移ろう」とする。苦痛は、苦痛を欲しない。だが、悦楽は停止（永遠）を欲する。先取りして言えば、苦痛を永遠的な悦楽に転換することが、ニーチェの思想の究極点。

10

おまえたち高人たちよ、おまえたちはどう思うか。わたしは予言者か。夢みる者か。酔いしれた者か。夢を解く者か。真夜中の鐘か。

一滴の露か。永遠からの香りの一種か。おまえたちの耳は聞かぬか、おまえたちの鼻は嗅《か》がぬか。いままさにわたしの世界は完全になったのだ。真夜中はまた正午なのだ(1)。――

苦痛はまた一つの悦楽なのだ。呪《のろ》いはまた一つの祝福なのだ。夜はまた一つの太陽なのだ、――おまえたち、学ぶ気があるなら、このことを学び知れ、賢者も一人の阿呆《あほう》であることを。

おまえたちは、かつて悦楽にたいして「然《しか》り」と言ったことがあるか。おお、わたしの友人たちよ、そう言ったことがあるなら、おまえたちはいっさいの苦痛にたいしても「然り」を言ったことになる。すべてのことは、鎖によって、糸によって、愛によってつなぎあわされているのだ。――

――おまえたちがかつて「一度」を二度欲したことがあるなら、かつて「おまえはわたしの気に入った。幸福よ、刹那《せつな》よ、瞬間よ」と言ったことがあるなら、それならおまえたちはいっさいのことの回帰を欲したのだ。

——いっさいのことが、新たにあらんことを、永遠にあらんことを、鎖によって、糸によって、愛によってつなぎあわされてあらんことを、おまえたちは欲したのだ。おお、おまえたちは世界をそういうものとして愛したのだ、——

——おまえたち、永遠な者たちよ、世界を愛せよ、永遠に、また不断に。痛みにむかっても「去れ、しかし帰って来い」と言え。すべての悦楽は——永遠を欲するからだ。

（1）この両極端のものの同一化は、前節注（2）からの帰結。無限の永遠という分母を共にもてば、苦と快は同一になる。苦と快が、つながりあっているといってもいい。この文節の意味は、今までのことを理解しておれば、おのずから解けてくる。

11

悦楽は常にすべてのことの永遠ならんことを欲する、蜜《みつ》を欲する、おりかすを欲する、酔いしれた[1]真夜中を欲する、墓を欲する、墓の涙の慰藉《いしゃ》を欲する、金色をちりばめた夕映えを欲する——

——悦楽が欲しないものがあろうか。悦楽は、すべての苦痛よりも、より渇き、より飢え、より情けが深く、より恐ろしく、よりひそやかな魂をもっている。[2] 悦楽はみずからを欲し、みずからに咬《か》み入る。環の意志が悦楽のなかに環をなしてめぐっている。——

——悦楽は愛しようとする、憎もうとする。悦楽は富にあふれ、贈り与え、投げ捨て、だれかがそれを取ることを乞《こ》い求め、取った者に感謝する。悦楽は好んで憎まれようとする。——

——悦楽はあまりに富んでいるゆえに、苦痛を渇望する。地獄を、憎悪を、屈辱を、不具を、ひと口に言えば世界を渇望する、——この世界がどういうものであるかは、おまえたちの知っているとおりだ。

おまえたち高人たちよ。悦楽はおまえたちをあこがれ求めている、この奔放な、至福な悦楽は、——できそこないの者たちよ、おまえたちの苦痛をあこがれ求めているのだ。すべての永遠な悦楽はできそこないのものをあこがれ求めている。[3]

つまり、悦楽は常におのれ自身を欲しているのだ。それゆえに心の悩みをも欲するのだ。おお、幸福よ、おお、苦痛よ。おお、心臓よ、裂けよ。おまえたち高人たちよ、このことをしっかりと学び知れ、悦楽が永遠を欲することを。

——悦楽はすべてのことが永遠ならんことを欲するのだ、深い深い永遠を欲するのだ。

（1）苦をも楽をも、永遠的見地において欲するのが、ニーチェの「悦楽」（悦び）の意味である。

（2）悦楽のほうが苦痛より陽気のようで、かえって、しんねりむっつりで、執念が深いのだ。

（3）「できそこない」という苦痛をも、永遠化しようとするから。

12

さあ、おまえたちはわたしの歌を学び知ったか。その歌が何を望んでいるかを感じ取ったか。よし、さあ。おまえたち高人たちよ。では、わたしの輪唱をうたえ。

さあ、おまえたち自身がその歌をうたえ。その歌の名は「もう一度」、その歌のこころは「永遠のなかへ[1]」である。——うたえ、高人たちよ、ツァラトゥストラの輪唱を。

おお、人間よ、心して聞け。
深い真夜中は何を語る？
「わたしは眠った、わたしは眠った——、
深い夢からわたしは目ざめた。——
世界は深い、
昼が考えたより深い。

世界の痛みは深い――、
悦び――それは心の悩みよりいっそう深い。
痛みは言う、去れ、と。
しかし、すべての悦びは永遠を欲する――、
――深い、深い永遠を欲する！」

（1）現世、現在の永遠化の願い、これが永劫回帰説の核心。しかし、本章全体をニーチェは「酔歌」と把握し、それを裏づけとはしながら、芸術的陶酔にとどまることなく、次章で主人公を「目ざめた昼の事業」に出発させるのである。

徴《しるし》

朝、ついに徴は来た。力と愛の充実。ツァラトゥストラは、資格なき者への同情の誘惑を超克して、最も厳しい態度で事業へ出発する。

その夜が明けた朝、ツァラトゥストラは、臥床《ふしど》からとび起き、腰に帯をまき、洞窟《どうくつ》の外に出た。燃えるような熱気と力にみちていた。暗い山のかなたからのぼる朝の太陽のようだった。

「おまえ偉大な天体よ」とかれは、かつてのことばと同じことばを語った。「おまえ深い幸福の目よ、もしおまえがおまえの光を注ぎかける者たちをもたなかったら、おまえの幸福もすべて何であろう。

また、おまえがすでに目ざめ、現われ、贈り、分かち与えているというのに、かれらがその寝部屋にこもっているとしたら、おまえの誇り高い羞恥《しゅうち》は、どんなにそのことを怒るであろう。

よし、わたしは目ざめているのに、かれら高人たちは、まだ眠っている。これはわたしの真の伴侶《はんりょ》ではない。わたしがこの山上で待っているのは、かれらではない。

わたしの事業へ、わたしの昼へ、わたしは出て行こうと思う。しかし、かれらはわたしの朝の徴を、理解しない。わたしの足音は――かれらにとって――眠りをさます呼び声ではないのだ。

かれらはまだわたしの洞窟のなかで眠っている。かれらの夢はまだわたしの酔歌をすすっている。しかし、わたしに傾けられる耳、――聴従する耳が、かれらの五体には欠けているのだ」

――太陽がのぼりつつあるとき、このことばをツァラトゥストラはおのが心に語った。そのとき、かれは空を見上げた。頭上に鷲《わし》の鋭い叫びを聞いたのだ。「よし」と、かれは上にむかって叫んだ。「これはわたしの意に適《かな》う、そしてわたしにふさわしいことだ。わたしの生き物たちは目ざめた。わたしが目ざめたからだ。

わたしの鷲は目ざめて、わたしと同じように、太陽を敬っている。鷲の爪《つめ》をもって、かれは新しい光につかみかかる。おまえたちは、真にわたしに属する生き物だ。わたしはおまえたちを愛する。

しかし、まだわたしには、真にわたしに属すべき人間が欠けている」――


ツァラトゥストラはこう語った。しかし、そのとき、かれはにわかに、自分をかこんで飛びめぐる無数の鳥の羽音と思われるものを聞いた。――多数の翼のはためき。かれの頭をめぐってのその殺到は、あまりにはげしかったので、かれは目を閉じた。そしてまことに、それは雲のように、新しい敵を目がけて降りそそぐ矢の雲のように、かれに降りかかってきたのだ。しかし見よ。それは愛の雲だったのだ。新しい友の頭上に降りそそぐ愛の雲だったのだ。

「これはどうしたことだ」ツァラトゥストラは、驚嘆しながら考え、洞窟の入口のかたわらにある大きい石にゆっくりと腰をおろした。しかし、かれがおのれの身の右左、上下を両手ではらって、やさしい鳥たちを防いでいるあいだに、見よ、いっそう奇異なことがかれに起こった。すなわち、そうしながらかれは、はからずも、ふさふさとした、暖かい房《ふさ》毛《げ》のなかへ手を突き入れたのだ。それと同時に、かれの膝《ひざ》もとから一つの咆哮《ほうこう》――長い、柔和な咆哮が起こって、あたりに響いた。——柔和な、長い、獅子《しし》の咆哮であった。「徴が来た」と、ツァラトゥストラは言った。そのときかれの心は、一新した。そしてまことに、かれの眼前は明るみ、かれの足もとには、黄の、たくましい一匹の獣が伏していた。そして頭をかれの膝にすりよせ、愛のあまりに、もはやかれを離れようとしなかった。さながら、以前の主人に再会した犬のようであった。一方、鳩《はと》たちも、その愛を示すことを、獅子にゆずらなかった。そして、その一羽が獅子の鼻をかすめて飛ぶたびに、獅子は頭を振り、それを興じて、高く笑った。

これらすべてにたいして、ツァラトゥストラは、ただひとこと言っただけであった。「わたしの子どもたちは近い、わたしの子どもたちは」と。——そしてまったく無言になった。しかしかれの心はほぐれ、かれの目からは涙がしたたって、手をぬらした。もはやかれは何ごとにも気がつかず、身を動かさず、生き物たちを払いのけようともしなかった。鳩たちは、飛び去り、飛び寄って来て、かれの肩にとまり、かれの白髪を愛撫《あいぶ》し、こまやかな愛情といきいきした喜びを示すのに倦《う》むことがなかった。たくましい獅子は、ツァラトゥストラの手に落ちる涙をたえずなめて、低く、ひかえめに、ほえ、うなった。これがこの生き物たちのふるまいだった。——

これらすべては長時間つづいた。また短時間のあいだのことにすぎなかった。というのは、正しく言えば、このような事柄をはかる時間は、地上にはないからである。しかし、そのあいだに、ツァラトゥストラの洞窟では、高人たちが眠りからさめた。そして列をととのえて、ツァラトゥストラのいるところを求め、朝の挨拶《あいさつ》をしようとした。つまり、かれらが目ざめたときには、ツァラトゥストラの姿は、もはやかれらのもとにはなかったからである。しかし、かれらが洞窟の戸口まで来、その足音がかれらの近づくのを知らせたとき、獅子はきっと身を起こした。ツァラトゥストラから身をひき離し、すさまじくほえながら、洞窟にむかってとびかかった。高人たちは、その咆哮を聞くと、いっせいに悲鳴をあげた。あわてふためいてあともどりし、こうして一瞬のうちにその姿は消えた。

ツァラトゥストラ自身は、茫然《ぼうぜん》としたままだった。やがておのが座から立ちあがって、驚いてあたりを見まわし、おのが心に問いかけ、独り思いをめぐらした。ひげをなでた。「いま、「だが、わたしが聞いたのは何ごとだったのだ」かれはやがてゆっくりと言った。「いま、わたしに起こったことは何ごとだったのだ」

するとと早くも記憶がよみがえってきた。一瞬のうちにかれは、きのうときょうとのあいだに起こったいっさいのことをさとった。「ここにその石がある」かれはそう言って、ひげをなでた。「その上に、わたしはきのうの朝、すわっていた。そしてあの予言者がわたしに近づいてきたのもここだった。そしてここではじめてわたしはあの悲鳴を聞いたのだ。わたしがつい今しがた聞いたあの大きい危急の叫びを。

おお、おまえたち高人たちよ、きのうの朝あの老予言者がわたしに予言したのは、ほかならぬおまえたちの困窮だったのだ。――

――おまえたちの困窮へと、かれはわたしを誘惑し、わたしを試みようとしたのだ。『おお、ツァラトゥストラよ』とかれはわたしに言った。『わたしはあなたをあなたの最後の罪へ誘うためにやってきたのだ』と」

「わたしの最後の罪へ?」ツァラトゥストラは叫び、そして自分自身のことばにたいしてはらだたしげに笑った。「いったい最後の罪として、わたしが手をつけずにいたようなものがあったのか」

――そしてツァラトゥストラは、もう一度思いに沈み、あの大きい石にまたも腰をおろし、考えに考えた。突然、かれはおどり上がって言った。――

「同情だ。高人たちにたいする同情だ」と叫んだ。いまや、かれの顔貌《がんぼう》は鉄石のそれになった。「よし。その同情の季節は――過ぎたのだ。

わたしの悩み、そしてひとの悩みへのわたしの同情、――それがわたしに何のかかわりがあろう。いったいわたしはわたしの幸福を追求しているのか。否、わたしの追求しているのは、わたしの事業だ(1)。

よし。獅子は来た。わたしの子どもたちは近い。ツァラトゥストラは熟した。わたしの時は来た。――

これがわたしの朝だ。わたしの日がはじまる。さあ、のぼれ、のぼってこい、おまえ、偉大な正午よ」――

ツァラトゥストラはこう語った。そしておのが洞窟をあとにした。暗い山々からのぼる朝の日のように、熱火と力にみちて。

（1）悩みとか悩みの解消とかいう意味で、幸福を目的とし、それを求めているのではない。人類の生を可能にする事業、それがわたしの求めるものだ。

第四部はすべて、困窮する高人への同情を主動機としていた。ことに「驢馬祭り」は、かれらとのつきあいが過ぎたようである。いまツァラトゥストラは、低い者たちにかかわらず、真の超人を生むべく、下界における事業にかれ自身鍛えられて出発する。

ニーチェと現代

三島由紀夫
手塚富雄

ニーチェ体験をめぐって

三島　戦争中、ヘルダーリンに夢中になっていて、ニーチェを読みはじめたのもその前後のころと思いますけどね、非常に好きでした。今度、手塚さんの新訳を拝見して、実にわかりやすくて、初めて『ツァラトゥストラ』を読むような感じがするんです。前に読んだのは、なんだかお経みたいな……。

手塚　生田長江さんの訳でしょうか。

三島　いいえ、登張竹風さんの『如是説法《にょぜせっぽう》ツァラトゥストラー』です。

手塚　登張さんの訳は、最初は『ツァラトゥストラ』を『光炎菩薩大獅子吼経《こうえんぼさつだいししくきょう》』としていました。それは二度目の訳でしょうね。われわれのときは、一時代前で生田長江訳です。

三島　そうですか。初めに興奮して読んだのは『悲劇の誕生』ですね。『ツァラトゥストラ』の中で、むかし、「童貞」という題だったのが、こんどは「純潔」というふうにお訳しになっていらっしゃるけど、十代のころそれを一生懸命読んで、実にいろいろ思い当たって、ガックリきたものです。

手塚　ヘルダーリンの名が出ましたが、わたしにとっても、いちばん好きな詩人と言ってよく、そのヘルダーリンを発見して、愛読したのがニーチェですから、いろいろ縁がつながりますね。どちらも文明を底のところから考えて心配しているところが、いつも教えられるところですが……。三島さんの世代のニーチェの読み方はどんなふうに言えましょうか。

三島　わたくし、『ツァラトゥストラ』の影響をうけて短篇を書いたことがあるんですよ。「中世に於ける一殺人常習者の哲学的日記の抜萃」という長い題ですが、それは非常にニーチィズムなんです。戦争中に書いたものですけどね。あのころはいちばん『ツァラトゥストラ』やニーチェ全般にかぶれていたころかもしれません。

手塚　三島さんの周囲のかたも、だいぶ読んだんでしょうか。

三島　ええ、大学なんかでもニーチェの話なんかよくして、かなり読まれているように思いました。『悲劇の誕生』の、あのエネルギーの過剰からくるニヒリズムということばが実に好きでしたね。ニヒリズムということばは一種の禁断のことばとして、われわれの世代に共感を与えたと思います。それから超人の思想というよりも、なにか人を無理やりにエキサイトさせる力、ああいうものが戦争中のわれわれにとっては、麻薬みたいな感じもいくらかあったんです。ぼく個人の体験で申しますと、「ウンツァイトゲメース」というニーチェのことばが非常に好きで、戦争中はウンツァイトゲメース、「反時代的」と訳されていましたか、それがもう唯一のよりどころみたいなものでした。

手塚　「季節はずれの」という訳もありましたね。

三島　ええ。それに戦争中からずっと、戦争に便乗するインテリというツァイトゲノッセ(同時代者)、戦後は戦後派というツァイトゲノッセがきらいで、それでニーチェがその後も好きになったわけですね。

手塚　わたしの中学時代は、大正のデモクラシー思潮をあらしのようにかぶった時で、個人の目ざめというようなことが手がかりになって、ニーチェにも取りついたような気がしますが、そのニーチェは大の畜群罵倒者なのですから、おかしいようなことでした。やはり反俗意識という点で支えてくれたんだと思いますね。でも、今の「反時代」は何になるか、これはつかみにくいですね。

三島　つかみにくいですね。ただ青少年はどんな時代でも自己弁護のために本を読むと思うんです。青少年に自分の弱さの自己弁護の材料を与えてくれるような本が歓迎されますね。戦争中、ぼくたちはこんな時代にたいして、とてもアンパッスンク(適応性)がないと感じていたわけですね。それはある意味では劣等感です。それを、ニーチェが非常に朗らかにウンツァイトゲメースと言ってくれたんです。自分はそれじゃ適応性がないだけじゃなくて、もっと積極的に反時代なんだと思えば安心する。それがニーチェの持っている、つまり青年に対する魅惑だと思うんですよ。

三島　こんど『ツァラトゥストラ』を新訳されて、わかりやすく、しかも美しい日本語で原作の風味を出すということは、なかなか大変でございましたでしょう。原文はよく知りませんけども、非常に古語や不思議なことばを使っているんですか。

手塚　そうですね。古語やむずかしいことばは、あまり使っていませんね。リズムと緊張度が特異なんで、ことばそのものは、あたりまえのものが多いようですね。『ツァラトゥストラ』のスタイルはバイブルを見本にしてますから、どうしてもそうなりましょう。単純なことばに深い意味と力感を盛ろうとして。ただ、熱意があまったり、調子がはずんだりして、けたはずれの表現をして、イメージがはっきりしないで、手こずらされることはよくあります。

三島　たとえば、どういうことでしょうか。

手塚　そうですね。だいぶ出てきますが、「獅子が笑う」というのがある。これなどヴィジョンがつくりにくい。「存在の腹」、これは存在の根幹とでもいうべきもの。こんなのを原文のけたはずれを生かしながら、日本語にはめこんで行くのは、そんなに楽じゃない。

三島　ええ。ぼくはいつも反発するんですが、あまりに和臭の強すぎる翻訳や、そうでなければ日本語にもならない直訳風の妙な文体が多いことですね。

手塚　そういう点は、森鷗外はりっぱだと思いますね。和のことを十分に知っている人だけに、それが避けられたんですね……。あんまりこなれていると、おなかを素通りするかもしれません。文章としての意味はよくわかるが、著者の真意を嚙みあてるべく、いつまでも咀嚼していたいような訳文、そんなのができればいいとは、思っていますが。

三島　ええ。こんど、新訳ばかりでなく、解説も拝見して、とてもこれがおもしろかった。これはぼくばかりでなく、若い読者のために非常に有益な解説ですね。ことに古典文献学のことを書いていらっしゃるのは、非常にわが意を得たような感じがします。ニーチェは詩人であり、芸術的な哲学者であるけれども、古典文献学の一流の学者であるということはあまり知られておりませんですね。

手塚　原典批判という最大限に根気と注意力のいる学問ですし、語学的な修練もたいへんなものだったでしょうね。そこへはいりこんで、二十代からりっぱな学者として存在を認められた人ですから、知的解析力に自信と確かさがあり、それがニーチェの発語の力強さの有力な一因になっていると思いますね。だからこそ第四部の「蛭《ひる》」のような学的良心を批判することができた。この基礎を無視したニーチェ像はよわくなるでしょうね。

ニーチェの病気

三島　ニーチェの狂気の原因はなんでしょうか。後天的な進行性麻痺症のほかに遺伝的なものもあったんですか。

手塚　わたしどもには、よくわからないことで。斎藤茂吉さんもニーチェの病気について書いていますが、進行性麻痺症といわれているが、そうと断定もできかねる口吻《こうふん》を残していますね。イェーナ大学精神科の診断では、二十二歳のときにジフィリスに感染したことになってますね。トーマス・マンはそれをはっきりふまえて、ニーチェを半分モデルにして、『ファウスト博士』を書いている。主人公が悪魔と契約するということが病毒にかかるということなんですね。遺伝的なものといえば、父親が階段から落ちて頭をうって、一年ほどたって死んだのですが、そのあいだ、やはり精神異常だったようです、最後の診断は脳軟化症ですが。ニーチェは少年のころから頭痛がしたり、目が悪かったりしている。だから遺伝的な要素がないとは言いきれない気もするわけですが。

三島　進行性麻痺症の前駆症状でしょうか、意想奔逸症という形で出てくるものがありますね。つまり連想作用が非常に活発になって、どんどん連想が豊富に湧いてくるんですね。そんな意想奔逸症にちかいようなものが、ニーチェの後期の作品や『ツァラトゥストラ』

にあるようにみえますけれども。

手塚　そうおっしゃられれば、あの畳語の多用などはそれですね、同じことをいろいろな比喩や言い換えでしつこくたたみかけてきますね。

三島　その繰り返しの効果が、ニーチェの場合には人を麻痺させる力の一つになっていますね。呪文とか宗教的秘儀に使われる繰り返しみたいに。そうでなければ、あんなに人を渦巻の中へ追いつめていくことはできないと思うんですよ。

手塚　しつこいけれど、巻き込みますね。それからニーチェは本質的に「耳の人」といえましょうから、音楽性が文体に勝っているということもありますね。音楽的な技巧も、やはりとにかく人をその世界に巻き込んでしまう。論理性をとび越えるくらいに。

三島　年譜をみると、ちょうどぼくの年に、ニーチェは『ツァラトゥストラ』を書いているんですね。しかし、四十歳の仕事という感じがしないですよ。三十代の若々しさを感じさせますね。四十代というと、日本人ならもう諦めてしまうんですが、あのしつこさというのはすごいですね。やはり西洋人というものだと思いますね。

手塚　実作家としての、年齢のご感想がおもしろいです。あの説きふせかた、ねじふせかたね。ぼく的にいうと、若いツァラトゥストラだな、と思わせるところも、ちょいちょいありますね。

ニーチェとワーグナー

手塚　ニーチェにとって、ワーグナーというのはやはり運命的な事件でしたね。

三島　ええ。『ニーチェ・コントラ・ワーグナー』はおもしろいですね。とくにワーグナーは音楽の一小節において偉大であるとニーチェが言ってるのは、正確な批評ですね。このあいだ、ベルリン・オペラが来たとき、ワーグナーを見て、なるほどなあと思いました。

手塚　ぼくもあれには、まったく感心した一人で……。ニーチェとワーグナーでは年齢もずいぶん違いますが、ワーグナーの若い人の誘い込みかたはうまいですね。手紙をみても、じつに気持をつかんで離さない。じっさい現物にふれたらまいるでしょうな。

三島　じっさいまいるでしょう。ぼくはワーグナーは好きなんです。ニーチェの言うように典型的なデカダンとして好きなんです。ぼくは前にワーグナー論を書いたことがあるんですけど、ワーグナーを聞いていると、その一小節一小節が愛だとか死だとか野心だとかで、そういうものがなんの関係もなしに並んでいるという感じがするんです。そして、そんな関係のないおのおののテーマを統括する原理は何かというと、やっぱり死神の鎌しかないんですよ。非常に無気味なもので、世界の音楽の中でも、ワーグナーの死の原理のようなものはないですよ。

手塚　なるほどね。ドイツ文学がまた、死の主題がお得意ですね。死神にじゃれるときもあるような気がします。それから力というものを重く考える。力は勝つか負けるかで、やはり運命とか死に直結しますね。ニーチェは運命とか永遠を考えるそのチャンピオンですから、ワーグナーとそういう点でも結ぶ素質は非常にありますね。

三島　ええ。ニーチェはビゼーの『カルメン』に感動していますね。ワーグナーと比べて『カルメン』がいいというのは、ある意味でめちゃな話ですが、『カルメン』がいいというニーチェの気持の底には、やはりラテン的なものへの憧れがあったと思います。ニーチェはラテン的教養、といっても十七世紀以降のフランスの教養のことですが、ニーチェはどのくらい興味をもっていたんでしょうか。

手塚　それは、だいたいニーチェには脱出癖があって、ドイツ的なものから脱け出そうという気持がたえずある。パリの大学に留学しようと思ったこともありますから。当然フランスに目を向けています。モンテーニュ、パスカル、ラ・ロシュフーコーなどのモラリスト、スタンダール、メリメ、サント・ブーヴなどを読んでいますね。フランス的な明快さ、歯ぎれのよさ、心理探究などに惹かれたんじゃないでしょうか。

詩的散文について

手塚　三島さんはアフォリズムの大家だと思うんですが、やはりニーチェを読まれた影響もあるんですか。

三島　いいえ、いちばん影響をうけたのはラディゲです。ラディゲはああいう断言的なスタイルを小説の中でよく使うんです。それから、やはりアフォリズム風なものは、ラ・ロシュフーコーなどのモラリストから影響をうけたんでしょうね。

手塚　そうすると、ニーチェとは、もうひとつもとでの縁というわけですね……。日本人は散文でピタッとした表現をするのは、一般に不得意なんじゃないでしょうか。

三島　ええ、それには日本語の特質もありますし、今までエモーショナルなものだけが喜ばれてきたということもありますね。『ツァラトゥストラ』のように詩と哲学の融合した散文の例は非常に少ないんですね。ことに近代古典では。和辻哲郎さんの『風土』などはそういう要求を満たしたのかもしれないけども、詩的散文で哲学的要素をもっているというのは、日本では小林秀雄さんでしょうか。ニーチェ的なものの、日本的なイデアル・テュプス（理想型）は小林さんかもしれませんね。なにか概念によってものごとを組み立てたり、積み木細工をするということ、一般にアカデミックな通念を軽蔑することを教えたのは小林さんですね。やはり日本では先進国に追いつくために、明治以来啓蒙主義によって、アカデミズムがいちばん尊敬すべきものであるという考えが抜けなかったと思うんです。鷗外なんか、それをうまく使ってますね、あれだけの知識を。だけども、そういうものでは人間や人生や生がつかまえられないというような、近代人の懐疑から発したアンチテーゼは、小林さんあたりで始まったわけですね。ニーチェの場合は、科学的合理主義全体に対するアンチテーゼですから、もっと大規模ですね。

手塚　そうですか。やはり近代日本も十九世紀ドイツと同じく歴史主義ですね。ニーチェの場合は十九世紀の主潮である歴史的知識の重みをはね返したわけですが、近代日本では、実用的な知識という形で、その重みをしたたかにしょい込んだ……。

三島　非常にしょい込んでいます。しょい込んだ理由は、国家目的に合致するから喜んでしょい込んだと思うんです。そのかわり、ニーチェと違うところは、古典文献学にあたるものが日本にはなかったということですね、日本の近代的教養の中では。そこは非常に違うと思います。西洋の古典とはもちろん、日本の古典文献学にあたる中国の古典ともわかれてしまっている……。

手塚　しいて言えば、西洋近代語を通じての教養が、その役目をしたのですね。そして近代を古典と思った。

永劫回帰の思想

三島　ニーチェが『ツァラトゥストラ』のあとで、もしインド哲学に親しんだら、どういうことになったでしょうか。たとえば大乗仏教やなんかの唯識《ゆいしき》に興味をもったらおもしろかったでしょうね……。

手塚　そうですね。晩年にインドの聖典を読んで、非常におもしろがっています。それが発展するまでにはいかなかったようですけど。永劫回帰の思想など東洋の思想に非常に近づくようなところがあるんですね。

三島　エリアーデという学者が『永遠回帰の神話』というおもしろい本を書いていますね。それは、あらゆる文化の歴史の中に、回帰的な歴史観と、過去から未来へ直線的に進む歴史観との二種類があって、ただキリスト教だけが回帰しない歴史観を保持していたから、直線的な時間観念を代表するようになっちゃったけど、じっさいはそうじゃないと言っています。日本人にはわりに普通のことですね。

手塚　素質的にわれわれは、終末観とか、最後の審判などの直線的な時間観念には、親しみにくい。人間の思想のツボというものは、たいして変わらないものですね。ただ回帰的な歴史観にしても、どのくらいの力で新たにそれを持ち出せるかということが問題でね。

ニーチェの永劫回帰の思想には、瞬間を永遠にしようという決意がありますね。東洋の考え方とほとんど同じところにいくんですけど、東洋ではああいうふうには言わないですね。そこがおもしろいですね。西と東のニュアンス……。

三島　なんかそこまで言っちゃっちゃ、おしまいみたいな気がして。

手塚　まったく。言わないでおくということですね。

ニーチェの意味

三島　ニーチェがキリスト教に反対しただけじゃなくて、プラトニズムまでひっくるめて否定しちゃったということは爽快ですね。やはり西洋というものは、そういうふうにニーチェ的に要約されてよくわかるような気がします。ニーチェが日本に好かれる理由の一つですね。

手塚　わたしの理解する限りでは、ハイデガーは、ニーチェがプラトン以来の哲学やキリスト教を全部ひっくりかえして否定したようにみえるけども、結局、西洋の形而上学性を徹底させたんだというんですね。つまり、神とかイデアとか、そういうものを倒したけども、またそれにかわる「力への意志」という究極的原理を出したのであって、それではまだ真の存在というものをせばめているというんです。そのハイデガーの存在というのが、われわれからみると、どうも観念的で……。ニーチェにしても、理想主義を否定するけれど、たいへんな理想主義者なんですね。そういう点で、神をなくしても、非常にイデア的な人、西洋文明の人だという感じがしますね。

三島　手塚さんは、ニーチェの問題は結局キリスト教内部の問題だとお書きになっていますが、やはり内部の問題ですね……。いまの十代の少年や二十代初期の青年に、ニーチェがどういうふうに読まれて、どういう影響を与えるかということを考えるとおもしろいですね。アパートの2DKに住んで、マイ・カーを持って暮らそうという、いまの平均化された時代の青年たちが、ニーチェをどういうふうに読むか、非常におもしろい問題ですね。

手塚　若い人というのは、いつでもつかみにくいものですから、どこで触れ合う可能性があるか、平均的につかむのは容易ではありませんね。わたしの期待のようなものを言いますと、西洋の思考法そのものの膚合いに、この反逆者を通じて、いっそうよく触れ、頭脳的にも感覚的にも、西洋への深い批判者がふえればいいと思います。その結果として、日本人が自分の発言にもっと自信をもつことですね。

三島　ええ。『ツァラトゥストラ』の新訳をこんど改めて拝見しますと、そのけばけばしさが取れて、その人生知がはっきり木目みたいに浮き上がってくるという感じがしますですね。そうして、これは曖昧模糊とした、観念的な説教じゃなくて、人間というものをじつによく認識している天才の作品だなという感じがしました。

手塚　ほんとうに人間通といえますね。実証的な心理学者で、心理学を自慢するだけのことはありますね。わたしは、自分のわからないことは文字にしたくないので、著者の気持のあやが多少通ったところはありましょう。しかし、わたしの気持をいうと、これまでは話を聞いたのであって、対話はこれからだというようなところです。

（中央公論社『世界の名著』第46巻月報・一九六六年）

解説

「……突然、言いようのない確実さと精妙さで、人の奥底をゆり動かし動顚《どうてん》させるようなものが目にみえるようになり、耳に聞こえてくるという意味で、啓示ということばは、明快に事実をあらわしている。人は聞くのであって、さがし求めるのではない。ただ受けとるのであって、だれが与えるのかをたずねはしない。……実際、事物が自分からやってきて、自分自身を比喩として提供するかのように思われる。……これが、わたしのインスピレーションの体験である」（『この人を見よ』）

一八八三年二月三日から十三日まで、わずか十日間に、一気に書きあげた『ツァラトゥストラ』（原題『ツァラトゥストラはこう語った』*Also sprach Zarathustra*）第一部の制作の興奮状態を、ニーチェ（一八四四〜一九〇〇）は以上のように伝えている。シルヴァプラナ湖畔の奇跡的な体験（永劫回帰のヴィジョンの訪れ）から十八ヵ月、しだいに熟してきた構想が、爆発的に表現形式を得たのである。その冬をジェノヴァ近くのラパロの静寂な入江の、すぐ海ばたの小さな宿にすごしたニーチェは、散歩をこのんだ。入江をまわってポルトフィーノまで足をのばすこともたびたびだった。そういう散歩の道で、『ツァラトゥストラ』第一部全体がニーチェの心に浮かんだ。「もっと正確にいえば、ツァラトゥストラがわたしを襲ったのだ」こうして第一部が一気に書き上げられた日に、ワーグナー（一八一三〜一八八三）が死んだ。その報に接して、運命は「神聖な時間」を一致させたと、ニーチェは考える。過去の師が死亡したとき、かれの「超人」が誕生の声を上げた。ニーチェの晩年の、もっとも創造的な時期がこうしてはじまる。前期、天才崇拝の時代、中期、孤独と否定の時代に次いでの創造時代である。

このニーチェの精神的展開における三つの段階は、かれ自身も十分自覚していた。そして前期の自己超克として中期が生まれ、中期の自己超克として後期が生まれたというかれの考えは、『ツァラトゥストラ』冒頭の「三様の変化」のなかの「駱駝《らくだ》」、「獅子《しし》」、「小児」の変転の比喩からも、うかがうことができる。

そこでは、重荷をになう「駱駝」は義務と禁欲を意味し、尊敬に値するものに服従し、積極的に学ぶ精神である。それは、「汝なすべし」の戒律に従う時代である。が、砂漠にはいったとき、駱駝は「獅子」に化する。獅子は自由を奪取し、孤独に堪え、みずから主たろうとする。かたく結ばれていた尊敬と服従のきずなを解き、「われ欲す」の自由精神にはいる、批判、戦闘の時代である。しかし、獅子は、これからの創造のために自由を確保しただけである。新しい諸価値の創造は、かれの手にあまる。自由を手に入れても、それだけでは自由は実現しない。こうしてニーチェは次の段階を言うのである。「わたしの兄弟たちよ。獅子さえ行なうことができなかったのに、小児の身で行なうことができるものがある。それは何であろう。……小児は無垢《むく》である。忘却である。新しい開始、遊戯、……『然り』という聖なる発語である。そうだ、わたしの兄弟たちよ。創造という遊戯のためには、『然り』という聖なる発語が必要である。」

われわれは、ニーチェがこの時期にどのような自由感をかちえたのか、十分に説明することはできない。しかし、新しい精神圏が開け、思想とことばが溢れ、『ツァラトゥストラ』はもちろん、『善悪の彼岸』『道徳の系譜学』『偶像のたそがれ』『ワーグナーの場合』『アンチクリスト』など、もっとも注目すべき著作が爆発的に制作されたことをみれば、かれが真に積極的な創造の自由、すなわちかれのいう小児の段階にはいったのを、信ずることができる。

さて、『ツァラトゥストラ』という作品の混沌《こんとん》とした性格は、この主人公が「超人」へと高まってゆく発展の形をかりて、ニーチェが自己の「運命」の一部を吐き出していることとにある。同時に、それは人類の運命を問題にした書である。著者は、おのが運命は人類の運命であるという信念のもとにこれを書いたのであり、比喩や象徴の形でかろうじて暗示した方向は、問題の所在が、人間存在の救い、言いかえれば、いっさいの救いのない空間において救いはどうして可能かという問いにあることを示している。「私の使命は」とニーチェはのちにも自分について語っている。「人類の最高の自省の瞬間、すなわち人類が過去をながめ未来をながめ、偶然の支配、僧侶の支配から脱し、『なにゆえに？』『なんのために？』という問いを、はじめて人類全体として発する大いなる正午を用意することにある……」（『この人を見よ』）

そう見てくれば、「三様の変化」は単にニーチェの内面の発展の比喩にとどまらない。それは人類の歴史、キリスト教によって意味と価値を与えられてきたヨーロッパ精神史の比喩である。かつて僧侶の支配のもとに「駱駝」であった精神は、まず「神の死」の確認によって砂漠の「獅子」とならねばならぬ。だが、これまで人間存在に意味と価値を与えてきた神の死は、その人間存在の無意味、無価値を結果するものである。人間存在は偶然である。世界と宇宙にもなんの必然性もない。このようなニヒリズムの確認、その恐怖の直視は、ツァラトゥストラの出発点である。そしてそこから、「わたしは人間たちにかれの存在の意味を教えよう。意味とはすなわち超人である」というかれの進路が定められる。

この絶対者のない地上で、超人を教えるとは、新しい絶対者を教えることではない。どんな絶対者も存在しないこと、すべてが相対的であること、まずそれを確認すべきである。ツァラトゥストラが、「自由の砂漠」にいる獅子を、伝統的道徳の象徴である「巨龍」と戦わせ、これを否定するのは、そういう意味であろう。

しかし、ニヒリズムを直視し、今後の歩みへの自由を確保するのが、獅子の力の限度で、そこから先が、ニーチェの思想のまったく独自なものとなるところである。まず、超人は、「地の意義」であって、地を離れてある観念ではない。それは、天上からの意義を拒絶して、あくまでも地上に忠実であろうとする意志である。しかし、地上そのものにはなんの意義もない。それは醜悪で不気味で、誤謬であり、虚偽であり、無である。つまりそれは、「大いなる醜悪、大いなる不幸、大いなる失敗」であるが、このようなものとしてよりほかにはありえない生を、それゆえにこそ、肯定すること、そこに転身が起こる。ニヒリズムの自覚による否定そのものをあえて肯定するという段階、否定への新しい愛、それがかれのいう「運命愛」の意味である。

キリスト教の神がなければ、神の国をめざしてただ過去から未来へと進む直線的な時間観念もありえない。そのような目的論を拒絶し、あくまでこの醜悪な偶然的な地上の生に忠実であろうとするニーチェにとって、時間の観念が古代ギリシアふうの円環的なものになってくるのも必至の成り行きである。最後の審判という終局がなければ、時間は丸い輪である。だが、そういう時間のなかで演じられるものは、この醜悪な、無意味な、目的による救済をうばわれた地上の生で、それは永遠に同じ形で繰り返されると見るほかはなくなってくる。これほど堪えがたいものはないが、それをはっきりと自覚にのぼせたのが、かれの永劫回帰説で、したがってそれは、「ニヒリズムのもっとも極端な形といわねばならない」しかし、それがどのように堪えがたいものであろうと、いや、堪えがたいものであればあるほど、それを肯定によって突破しようとするのが、ニーチェの態度である。「これが生だったのか、よし、それならもう一度！」この決断による突破、自己解放こそ、ニーチェが永劫回帰のことばで表わそうとしている、神秘的ともいえる自由感である。こうして、ニヒリズムの極端な形式である永劫回帰説は同時に「生の肯定の最高形式」となる。生をありのまま肯定するこの自由な境地が、「生の無邪気」「生成の無垢」などのことば、また「小児」のような創造の戯れという把握によって指示されるのである。

『ツァラトゥストラ』第二部は、第一部の誕生と同じ八三年の夏、シルス・マリアでこれもわずか二週間で書き上げられた。翌八四年の一月、南フランスのニースで、第三部を十日間で完成する。第四部は、多少の間をおいて、八五年の二月、ニースで完成された。しかし第四部は引きうけてくれる出版社がなく、私家版四十部を刷り、七人の者に贈っただけである。当時ニーチェは頭痛と不眠で見るもいたましい健康状態だったが、日によれば「気力は充実して青年のように潑剌《はつらつ》としていた」と、かれをシルス・マリアにたずねたハインリヒ・フォン・シュタイン（当時非常に望みをかけられていた若い著述家、三年後に死す）の日記は伝えている。

ニーチェが四十歳前後に執筆したこの四つの部から成る『ツァラトゥストラ』は、かれの著作中、最も注目すべきものであることはむろんであり、また、最も統一的な形態をもっている。しかし、その統一的な把握は容易でなく、とくに各人が心をこめて対話をしなければならぬ書物である。構成的には、全体が永劫回帰説へ注いでおり、今後期待されることは、その大海からまた回帰して、現実のはたらきが展開されることであろう。ニーチェのこの書における大きい特色は、詩が添えものではなく、思索そのものになっていることで、高い意味で詩と思索の融合といえる。詩的暗示のなかに、この人の思索の膚を見せるような正直さがある。

ニーチェに『ツァラトゥストラ』の続稿を書く意図があったことは、遺稿断片によって推察できるが、実現にはいたらなかった。この書の執筆のあいだに新しい計画が育ち、『ツァラトゥストラ』の根本問題を散文的、理論的に表現して、誤解の余地のない照明を与えようとし、それに熱意がうつった。ニーチェの備忘録には、次の句が見いだされる。

「決意。わたしが語ることにする、もはやツァラトゥストラが語るのではない。」

付記　ツァラトゥストラという名は、前十一世紀から六世紀のあいだの人とされる古代ペルシアの拝火教の祖ともいわれる予言者ゾロアスターの別称。ニーチェはその名を借り、独特の予言者的形姿を与え、主としてバイブルを念頭において、聖典的文体をものしたのである。

訳文の章ごとにつけた要約は、訳者の手になるものである。なお部ごとに要約すれば、次のようである。

第一部。十年間山の孤独にいたツァラトゥストラは、四十歳になって、その精神が充ちあふれ、与える者として人界へ下る。まず、神の死や超人の理想が語られる。ついで「まだら牛」という名の町で、種々の教説を試みる。

第二部。ふたたび山上の孤独に帰っていたツァラトゥストラは、下界でかれの教説がゆがめられていることを知り、また下山する、友のもとへ、同時に敵のもとへ、という自覚をもって。「幸福の島々」がその活動の地。さまざまの形で、「超人」の敵対者が、痛棒をくらう。「夜の歌」をはじめとして、抒情的な章が現われはじめる。語りえない思想が、ひそかに熟してくる。モーゼに起《た》てと命ずる神のように、ツァラトゥストラに、「そのことばを語って砕けよ」とうながす声なき声がある。しかし、ツァラトゥストラは、まだそれを欲しないと言ってことわる。自分の力の未熟を痛感して、幸福の島々を捨てて山の孤独を目ざす。

第三部。山に帰るまでのさすらいが前半、後半は山上。永劫回帰の思想がいよいよ熟してきて、かれ自身のことばとなりつつある。生への絶対肯定の歌がうたわれる。

第四部。戯曲的構成をもち、対人的交渉といえるものが、はじめて前面に出る。つまり七人の高人との出会い。超人ではないこれらの悩む高人はツァラトゥストラの同情を誘わずにはいない。それだけにそれはツァラトゥストラを鈍らせる試練である。かれは、最後にその試練に勝ち、真の強者として、強者をのみ相手とすべく、最後の下山を決意する。そこへたずさえてゆくべき永劫回帰の教えは、「酔歌」において、能うかぎりの深みにおいて歌われる。しかし、これからなすべきことは、歌ではなくて事業である。

手塚富雄

編集付記

一、本書は中央公論社『世界の名著』第46巻（一九六六年一月刊）所収の同名作品を文庫化したものである。

一、改版にあたり、同文庫版（三三刷　二〇一七年七月刊）を底本とし、中公クラシックス版を参照した。巻末に新たに訳者の対談を収録した。

一、本文中、今日の人権意識に照して不適切な語句や表現が見受けられるが、訳者が故人であること、執筆当時の時代背景と作品の文化的価値に鑑みて、初版のままとした。

中公文庫

ツァラトゥストラ

1973年 6 月10日　初版発行
2018年 5 月25日　改版発行
2025年 3 月25日　改版 7 刷発行

著　者　ニーチェ

訳　者　手《て》塚《づか》 富《とみ》雄《お》

発行者　安部 順一

発行所　中央公論新社
〒100-8152　東京都千代田区大手町 1-7-1
電話　販売 03-5299-1730　編集 03-5299-1890
URL https://www.chuko.co.jp/

ＤＴＰ　平面惑星
印　刷　三晃印刷
製　本　小泉製本

Published by CHUOKORON-SHINSHA, INC.
Printed in Japan　ISBN978-4-12-206593-2 C1110

古典名訳再発見

中公文庫プレミアム　古典作品の歴史的な翻訳に光を当てる精選シリーズ

五つの証言

トーマス・マン＋渡辺一夫

［解説］山城むつみ

政治の本質

マックス・ヴェーバー＋カール・シュミット

清水幾太郎 訳

［解説］苅部 直

精神の政治学

ポール・ヴァレリー

吉田健一 訳

［解説］四方田犬彦

わが思索のあと

アラン

森 有正 訳

［解説］長谷川 宏

荒地／文化の定義のための覚書

T・S・エリオット

深瀬基寛 訳

［解説］阿部公彦